Pflanzen der Kelten

Wolf-Dieter Storl

Pflanzen der Kelten

Heilkunde
Pflanzenzauber
Baumkalender

AT Verlag

AT Verlag, Aarau, Schweiz
Umschlagabbildung: Martin Tiefenthaler, Maira Lanzendorf
Lithos: AT Verlag, Aarau
Druck und Bindearbeiten: Kösel, Kempten
Printed in Germany

ISBN 3-85502-705-6

DANKSAGUNG

Dank dem Kometen Hyakutake, der nach zwanzigtausend Jahren Umlaufzeit, aus ewigen Sternenregionen wiederkommend, im Frühjahr 1996 den Nachthimmel erleuchtete, sein Licht auf die Wurzelgründe warf und mir den mächtigen Mammutelefanten in Erinnerung rief, der mir einst im Schneegestöber gegenübergestanden war.

Dank an Arthur Hermes, der wie ein alter Druide im Einklang mit dem Wald lebte und mich mit seiner Naturweisheit aus dem Elfenbeinturm lockte. Dank an den Cheyenne-Medizinmann Tallbull, von dem ich lernte, dass der Mensch nicht nur über, sondern auch mit den Pflanzen reden kann. Dank an »Trash«, den Berserker Jeff Dahl aus Wyoming, der durch ein Zeitloch ins 20./21. Jahrhundert herabgestürzt ist und hier sein Pferd für eine Harley eintauschen musste: Von ihm lernte ich viel über die keltische Seele. Dank an Eugen Jung und János von Morzsinay, die mich überzeugten, dass es wert ist, ein Buch zu diesem Thema zu schreiben. Dank schließlich dem inspirierten Verleger Urs Hunziker und Dank auch der Lektorin Monika Schmidhofer für ihre Sorgfalt, ebenso Adrian Pabst, Martin Tiefentaler, den Berserkern der »Akademie der Neuen Berserker« und den Kelten von Guggisberg. Dank allen, denen Dank gebührt.

INHALTSVERZEICHNIS

»Wie Merlin
Möcht' ich durch die Wälder ziehn;
Was die Stürme wehen,
Was die Donner rollen,
Und die Blitze wollen,
Was die Bäume sprechen,
Wenn sie brechen,
möcht' ich wie Merlin verstehen.«

Nikolaus Lenau, *Wanderlieder*

AUCH WIR WAREN EINMAL INDIANER

Die in ein sauberes, aber zu enges Dirndl geschnürte Wirtin der kleinen bayrischen Pension servierte Brötchen, Marmelade und Kaffee. Manitonquat, der Hüter der Überlieferungen des Stammes der Wampanoag[1], ein hagerer, hoch gewachsener Indianer mit langem schneeweißem Haar, saß mir am Frühstückstisch gegenüber. Wir waren beide zu dem Medizinradtreffen des »Bärenstammes« in den Schwangau eingeladen worden. Der alte Indianer blickte mich entgeistert an und schüttelte den Kopf.

»Das hält man doch nicht für möglich! Diese Weißen wissen nichts, aber auch gar nichts! Sie kennen weder die alte Großmutter, die tief unter der Erde die Geister der Tiere und Pflanzen hütet, noch die Kraft des heiligen Beifußes. Sie können sich kaum nach den vier Himmelsrichtungen orientieren; mit den Tieren und Geistern können sie nicht reden. Wie haben sie überhaupt überlebt?«

Nun, diese Frage hatte ich mir auch schon gestellt, vor Jahren schon. So wie es meine Lehrer in der Highschool und im College dargestellt hatten, sind wir, wie aus dem Ei gepellt, praktisch schon als Zivilisierte auf der Bühne der Menschheitsgeschichte aufgetreten. Vor rund 10000 Jahren hatten »wir« irgendwo im Nahen Osten die Wildheit abgelegt, wurden sesshaft, errichteten die ersten Städte, bauten Bewässerungskanäle, erfanden die Schrift. Damals offenbarte sich uns auch der wahre monotheistische Gott und etablierte einen ethischen Sittenkodex. Triebe wurden gezügelt, sublimiert; die Triebenergie diente nun dem zivilisatorischen Fortschritt. Die griechischen »Väter« der Wissenschaften ragen als Lichtpersönlichkeiten heraus. Hippokrates erfand die vernünftige Heilkunde, die sich in der Antike weiterentwickelte, später von christlichen Mönchen als kostbares Gut gehütet wurde und nun in der Neuzeit wahre Triumphe feiert. Den Griechen und Römern verdanken wir das kritische, rationale Denken, das nach langem Kampf mit dem Aberglauben in der Aufklärung dann voll erblühte und uns die Früchte einer beispiellosen technologischen Revolution, einer objekti-

1 Die Wampanoag sind einer der Algonkin-Stämme Neuenglands (Rhode Island). Sie waren die Ersten, die mit den puritanischen Pilgervätern Kontakt hatten. Sie halfen den ersten Siedlern mit Nahrungsmitteln über den Winter und zeigten ihnen, wie man Mais anbaut. Die Siedler, die bald mehr Land wollten und in den Indianern »Kinder Satans« sahen, versuchten die Wampanoag mit allen Mitteln auszumerzen. Es gab Prämien für getötete Indianer und viele wurden in die Sklaverei verkauft. Einige wenige überlebten.

ven Wissenschaft und einer zunehmend demokratischen Gesellschaftsordnung bescherte.

Die Wilden, die Primitiven, die Zurückgebliebenen, die in Aberglauben, Mythos und Irrationalität Verfangenen, das waren immer die anderen: Indianer, Neger, Zigeuner und die letzten Stammesgesellschaften im eigenen Land, mit denen sich Sozialwissenschaftler und unverbesserliche Romantiker beschäftigen und die es zu »entwickeln«, zu schulen, zu zivilisieren und zu akkulturieren galt.

Dass auch das eine Mythologie – unser eigener Mythos von Fortschritt und Vernunft – ist, wird allmählich vielen klar. Auch dämmert die Erkenntnis, dass Mythologien keine belanglosen, unverbindlichen, blassen, subjektiven Fantasien sind, sondern Träger schicksalsträchtiger Ideen, die das Werden ganzer Zeitepochen und Gesellschaften bestimmen. Jede kulturtragende Mythologie hat ihre ganz reellen Auswirkungen – auf die Menschen, auf die Natur, auf das Klima, auf alles, was »zeucht und fleucht« unter dem Himmel. Die Mythologie des Fortschritts, der totalen Rationalität, der Objektivität, der technologischen Machbarkeit hat ebenfalls ihre Konsequenzen. Zum Teil berauschende: Wir können Auto fahren, im Internet surfen, Herzen verpflanzen, Schafe klonen, Zähne plombieren, gegen Grippe impfen und so weiter. Zum Teil aber auch erschreckende: wieder mal eine Ölpest, Castor-Transporte, unaufhaltsames Artensterben, Ozonlöcher, kränkelnde Baumplantagen, die Wälder genannt werden, Verarmung und überbevölkerte Slums, elektrisch grell erhellte Nächte, das allgegenwärtige Rauschen, Summen und Brummen zahlloser Geräte und Automaten, Klimaveränderung durch das Verbrennen von Abermillionen Tonnen des schwarzen Bluts der Erde und all die virtuellen Realitäten, in denen sich so mancher verirrt. Ja, es hat einen Sinn, die Medizinleute und Schamanen jener Völker zu befragen, die seit Urgedenken harmonisch mit der sie umgebenden Natur zusammenlebten; es hat einen Sinn, zu den eigenen Wurzeln zurückzublicken, als das auch bei uns noch einigermaßen der Fall war.

Ich konnte Manitonquat beruhigen: »Die Weißen sind keine von irgendeinem Plastikstern hereingebeamten, außerirdischen Zombies. Auch sie lebten einst in Stammesgemeinschaften, eingebettet in ihrer natürlichen Mitwelt; auch sie konnten mit den Tieren und Geistern reden. Sie haben es nur vergessen oder es ist ihnen ausgetrieben worden. Frag doch mal Deine Zuhörer, ob sie Frau Holle kennen, denn so hieß die Großmutter einst bei uns!«

Als ich Manitonquat am Abend wieder sah, strahlte er. Ja, die Frau Holle kannten sie. Ja, es gibt Hoffnung. »Indianer könnt ihr Europäer nicht werden, denn die Schildkröteninsel, die ihr Amerika nennt, hat ihre eigene ›Medizin‹ (Kräfte) und diese hat uns geprägt. Wie Ameisen aus ihrem Bau sind unsere Vorfahren dort aus der Erde hervorgegangen. Aber ihr könnt euch hier wieder mit der Erdmutter verbinden und euch mit den geschundenen Bäumen, Kräutern, Steinen, mit den Tieren und den Ahnengeistern versöhnen, so dass ihr wieder Wurzeln bekommt und stark werdet.«

Ich war dem Indianer dankbar und erkannte, dass Frau Holle – die noch immer in unserem Unterbewusstsein lebt – ihre Kinder nicht im Stich lassen wird. Sie ruft uns zurück, zurück zu den heilenden Quellen, zu den Kräutern und Bäumen, die hier überall, einige Schritte vor unserer Haustür, im Wald, am Flussufer, im Park, auf den Wiesen wachsen. Sie ruft uns zu den lebenden Wurzeln. Auch wenn in diesem Weltenwinter alles erstarrt und erfroren zu sein scheint, leben diese Wurzeln noch immer und werden im bevorstehenden Weltenfrühling neu austreiben. Und bei dem Gedanken bewegen wir uns schon im keltischen Mythos, in dem die Zeit einem sich drehenden Rad gleicht, in dem die Vergangenheit zur Zukunft wird und ebenso die Zukunft zur

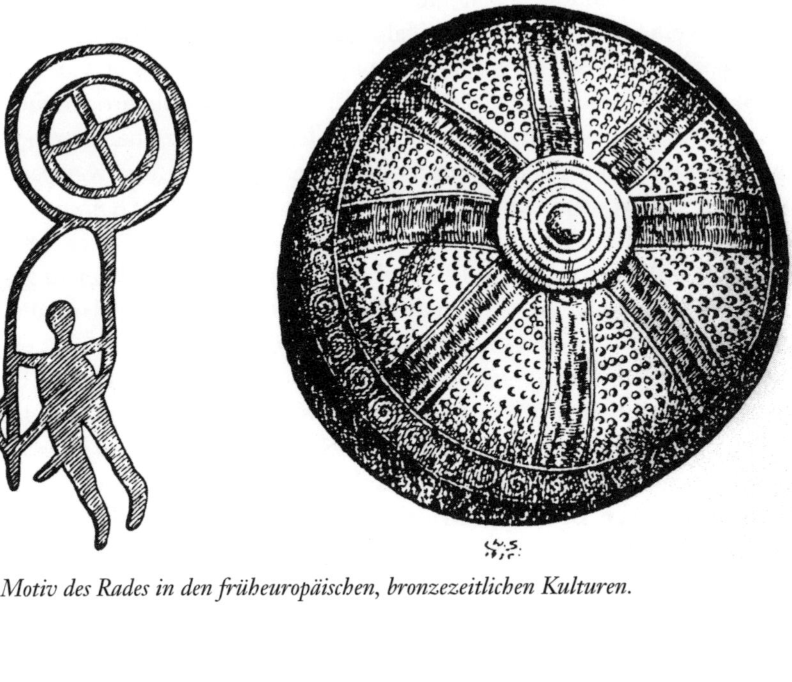

Motiv des Rades in den früheuropäischen, bronzezeitlichen Kulturen.

Motiv des heiligen Rades auf einer hallstattzeitlichen Schwertscheide.

Vergangenheit. Das keltische Wort für Rad ist dasselbe wie das für das Jahr (ELIADE 1980: 128). Es ist das vierspeichige Rad (= die vier Jahreszeiten) des himmlischen Herrschers der Gezeiten, **Tanaris** (irisch **Dagda**). Es ist zugleich das Spinnrad der dreifachen Göttin, die, unter den Wurzeln des Weltenbaumes, am Urquell sitzend, das Schicksal der Götter und Menschen hervorspinnt. Wer die Zukunft, das auf uns Zukommende, wer den Schicksalsgrund erkennen will, der schaue tief, ganz tief dorthin, wo im großen Kreis des Seins das Gewordene sich wieder in Werdendes verwandelt.

Die Kelten waren fast tausend Jahre lang das führende Kulturvolk in Europa. Dieses Volk, aufgesplittert in fast hundert größere und kleinere Stämme, ist aus der Vermählung der Erdgöttin der früheuropäischen Bauern und des Himmelsgottes der aus den westasiatischen Steppen kommenden Hirten- und Reiternomaden entsprossen. Das Kernland der Kelten erstreckte sich zur Hallstattzeit, vor knapp 3000 Jahren, von Ungarn und Böhmen über den gesamten Alpenraum bis nach Ostfrankreich. In einer zweiten Blüte (ab 450 v. u. Z.), während der so genannten La-Tène-Zeit, stießen die Kelten bis nach Griechenland und Kleinasien vor – es sind die im Paulusbrief des Neuen Testaments erwähnten Galater. Im Westen dringen sie bis nach Spanien und um 200 v. u. Z. bis zu den Britischen Inseln vor. Mit dem Eroberungszug der Römer in Gallien erlosch allmählich ihr Stern. Der Sieg Julius Caesars und seiner gut ausgebildeten Berufssoldaten über die tollkühnen, aber undisziplinierten keltischen Krieger, die sich unter dem Gallierhäuptling Vercingetorix zu einem losen Kriegsbund zusammengeschlossen hatten, markiert das Ende einer Epoche. »Vercingetorix trug seine besten Waffen und hatte sein Pferd geschmückt (...) Er beschrieb einen Kreis um Caesar, sprang vom Pferd und warf seine Waffe auf den Boden« (Caesar, *De bello gallico*, 27). Dieser rituelle Akt der Unterwerfung, wie ihn Plutarch beschreibt, symbolisiert zugleich das bevorstehende Ende naturverbundener Stammeskulturen in Europa. Nur in Britannien, vor allem in Wales und Irland, lebte die La-Tène-Kultur unter christlich-feudalem Vorzeichen noch bis ins Mittelalter fort.

Warum sollten die Kelten für uns interessant sein? Nicht nur haben sie die Grundzüge der europäischen Bauern- und Volkskultur geprägt, sie haben vor allem im lebendigen Einklang mit der hiesigen natürlichen Umwelt, mit dem Wald, gelebt. Sie erlebten die Natur nicht nur voller magischer, ätherischer Kräfte, sondern beseelt und mit Bewusstsein erfüllt. Bäume, Steine, Quellen, der Wind und alle Geschöpfe waren für sie ansprechbar. Diese Sichtweise, dieses Eingebettetsein in unserer unmittelbaren natürlichen Mitwelt, haben wir weitgehend verloren. Unsere Hellsichtigkeit ist erloschen. Unsere Verbundenheit, unser Geborgensein in einer vom ständigen Werden, Vergehen und von neuem Werden geprägten natürlichen Welt ist uns abhanden gekommen. In diesem Buch wollen wir versuchen, etwas von dem verlorenen Terrain wiederzuerlangen.

Einführende Worte von Großvater Goethe

Dass Pflanzen eine Geistseele haben, die sich der Vision des Schamanen offenbaren kann, das hat mich der Medizinmann Bill Tallbull gelehrt. Diese Geistseelen, die er Maiyun nannte, kommunizieren mit dem Menschen – ob er sich dessen bewusst ist oder nicht – auf telepathische Art und Weise. Sie können im Menschen Gefühle erwecken, ihm in den Träumen erscheinen oder ihm hohe Inspirationen zukommen lassen. So prägt die Vegetation einer Region die Menschen und ihre Kultur. Die Eingeborenen und die Pflanzen, die um sie herum wachsen, bilden eine Einheit. Auch die Kultur der Kelten und anderer indigener europäischer Völker wurde von der Flora der Länder, in denen diese Völker siedelten, geprägt.

Goethe, der ein großer Pflanzenkenner war, wusste davon. Einmal stellte der Dichter einen blühenden Lorbeer und eine japanische Pflanze auf den Tisch. Johann Peter Eckermann, der Freund und Sekretär Goethes, bemerkte, dass von den beiden Pflanzen unterschiedliche

Stimmungen ausgingen. Er sagte, dass der Anblick des Lorbeers ihn heiter, leicht und milde mache, die japanische Pflanze ihn dagegen melancholisch stimme.

»Sie haben nicht unrecht«, sagte Goethe, »und daher kommt es denn auch, dass man der Pflanzenwelt eines Landes einen Einfluss auf die Gemütsart seiner Bewohner zugestanden hat. Und gewiss! Wer sein Leben lang von hohen ernsten Eichen umgeben wäre, müsste ein anderer Mensch werden, als wer täglich unter luftigen Birken sich erginge. Nur muss man bedenken, dass die Menschen im Allgemeinen nicht so sensibler Natur sind als wir anderen und dass sie im Ganzen kräftig vor sich hinleben, ohne den äußeren Eindrücken so viele Gewalt einzuräumen. Aber so viel ist gewiss, dass außer dem Angeborenen der Rasse sowohl Boden und Klima als Nahrung und Beschäftigung einwirkt, um den Charakter eines Volkes zu vollenden. Auch ist zu bedenken, dass die frühesten Stämme meistenteils von einem Boden Besitz nahmen, wo es ihnen gefiel und wo also die Gegend mit dem angeborenen Charakter der Menschen bereits in Harmonie stand« (Eckermann 1999: 333).

Die Kräuter, Büsche und Bäume selbst sind es, die mir am meisten über die Kelten erzählt haben. Die anderen Quellen seien im Folgenden kurz beschrieben.

Auf Odins Platz:
»Ich fragte ihn nach der alten Religion.
Nichts übrig geblieben, sagte er,
und ein Wind kam auf.«[2]

Die Quellen

Was wissen wir eigentlich über die Kelten, die so lange das gesellschaftliche und kulturelle Leben Europas gestalteten und prägten? Was können wir insbesondere über ihre Heilkunde und Pflanzenkenntnisse in Erfahrung bringen?

2 James Koller, Dezember 1987 in Uppsala, Schweden, zit. nach: »Raise the Stakes«, in: *The Planet Drum Review*, Nr. 16/1990 (Zeitschrift der bio-regionalen Bewegung der USA).

Schrifttum der Antike

Für die Schreibstubengelehrten fließen die Quellen bezüglich der Kelten und insbesondere ihrer Pflanzen- und Heilkunde recht spärlich. Diese Völker haben keine Schriften hinterlassen. Caesar berichtet, dass die Druiden, die Weisen der Kelten, zwar schreiben konnten und dass sie ihre alltägliche, geschäftliche Korrespondenz in griechischer Schrift verfassten. Was aber ihre Lehre betraf, weigerten sie sich, diese schriftlich festzulegen. Um die zwanzig Jahre verbrachten die Druidenanwärter in abgelegenen Waldschulen, wo sie – ähnlich den indischen Brahmanen – die Weisheiten und Erkenntnisse in Form von abertausend Versen auswendig, »mit ihrem Herzen« (by heart) lernten. Wissen, das nicht im Herzen getragen wird, sagten die Druiden, sei kein echtes Wissen.

Julius Caesar: Bezwinger der Kelten.

Mitunter hört man, meist von überzeugten Keltomanen, den Einwand, dass die Kelten sehr wohl ihre eigene Geheimschrift, die **Ogam**-Schrift, hatten. Das gesamte druidische Wissen sei von geheimen Druidenorden in Schottland in dieser Schrift festgehalten worden und sei den Ordensmitgliedern – gegen genügende Bezahlung – zugänglich. Nun, in Wirklichkeit sind diese geheimen Orden erst im 18. oder 19. Jahrundert entstanden und haben wenig mit den alten Druiden zu tun. Die echten Ogam-Schriftzeichen bestehen aus waagrechten und senkrechten Strichen, die in die Kanten von Stein- oder

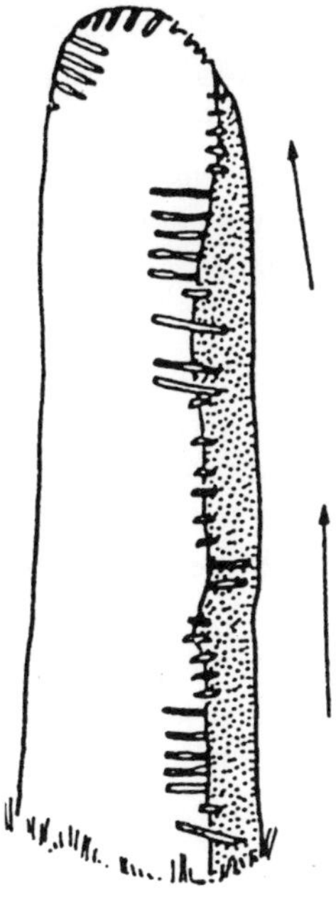

Die magische Ogom-Schrift wurde in Steinpfeiler gekerbt.

Holzpfeilern geritzt oder geschnitzt wurden. Die Ogam-Zeichen entstanden in Irland im frühen Mittelalter und wurden – ähnlich den in Baumrinde geritzten Runen der Germanen – nicht zum Festhalten von Ideen, sondern magisch, als Schutzzauber, zur Beherrschung der Geister oder in Erinnerung an die Toten oder an große Taten verwendet. Eine irische Geschichte erzählt von einem Druiden, der Ogam-Zeichen in Eibenstäbe schnitzte, um eine entführte Königin wiederzufinden, die von den Andersweltlichen in ein **Síd,** ein Hühnengrab, entführt worden war (Le Roux/Guyonvarc'h 1996: 184). Die Ogam-Schrift ist für unsere Zwecke nicht uninteressant, denn jedes der zwanzig Zeichen symbolisiert einen Baum. Jeder Buchstabe vermittelte im Bewusstsein des keltischen Betrachters die Macht oder die Energieschwingung des jeweiligen Baumes.

Was wir an schriftlichen Quellen über die alten Kelten besitzen, stammt ausschließlich aus griechischen und römischen Berichten. Wie wir sehen werden, schrieb der römische Gelehrte **Plinius der Ältere** Aufschlussreiches über die Rituale, welche die Druiden beim Sammeln der Eichenmistel, des Bärlapps (**Selago**), des **Samolus'** (Ehrenpreis?) und des Eisenkrauts vollzogen. Die ergiebigste antike Quelle bezüglich der Heilpflanzen stammt aus der Feder des aus dem gallischen Aquitanien gebürtigen Römers **Marcellus Empiricus.** In dem um 395 n. u. Z. geschriebenen Buch *Liber de Medicamentis* übernimmt Marcellus das meiste zwar aus den antiken Werken der Griechen und Römer, erwähnt aber dennoch nicht nur einige gallo-keltische Pflanzennamen, sondern auch die volksmedizinische Verwendung der Pflanzen in Aquitanien zu dieser Zeit (Höfler 1911: 4). Ansonsten werden auch bei Dioskurides, Plinius und Apuleius von Madaura einige gallo-keltische Pflanzennamen überliefert, die für uns aufschlussreich sind.

Archäologisches Material

Ausgrabungen in großen Teilen Europas ermöglichen weitere wertvolle Einsichten in die Welt der Kelten. Grabbeigaben wie Bierkessel, Trinkhörner, Prunkwagen, Knochen geopferter Tiere, Reste von Totenspeisen und Textilien, auch Pollenanalysen des Bodens helfen uns, das rätselhafte Volk der Kelten besser zu verstehen. Das Grab des »Fürsten von Hochdorf«, ein glücklicherweise ungeplündertes Grab aus der späten Hallstattzeit in der Nähe von Stuttgart, enthielt zum Beispiel Stoffreste aus Hanfbast und Lein. Der tote keltische Häuptling war auf Haselzweige, Kräuter und Blumen gebettet und trug einen konischen

Birkenrindenhut[3]. Ein Weidenkörbchen und ein Haselrutenstab waren auch mit dabei (Körber-Grohne/Küster 1985: 145).

Irische und andere britische Überlieferungen aus dem Mittelalter

Im 9. Jahrhundert, also mindestens ein halbes Jahrtausend nach der Bekehrung, begannen christliche Mönche in Irland die Geschichten der mündlichen Überlieferung aufzuschreiben. Die Aufzeichnungen sind selbstverständlich durch einen christlichen Filter gegangen und dementsprechend entstellt, dennoch enthalten sie Aufschlussreiches über keltisches Brauchtum und keltische Heilkunde (Sharkey 1982: 17). Im größten Epos der Iren etwa, dem *Táin Bó Cuailnge* (Der Rinderraub von Cooley), erscheint der mächtige Sonnengott Lug, um den schwer verwundeten Helden zu heilen. Er schläfert den aus vielen Wunden blutenden Cúchulainn durch »Männersummen« (*ferdord*) ein, untersucht die Wunden, besingt sie und legt Heilkräuter darauf. Nach drei Tagen Tiefschlaf ist der Held wieder hergestellt (Botheroyd 1995: 202).

Als weitere Quelle kommt die kymrische – in walisischer Sprache verfasste – mittelalterliche Literatur, die Märchen und Sagen, die Heldenepen und Gedichte der großen Barden, in Betracht.

Europäische Folklore: Brauchtum, Volksmedizin, Volkskunde, Märchen, Bauernrätsel und Bauernregeln

Mit der Eroberung Galliens und anderer keltischer Länder durch das Imperium Romanum, dem Missionierungsdruck der römischen Kirche, auch durch den Einfall der slawischen Völker aus dem Osten und der Germanen aus dem Norden, etwa der Angelsachsen in Britannien, wurde die keltische Kultur gleichsam »enthauptet«. Das Druidentum, Träger der keltischen Hochkultur, und der Kriegeradel wurden praktisch ausgelöscht. Mit ihnen schwanden die keltischen Hoch-

3 Das schlichte konische Birkenhütchen des ansonsten so prunkvoll ausgestatteten Fürsten von Hochdorf gibt den Archäologen ein Rätsel auf. Es entspricht der Kopfbedeckung des »Kriegers von Hirschlanden«, jener fast lebensgroßen steinernen Statue eines Kelten der Hallstattzeit, die bei Ditzingen-Hirschlanden in Baden-Württemberg am Fuße eines Grabhügels gefunden wurde (Botheroyd 1995: 32). Die Toten als Träger der Birkenhüte stehen vermutlich unter dem Schutz der Birkengöttin, Brigid, die auch die Göttin der Wiedergeburt ist. Die spitze Form der Hüte ähnelt jenen der britischen Zauberer, Hexen oder auch der Zwerge – alles Wesen, die mit der Anderswelt in Verbindung stehen. Eine alte schottische Ballade könnte bezüglich des Totenkultes der Kelten einen Hinweis geben. Das Lied erzählt von den verstorbenen Söhnen, die ihrer Mutter mit konischen Birkenhüten auf dem Kopf erscheinen. Die Hüte gelten als Zeichen, dass sie keine gemeinen Gespenster sind, sondern nach ihrem Besuch bald wieder in den Himmel zurückkehren werden (Müller-Ebeling/Rätsch/Storl 1998: 18).

Maria tritt an die Stelle der keltischen Göttin.

götter, die großen Opferrituale und die druidische Hochmagie. Aber das einfache Volk, nun allmählich zum Christentum bekehrt und anderen Herren untertan, lebte weiterhin in strohgedeckten Einzelhöfen, aß weiterhin Brei und Mus, trank weiterhin Gerstenbier, glaubte weiter an die lokalen Geister, an all die Heinzelmännchen, Elfen, Wasser- und Waldgeister, und opferte diesen. Man säte, pflanzte, erntete, schlug Holz und versorgte das Vieh weiterhin im Einklang mit den Jahreszeiten. Man heilte mit denselben Kräutern und unter Zuhilfenahme ähnlicher Heilsprüche wie bisher. An die Stelle der heidnischen Gottheiten, die die verschiedenen Jahreszeiten beherrschten, traten einfach die passenden christlichen Heiligen, an die Stelle der Göttin Maria. Ebenso wie die christlichen Kirchen und Kapellen nun auf alten heidnischen Heiligtümern standen, wurden die christlichen Feiertage in den traditionellen Kalender mit eingebaut: Christi Geburt wurde auf die Wintersonnenwende festgelegt, Maria Lichtmess auf das Fest der Lichtgöttin Brigit, Ostern und Pfingsten auf die herkömmlichen heidnischen Frühlingsfeste, Johanni auf das Fest des Sonnengottes und so weiter. Das sakrale Jahr wurde also »keltifiziert« oder das keltische Jahr christianisiert. Anders gesagt, in der Kultur des kleinen Mannes – der *little tradition*, wie der Kulturanthropologe Robert Redfield diese im Gegensatz zur *big tradition* der Hochkultur definierte – ist praktisch die ungebrochene Kontinuität keltischer Bräuche gewährleistet (Redfield

1941). Und das nicht nur in Irland oder Wales, sondern auch anderswo in Mittel- und Westeuropa, insbesondere in den Rückzugsgebieten des Alpenraums. Vor allem auf diese noch immer nicht versiegte Quelle wollen wir uns in Bezug auf die Heil- und Zauberpflanzen in diesem Buch berufen. Ehe wir zur Sache gehen, wollen wir im folgenden ersten Kapitel einen kurzen Blick auf das kulturelle und historische Umfeld werfen, in welchem die keltische Heil- und Pflanzenkunde eingebettet war. Das sind wir einer ganzheitlichen Betrachtungsweise schuldig.

Das »morphogenetische Feld«: Die Sprache des Landes, des Waldes, der Flüsse und Berge

Dass die Bäume, Kräuter, Steine und die Tiere, in deren Mitte wir leben, unsere besten Lehrer sind, das hatte mir Bill Tallbull, Medizinmann der Tsististas-Indianer, schon öfter erklärt (Storl 1997: 75). Man müsse sich aber auf die Natur einstimmen. Man müsse das ständige Geplapper der ach so klugen Gedanken in unserem Kopf zum Schweigen bringen und ganz still werden. Man müsse die Uhr ablegen, das Radio ausschalten, die gelehrten Bücher vergessen und in die Stille lauschen. Dann würden sie anfangen zu sprechen.

Heutzutage sind die meisten von uns überzeugt, dass die Natur eigentlich gar nicht »sprechen« kann. Phänomene wie Pflanzenwachstum, Tierverhalten, Planetenbewegungen oder der Wandel des Wetters lassen sich wissenschaftlich erklären. Da braucht man keine animistische Hypothese von »sprechenden Naturwesen«. Wenn man seine zentralgeheizte Wohnung am Wochenende einmal verlässt und sich einen »Trip« reinzieht, dann kann es durchaus vorkommen, dass Käfer, Erdmännlein, Elfen oder was auch immer einem erscheinen oder einem gar etwas zuraunen. Nur wissen wir, das ist subjektives Empfinden, das hat mit Hirnchemie, mit Neurotransmittern und Synapsen zu tun. Es ist halt ein »Trip«, eine Einbildung, ein Ausflug in Traum und Illusion; die Wirklichkeit holt einen wieder zurück!

Bill Tallbull hatte aber etwas anderes im Sinn, als er vom »Sprechen« der Natur sprach. Was er eigentlich meinte, das habe ich in den vielen Jahren, in denen ich auf diesem Berg im Allgäu lebe, immer besser verstanden. Oft dauert es Jahre, bis man die Sprache des *Genius Loci*, des Geistes eines Ortes, versteht. Man lebt sich ein in das *morphogenetische Feld*, in die formgebenden Energien und die unsichtbaren und dennoch wirksamen »Erinnerungen« an vergangene Zustände, die an dem Ort haften. So will ich mir erlauben, etwas von diesem Ort, diesem

Berg, zu erzählen, der mir so viel über die Kelten, die so lange hier wohnten, erzählt hat.

Menschliche Nachbarn gibt es keine hier oben. Füchse, Dachse, Rehe, gelegentlich eine Wildsau, Hirsche und Gämsen sind die Nachbarn. Sie sind scheu und gehen dem Menschen lieber aus dem Weg. Der Hof war einst Teil eines Benediktinerklosters. Das Wohnhaus, von einem Appenzeller Pächter im Dreißigjährigen Krieg wieder aufgebaut, besteht aus dicken Holzbalken, auf einem Untergeschoss aus Bruchstein. Im Keller sprudelt eine Quelle. Oft haben die Benediktiner ihre Gebäude auf Quellen gebaut – Inspirationen aus den Tiefen der Erde, nicht nur mineralreiches H_2O sprudelt da hervor.

Mit Barrieren aus Beton, Glas und Plastik schirmt sich der heutige Städter von den Belastungen und Einstrahlungen seiner Umwelt ab. Meistens ist dies auch angebracht. Hier aber strömen die Energien durch die Balken und durch die von Hand gefertigten Biberschwanzziegel, mit denen das spitze Dach gedeckt ist. Schläft man dazu noch auf Stroh, dann spürt man diese Energieströme noch mehr, sagen doch die Bauern hier: »Wer auf Stroh schläft, zu dem kommt der Teufel!« Oder sind es die Naturgeister? Man ist an einem Ort wie diesem den unsichtbaren Energien geradezu ausgesetzt. Die Jahreszeiten reißen einen mit in ihrer unerbittlichen Macht. Wie auf einem Riesenrad trägt es einen hinauf in die Höhe des Sommers und dann wieder hinab in die dunklen, kalten Tage des Winters. Jedes Jahr dasselbe und doch jedes Jahr anders, und das seit Tausenden von Jahren. Irgendwann im März kommen die Frösche über den alten Schnee gehüpft und feiern im Tümpel ihre Hochzeitsorgien; in den blühenden Salweiden summen die Bienen, bald blühen die Dotterblumen im Sumpf und das Scharbockskraut auf den Wiesen. Wie eine Göttin zieht der Vorfrühling übers Land und rüttelt es wach. Nun ist es an der Zeit, mit den frischen Kressen und Brennnesseln eine Blutreinigungskur zu machen und die Winterträgheit abzuschütteln.

Bald kehren die Zugvögel zurück; die Wiesen sind grün und stehen in voller Blüte, die Tage werden lichter und wärmer, Wald und Matten schmücken sich wie eine Braut. Hochzeitsstimmung. Nicht schwer, sich vorzustellen, dass nun die Pflanzengöttin den strahlenden Sonnenhelden minnt. Der Kuckuck ruft. Lieder von Reigen unter Linden kommen einem in den Sinn. Gelegentlich kommen Wanderer vorbei, ältere Leute im Ruhestand, Einheimische, trinken ein Bier für den Durst und plaudern: »Ja, mei, war das schön damals«, erzählen sie in ihrer für mich schwer verständlichen Westallgäuer Mundart. »In der Mainacht kam die Dorfkapelle hoch; die ganze Nacht hindurch haben wir hier oben getanzt!« Aber auch von schweren Zeiten wissen sie zu erzählen.

Nun ist kein Halten mehr. Die Arbeit in der Stube hört endgültig auf. Wehe, wenn mein Buch noch nicht fertig geschrieben ist! Nun ist es höchste Zeit, die Gartenbeete umzugraben, zu rechen und mit Kompost zu düngen, zu säen und zu pflanzen. Wenn man die günstige Stunde verpasst, dann fehlt es einem an Kartoffeln oder Gemüse im kommenden Winter.

Gegen Ende Mai bringen die Bauern aus dem Tal ihre »Tschumpe« (Jungvieh) herauf; auch Pferde machen hier Sommerurlaub, bis das Gras bis auf dem Rasen abgefressen ist. Erdbeerzeit, Himbeerzeit, Brombeer- und Holunderbeerenzeit – so heißen die eigentlichen Monatsnamen hier oben. Überhaupt erlebt man die Monate hier anders: Sie verändern sich mit dem Mond, von Neumond zum Vollmond und wieder zum Neumond. Nach diesen natürlichen Mondrhythmen leben die Pflanzen und Tiere und, obwohl wir es vergessen haben, auch unsere Seele. Der offizielle Kalender mit seinen Zahlen und abstrakten Namen ist nur für die »Welt« da unten, für Behörden, Schule, Termine. Wenn man es zulässt, dann ist jeder Vollmond Kraftzeit. In den milden sommerlichen Vollmondnächten liegt nichts näher, als ein Feuer unter freiem Himmel zu entfachen und die ganze Nacht aufzubleiben. Und manchmal tanzen einem die Waldgeister dabei durch den Körper.

In den Hundstagen im August leuchtet Sirius, der Hundsstern, am südöstlichen Himmel. Es ist heiß. Kräutersammelzeit. Badezeit.

Bald aber wird es kühler; bald ziehen Nebel aus den Schluchten herauf. »Die Hasenmutter kocht!«, sagen die kleinen Kinder. Die Rinder und Pferde ziehen wieder ins Tal. Holz für den Winter muss aus dem Wald geholt, gesägt und aufgeschichtet werden. Nun kommen die Jäger; die Hunde bellen die vorbeifahrenden Geländewagen an. Der Garten will abgeerntet werden. Der Wald schenkt Pfifferlinge, und wenn er es besonders gut meint, dicke Steinpilze.

Es wird grau, neblig, ungemütlich. Totenzeit. Nun bedarf es nicht viel, die Geister zu sehen oder der Schwermut zu verfallen. In diesen Tagen feierten einst die Kelten ihr Totenfest Samain. Es ist Zeit, Lichter anzuzünden. Bald kommt der Weihnachtsbaum ins Haus.

Nach der Wintersonnenwende sinken die Nebel ins Tal hinab. Kristalle bilden sich auf den Zweigen der Tannen und Buchen. Der Berg steht da wie eine Insel im Nebelmeer und schickt Grüße hinüber zu den anderen Gipfeln. Der Säntis, schneeweiß und majestätisch, ein heiliger Berg schon für die Neandertaler, rückt in der klaren Winterluft näher.

Im Jahresrad erlebten die Kelten einst das Wirken der Götter. Sie teilten das Jahr in natürliche Zeiträume ein. Jeder Zeitraum galt als das Reich einer Gottheit oder genauer eines Götterpaares. Die Feiertage, die Sonnenwenden, die Tagnachtgleichen und die dazwischen liegenden Vollmondfeste wurden als Übergänge von einem Götterreich zum anderen aufgefasst. Jeder dieser Zeiträume hat seine ganz bestimmten Eigenschaften und Qualitäten. Dies hat mich der Berg gelehrt. Auch die Götter in ihren jahreszeitlichen Offenbarungen hat er mir nahe gebracht, nicht als intellektuelle Abstraktion, so wie man von ihnen im Buch liest, sondern ganz wirklich, ganz sinnlich. Man fühlt die Wesenheiten bis ins Blut, bis in die Knochen, man kann sie im Garten, auf der Weide und im Wald spüren, hören, sehen, riechen. Das Heilige ist nicht etwas, was man nur von religiösen Funktionären oder Priestern als Katechismus oder Glaubensinhalte vermittelt erhält, sondern es ist ureigene Erfahrung. Diese Erfahrung machte es mir möglich, die Kelten zu verstehen.

Im Winter liegt der Schnee tief. Schon gegen Mitte Oktober deckt Frau Holle die grünen Matten und den dunklen Wald mit einer weißen, weichen Decke zu; erst gegen Ende April kommt die Erde wieder zum Vorschein. Auf der verschneiten winterlichen Niederalp, auf der sich der Hof befindet, ist kein Kraftfahrzeuglärm zu hören – außer gelegentlich ein Flugzeug. Kein Glockengeläut zerteilt die Stille. Das Holz für den Herd ist unter Dach, die Erdäpfel, Äpfel und Gemüse aus dem Garten sind im Keller.

In dieser Stille, besonders am späten Abend, wandert der Geist in die tiefen, unsichtbaren Bereiche und wird empfänglich für Eingebungen. Das Feuer im Herd zischt, spuckt und knattert. Jedes Holz – Buchenscheite, Fichte, Ulme, Esche – brennt anders, jedes hat seine eigene Wärme, seinen eigenen Duft und seine eigene Geschichte vom Sommer zu erzählen. Vor hundert Jahren war das hier noch ein Wirtshaus, Sennen und Bauern gingen ein und aus. Vom Jahre 1188 an bis zur Zeit Napoleons saßen Benediktinermönche, hagere Schwarzkutten, hier oben auf dem Berg und fristeten ein freudloses Leben nach dem Motto »Ora et labora« (Bete und arbeite). Ihre Frustationen, ihre Trunksucht – man spürt sie noch heute in den stillen Winternächten. Davor alemannische Ritter, die auf der Höhe eine Festung unterhielten, bis der Ritter Swigger von den eigenen Mannen erschlagen wurde und der Berg von den Schwarzkutten in Besitz genommen wurde. Vor den Rittern waren Römer da, und davor die Kelten ...

Von den Kelten und ihren Pflanzen habe ich nicht viel gewusst, ehe ich mitsamt meiner Familie hierher zog. Aber über die Jahre hinweg hat mir der Berg dieses und jenes von ihnen zugeraunt. Hier war keltisches Kernland. Nahezu tausend Jahre waren sie hier. Irgendwie sind sie noch immer anwesend. Unten im Tal sind Keltenschanzen. Auf dem Gipfel des vorgelagerten »Heidenkapfs« brannten die jahreszeitlichen Notfeuer der keltischen Heiden. Ein großes hölzernes Kruzifix markiert nun den Kraftplatz, von dem man bis in die Bodenseesenke und auf die Voralberger und Glarner Alpen schauen kann.

An einer Stelle, ganz in der Nähe des Heidenkapfs und direkt auf der kontinentalen Wasserscheide, stoßen drei Wege aufeinander. Die Wegscheide ist ein Quellgebiet; auf der einen Seite fließt das Wasser hinab in die Bodenseesenke und zur Nordsee, auf der anderen ins Donautal und dann zum Schwarzen Meer. Und gerade hier befindet sich ein weiteres altes Heiligtum. Hier stand lange eine Kapelle. Hierher pilgerte das Landvolk noch bis in die Achtzigerjahre, um Heilung gegen Hautkrankheiten aller Art – in der Mundart »Eissen« genannt – zu finden. Weggabelungen und Orte des Übergangs wie hier, mitten auf einer Wasserscheide, sind typische heilige Orte der Kelten. Nicht willkürlich wurden sie ausgewählt. Sensitive spüren da noch heute starke Energien und den Wünschelrutengängern schlagen die Ruten aus. Die drei alten Weißtannen, die sich hier angesiedelt haben, unterstreichen das Numinose des Orts. Das Göttliche offenbarte sich bei den Kelten oft in dreifacher Gestalt.

Die Kapelle ist dem Pestheiligen **Rochus** geweiht und wurde wahrscheinlich irgendwann im 15. Jahrhundert, als der schwarze Tod das Land heimsuchte, errichtet. Ein lebensgroßer barocker Heiland, ein arg geschundener und aus vielen Schürf- und Stichwunden blutender Schmerzensmann, dominiert den Altar der Kapelle – ein Nachklang blutiger Opferrituale keltischer und vorkeltischer Agrargesellschaften, die einen schaudern machen könnten.

Die Kapelle ist eine so genannte Besenkapelle. Der Gläubige, der für sich selbst oder jemanden in seiner Familie Heilung sucht, muss einen von einem Nachbarn geborgten Besen aus Birkenreisig mitbringen und als Opfergabe hinterlassen. Er muss reinen Herzens hierher kommen, am besten an einem gesegneten Tag, dann kann er den Ausschlag, die

Geschwüre, Beulen oder Abschürfungen, auch Schmerzen des Beines und der Knie dem gemarterten Gottessohn überlassen. Man kann sie sozusagen abstreifen und auf ihn übertragen. So haben es schon seine keltisch-germanischen Vorfahren an Bäumen und Sträuchern – vor allem Fichten und Holunderbüschen –, die an ähnlichen Orten wuchsen, getan.

Der Birkenbesen ist ein alter heidnischer Ritualgegenstand. Die Birke symbolisierte auch bei den Kelten Reinigung und Neuanfang. Mit Birkenbesen wurden unreine Geister aus Heiligtümern gefegt. Schläge mit Birkenbesen vertrieben solche Geister auch aus dem Leib. Noch Mitte des 20. Jahrhunderts lagen die Reisigbesen stapelweise in der Kapelle; die russischen Kriegsgefangenen, die in der Landwirtschaft halfen, brauchten damals keine Besen zum Auskehren des Stalls zu binden, und die Bäuerin hatte genügend Reisig für Herd und Backofen.

Mitte der Achtzigerjahre wurden mehrere abgelegene Wald- und Bergkapellen ausgeraubt und ihrer Statuen und Kunstschätze entledigt. Deshalb suchte man für diese Rochuskapelle einen sichereren Ort. 1987 wurde die Kapelle näher zum Hof versetzt. Seither hat die Kapelle an Bedeutung verloren. In keltischer Tradition ist es der Ort, der *Genius Loci*, der die heilende Kraft ausstrahlt, nicht das Gebäude und die Statuen, die darauf stehen. So auch in diesem Fall. Außerdem wurde die Kapelle falsch hingestellt, mit dem Altar nach Westen orientiert, wobei doch jeder weiß, dass die Heilkraft aus dem Osten kommt, aus der Richtung des Sonnenaufgangs. Nur selten noch bringt ein Einheimischer einen Besen; und der alte knorrige Holunder, der neben der Kapelle steht, geht allmählich ein. An die ursprüngliche Stelle der Kapelle hat der einheimische Förster inzwischen eine Linde gepflanzt, um den heiligen Ort erneut zu kennzeichnen.

Hinter der Gestalt des heiligen Rochus steht – wie bei so vielen populären Heiligen – wahrscheinlich eine alte keltische Gottheit. Rochus soll um 1295 in Montpellier, im ehemaligen gallischen Südfrankreich, geboren worden sein. Montpellier war der von den Galliern verehrte Heilkräuterberg *Mons pessulanus.* Der Legende nach sammelten hier einst die Druiden das Zauberkraut »Selago«; hier wuchsen die stärksten Pestkräuter, hier gründeten die Benediktiner eine berühmte medizinische Fakultät (Höfler 1911: 254). Die Ikone stellt Rochus mit Schlapphut und Wanderstab dar. Sein Mantel ist aufgeschlagen, auf seinem Schenkel ist eine Pestbeule zu sehen, die ein Hund leckt. Beim Anblick denkt man unwillkürlich an einen Druiden – oder an den germanischen

Zaubergott **Wotan.** Als Rochus von der Pest angesteckt wurde, verzog er sich in den Wald; ein Engel erschien ihm und ein Hund versorgte ihn, leckte seine Wunden und brachte ihm Brot, bis er genesen war. Hunde waren bei den Kelten heilige Tiere; keine keltische Gottheit, die nicht einen Hund als Begleiter hatte (Botheroyd 1995: 167). In Frankreich glaubte man, dass tollwütige Hunde denjenigen nicht anfallen und beißen, der ein Bild des Rochus bei sich trägt.

Der Tag des heiligen Rochus ist der 16. August. Traditionell hat man an diesem Tag die Rochuskräuter, die Pestkräuter, gesammelt. Meistens sind es Kräuter, die in der keltischen Heilkunde und im Kult eine große Rolle spielten: Baldrian, Bibernelle, Blutwurz, Eberwurz, Einbeere, Meisterwurz, Sanikel, Wacholder. Bis auf den Wacholder wachsen alle diese Pflanzen wild auf diesem Berg.

Der Tag davor, der 15. August, ist Maria Himmelfahrt. Einst wurden sämtliche Kräuter, deren Heil- oder Zauberkräfte man über das Jahr hinweg im Haus oder im Stall benötigte, am Himmelfahrtstag der Gottesmutter in den Kirchen geweiht. Unten im Tal, im Dorf, lassen die Frauen noch immer einen »Kräuterwisch« in der Kirche weihen und wetteifern miteinander, wer den schönsten Strauß hat. Diese Mariakräuterweihe ist inzwischen jedoch eher dekadent geworden, ein leeres Ritual, denn heute geht man bei Bedarf in die Apotheke, zum Tierarzt oder zum Arzt, der die Anweisungen der Pharmaindustrie befolgt. Auch haben die Frauen vergessen, dass die Kräuter nicht mit einem Messer geschnitten, sondern nur mit der Hand gepflückt werden dürfen. Das Fest der Heilkräuter und ihrer Weihe ist älter als das Christentum, die Kelten kannten es schon. Es war Teil der Zeit des Augustfeuers, Teil der allgemeinen Erntezeit, die unter der Obhut des geschickten, heilkundigen Gottes **Lugus** (Lug) und der göttlichen Matrone stattfand.

Die Kirche, in der die Kräuter geweiht werden, ist uralt. Sie ist die erste christliche Kirche der Gegend, eine Missionskirche und zugleich eine der »Wanderkirchen«. Die Missionare, die vom Kloster St. Gallen ausgezogen waren, um die heidnischen Alemannen zu bekehren, wollten das Gotteshaus mitten im Tal errichten. Jede Nacht aber verschwanden das Baumaterial, das Holz, die Werkzeuge und sogar der Eckstein und wurden am Fuß des heiligen Berges, unterhalb des Heidenkapfs, wieder aufgefunden. Keine Schleifspuren, kein Fahrgleis waren zu sehen. Man wusste nicht, ob es Engel oder Wichteln waren oder ob gar der Teufel mit im Spiel war. Nachdem das drei Mal geschehen war, beließen es die Missionare und bauten die Kirche gerade da, am Anfang des Weges, der durch eine Waldschlucht – heute Kirchtobel genannt – direkt zum Berg hinaufführt.

Manchmal kommt mir der Berg wie ein schlafender siebenköpfiger Drache vor. Die Ausläufer, von den Einheimischen als **Kapf** bezeichnet, sind seine Köpfe. Quellen, die hier und da hervorsprudeln, und die Waldkapellen, die sich da und dort entlang des Grats befinden, könnten seine Leibes-Chakren sein. Vor einiger Zeit erfuhr ich vom Dorfschulmeister, dass hier tatsächlich ein Drache gehaust haben soll. Der heilige Magnus, der Apostel des Allgäus, soll durch den Urwald, gerade durch den Kirchtobel den Berg hinaufgestiegen sein, um den Drachen zu erlegen. Der Heilige trug ein großes Kreuz auf der Brust, einen Stab in der einen Hand und einen Pechkranz in der anderen. Als er das gefürchtete Untier antraf, schleuderte er ihm unter Anrufung Gottes den Pechkranz in den Rachen. Der Lindwurm schluckte und wand sich, bis er schließlich vor den Füßen des Heiligen zerbarst, worauf sich alles übrige Ungetier, die Schlangen, Bären, Wölfe und die anderen gottlosen Geschöpfe, aus dem Staube machten (Helber 1990: U3).

Der heilige Magnus, im Volksmund **St. Mang** genannt, war Schüler und Gefährte der iro-schottischen Missionare Gallus und Columban – allesamt aus druidisch-königlichem, keltischem Geschlecht –, die das Bodenseegebiet missionierten und in Bregenz die Götzenbilder und Bierkessel der Heiden zerstörten (Storl 1992: 134). Viel Keltisches haftet an St. Mang. Überall haben keltische Heilige Drachen getötet oder, wie der heilige Patrick in Irland, Schlangen vertrieben. Abergläubische Bauern im Allgäu riefen St. Mang noch lange gegen Ungeziefer an, gegen Mäuse, Raupen und Engerlinge. Am Mangtag steckt man drei Haselruten mit dem eingeschittenen Buchstaben M in drei Ecken des Feldes, um Würmer zu vertreiben. Auch dieser Brauch hat eindeutig keltische Wurzeln. Der Stab des Missionars, der noch in Füssen aufbewahrt wird, wird in Prozessionen um die Felder getragen – auch das ein Überbleibsel keltisch-germanischen Feldzaubers (Bächtold-Stäubli V 1987: 1482).

Nicht alle wilden Kreaturen hat St. Mang vom Berg vertreiben können. Machmal treffen Wanderer, die sich ihres Weges nicht ganz sicher sind, auf ein altes Weib mit wirrem Haar und großen Zähnen. Man könnte sie leicht für eine Bergbäuerin halten, die da Holz oder Kräuter sammelt. Manchmal kommt sie auch als junge Frau daher, manchmal in Begleitung von Gemsen. Sie führt die Wanderer, die sich verlaufen haben, immer im Kreis herum, durch steile Tobel und dichte Fichten- und Buchenwälder, bis sie völlig verwirrt und entmutigt sind. Jedesmal, wenn die Bundeswehr hier oben ihre Manöver hält, verirren sich einige Soldaten. Es dauert mitunter ein bis zwei Tage, bis sie alle wieder eingesammelt sind. Sogar ich habe mich öfter verlaufen, bin nach Süden gelaufen, wo ich doch nach Norden wollte, doch die Frau selbst habe ich nicht gesehen.

Vielleicht ist sie eine **Caillech,** eine alte Bergmutter, wie man sie in Irland oder im schottischen Hochland oft findet; vielleicht aber ist sie der Drache, den St. Mang angeblich »tötete« und der sich, wie es bei den chtonischen Schlangen der Fall ist, einfach häutete und erneuerte. Dass sich die Wanderer hier so leicht verirren und plötzlich völlig orientierungslos sind, hat – so haben es mir Rädiästheten gesagt – mit wirren erdmagnetischen Strömungen zu tun. Die vielen Quellen und Wasseradern entlang des ganzen Grats der Wasserscheide lassen ja nicht nur das Wasser in entgegengesetzte Richtungen fließen, sondern ziehen ätherische Kräfteströmungen nach sich, so dass sich sensible oder labile Menschen – insbesondere an Vollmondtagen – auf dem Berg nicht mehr zurechtfinden, Visionen haben oder Halluzinationen erleiden.[4] Derartige dynamische geomantische Störungen und Erdenergien wurden von den Kelten, ebenso wie von den Chinesen, als Drachen imaginiert. Drachen sind Geschöpfe der primordialen Erdmutter, dem Chaos nahe, energiegeladen, aber auch voller Weisheit. Wie bei den Chinesen wurde bei den Kelten diesen Drachen große Aufmerksamkeit geschenkt. Die Weisen der Kelten, die Druiden, konnten die Drachenlinien und Energiemuster (heute Feng Shui genannt) aufspüren. Vom Erzdruiden Merlin wird berichtet, wie er schon als Junge dem König Vortigern erklären konnte, warum die Grundmauern seiner Burg immer wieder wankten: Zwei Drachen seien es, ein weißer und ein roter, die unter der Burg miteinander kämpften. Die Drachen mit ihrer urgewaltigen Energie können gefährlich sein, sie können Menschen und Tiere töten. Vielleicht ist der Drache dieses Berges dafür verantwortlich, dass jeden Sommer – egal welche Vorkehrungen der Hirt unternimmt – mindestens ein Stück Vieh auf der Alpweide verendet. An Drachenorten haben schon die vorkeltischen Bauern ihre Riten – Initia-

4 Dass Menschen an solchen Drachenbergen, Kraftorten und anderen Orten mit geomagnetischen Störungen geheilt oder krank werden können oder paranormale Bewusstseinszustände erleben, wurde durch eine Gruppe von Wissenschaftlern, Rutengängern und Anthropologen durch das in England 1977 ins Leben gerufene Projekt des Dragon Project Trust eindeutig belegt (Devereux 1992: 35).

Drachen.

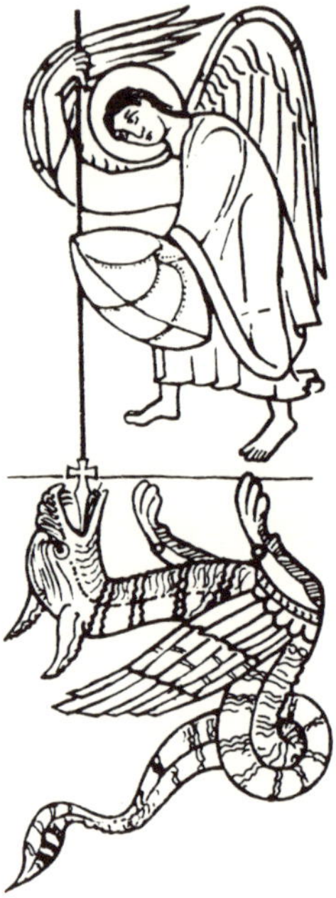

Engel, Heilige und Druiden als Beherrscher der Drachenenergie.

tionsriten, Riten der Großen Göttin – zelebriert, haben Menhire oder Steinkreise aufgestellt oder sind dort auf Visionssuche gegangen. Diese Orte wurden dann von den keltischen Indogermanen besetzt und als Heiligtümer weitergeführt.[5]

Eine der Aufgaben der Druiden war es, die Drachenenergien der Natur zu führen und zu zähmen. Dazu benutzten sie unter anderem Stäbe aus Haselruten. (Mehr darüber später, bei der Diskussion der Haselstaude, Seite 193ff.) Die vielen christlichen Heiligen, die wie St. Mang als Drachentöter in die Legende eingegangen sind, haben wahrscheinlich diese Aufgabe übernommen. In einem Seitental, am Nordende des Berges, wohnt ein bekannter »Volksheiler«, der mit Pendel und Kräutern Aids- und Krebspatienten behandelt. Manchmal behandelt er auch die Erde, indem er an bestimmten »Strahlungsstellen« Eisenstäbe in den Boden rammt – er nennt es »Erdakupunktierung« –,

5 Einer der berühmtesten Erddrachen der Antike war Python, der Bewacher des Traumorakels der mächtigen Erdgöttin Gaia, am Mysterienort Delphi in Griechenland. Hier, über einem Erdspalt saß die Pythia, die Priesterin der Göttin, auf einem Dreifuß und verkündete »rasenden Mundes« in dunklen Worten den Willen der Götter. Die Mythe besagt, dass Apollo, der hyperboräische (keltische) Sonnengott, den Drachen tötete. Die Pythia musste dann in seinem Namen das Orakel sprechen. Die Kunde von diesem Ort des Sonnengottes lockte um 280 vor unserer Zeitrechnung die Kelten unter Führung des Kriegers Brennus nach Delphi. Dabei verwüsteten die Kelten weite Teile Griechenlands.

um die geomantischen Energieströme zu lenken. Seither, behauptet er, haben die verheerenden Hagelstürme, die jeden Sommer niederfuhren, aufgehört.

Es gäbe noch viel über den Berg zu erzählen: Da war der alte, verwitwete Bergbauer, der Fehnlihans, ein »Original«, der, bis er starb, leichtfüßig wie ein Hirsch über die Höhen und durch die Schluchten, weitab von den Wegen, wanderte. Immer wusste er, wo sich die Hirsche befinden, wusste, wo sich die Schwämme (Pilze) verstecken und wo die seltene Arnika wuchs. Am Hut trug er jeden Tag andere Federn, Blumen und Kräuter, etwa Bärlapp, wenn er mit Behörden oder anderen »Herren« zu tun hat. Bärlapp – das heilige Kraut **Selago** der Druiden – schützt vor bösen Gedanken und schlechten Wünschen. Der Herrgottswinkel in seinem Bergbauernhäuschen bestand aus riesigen Hirschgeweihen, dahinter ein Bild des heiligen Hubertus, wie er vor einem Hirsch kniet, zwischen dessen Geweih das Christuslicht wie eine Sonne hervorleuchtet. Der Hirsch galt bei den Kelten und der vorkeltischen Bevölkerung Europas als eine Erscheinung des Sonnengottes, der in die dunkle Tiefe hinabsteigt und dort als **Cernunnos,** als Herr der Tiere und des Wachstums, herrscht. Der Jäger Hubertus, der da vor dem Hirsch kniet, war einst selbst eine keltische Gottheit. Er stellt die Gottheit der Dunkelheit und des Winters dar, den die Inselkelten **Samain** nannten und der als Jäger im November, der Totenzeit, den Sonnenhirsch jagt. Auch wenn es ihm selbst nicht unbedingt bewusst war, bei diesem Bergbauern haben wir es mit kaum verhohlenem naturnahem keltischem Heidentum zu tun, das sich bis in die heutige Zeit erhalten hat.

Wir werden bei der Diskussion der Wegwarte noch mehr von dem Hirsch als Sonnengott erfahren. Aber nun ist es an der Zeit, uns ein Bild zu machen, wer die Kelten wirklich waren.

WALDBAUERN UND STEPPENKRIEGER

Gegen Ende der Bronzezeit, um anderthalbtausend Jahre vor unserer Zeitrechnung, drangen viehzüchtende Reiterkrieger auf der Suche nach Weidegründen aus den westasiatischen Steppen nach Westen vor. Sie stießen dabei auf eine archaische Kultur von Brandrodern und Wanderfeldbauern, die in gerodeten Lichtungen des schier endlosen europäischen Urwaldes mit ihren primitiven Hackpflügen Weizen, Gerste, Hirse und einige Leguminosen anbauten, Schweine, Schafe, Ziegen und Rinder züchteten, sakrale Steine (Megalithen) aufstellten, ihre Toten in Hügelgräbern bestatteten und einer Fruchtbarkeit bringenden Erdgöttin opferten. Die wilden Eindringlinge waren dank ihrer Pferde beweglicher als diese Bauern, und sie hatten die besseren Waffen. So gelang es den Indoeuropäisch (früher »Indogermanisch«) sprechenden Scharen, überall die bronzezeitlichen und megalithischen Bauern zu überrumpeln und zu unterjochen: Dorische Krieger legten die minoisch-mykenische Kultur in Schutt und Asche; latinische Stämme besetzten Italien und machten den »Rinderberg« (*Capitolinum* in Rom) zu ihrem Kultzentrum, andere wiederum eroberten Kleinasien, und die Protokelten (Urnenfeld-Kulturen) nisteten sich in Böhmen und Mitteleuropa ein. Auch die rückständigen Megalithvölker Skandinaviens, die Urgermanen, bekommen das neue Zeitalter zu spüren.

Wie sesshafte Pflanzervölker und Hackbauernkulturen anderswo in der Welt waren auch die vorindoeuropäischen Kulturen eher mutterrechtlich organisiert. Das bebaute Land wurde von den matrilinearen

Der Hirsch, das Attribut von St. Hubertus und St. Eustachius. (W. AUERS, Heiligen-Legende, *1980*).

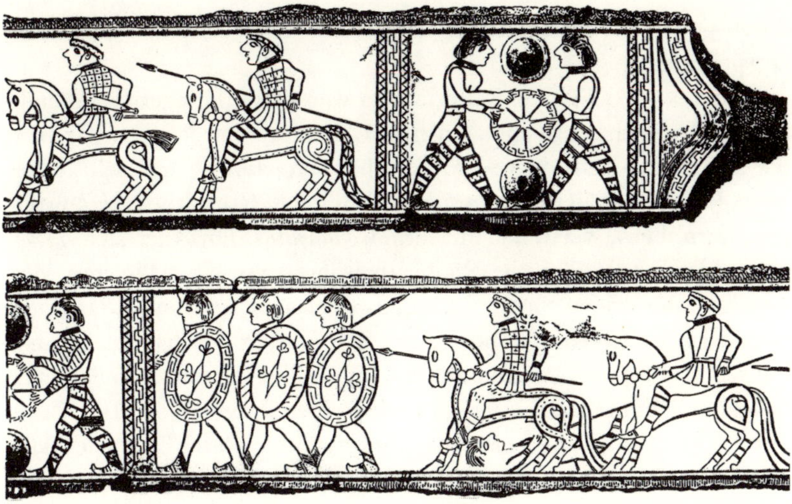

Frühkeltische Reiterkrieger, dargestellt auf einer Schwertscheide aus dem Hallstätter Gräberfeld.

Clans betreut und bearbeitet. Die Erde selbst galt als heilig, als identisch mit der Großen Göttin. Miteinander blutsverwandte Frauen – Schwestern, Basen, Mütter, Töchter – bestellten in gemeinsamer Arbeit die Gärten und Äcker. Die Männer – das lassen ethnologische Studien von Stämmen auf vergleichbarer Organisationsstufe vermuten – kümmerten sich hauptsächlich um Krieg, Jagd und den Verkehr mit den Geistern und Götter. Sie faulenzten in Männerhäusern und gaben sich psychedelischen Träumereien hin. Nach der Initiation verlassen die Männer das Dorf ihrer Mütter und Schwestern und ziehen in das Dorf ihrer Frau. Für die an den Erdboden gebundenen Gärtner- und Hackbauernvölker ist das die einfachste und ökonomischste Art und Weise, ihr Leben zu organisieren.

Hirtenvölker wie die Urkelten und ihre indoeuropäischen Verwandten sind dagegen fast durchwegs vaterrechtlich organisiert. Die Erbfolge geht durch die männliche Linie, Frauen ziehen ins Lager ihrer Ehegatten. Das hat nichts mit einer fiesen phallokratischen Verschwörung zu tun, wie Bachofen, Marx oder einige verbissene Feministinnen glauben, sondern ist eine ökologische Anpassung an die Bedürfnisse der Tierherden: Neue Weidegründe müssen ausgekundschaftet, erobert oder auch verteidigt werden. Rinderdiebstahl muss gerächt werden. Eine bewegliche, kampffähige Männergruppe, zusammengeschweißt durch patrilineare Blutsbande, kann diesen Erfordernissen am besten entsprechen.[6]

Die indoeuropäischen Reiterkrieger waren, wie Krieger fast überall, arrogant und eitel. Als die »Edlen«, »Aristokraten« (skr. *aria*, ir. *aire;* die Iraner, die Iren) oder »Helden« bezeichneten sie sich selbst. Das Wort **Kelte** bedeutet nichts anderes als »Held« (von altkelt. **kel*, »treiben, antreiben«; verwandt mit altind. *kaláyati*, »Hirt, der sich gegen menschliche und tierische Räuber bewähren muss«). Wie ihre Verwandten, die wilden Skythen der südwestasiatischen Steppe, tätowierten die keltischen Krieger noch lange ihre Körper mit magisch-mythologischen Motiven, trugen Gold- und Silberschmuck, ließen sich buschige Schnurrbärte[7] wachsen und stärkten ihren hellen Haarschopf mit Gipslauge, bis die Haare hart und strähnig waren und wie Hahnenkämme oder stachelige Pferdemähnen emporragten. Sie hielten – wie wir auch in den irischen Heldensagen nachlesen können – prahlerische Streit- und Reizreden und stritten sich bei Festmählern um das Recht auf die »Heldenportion« des Wildschweinbratens. Wer aber lauthals angab, musste seinen Worten auch Taten folgen lassen. Manches Saufgelage nahm ein blutiges Ende.

In der Schlacht packte diese Krieger oft die göttliche Wut, die kämpferische Ekstase, so dass sie sich die Kleider vom Leibe rissen und sich in Todesverachtung splitternackt auf ihre Feinde stürzten. Wie die Skythen waren die Kelten ebenfalls Kopfjäger. Voller Entsetzen schildert der Grieche **Diodor Siculus** den barbarischen Brauch: »Köpfe der gefallenen Feinde hauen sie ab und binden sie ihren Pferden um den Hals; die blutige Rüstung geben sie ihren Dienern und lassen sie unter Jubelgeschrei und Siegesliedern zur Schau tragen. Zuhause nageln sie diese Ehrenzeichen an die Wand, gerade als hätten sie auf der Jagd ein Wild erlegt.« Köpfe von vornehmen Feinden wurden in Zedern- oder Wacholderöl eingelegt und bei Bedarf Gästen vorgezeigt. Auch wurden Schädel in Gold gefasst und als Trinkbecher benutzt.

Für die Pflanzervölker ist die Sonne oft – aber nicht unbedingt – eine Frau, ein mütterliches Wesen. Für die Hirtenvölker dagegen ist die

6 In der heutigen Zeit, in der wir weder als primitive Bauern noch als Hirtennomaden leben, befindet sich das Geschlechterverhalten im Wandel und die Geschlechterrollen werden selbstverständlich ganz anders definiert. Rapider sozioökonomischer Wandel, Konsumkultur und Informationsgesellschaft haben zu Unsicherheiten bezüglich traditioneller Geschlechterrollen geführt.

7 Diodor schreibt über diese Seehundschnauzbärte: »Wenn sie trinken, fließt das Bier gleichsam durch eine Reuse« (Pörtner 1997: 293).

Sonne ein Krieger, für die Indoeuropäer ein strahlender Held, der auf seinem von vier edlen, weißen Rossen gezogenen Kampfwagen den Himmelsraum siegreich durchmisst. Für den Indoeuropäer war das Pferd, dem er seine Siege und Eroberungen zu verdanken hatte, das heiligste aller Tiere. Das war auch bei den Urkelten der Fall. Krieger und Pferd verbindet ein inniges Verhältnis. Das Pferd führt den Reiter in neue Länder, zu frischen grünen Weiden und nach dem Tod auch hinüber in die jenseitige Welt. Pferdeschädel, ganze Skelette oder auch nur Teile davon sowie Pferdegeschirr und -wagen sind überall im Keltengebiet als Opfer und Grabbeigaben bezeugt (Botheroyd 1995: 270). In den heiligen Hainen der Kelten und Germanen weissagten Pferde durch ihr Wiehern und das Scharren ihrer Hufe. Die Schädel geopferter Pferde konnten – wie wir auch im Märchen der Gänsemagd erfahren – von unsichtbaren Dingen Kunde geben. Bekannt sind die aufwendigen Pferdeopfer indisch-arischer Könige (Storl 1988: 159). Beim Antritt seiner Herrschaft verkehrte der irische König sexuell mit einer weißen Stute. Das Tier symbolisierte die Göttin des Landes, von deren Gnade seine

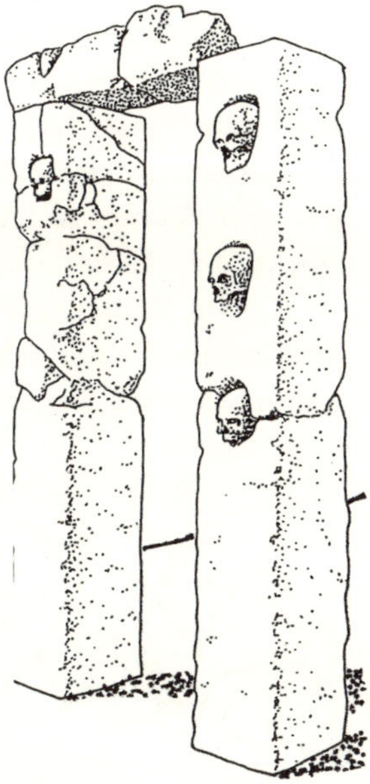

Kelten waren Kopfjäger: Schädelnische aus Südgallien.

Keltische Krieger, prahlend und um die »Heldenportion« streitend.

Herrschaft abhängig sein würde. Die Schimmelstute wurde anschließend geopfert, im großen Kessel des Häuptlings gekocht und als totemische Mahlzeit verzehrt. In beiden Fällen symbolisiert das sakrale Pferdeopfer den legitimen Herrschaftsanspruch der Könige oder Häuptlinge. (Papst Gregor III. musste im 8. Jahrhundert den Kelten ausdrücklich den Verzehr von Pferdefleisch verbieten.)

Die ersten Kelten in Europa trugen noch Schwerter und Rüstungen aus Bronze. Nachdem dann aber die Hethiter, ein indoeuropäisches Hirtenvolk am Schwarzen Meer, die Verhüttung des Eisenerzes entdeckt hatten, dauerte es nicht lange, bis sich auch die keltischen Stämme in Mitteleuropa mit Eisen wappneten. Über die Welt der bronzezeitlichen, matriarchal organisierten Nachbarn der Kelten brach ein neues, härteres Zeitalter, das Eisenzeitalter, herein. Die neuen Eisenwaffen (Langschwerter) und -werkzeuge trugen im 7./8. Jahrhundert v.u.Z. zur Vormachtstellung der Urkelten in Mitteleuropa bei. Es kommt in dieser Zeit zur ersten Blüte der keltischen Kultur in Mitteleuropa, der so genannten Hallstattzeit.[8] Das Wort Eisen geht auf das keltische **isaron* zurück (verwandt mit sanskr. *isira*, »hart, stark«. Die Isar ist der »Eisenfluss«).

Für die Kelten ist Eisen absolut heilig. Es vertreibt Feinde und feindlichen Zauber. Auf den Britischen Inseln wird gelegentlich noch immer zum Schutz gegen Feen eine Eisenschere über der Wiege eines

Epona-Relief aus Bregenz (Vorarlberg).

8 Die Hallstattkultur wurde nach Hallstatt im oberösterreichischen Salzkammergut benannt, wo sich eines der ältesten Salzbergwerke der Welt befindet. Das keltische Wort *hall* (breton. *holen*, kymr. *hal*) bedeutet »Salz«. Salz war einer der wichtigsten Bodenschätze in einer Zeit, als es noch keine Kühltechnik gab. Hallstatt war ein wichtiger Handelsort der damaligen Zeit.

Neugeborenen aufgehängt (Botheroyd 1995: 95); in den Türpfosten geschlagene Eisennägel vertreiben Widergänger (ruhelose Tote). Ein Hufeisen, über die Tür gehängt, fängt das Glück auf oder schüttet es herab. Eisen vertreibt auch die Pflanzengeister – Heilpflanzen wurden deswegen *sine ferrum* (ohne Eisenwerkzeuge) gesammelt.

Die wandernden Schmiede und Knappen galten als Zauberer, als Magier, die es wagten die Eingeweide der Erde aufzureißen, die metallenen Embryonen aus dem Mutterschoß zu rauben und mit »Blitz und Donner« in der Schmiede zu bearbeiten. Sie mussten zaubern können, um die Wut der Erdmutter und der die Schätze hütenden Drachen abzuwenden. Auch mit den Gnomen und Kobolden im Gestein mussten sie zurecht kommen können. Es ist bemerkenswert, dass man sich noch immer überall im ehemals keltischen Europa die Heinzelmännchen in die Tracht der keltischen Knappen gekleidet, mit Kapuzen und Bauernkitteln, vorstellt.[9]

Keltische Langschwerter (La Tène/Schweiz).

Auch der König galt bei den Kelten als mächtiger Magier, er war für das Gedeihen und die Fruchtbarkeit des Landes verantwortlich. Den wahren Thronanwärter – wie etwa den jungen Artus in der britischen Sage – erkannte man daran, dass er ähnlich dem Schmied als Einziger Eisen – das Eisenschwert – aus einem Stein herausziehen kann.

Die urkeltische Gesellschaft war wie andere indoeuropäische Völker dreigeteilt, in den so genannten Lehr-, den Wehr- und den Nährstand. Die später als Druiden bezeichneten Opferpriester, Magier und Barden hüteten die heiligen Überlieferungen des Stammes und regelten das Verhältnis zu den Göttern, den Ahnen und dem Übersinnlichen. Der

9 Die Sage von Wieland, dem Schmied, steckt voller archaischer keltischer Motive. Er ist ein Zauberer ersten Ranges; er ist mit einer Andersweltlichen, einer Schwanenjungfrau vermählt und fliegt mit selbst konstruierten Schwanenflügeln. Aus den Schädeln der Kinder des Königs, der ihn gedemütigt hat, schmiedet er goldene Trinkgefäße.

Kriegeradel trug die politischen Institutionen, stellte Könige und Richter. Das »Volk« (ir. *bó-aire*, »die Kuhbesitzer«), die Hirten und Bauern, die Handwerker und Händler, stellte den dritten Stand dar.

Für diese Indoeuropäer war Besitz von Vieh gleichbedeutend mit Reichtum. Rinderdiebstal war eines der größten Verbrechen, schwerwiegender noch als Totschlag und – wie auch aus den irischen Sagen hervorgeht – Anlass zu den meisten kriegerischen Auseinandersetzungen. Das Wort »Schatz« bedeutete ursprünglich Vieh. Das schlug sich auch in der Sprache nieder: Das englische Wort für Rinder, *cattle*, ist vom lateinischen *capitale* entlehnt, in der Bedeutung »Kopfzahl (*capita*) der Rinder« – ein Kapitalist ist also ein Rinderbesitzer. Das deutsche Wort »Vieh« ist im Englischen als *fee* (Gebühr, Bezahlung) vorhanden. Mit der Vergabe von Rindern ließen sich Friedensverträge besiegeln, die Götter günstig stimmen und als Wergeld sogar Mord und Totschlag sühnen (Hutterer 1987: 81).

Die Wandlung: Geburt der europäischen Bauernkultur

Das mittlere und westliche Europa, in dem sich die indoeuropäischen Reiterkrieger niederließen, war größtenteils undurchdringlicher Urwald – Eichenwald, Buchenwald, sumpfiger Erlen- und Weidenbruch. Die dort ansässige Urbevölkerung, die Hackbauern und Megalithleute, bewohnten geschwendete (brandgerodete) Waldlichtungen. Sie lebten im Einklang mit dem Rhythmus des Waldes, eingebunden in den Wandel der Jahreszeiten. Diese grüne Welt, in der die große Göttin der

Schmiede, Magier der indoeuropäischen Kultur.

Heinzelmännchen tragen noch immer keltische Tracht.

Fruchtbarkeit, des Lebens und des Todes mit ihrem Gefährten, dem Begatter, dem Hirsch-, dem Eber- und dem Bärengott herrschte, war nicht wie das Grasland und die Steppe leicht zu erobern und zu besetzen. Der Wald und seine Götter ließen sich nicht unterjochen. Er »schluckte« die Eindringlinge, nahm sie und ihre Seelen allmählich in Besitz.

Die Priester und spirituellen Führer der ehemaligen Steppenvölker besetzten die Kraftorte, die Megalithheiligtümer, die *henges* (wie etwa Stonehenge), die heiligen Quellen und Höhlen der Ureinwohner, aber die Kraft dieser Orte bemächtigte sich der neuen Herren und verwandelte sie in »Wald-Weisen«, in Druiden. Diese zogen sich dann selbst in die dichten Wälder zurück und schöpften aus der Weisheit des Waldes. Sie trugen Hirschleder, huldigten dem Hirschgott **Cernunnos,** dem Herrn der Tiere, und deuteten ihn als eine Erscheinung ihres Sonnengottes in seiner unterirdischen Gestalt.

Auch ist nicht anzunehmen, dass die kühnen Reiterkrieger die Ureinwohner restlos auslöschten oder vertrieben. Wie die Aryas in Indien oder die Dorer in Griechenland unterjochten sie die Ureinwohner, machten sie zu Mägden und Knechten, waren aber dennoch auf ihren Rat und ihr Wissen angewiesen. Wie viele Märchen und Sagen der indoeuropäischen Völker andeuten, erlagen sie dem Charme der Eingeborenenfrauen, vermählten sich und zeugten Kinder mit ihnen. Die Eingeborenenfrauen kannten die Geheimnisse des Waldes und dessen Jahreszeiten; sie wussten um die Brunnen mit heilendem Wasser, um die Wildpflanzen und Heilkräuter. Auch kannten sie noch die ortsgebundenen Naturgeister, die Drachen, Erdmännlein und Lichtelfen, und wussten, wie man sie ruft, wie man sie um Hilfe bittet, wie man sie freundlich stimmt. Sie blieben die geheimen Herrinnen das Landes.

Nicht nur vermählten sich zwei Kulturen, auch die Gottheiten der Steppenhirten verbanden sich mit denen des Waldes und des Feldes. In aufwendigem Ritual vermählte sich der keltische König bei Amtsantritt mit der Göttin des Landes.[10] Er musste gesund und potent sein, sonst würde das Land unfruchtbar werden, sein Volk müsste ihn dann töten und die Territorialgöttin würde sich einen anderen nehmen (FRAZER 1991: 386). Die ehemaligen Steppenkrieger begannen auch immer öfter ihre Toten wie Saatkorn in den Schoß der Erdenmutter zu betten, anstatt sie im Lichtglanz und Rauch des Scheiterhaufens zu den Himmelsgöttern emporzuschicken. Die Verstorbenen wurden in Grabhügeln, den **Síde,** bestattet. Die Fürstengräber der Kelten wurden immer prunkvoller.

Auf diese Weise entstand allmählich im Laufe der frühen Eisenzeit – der Hallstattzeit zwischen 800 und 500 v. u. Z. – in Mitteleuropa und dann später im Balkan, in Frankreich, Nordspanien, Norditalien und Britannien jene Bauernkultur, die mehr oder weniger bis in die Neuzeit, bis zur industriellen Revolution, das Gesicht unserer Landschaft prägte. Erst von der Hallstattzeit an kann man von wirklichen Kelten sprechen. Erst durch die Synthese der matrifokalen Ureinwohner und der Indoeuropäer entsteht die ländliche europäische Volkskultur mit ihren unverkennbaren Zügen. Diese indigene keltische Bauernkultur wollen wir hier nun kurz skizzieren.

Keltische Landschaft

Typisch für die keltische Landschaft sind der Flickenteppich aus Wald, Wiese, Weide und Ackerland. Die Kelten lebten mit ihren patrilinearen Großfamilien auf Einzelhöfen oder in kleinen Weilern. Mit ihnen unter demselben Dach lebten die Haustiere – Rinder, Schafe, Zie-

Vieh: Inbegriff des Reichtums bei den indoeuropäischen Völkern.

10 Die frühmittelalterliche Sage von dem Ritter Wolfdieterich, der die Raue Ilse, ein wildes Waldweib, minnen muss und dann entdeckt, dass sie die schönste aller Frauen und Königin des Landes ist, geht auf diesen keltischen Brauch zurück.

Die Grabhügel (Side) und Steinmonumente der Jungsteinzeit, galten den Kelten als Wohnorte der Götter und Geister.

gen, Pferde, Schweine, Geflügel. Die Gebäude waren zumeist rechteckig, gelegentlich rund. Wie in den Alpenländern noch heute befand sich der Stall oft an der kühleren Nordseite, derweil die menschlichen Bewohner, durch eine geflochtene Wand davon abgetrennt, die freundlichere Südseite des Hauses bewohnten. Die Häuser waren meist mit Stroh gedeckte Fachwerkbauten auf einem Bruchsteinfundament. Die Wände bestanden aus Weidenflechtwerk, das mit Lehm verschmiert und dann mit Kalk weiß verputzt wurde. Die Arbeit des Zimmerns wurde durch keltische Erfindungen – Holzbögen, in die Sägeblätter eingespannt wurden, Holzschrauben, metallene Feilen, Hobel und so weiter – erleichtert. Die Feuerstelle war das Herz des Hauses. Der Rauchfang galt als Ein- und Ausgang der Geister. Im Hof befand sich, oft beim Brunnen, eine Linde oder eine Eiche, in welcher der Sippengeist wohnte.

Neben den Einzelhöfen gab es, meist auf Anhöhen, befestigte Flieh- oder Wehrburgen (*oppida*), die ihren Zweck während kriegerischer Unruhen erfüllten.

Die keltische Landwirtschaft bestand aus einer ausgewogenen Mischung von Viehzucht und Ackerbau. Sie war dermaßen effizient, dass die gallischen Kelten Getreide und Vieh in größerem Ausmaß nach Rom exportieren konnten und dabei reich wurden. Die Römer bezahlten die wertvollen Güter aber auch mit einer überteuerten Droge, nach der die Gallier süchtig wurden – dem Wein.[11] Der landwirtschaftliche Reichtum Galliens und Britanniens übte eine große Anziehungskraft auf die Römer aus (James 1996: 124). Julius Caesar konnte seine Schulden bezahlen und die zerrütteten Staatsfinanzen Roms sanieren, nachdem er Gallien erobert und ausgeplündert hatte.

11 Diodorus Siculus, der griechische Historiker aus dem 1. Jahrhundert vor unserer Zeitrechnung, schreibt über die Rauschsucht der Kelten: »Die Gallier lieben den Wein ausserordentlich; sie gießen den Wein, der von den Kaufleuten eingeführt wird, unvermischt hinunter und nehmen das Getränk, dem sie so ergeben sind, im Übermaß zu sich, bis sie berauscht im Schlaf versinken oder in einen Zustand des Wahnsinns geraten. Viele italische Kaufleute benutzen daher (...) die Trinksucht der Gallier zu ihrem Vorteil. Sie führen ihnen Wein zu, sowohl zu Wasser auf den schiffbaren Flüssen als zu Lande auf Wagen, und gewinnen durch diesen Handel unglaubliche Summen. Denn für ein Fässchen Wein erhalten sie einen Sklaven.« Feuerwasser für die Indianer, Opium für die Chinesen! Drogen als machtpolitischer Faktor – schon damals!

Der bis ins 20. Jahrhundert benutzte Räderpflug und die mit Eisen beschlagene Pflugschar sind keltische Erfindungen.

Materielle Kultur der Kelten

Die landwirtschaftliche Überlegenheit der Kelten basierte auf einer Reihe von Erfindungen, wie dem **Wende-** und **Räderpflug** (kelt. *carruaca*; franz. *charrue*) mit einer eisenbeschlagenen **Pflugschar** und der eisernen **Egge.** Damit konnten die schweren, aber fruchtbaren Talböden beackert werden. Die überschüssige Feuchtigkeit der Böden – das atlantische Klima Europas ist regenreich – konnte durch die tiefen, gerade gezogenen Furchen besser abfließen. Die Praxis der Brandrodung hörte auf. Durch die neue Art des Pflügens entstanden die langen Parzellen (Zelgen), die wir noch heute kennen. Vor diesen keltischen Erneuerungen kannte man nur die hölzernen Hackenpflüge, die von Menschen oder Rindern gezogen wurden. Diese ritzten den Boden kreuz und quer, so dass in den brandgerodeten Flächen quadratförmige Äcker entstanden.

Auch stellten die Kelten strapazierfähigere **Wagen** mit Speichenrädern und Eisenfelgen her.[12] Sie erfanden sogar das Kugellager, das aber nach der römischen Invasion wieder verloren ging. Dank des ledernen Pferdegeschirrs und Zaumzeugs, welche sie von den Skythen übernommen hatten, konnten sie mühelos ihre Pferde vor den Pflug oder den Wagen spannen. Die Ureinwohner hatten zwar schon zwei- und vierrädrige Fahrzeuge, die von Ochsen, Kühen oder gar sakralen Hirschen gezogen wurden. Aber diese Karren waren schwerfällig und fuhren auf Rädern, die aus Scheiben abgesägter Baumstämme bestanden. Die Wagen der Ureinwohner hatten weniger eine praktische als vielmehr eine sakrale Funktion: An den großen Feiertagen verließen die Erdgöttin und ihr Gefährte die »Anderswelt« (den großen Grabhügel) und fuhren in ihrem Kultwagen auf dem mit Reisigbesen sauber gefegten Sakralweg zum Dorfplatz. Die Toten wurden auf demselben Weg in

12 Die Wagenbreite bzw. die Entfernung zwischen den Rädern bei den typischen keltischen Wagen betrug vier Fuß und achteinhalb Zoll. Interessanterweise wurde dieses Maß auch zur Standardbreitspur der amerikanischen Eisenbahnen. Ist das nun Zufall oder so etwas wie die Aktivierung einer unbewussten kollektiven Erinnerung, eines »morphischen Feldes«?

der entgegengesetzten Richtung zu ihrer Bestattung gefahren. Der Wegerich war die einzige Pflanze, die auf den getrampelten, sorgfältig gekehrten Wegen Fuß fassen konnte. So wurde er zur heiligen Pflanze jener Großen Göttin, die später bei den Galliern **Nantosvelta** und bei den Römern **Proserpina** hieß und die in ihrem unterirdischen Reich die Totenseelen und die schlafenden Samen hütet. Noch im Mittelalter hieß die Pflanze »Kraut der Proserpina«. Später wurde sei zum »König des Weges« (Wege*rich* von kelt. *rix*, *reiks* = König) (Storl 2000: 105).

Die kleinen Felder der Brandroder erhielten keine Düngung außer der Asche der gefällten, verbrannten Bäume. Nach einigen Jahren nimmt die Fruchtbarkeit solcher Felder schnell ab, Unkräuter überwuchern die Äcker und die Bauern ziehen weiter. Die Kelten dagegen entwickelten neuartige **Düngemethoden.** Sie kalkten und mergelten den Boden. Sie legten Miststöcke an und brachten den kompostierten Mist auf den Böden aus. Sie beachteten die Fruchtfolge und legten Brachen ein.

Angebaut wurden Erbsen, Linsen, Mohn, Hafer, Dinkel, Emmer, Brotweizen, Gerste, Hirse, Wicken, weißer Gänsefuß, Butterraps und später kam noch der von den Slawen übernommene Roggen hinzu. Lein und Hanf zur Herstellung von Stoffen wurde ebenso angebaut wie die Färberpflanzen Waid und Wau. Gemüse zogen sie in eingezäunten Gärten und Obst, vor allem Äpfel, in Obstgärten. Schlehen, Vogelbeeren, Traubenkirschen, Brombeeren, Himbeeren und Holunderbeeren wurden zusätzlich in den Hecken, die die Höfe umgaben, gesammelt. Das Geerntete wurde in Erdmieten gelagert, das Getreide in Getreidesilos. Das Fleisch wurde im Rauchfang geräuchert oder in Salz eingepökelt. Die Milch ließ man zu Dickmilch gerinnen, die dann zu **Käse** verarbeitet wurde. Im Butterfass wurde gebuttert und die Butterkugeln anschließend in die großen kühlenden Blätter der Pestwurz oder des großen Ampfers (alem. *blagge*) gewickelt. In den Gebirgsregionen trieben die Kelten im Sommer ihre Rinder auf die Hochweide: **Alp** oder **Alm** sind ursprünglich keltische Worte, wie auch das Wort für den Melker, den **Senn.** Gejodelt haben die keltischen Sennen höchstwahrscheinlich auch schon – ihre Stammesgenossen, die keltischen (iroschottischen) Siedler im Appalachengebirge, kennen diese montane Ausdrucksweise ebenfalls. Gejodelt wird auch noch im Harz, an der nördlichen Grenze des keltischen Siedlungsgebiets. Der – ursprünglich keltischen – Sage nach jodeln und juchzen selbst die Bergmännlein und Wildfrauen und die Gespenster der Wilden Jagd.

Auch die Sense verdanken wir den Kelten.

Unter dem Hammer und Amboss keltischer Schmiede entstanden **Sensen,** mit denen effizienter geerntet werden konnte als mit der Sichel, mit der die Frauen der Ureinwohner ihre Felder einst abgeerntet hatten. Dank der Sense konnte man auch **Heu** machen und für die Stallfütterung im Winter sorgen, so dass die Kühe mehr und reichlicher Milch gaben. **Dreschflegel** und Worfeln wurden entwickelt, um das Getreide auf einem Bretterboden, der **Tenne,** auszudreschen und um den Weizen von der Spreu zu trennen.

Die Kelten benutzten echte Mühlen mit Mühlrädern. Zuvor kannte man vor allem den Reibestein. Es gab Brotöfen, in denen echtes Brot gebacken werden konnte. Meist aber wurde das Getreide mit Milch als Brei verzehrt. Schweinefleisch und Bier waren die Lieblingsspeisen der Kelten. Sogar ihre Götter ernährten sich vornehmlich davon. Die Kelten sind auch die Erfinder von Bierfässern, sie perfektionierten die Imkerei und flochten Bienenkörbe. Der kostbare Honig galt als Medizin oder wurde zu Met (Honigbier) verarbeitet.

Die aus Lein, Hanf, Nessel oder Wolle gewobenen Stoffe färbten sie mit angebauten oder wilden Färbepflanzen, Rinden und Flechten. Das trug dazu bei, dass die Kleidung in jeder Gegend ihre eigenen Farben, Muster und Qualitäten hatte – so dass man schon an der Kleidung erkennen konnte, aus welcher Gegend jemand kam. Die Männer trugen gewöhnlich Zipfelmützen und, wenn es regnete, Galoschen (lat. *gallicula* = gallische Schuhe). Strapazierfähige, grobfädige, karierte Wollge-

Gallische Erntemaschine.

webe (Tartans, Tweeds) waren als Mantelstoffe beliebt. Als Erbe ihrer Vergangenheit als Reitervolk trugen die keltischen Männer Hosen (kelt. *bracae*, engl. *breeches*), die Frauen wadenlange Röcke – ein Brauch, der sich bis ins 20. Jahrhundert fortgesetzt hat. Die Frauen schmückten sich gerne mit Fibeln, Arm- und Knöchelreifen, Haarspangen und Halsketten; die Haare trugen sie lang und in Zöpfen (James 1998: 68).

Man schlief auf einem Strohlager, deckte sich mit Federbetten und Wolldecken zu.

Gesellschaftliche Organisation

Die keltische Gesellschaft war auf der Grundlage miteinander verwandter Sippen oder Klans (von kelt. *clan* = Kinder, Nachwuchs) innerhalb eines größeren Stammesverbandes organisiert. Die Klans waren zwar patrilinear, aber die Erblinie der Mütter spielte eine bedeutende Rolle. So verließen die Söhne meist das Elternhaus und wurden auf dem Gehöft des Mutterbruders, des »Oheims«, großgezogen. Die enge Verbindung zur Familie des Oheims (= altes Heim) blieb zeitlebens bestehen.

Die keltische Arbeitsteilung hat sich bis in die Neuzeit erhalten. Die Männer arbeiteten mit dem Pflug und dem Großvieh, verrichteten Metallarbeiten, betrieben Handel oder Krieg; die Frauen waren für Garten, Kleingetier, Kochen, Spinnen, Weben und Heilkunde zuständig. Diese Rollen waren aber nicht starr fixiert. Die antiken Schriftsteller bezeugen, dass die Frauen sehr wohl aktiv ins Schlachtengetümmel eingreifen konnten (Zingsem 1999: 274).

Die Römer und Griechen gaben sich immer wieder erstaunt darüber, dass bei den Kelten (und Germanen) die Frauen einen praktisch gleichberechtigten Status innehatten, dass ihre Ratschläge ernst genommen wurden.[13] Bei wichtigen Stammesangelegenheiten und -entscheidungen suchte man den Rat hellsichtiger Frauen. Diese Seherinnen, eigentlich Schamaninnen, lebten oft abgelegen und weissagten von einem Turm aus. Der runde Turm der Zauberer und Zauberinnen lebte weiter in den keltischen Märchen. **Veleda** (Weleda), die Seherin des Stammes der Brukterer am Niederrhein, die Plinius ausdrücklich

13 Tacitus schreibt über die kelto-germanischen Stämme: »Die Germanen glauben sogar, den Frauen wohne etwas Heiliges und Seherisches inne, deshalb achten sie auf ihren Rat und hören auf ihren Bescheid. Wir haben ja zur Zeit des [verewigten] Vespasian erlebt, wie Veleda lange Zeit bei vielen als göttliches Wesen galt. Doch schon vor Zeiten haben sie Albruna und mehrere andere Frauen verehrt, aber nicht aus Unterwürfigkeit und als ob sie erst Göttinnen aus ihnen machen müssten.«

erwähnt, ist die bekannteste unter ihnen. Sie genoss hohes Ansehen, da sie beim Aufstand gegen die Kolonialherren die Vernichtung der römischen Legionen geweissagt hatte. Nur mit größter Anstrengung gelang es den Römern, den so genannten Bataver-Aufstand niederzuschlagen und die berühmte Seherin in Ketten nach Rom zu bringen. Auch wenn die Brukterer Germanen waren, ist doch die Bezeichnung **Veleda** rein keltisch und bedeutet Seherin (walis./breton. *gweled* = sehen, Sicht). *Veleto* oder *file* (Mehrzahl *filid*) ist der druidische Seher und Dichter, der unter dem Schutz der Schwanengöttin Brigit steht und die schamanischen Techniken beherrscht, mit der Anderswelt in Kontakt zu treten (LeRoux/Guyonvarc'h 1996: 588).

Im Gegensatz zur biblischen Schöpfungsgeschichte treten Mann und Frau gleichzeitig und gleichrangig aus dem Stamm des Weltenbaums hervor. Diese grundsätzliche Gleichheit zeigt sich auch darin, dass beide, Mann und Frau, eine Mitgift in die Ehe einbrachten. Auch wurden die Töchter nicht verkuppelt, sondern hatten das Recht, den eigenen Ehemann zu wählen. »Sollte ein Mädchen heiraten, so organisierte man ein großes Fest, zu welchem alle jungen Männer geladen wurden. Das Mädchen traf seine persönliche Wahl, indem es dem Erwählten Wasser zum Händewaschen reichte« (Fulgentius, Buch II, in: Markale 1972: 34). In Appalachien, bei den iro-schottischen »Hillbillies« gibt es im November noch immer den »Sadie-Hawkins Day«, an dem unverheiratete Frauen den Mann, den sie haben wollen, »jagen« und nach dem Motto »get your man« zu fangen versuchen.

Tänze

Den Kelten verdanken wir die traditionellen Bauerntänze und Reigen. Der griechische Geograf **Strabo** staunte, dass bei diesem Barbarenvolk Frauen und Männer sich an den Händen halten und zusammen tanzen. In der klassischen Antike nämlich tanzten Männer und Frauen getrennt. Die Notfeuer – Mittsommerfeuer, Frühlingsfeuer, Augustfeuer, Erntefeuer – wurden in kreisförmigem Reigen ebenso umtanzt wie heilige Bäume. Die Tänze drehten sich dem Sonnenlauf entsprechend, drei Schritte vorwärts und einen zurück oder fünf Schritte vorwärts und drei zurück. Beim Sommersonnwendfeuer versuchte man die anderen so nahe wie möglich an die Flammen heranzuziehen, denn die Lohe galt als heilkräftig. Überhaupt glaubten die Kelten an die Heilkraft des Tanzes. Der Glaube ist noch nicht ganz ausgestorben: Noch immer tanzen Heilung suchende Epileptiker aus ganz Europa während

Reigentänze.

der Pfingstwallfahrt einen Reigen am Grab des heiligen Wilibrord (in Echternach, Luxemburg).

Ringelreihen, Ringtänze, die die Kinder noch im 20. Jahrhundert Hände haltend um den Holunderbusch tanzten, sind die letzten Überreste alter heidnisch-keltischer Rituale, Rituale, die mit der Göttin Holle verbinden. Die holde Göttin ist, wie aus dem Märchen hervorgeht, diejenige, die die Kinder in die Welt schickt. Das folgende altüberlieferte Ringelreihenlied spricht vom Mündigwerden eines Mädchens und den Frauengeheimnissen:

»Petersilie, Suppenkraut
wächst in meinem Garten.
[Mädchenname] ist die Braut,
soll nicht länger warten.
Hinter einem Holderbusch
gab sie ihrem Schatz 'nen Kuss.
Roter Wein, weißer Wein
morgen soll die Hochzeit sein.«

Petersilie ist bekanntlich ein Periodenmittel, das ebenfalls gegen Unfruchtbarkeit bei Frauen, aber auch als Abtreibungsmittel verwendet wurde. Roter und weißer Wein stehen symbolisch für die Monatsblutung und den Samenerguss.

Getanzt und gefestet wurde an fast allen Feiertagen, bei der Ernte, bei Hochzeiten wie auch bei Beerdigungen. Auch nach der Bekehrung zum Christentum umtanzte das Landvolk mit seinen Reigen nicht nur Bäume – den Maibaum, die Dorflinde, alte Eichen, den Kirmesbaum –, sondern auch die Gräber der Verstorbenen, heilige Kapellen und Wallfahrtsorte. »Die alten Begräbnisbräuche waren immer laut und heiter, mit viel Tanz, Gesang und bis ins einzelne nachgeahmten phallischen Ritualen« (SHARKEY 1982: 14). Letztere Praktiken wurden von Verordnungen wie den *Statua Bonifacii* unter Strafe gestellt. Immer wieder musste die Kirche Verbote erlassen. Zuletzt aber gab es dennoch den »Tänzer unserer Lieben Frau«, den heiligen Sankt Veit, der zum Patron allen Tanzens erkoren wurde und für die sich im Mittelalter verbreitende »Tanzkrankheit« zuständig war. Auch der heilige Johannes wurde schließlich zum Schutzheiligen des Tanzes am Johannisfeuer.

Bei den Winter- und Frühlingstänzen versuchten die Frauen mit kräftigen Sprüngen so hoch wie möglich zu springen, damit der Flachs oder Hanf ebenfalls hoch wachse.

In den Morriskentänzen (*Morris dance*), die in England zur Maifeier getanzt werden, ist das keltische Element nicht zu übersehen: Maskierte Tänzer stellen den im tiefen Wald lebenden, in Hirschleder gekleideten Wegelagerer **Robin Hood,** die schöne **Maid Marian,** Drachen, Narren und andere vogelfreie Waldbewohner dar. Hinter dem spendablen, frei lebenden Robin Hood und seiner Braut verbirgt sich die Reminiszenz an **Cernunnos,** den Geweih tragenden Hirschgott, und die Große Göttin. Dieser englische Fruchtbarkeitstanz ist ein Überbleibsel ähnlicher Tanzfeste, die überall in Europa im Mai im Wald, auf abgelegenen Hügeln und in der Einöde zu Ehren des gehörnten Waldgottes und der Göttin getanzt wurden. Behörde und Kirche verteufelten das Treiben. Sie sprachen von einem »Hexensabbat« oder gar von einer »Satansmesse«, bei der geile Hexen und Hexer einen Reigen um den stinkenden Teufel in Ziegenbockgestalt tanzten (MÜLLER-EBELING/RÄTSCH/STORL 1999: 57).[14]

14 Altkeltisch oder gar vorkeltisch ist ebenfalls der Horntanz, den die Einwohner von Abbot's Bromley im englischen Staffordshire am ersten Montag nach dem 4. September aufführen. Die zwölf männlichen Tänzer verkleiden sich als Reiter, Maid, Narr, Schütze; sechs der Tänzer tragen echte Rentiergeweihe.

Bauernregeln, Rätsel und Sprüche

Das jahreszeitliche bäuerliche Brauchtum, die ländliche Spruchweisheit und die Rätsel haben vor allem keltische Wurzeln.[15] Bei den Kalenderheiligen, die in den Bauernregeln erwähnt werden, handelt es sich oft um alte Keltengottheiten in neuem Gewand. Die den Jahreskreis begleitenden Merkregeln haben mit Wettervorhersage, mit günstigen Zeitpunkten für Saat, Düngen, Pflanzen- und Tierzucht, mit dem Mondeinfluss, dem Stand der Sonne und des Mondes im Tierkreis sowie mit den Kräften und Aspekten der Kalenderheiligen zu tun.

Die Namenstage der Heiligen dienten nicht nur zur Zeitbestimmung, die Heiligen selbst bringen das Wetter. Im Baselland heißt es zum Beispiel:

»Jörk [St. Georg, 23. April] und Marx [St. Markus, 25. April]
bringen öppis Args;
Und Philipp, Jakobi [1. Mai]
sy au no zwe grobi.«

Am Tag des Traubenheiligen Urban, am 25. Mai, bekränzt man die Sankt-Urbans-Brunnen; in Sargans tauchen die Weinbauern eine Statue des Heiligen in einen Brunnen. Die Merkregel dabei lautet:

»Das Wetter, das Sant Urban hat, findet auch in der Lese statt.«

Viele Regeln sind nur regional anwendbar. In der Innerschweiz, um den Pilatus, und analog auch in anderen Gegenden der Schweiz heißt es in Bezug auf das Heueinbringen: »Hat Pilatus einen Hut, so ist das Wetter gut.« Im Allgäu gibt der Apostel der Allgäuer, der heilige Magnus (6. September), die beste Zeit zur Aussaat des Wintergetreides an: »Sankt Mang säet den ersten Strang.«

Viele Regeln beziehen sich auf gute Naturbeobachtungen, die wertvolle praktische Hinweise für den Bauern geben. Hier einige bewährte Beispiele:

»Grünt die Eiche vor der Esche,
bringt der Sommer große Wäsche;
grünt die Esche vor der Eiche,
bringt der Sommer große Bleiche.«

»Gibt's der Eichenblüten viel,
füllt sich auch des Kornes Stiel.«

15 Einige Gelehrte nehmen irrtümlich an, dass die Bauernregeln aus Babylonien oder aus der klassischen Antike stammen und von den Römern oder von Mönchen später nach Mitteleuropa gebracht wurden (Hauser 1973: 22). Diese These lässt sich ebenso wenig halten wie diejenige, die das Aufstellen von Menhiren und anderen Megalithsteinen auf ägyptische Einflüsse zurückführen will.

Zu den Eisheiligen, die Mitte Mai erscheinen, heißt es:
»Pankrazi, Servazi, Bonifazi
sind drei frostige Bazi
und zum Schluss fehlt nie
die kalte Sophie.«

»Bienenschwarm im Mai
ist wert ein Fuder Heu;
aber ein Schwarm im Juni,
der lohnt kaum die Müh.«

»Regnet es Johanni sehr,
sind die Haselnüsse leer.«

Eine bewährte Holzschlagregel besagt:
»Wer sein Holz um Christmett fällt,
den sein Haus wohl zehnfach hält.«

Unzählige Regeln dieser Art sind im ganzen ehemaligen keltischen Europa in vergleichbarer Fassung überliefert. Wenn es sich nur um dummen Aberglauben handeln würde, dann wären diese Regeln sicherlich nicht von Generation zu Generation in den Familien mündlich weitergegeben worden. Es ist absurd anzunehmen, dass diese Regeln, obwohl sie sich auf christliche Heilige beziehen, erst im christlichen Mittelalter entstanden. Die Sprache dieser Sprüche ist formelhaft, manchmal recht archaisch. Sie prägen sich leicht ins Gedächtnis ein, da sie meist in zweizeiligen Reimen gefasst sind. Auf ähnliche Weise gaben die Druiden in ihren Waldschulen ihr Wissen weiter.

Aus Märchen, Legenden und den Gesängen der Barden wissen wir, dass die Druiden einander oder ihren Schülern Rätsel aufgaben. Es gab Frage-und-Antwort-Kämpfe unter den Barden. Naturgeister und Heinzelmännchen geben dem Menschen Rätsel auf, die sie lösen müssen, um dem Verderben zu entgehen. Selbst die Götter veranstalten Rätselduelle, wie wir in der skandinavischen Sage von Odin und dem Riesen Wafthrudnir erfahren. Die keltisch-germanische Lust am Rätselfragespiel hat sich ebenfalls in der Bauernkultur erhalten. Der alte Bergbauer aus dem Waadtländer Jura, Arthur Hermes, der selbst so etwas wie ein Druide war, pflegte noch die Kultur des Rätselratens. Manchmal trug man die Rätsel, die er aufgab, tagelang mit sich herum, bis einem plötzlich die einzig mögliche, einzig richtige Antwort einfiel. Das war bestes Trainig für das Denken und das genaue Beobachten. Eines der Lieblingsrätsel des Bauernphilosophen Hermes ist zugleich eines der ältesten überlieferten Rätsel:

»Flog ein Vogel federlos
auf den Baum blattlos,
kam die Jungfrau mundlos,
fraß den Vogel federlos.«[16]

Und: »Was brennt ums Haus, zündet's aber nicht an?«[17]

Märchen, Sagen, Legenden

Im ländlichen Europa wurden jeden Tag Märchen erzählt. Nicht nur Kinder lauschten den Alten, den Großmüttern und Großvätern, die Meister der Erzählkunst waren, sondern jeder und jede, die sich am Abend beim Feuer niederließen. Diese echten Volksmärchen haben – ebenso wenig wie die echten Volkslieder – nichts mit Fantasterei zu tun, »niemals sind sie bloßes Farbenspiel gehaltloser Phantasie«, schreiben die Gebrüder Grimm. Das Wort **Märchen** kommt von dem althochdeutschen *márí* oder *máre* und bedeutet »Nachricht« oder »Kunde«. Märchen sind Kunde oder Botschaften aus übersinnlichen Bereichen, aus der Anderswelt, von den Göttern und Geistern, den Naturwesen und den Ahnen. Märchen zeugen von realen, in der inneren wie auch in der äußeren Natur vorhandenen ätherischen und astralen Kräften und Wesenheiten und kleiden diese in die bunten Bilder der Imagination, in die Sprache der Seele. Sie sind keine willkürlichen Erfindungen wie die moralisierenden Kunstmärchen. Auch mit Pädagogik, Psychologie oder Psychoanalyse im herkömmlichen Sinn haben sie nichts zu tun. Sie sind Wegweiser für Reisen in die Anderswelt, an der auch wir – im Rausch, in der Verliebtheit, im Traum, in Krankheit, im Tod – teilhaben. Sie sind Nahrung für die Seele, Nahrung für das ewige, göttliche Kind in uns. Nicht jeder kann Märchen erzählen. Bei den meisten Völkern sind es nur die Lebenserfahrenen, die Alten, die Weisen, die Hellsichtigen, die das können. Wenn sie erzählen, dann weiß jeder, dass das Erzählte stimmt.[18]

16 Antwort: Schneeflocke, Winterbaum, Sonne.
17 Die Brennnesseln.
18 Als die Kulturfunktionäre im stalinistischen Osteuropa die Märchen umschreiben wollten und aus Prinzen klassenbewusste, heldenhafte Traktoristen, aus Rittern Rotarmisten, aus Drachen Kapitalistenbonzen und aus Prinzessinnen Heldinnen der Arbeit machen wollten, fand niemand Freude daran. Die alten »klassenfeindlichen«, feudalistischen Märchen wurden im Volk, wie überliefert, weitererzählt.

Die Volksmärchen, von Grossmüttern und anderen Märchenerzählern und -erzählerinnen über Generationen hinweg weitergegeben, haben keltische Wurzeln (Zeichnung Ludwig Richter).

In die alten europäischen Märchen sind die spirituellen Schätze der keltischen Geistesschau hineingeheimnisst worden. Keltisches Seelenleben, keltische Wahrträume und Erfahrungen mit der ganz realen, wenn auch unsichtbaren Anderswelt sind darin enthalten.[19] Die Kelten, so schreibt der Märchenforscher Rudolf Meyer, haben, auch wenn sie in ihrer nationalen Kraft durch das Römertum gebrochen wurden, ihr Wesen auf geheimnisvolle Art und Weise in alle Kulturen des Abendlandes hineingebracht und diese mit spirituellen und künstlerischen Impulsen befruchtet. »Gerade die Fähigkeit zu bildhaftem Welterleben, wie es in den Märchen, Sagen und Legenden seinen Ausdruck findet, ist von dieser Strömung ausgegangen und hat damit für lange Zeit der Seelenverarmung entgegenwirken können, die unserer Zivilisation von der einseitigen Herrschaft einer intellektuellen Kultur immer gedroht hat und durch eine in Dogmen erstarrende Religion nicht aufgehalten werden konnte« (Meyer 1985: 268).

19 »Gemeinsam allen Märchen sind die Überreste eines in die älteste Zeit hinaufreichenden Glaubens, der sich in bildlicher Auffassung übersinnlicher Dinge ausspricht« (Wilhelm Grimm).

Alle Völker kennen Märchen. Die keltischen aber, die uns geprägt haben, besitzen einen besonderen Klang und Geschmack. Da kommen Schwäne und Schwanenjungfrauen vor, Weisheitsbrunnen, edle Ritter und Jungfrauen, Feuer speiende Drachen und Schätze, dankbare Tote, magische Hirsche, Bären, Raben, weiße Schlangen, Zwerge und Riesen, scheinbare, vom Schulwissen unbelastete Toren, die eigentlich Helden sind, Gänsemädchen, in denen sich die Göttin verbirgt. Es geht um Entrückungen ins Elfenreich, um Verzauberung und Erlösung. Kurz, das Innenreich der Seele tritt nach außen.

Auch Pflanzen kommen in den Märchen vor. Wir erfahren viel über die Heilpflanzen, Giftgewächse und Zauberkräuter der Kelten. Die Elfen im Land der ewigen Jugend tragen Fingerhutblüten als »Elfenkäppchen«; Äpfel des Lebens und giftige Äpfel des Todes gibt es, Wacholder, ein altes magisches Räucherkraut, Haselnüsse und -ruten, die mit den Toten in Verbindung stehen, blühende Weiß- und Rotdornzweige, mit denen sich die göttliche Braut des Königssohns schmückt. Märchen sind auch die Sprache der Seele der Natur. Waldtiere kommen da vor und naturnahe Menschen – Bauern und Bäuerinnen, Fischer, Gärtner, Hirten, Holzfäller, Jäger.

Germanen

Kelten und Germanen werden immer wieder miteinander verwechselt. Nationalistisch verbrämte Ideologien in ganz Westeuropa haben immer wieder die einen oder anderen propagandistisch in den Dienst ihrer nationalen Egoismen eingespannt, so dass es für den Laien recht schwierig ist, sie auseinander zu halten. Dieses Problem ist nicht neu. Die Römer und Griechen haben diese Völker ebenfalls kaum unterscheiden können.

Die »Germanen« tauchten erst um das Jahr 100 v. u. Z. auf und zwar, als die Kimbern und Teutonen, die in der Hoffnung, gutes Ackerland zu finden, die Alpen überquerten und in Norditalien einfielen. Die Römer reagierten auf die Bitte der Barbaren mit militärischer Gewalt. Die Stärke und Wildheit dieser Krieger – auf ihren Rundschilden schlitterten sie die Schneehänge hinab und kämpften nackt, »mit wildem, grässlichem Geschrei« – jagte den Legionen Angst und Schrecken ein. Es gelang der besser ausgerüsteten, disziplinierten römischen Armee jedoch, die Eindringlinge regelrecht abzuschlachten. Ob es sich bei diesem *Furor teutonicus* wirklich um »Germanen« und nicht um Kelten gehandelt hat, ist jedoch fraglich. Es kann sein, dass die Kimbern ein keltoskythischer Stamm (Kimmerier) war, den es irgendwann einmal nach Norden verschlagen hatte. Auf jeden Fall trug ihr Häuptling **Boiorix** einen typisch keltischen Namen (*Bojor* = Name eines keltischen Stammes, nach dem Böhmen und später Bayern benannt wurde; *rix* = König); der Name der Teutonen (von *teut*, ir. *tuath*), ist rein keltisch und bedeutet schlicht »Volk«. Mit den Kimbern und Teutonen zogen auch drei helvetische Stämme, darunter die Tiguriner – die Stadt Zürich (*Turicum*) ist nach ihnen benannt (NACK 1977: 58).

Der Name »Germanen« ist keine Eigenbezeichnung dieser Stämme – ebenso wenig wie »Aboriginee« oder »Indianer« Eigenbezeichnungen der australischen oder amerikanischen Ureinwohner sind –, sondern wurde von Caesar erfunden.[20] Aus politischem Kalkül heraus schilderte er sie als bedrohliche Macht und begründete damit seinen Anspruch auf militärische Ressourcen und Rüstungsgelder. Vor ihm hatte niemand von den Germanen gesprochen (DÖBLER 1975: 89).

Der Geograf Strabo (64 v. u. Z) fand auch kaum einen Unterschied zwischen den Kelten und Germanen, außer, dass die Germanen östlich des Rheins leben und »noch größer, noch wilder und noch blonder« seien als die Kelten westlich des Rheins. »Die in Gallien lebenden Römer nennen sie deswegen Germanen, weil sie damit ausdrücken wollen, dass sie die genuinen, die ›echten‹ (lat. *germani*), die originalen Kelten sind« (STRABO). Diese vereinfachende Einteilung – linksrheinische Kelten und rechtsrheinische Germanen –, die dem Machtstreben Caesars diente, blieb, obwohl völlig unbegründet, bis heute in den Köpfen bestehen.

Wer waren nun die Germanen, die im Aussehen und in ihren seelischen Anlagen den Kelten so nahe standen? Es handelt sich um nordeuropäische Ureinwohner, um matrifokale Sippen von Mega-

20 Viele der heutigen Sprachforscher glauben, dass *Germane* die Bezeichnung eines bestimmten keltischen Stammes sein könnte. Die im 19. Jahrhundert popularisierte Annahme, dass das Wort »Speermänner« – von *ger* = Speer und *man* = Mann – bedeuten könnte, lässt sich nicht halten.

Germanenzug.

lithbauern, die ihre Toten in Hünengräbern begruben, Hackpflugbau und Fischerei betrieben. Südschweden, Jütland und Schleswig-Holstein ist ihr Kerngebiet. Steinzeitliche und bronzezeitliche Felszeichnungen in Schweden zeigen schon viele Motive, die bei den Nordgermanen auch später noch charakteristisch sind: Schiffe mit Drachenköpfen und Sonnensymbolen, Krieger mit Rundschilden, Skiläufer, Rinderpflüge, Hirsche, ein gehörnter Mann mit großem Hammer, der wahrscheinlich ein Prototyp des Fruchtbarkeit spendenden Himmelsgottes Donar-Thor ist.

Einstmals glaubten die Vorgeschichtler, dass die indoeuropäischen Invasoren die indigenen Megalithbauern ausgerottet oder verdrängt hätten. Diese Annahme ist aus mehreren Gründen kaum mehr haltbar:

1. Skelette von neolithischen Skandinaviern zeigen »keine größeren Abweichungen von den Schweden unserer Zeit«, sondern vielmehr »ausgeprägte nordische Rassekennzeichen« (Ström 1975: 22).

2. Die extreme Hellhäutigkeit und andere vererbte physische Merkmale deuten – im Sinne der darwinistischen Theorie – auf eine langfristige biologische Anpassung an ein lichtarmes Klima. Tatsächlich gehört Nordwesteuropa zu den Gebieten der Erde mit größter Bewölkungsdichte und, vor allem in den kurzen Wintertagen, kaum Sonne. Helle Haut ist da kein Nachteil. Im Gegenteil, extrem helle Haut gewährt einen Überlebensvorteil, sie absorbiert ein Maximum an ultravioletter Strahlung, was wiederum die körpereigene Synthese von Vitamin D begünstigt. (Vitamin D ist wichtig für den Kalzi-

umstoffwechsel.)[21] Die klimabedingte natürliche Auslese in Richtung heller Haut, blonder Haare und blauer Augen nimmt Hunderte von Generationen in Anspruch. Sie muss also vor mehreren Jahrtausenden eingesetzt haben (Harris 1996: 111) und spricht für die kontinuierliche Ansässigkeit der Bevölkerung des Nordens.

In anderen Worten, außer von kleineren Verbänden gab es vermutlich keine massive Einwanderung und Besiedlung von Indoeuropäern, wie es um 1000 v. u. Z. weiter im Süden der Fall war. Die »Germanen« sind vor allem Nachfahren bodenständiger skandinavischer Ureinwohner. Ein reger Handel mit ihren südlicheren Nachbarn – sie tauschten Bernstein und Felle gegen Bronze – brachte sie in Kontakt mit mancher neuen Idee. Der Kulturwandel von der Steinzeit hin zur Bronzezeit fand vor allem durch Akkulturation statt – so der Fachausdruck für die Übernahme fremder Kulturgüter und Lebensweise. Auch die Sprache wurde allmählich »indogermanisiert« – dennoch ist ein Drittel des germanischen Wortschatzes nicht indoeuropäischen (indogermanischen) Ursprungs. Das betrifft vor allem Worte, die mit Schifffahrt zu tun haben. Viele Pflanzen- und Tiernamen, Wörter wie *See*, *Segel*, *Strand*, *trinken*, *laufen*, *Bein*, *Weib* usw. haben keine indoeuropäischen Entsprechungen – lauten also im Sanskrit, in den lateinischen, keltischen, slawischen und anderen indogermanischen Sprachen ganz anders (Hutterer 1975: 44).

Schon während der Bronzezeit rücken diese brandrodenden Urgermanen nach Süden, Osten und Westen vor, wo sie vor allem auf Kelten treffen. Die Kelten werden zu den Lehrmeistern dieser primitiven Völker (Nack 1977: 40). Von den Kelten übernehmen sie

21 Anthropologen konstatieren derartige vererbbare Anpassungen an geografische Gegebenheiten überall auf der Erde. So etwa haben die Eskimo, als Anpassung an die extreme Kälte, über Jahrtausende hinweg durch eine positive natürliche Auslese dieser Merkmale einen besonders kompakten Körperbau und einen effizienteren Kohlehydratstoffwechsel entwickelt. Die dunkle Hautfarbe vieler tropischer Völker ist eine Anpassung zum Schutz gegen hohe ultraviolette Einstrahlung; sie entwickeln weit weniger häufig Hautkrebs als hellhäutige Europäer. Die langen, dünnen Nasen der Araber weisen auf eine biologische Anpassung an ein extrem trockenes Klima hin (Johnston/Selby 1978: 250). Die Quechua-Indianer, die seit Jahrtausenden die hohen Anden besiedeln, und ebenfalls die Tibeter im Himalaya konnten sich durch allmähliche Ausbildung einer vergrößerten Lungenkapazität an die Höhenlagen gewöhnen, in denen der Sauerstoffgehalt der Luft sehr niedrig ist (Nickels/Hunter/Witten 1979: 358). Auch dass Indoeuropäer und Ostafrikaner Kuhmilch gut verwerten können, während Ostasiaten und andere Populationen davon Magen-Darm-Krämpfe bekommen, ist biologische Anpassung, die durch die Symbiose Kuh-Mensch während mehrerer tausend Jahre zustande kam.

Eisentechniken, samt der Mythologie des magischen Schmieds (Wieland, engl. *Wayland*); sie lernen mit Pferden umzugehen und eignen sich die landwirtschaftlichen Techniken der Kelten an; sie lernen die rotierende Getreidemühle und die Töpferscheibe kennen. Keltischer Einfluss macht sich auch in der Sprache bemerkbar. Auffallend groß ist die Zahl keltischer Lehnwörter aus gesellschaftlichen, politischen und kulturellen Bereichen. Darunter befinden sich *Amt* und Be*amter* (von kelt. *ambactos* = Bote, Diener), *Deutsch* (kelt. *teut*, altir. *tuath*), *Eid*, *Erbe*, *Geisel*, *Reich* (kelt. *rigiom*; dazu *rigs*, *rix* = Herrscher, König; vgl. Alberich = König der Alben, Dieterich = Herrscher des Volkes, Wegerich = König des Weges, Vercingetorix = Herr der Krieger, Asterix usw.), *Schalk* (altkelt. für Sklave, Unfreier) und *Zaun* (kelt. *dun*, gall. *dunum* = ein mit Palisadenzaun befestigter Ort, eine Burg; daher das englische Wort *town* = Ortschaft; dazu *Lugdunum* = Burg des Lug, Lyon). *Heer*, *Sieg*, *Beute* und einige andere Begriffe, die einem einfacheren Naturvolk Eindruck machen, sind wahrscheinlich ebenfalls von den Kelten übernommen worden (Hope 1999: 19). Hinzu kommen noch einige Worte, die mit Metallurgie (*Eisen*, *Lot* = Blei) und mit Pferden zu tun haben, etwa *Zelter*, *Hengst* oder *Mähre* (ein Marschall wäre ursprünglich ein »Pferdeknecht«).

Bronzezeitliche Felszeichnungen aus Skandinavien.

In der späteren Eisenzeit, der La-Tène-Zeit, verlief die südliche Grenze der germanischen Stämme entlang der Linie Holland-Leipzig-Breslau. Der kulturelle Austausch und die Kontakte intensivierten sich. Märchen, Mythen und Göttervorstellungen überquerten Stammesgrenzen. Der Kult der Mistel gelangte zu den Germanen, ebenso wie der Kult des Sonnengottes **Belenos** und des ihm geweihten psychedelischen Nachtschattengewächses, des Bilsenkrauts. Belenos und seine Braut, die Blütengöttin, erscheint bei den Nordstämmen als **Baldur** und **Nanna**. **Lugus** oder **Lug**, der clevere, feurige Gott, der alles zur Vollendung bringt, erscheint in **Loki**, dem kosmischen Terminator. Den filigranen, verschnörkelten, surrealistischen Kunststil, den »Tier- und den Pflanzenstil«, den die La-Tène-Kelten nach skythischem Vorbild weiterentwickelten, charakterisierte auch bald die Kunst der Germanen. Wie eng die Verbindung und wie rege der Austausch war, zeigt sich darin, dass der berühmte keltische Silberkessel aus Gundestrup oder der Bronzekessel aus Rynjeby in dänischen Mooren, weit außerhalb des eigentlich keltischen Siedlungsgebiets, als Opfergabe versenkt wurden.

Die Kelten waren aber nicht einseitig die Geber-Kultur (*doner culture*). Zur Zeit Caesars und der gallischen Kriege hatten sich keltische Gruppen auch den Germanen, etwa den Sueben, angeschlossen. Caesar selbst erkannte, dass bei zahlreichen nordost- und ostgallischen Stämmen germanische Herkunft hohes Prestige besaß (Wolfram 1995: 54). Es kam zur »Germanisierung« etlicher keltischer Stämme, so dass die beiden Gruppen tatsächlich schwer auseinander zu halten sind.

Mit dem Zusammenbruch des römischen Imperiums kam es zur Völkerwanderung. Die Germanen, die ihrerseits dem Druck wandernder slawischer Völkerschaften ausgesetzt waren, drängten weiter nach Süden und überlagerten die romanisierten keltischen Restvölker. Die germanischen Franken übernahmen die Herrschaft in Gallien (es wurde zum Frankenreich); die Markomannen, die sich selbst Bayern (nach dem keltischen Stamm der Boier) nannten, besiedelten von Böhmen aus den bayrisch-österreichischen Raum; die Langobarden schufen ihr Königreich in der Lombardei, im ehemals keltischen Cisalpina; die Burgunder ließen sich an der Rhone nieder; der mächtige Stamm der Alemannen besiedelte die Schweiz, das Elsass und Baden und gliederte die keltische Restbevölkerung in ihre Verbände ein; Angeln und Sachsen setzten auf die Britischen Inseln über und schufen das Land der Angeln (England); Goten, ursprünglich aus Südschweden stammend, zogen bis nach Andalusien und ans Schwarze Meer – und dann kamen die iro-schottischen Mönche, Erben der keltischen Druiden, und machten sich daran, diese wilden, germanischen Heiden zu einem Christentum zu bekehren, das noch viele keltische Züge trug und dann das ganze Mittelalter prägte.

Die Wikinger aus Norwegen und anderen skandinavischen Ländern, die zwischen dem 8. und 11. Jahrhundert das christliche Europa verunsicherten, stellen die letzte Welle der germanischen Ausdehnung dar. Die Drachenschiffe dieser Seeräuber, Händler und Siedler erreichten im Westen Nordamerika und im Osten die Wolga und das Schwarze Meer.[22] Sie besiedelten Island, welches sich um 1000 n. u. Z. zum Christentum bekehrte. Zweihundert Jahre später schrieb der isländische Politiker und Staatsbeamte Snorri Sturlson (1179–1241) die **Edda,** eine Sammlung von Heldenliedern und Mythologie aus spätheidnischen Zeiten. Die Edda ein unterhaltsames, wunderbares literarisches Werk, ist aber nicht, wie einige Ideologen es auf den Schild hoben, »die Bibel« der Germanen. Das Werk gehört der *big tradition*, der Kultur der Fürsten und höfischen Barden (Skalden) einer Gesellschaft am Rande des germanischen Siedlungsgebiets, an. Die Edda gibt also kaum Einsichten in den alltäglichen Glauben und den Kultus der Germanen, schon gar nicht der südlicheren keltisch-germanischen Stämme aus der Zeit des Caesar oder Tacitus, tausend Jahre zuvor (Dobler 1975: 101).

Das heutige Europa kennt keine sauber getrennten Völker oder Rassen, wie es einigen Gelehrten im 19. und zu Anfang des 20. Jahrhunderts im Bann der sozialdarwinistisch gefärbten Rassenlehre und der überzogenen Nationalismen vorschwebte. Man kann nur grob sagen, gegen Norden nimmt das germanische Element zu, gegen Osten das slawische und baltische, gegen Westen das keltische und gegen Süden das romanische.

22 Die Wikinger oder Waräger traten im Osten als Raubhändler und Sklavenjäger auf und gründeten das Reich der Rus (Russen). Die Kosaken rühmen sich, Nachkommen der Wikinger zu sein. Unser Wort Sklave geht eindeutig auf die Slawen zurück, die die Wikinger im Westen verkauften.

Keltisches Erbe heute

Wir sehen, die Kelten haben sich nicht einfach in Luft aufgelöst, noch sind sie ausgestorben. Sie sind noch lebendig, als »allgegenwärtige Unterströmung des abendländischen Geisteslebens« (Rudolf Meyer). Sie lebten weiter in der ritterlichen, romantischen Kultur der Minnesänger mit ihrer geheimen Blumensprache – noch immer »sagen wir es mit Blumen«. Sie lebten weiter im Gralskult, in den echten Volksliedern und -tänzen, in den Dichtungen des Wolfram von Eschenbach und anderer Troubadouren, zuletzt in den Werken eines Richard Wagner.

Country-Music, Hillbillie-Musik und Bluegrass, die von den Nachfahren iro-schottischer Einwanderer, die sich im Appalachengebirge niederließen, gesungen und gespielt wird, ist rein keltisch in ihrem Rhythmus und ihrer Melodie. Es ist die typische Musik der Barden, die in einer analphabetischen Gesellschaft Nachrichten in Form von Balladen von Ort zu Ort weitertragen und eine Liebe zum Wortspiel und zur Erzählkunst aufweisen.

Von den La-Tène-Kelten übernommener germanischer Kunststil: Eingangspforte einer aus germanischer Tempelbaukunst hervorgegangenen Stabkirche.

Auch in der Literatur, in den Fantasy-Erzählungen eines John R. R. Tolkien, und in Filmen wie »Avalon«, »König Artus«, »Highlander«, »Camelot«, »Excalibur« oder »Monty Python« lebt keltisches Kulturgut munter weiter. Im amerikanischen Western reitet der Cowboy noch immer, wie der keltische Held, zum Schluss allein auf seinem treuen Pferd in den Sonnenuntergang, in die Anderswelt. Keltisch anmutende Krieger mit Fantasiewaffen und Tätowierungen geistern durch die virtuelle Realität der Computerspiele.

Keltischen Ursprungs sind aber auch alltägliche Gepflogenheiten, Vorlieben beim Essen, wie der morgendliche Haferbrei oder in Amerika der Schinken (*bacon*) zum

Frühstück, das Biertrinken am Stammtisch, das Bild vom »röhrenden Hirsch« an der Wohnzimmerwand – in unbewusster Erinnerung an Cernunnos, den Waldgott –, der quasi sakrale Status von Hund und Pferd und vieles mehr.

Und jetzt, wo wir uns in einer Zeit ökologischer und gesellschaftlicher Unausgeglichenheiten befinden, wo wir uns gefährlichen, kaum beherrschbaren Technologien ausgeliefert haben und wieder Sinn und Halt suchen, da tritt aus den verborgenen Quellen des kollektiven Unterbewusstseins unverhofft hier und da die unterschwellige keltische Strömung wieder an die Oberfläche. Und zwar in folgenden Bereichen:

1. Ökologie: Es wird zunehmend versucht, die Natur als einen ganzheitlichen, lebendigen Organismus zu verstehen (Gaia-Hypothese), nicht nur als belebt, sondern auch als beseelt. Man spricht wieder von den Rechten der Tiere. Man erkennt, dass Bäume und Wälder heilig und lebenstragend und nicht nur als auszubeutende, wenn auch nachwachsende Rohstoffreserven zu betrachten sind. Man erkennt, dass sie nicht nur zum Wirtschaftswachstum beitragen, sondern auch unsere Seele nähren und gesund halten. In der Landwirtschaft werden vor allem in der biologisch-dynamischen Methode, wie es einst die Kel-

Keltisch-germanischer Krieger – mit typischem Langschwert und Hosentracht.

Beliebtes Motiv seit keltischen Zeiten: röhrender Hirsch.

ten taten, feinstofflich-ätherische, energetische und astronomische Gesichtspunke mit berücksichtigt.

2. Spiritualität: Eine neue Spiritualität stellt sich zunehmend gegen die lebens- und naturfeindlichen Dogmen – »macht Euch die Erde untertan«, Entmündigung der animistischen Völker durch Missionierung – einer versteinerten Kirche und ebenso gegen ein gefühlstotes Wissenschaftsestablishment, das im Namen der Humanität sadistische Tierversuche und nicht rückgängig zu machende Erbgutmanipulationen vornimmt. Die Götter und Elementarwesen erwachen in den Imaginationen vieler Menschen. Man öffnet sich wieder dem Wunder, man erlebt wieder die Engel und Gottheiten, man spricht von der Wiederverkörperung und der Tatenvergeltung (Karma) über den Tod hinaus. Keltisches Schamanentum zeigt, dass man keine unbezahlbar teure Raketentechnologie braucht, um in andere Welten zu reisen.[23]

3. Autonomiestreben: Das Dorf von Asterix, Obelix und Miraculix steht für Dezentralisation, freie Entwicklung jeder menschlichen Individualität und Gemeinschaft, für Eigenständigkeit der organisch gewachsenen Regionen, für eine lebensbejahende Anarchie. Es steht gegen die kollektiven Zwänge zugunsten ferner Machtinteressen, gegen Bevormundung durch einen allmächtigen Staat, sei es das imperiale Rom, Berlin, Brüssel oder Washington.

23 Arthur Hermes, der »Druide« des Waadtlands, sagte es treffend: Die Astronauten sind mit ihrer Raumfähre Apollo 11 nicht auf dem »Mond« gelandet, sondern im Bereich der Materie, also der »Erde«, geblieben. Zum Mond und zu den Mondkreaturen kommt man nur mit einem »geistig-ätherischen Raumschiff«.

4. Frauenbewegung: Allmählich wird wieder anerkannt, dass die Frau als Geliebte, Mutter und lebenserfahrene alte Weise die Erhalterin des Lebens ist. Sie ist es auch, die den Männern die Macht delegiert. Das geschieht aber nicht aus Machtsucht oder Geltungsbedürfnis, sondern als Trägerin des archetypischen Weiblichen, als Verkörperung der Göttin. Der keltische Ritter oder Barde hatte seine Dame, der er seine Abenteuer, Siege oder Lieder widmete. Manchmal war diese weibliche Gefährtin keine sterbliche Frau, sondern eine Holde, eine Schwanenjungfrau oder andere Andersweltliche. Auch die Götter der Heiden hatten ihre weiblichen Begleiter, die ihnen an Rang nicht nachstanden. Oftmals waren die Götter, ähnlich dem Shiva der südasiatischen Mythe, ohne die weibliche Energie (Shakti) völlig machtlos und ohne Leben.

5. Heilkunde: Immer mehr Menschen erkennen, dass die Schulmedizin unbezahlbar geworden und mit Risiken behaftet ist – allein in den USA sterben nach offiziellen Schätzungen (Lemonik 1999: 38) jährlich 100 000 Menschen aufgrund ärztlichen Versagens oder falsch verschriebener Pharmazeutika. Bei weiteren 2,5 Millionen kommt es zu Gesundheitsschäden und zum Teil bleibenden Beeinträchtigungen (Arndt 1999: 56). Die schärfste Waffe unter den pharmazeutischen Produkten, die Antibiotika, verlieren nicht nur zunehmend an Wirksamkeit, sondern haben echte Killerstämme unter den Bakterien erzeugt. Da bietet sich die aus keltischen Wurzeln stammende Heilkräuter- und Bäderkunde als sanfte, aber wirksame Alternative an. Ihr liegt die Erfahrung von vielen tausend Jahren zugrunde.

Im Gegensatz zur Psychoanalyse und Psychotherapie erweist sich die traditionelle schamanische Heilweise, die metaphysische Aspekte mit einbezieht, als viel effektiver. Der Schamane reist in die Anderswelt und weiß mit den Krankheit bringenden transsinnlichen Wesenheiten umzugehen, er behandelt nicht nur die materiellen, organischen Schäden, die diese Wesenheiten bewirken. Auch verlorene Seelen kann der Schamane oder die Schamanin in der jenseitigen Welt wiederfinden oder als »Sterbehilfe« die fortgehenden Seelen ein Stück in den Himmel begleiten. Auch die Kraft der Erdstrahlen und Wasseradern, mit denen die Kelten bewusst umgingen, findet wieder zunehmend Berücksichtigung, ebenso wie auch die kosmisch-astronomischen Einflüsse. Aus all dem ergibt sich eine neue Heilkunde, neben welcher der Medizinapparat mit seiner materiell-reduktionistischen Arbeitsweise einen recht armseligen Eindruck macht.

KELTISCHE HEILKUNDE

Die Heilkunde der Kelten wurde nicht nur von der »hohen Kultur« (der »great traditon«) der Druiden und Priesterschaft getragen, sondern auch von der des einfachen Volkes, von den Hirten, die das Vieh versorgten, und vor allen von den Müttern und Großmüttern, die sich um die Gesundheit der zwei- und vierbeinigen Bewohner von Haus und Stall kümmerten. Beides, das überlieferte Wissen der Druiden und die praktische Erfahrung des einfachen Volkes, der *tuata*, ergänzten und befruchteten einander. Als Erstes wollen wir uns mit den Druiden befassen und sehen, welche Impulse, die noch immer in unserer Heilkräuterkunde lebendig sind, sie in Gang setzten.

Die Waldweisen

Die Druiden – die Magier, Wahrsager, Ärzte und Hüter der Weisheit der Kelten – lebten »wie Hirsche« in den Wäldern. In heiligen Hainen (**Nemetona**), in der freien Natur, übten sie Askese, opferten und vollzogen ihre Rituale. **Merlin,** der große Zauberer der Artussage, lebte verborgen im schwer zugänglichen Urwald, »neben einem Quell, umstanden von Haselsträuchern und anderem Gesträuch«. Kräuter und Wurzeln waren seine Speise, der Wolf und der Eber waren seine besten Gefährten; gelegentlich ritt er einen Hirsch (Tolstoy 1989: 107). Dieser Merlin ist wahrscheinlich ebenso wenig eine historische Persönlichkeit wie König Artus; er ist aber auch nicht bloß eine Sagenfigur, sondern der Archetypus des keltischen Druiden, des »Waldweisen«. Der Geist des Waldes selbst, der Geweih tragende archaische Gott (**Cernunnos**) und die Waldgöttin, die schon die Urzeitjäger kannten, inspirierte ihn und lehrte seine Seele.[24]

Zwanzig Jahre – so schreibt Caesar – dauerte die Ausbildung zum Druiden. Diese langen Jahre verbrachten die jungen Anwärter in der

24 Das Bild des weisen, bärtigen Druiden, der tief im Wald lebt und mit den Hirschen und Heinzelmännchenn Zwiesprache hält, hat sich tief in unsere Seele eingegraben: Es ist der Weihnachtsmann, der Samichlaus, der Santa Claus, der zur Wintersonnenwende – oft kommt er mit einem Schlitten, der von Hirschen oder Rentieren gezogen wird – jedes Haus besucht und die Menschen mit guten Gaben beschenkt. Er trägt wie die Druiden eine Rute, die Lebenskraft spendet, und einen Sack mit Pfefferkuchen (volkskundlich: »kultische Gebildebrote«), Äpfeln und Nüssen.

Im Gegensatz zu Troubadix in dem modernen Comic (links) waren Barden und Sänger in der keltischen Stammesgesellschaft hochverehrte Persönlichkeiten (rechts irische Barden). In einer vorschriftlichen Gesellschaft waren sie unverzichtbare Vermittler von Neuigkeiten aus dieser und der anderen Welt.

Abgeschiedenheit des Waldes. Von weltlichen Sorgen und Belangen, von Steuern und Kriegsdienst waren sie befreit. In den ersten sieben Jahren lernten sie die in Reime gefassten Überlieferungen auswendig und wurden Sänger, Barden und Geschichtenerzähler. In den nächsten sieben Jahren vervollkommneten sie ihre Sehergabe, sie wurden Seher (*vates*), sie weissagten und konnten mit den Göttern sprechen. Aber erst sieben Jahre später wurden sie zu vollamtlichen Druiden, zu Trägern der Gesellschaft.

Plinius der Ältere, ein schreibwütiger, pensionierter römischer Admiral, berichtet in seiner *Historia Naturalis* (XVI, 249): »Die Druiden halten nichts für heiliger als die Mistel und den Baum, auf dem sie wächst, wenn es nur eine Eiche ist. Sie wählen an sich schon die Eichenhaine und verrichten kein Opfer ohne das Laub dieses Baumes, so dass sie ihren Namen ›Druiden‹ nach dem griechischen Wort (*drys* = Eiche) erhalten haben könnten.« Diese Wortdeutung, welche die Druiden zu »Eichen-Weisen« macht, wird heute von übervorsichtigen Sprachwissenschaftlern zu Unrecht in Frage gestellt. Das altkeltische Wort für Druide ist **Druwides,** was sich ohne Schwierigkeiten in zwei Segmente zerlegen lässt: in *dru* und *wid* (Markale 1985: 20). Die Vorsilbe entstammt der indogermanischen Wurzel **dru*, mit der Bedeutung »Treue« (englisch *true*), sowie »Festigkeit« oder »Baum« (englisch *tree*), womit in den meisten indogermanischen Sprachen die Eiche (gall. *dervo*, ir. *daur*, walis. *derw*) gemeint war.

Wid ist die sprachliche Wurzel von Wörtern wie »Wissen«, »weise«, »Vision« (von lat. *videre* = sehen), auch die Sanskrit-**Veden** (das von Sehern in ekstatischer Vision geschaute göttliche Wissen), der römische **Vates** und der altirische **Fáith** (Weissager, Seher) gehören dazu.

Wid bedeutet auch Wald (urkelt. *vidu*, germ. *widhu*, gäl. *fiodh*, engl. *woods*). Im rauschenden Urwald sind die Götter zuhause. Tacitus, römischer Sachverständiger in Sachen Barbaren, berichtet über den Baumkult der stark keltisch geprägten Südgermanen: »Übrigens finden sie es unvereinbar mit der Erhabenheit der Himmlischen, die Götter in Wände einzuschließen und sie den Zügen des Menschenantlitzes irgendwie nachzubilden (...) ihre Wälder halten sie heilig, und mit Götternamen rufen sie jenes ferne, unschaubare Wesen, das nur ihr frommer Schauer sieht.« Aus dem heiligen Wald, aus den Bäumen sind – nach keltischer Auffassung – die ersten Menschen entstanden, der Mann aus der Eberesche, die Frau aus der Erle (bei den Nordgermanen waren sie aus der Esche und der Ulme hervorgegangen).

Wid ist verwandt mit dem deutschen »Wut«, im Sinne von »geistig angeregt, ekstatisch«. Es ist die Wut der Verzückung, der Raserei, die entsteht, wenn der sterbliche Mensch vom Numinösen berührt oder von der Gottheit besessen wird. Der germanische Archetypus der »heiligen Wut«, der Begeisterung, der inspirierten Weisheit und der Vision

Druide mit Eichenlaub (Henry Rowland, 18. Jh.).

ist **Wotan,** der Schamanengott, der am Weltenbaum hängend die Weisheitsrunen aus den Urtiefen emporhob.

Der Name des walisischen Zaubergottes **Gwydion** (von *gwydd* = wissen und *wydd* = Wald) entstammt ebenfalls dieser Wurzel. Gwydion, der einst als Hirsch, Wildsau und Wolf die Wälder durchstreifte, ist Träger und Vermittler der Naturweisheit. Er ist eigentlich ein göttlicher Druide wie Merlin. Seine Mutter ist **Don,** die Große Göttin, Herrin der strömenden, himmlischen Gewässer – die Donau, der Don, die Dnjepr und andere Flüsse wurden nach ihr benannt. Sie verkörpert den Fluss der Inspiration. Die Sage erzählt, dass Gwydion die Kräfte der Pflanzenwelt meisterhaft handhabt. Aus Büschen und Bäumen zaubert er Krieger, aus Pilzen prächtige Schilde, aus Seetang Schiffe. **Taliesin,** der größte Barde der Waliser, besingt, wie ihn dieser Gwydion aus den ätherischen Kräften des Waldes erschuf:

»Nicht von Mutter noch Vater
War, als ich gemacht,
Mein Blut oder Körper;
Aus neun Arten von Eigenschaften,
Aus Früchten von Obstbäumen,
Aus Obstbäumen hat Gott mich geschaffen,
Aus der Blüte der Bergprimel,
Aus den Knospen der Bäume und Büsche.
Aus der Erde von irdischer Art.
Als ich gemacht ward
Aus den Blüten der Nessel,
Aus dem Wasser der neunten Welle ...«
(*Cad Goddeu*, 13. Jh.)

Das Gedicht deutet an, dass ein Druide wie Taliesin nicht nur Kind der Gesellschaft, der leiblichen Eltern ist, sondern – wie der indische Brahmane – ein Zweimalgeborener. Der Wald, symbolisiert durch den Waldgott Gwydion, ist des Druiden geistiger Mentor. Die Inspiration des Waldes ist ihm bis in das Mark der Knochen gedrungen, hat ihn geformt und zu dem gemacht, was er ist.

Anderswo wird beschrieben, wie Gwydion für den jungen Sonnenhelden **Lleu** – er ist kein anderer als der pankeltische Sonnengott **Lug** – eine wunderschöne Jungfrau aus den Blüten und Blütenknospen der Eiche, des gelben Ginsters, des Mädesüß und anderen Pflanzen hervorzauberte. Lleu war nämlich von seiner Mutter verflucht worden, er solle niemals eine Frau haben »von jener Art, wie sie jetzt die Erde bevölkert«. **Blodeuedd,** das Blütenmädchen, ist keine andere als die Vegetationsgöttin, die mit dem Sonnenhelden lustwandelnd durch das Jahr zieht, ihn aber dann im Spätherbst, in den düsteren Novembertagen, betrügt und zu ihrem neuen Liebhaber, dem düsteren Gott der Unterwelt, zieht.

Der Wald ist also Vater und Mutter der Druiden und ihrer Weisheit. In der walisischen Sprache kommt diese Verbindung von Wald und Inspiration deutlich zum Ausdruck. *Wydd* heißt Holz oder Wald: *arwdd* ist ein Zeichen; *cyafarwydd* ist Auskunft oder Information; *cywydd* ist eine Offenbarung; ein *gwyddon* ist ein Weiser und ein *derwydd* ist ein Druide (Pennick 1997: 56).

Die Druiden brauchten keine Bücher. Der Wald selbst war das Buch. Jedes Kraut, jeder Baum, jeder Vogel, jeder Käfer, jedes Steinchen, jeder Tümpel war voller Zeichen, voller Information, voller Offenbarungen. Diese Fülle konnte man nicht – man kann es auch heute nicht – schwarz auf weiß auf Buchstaben reduzieren und auf Papier bannen. Geschriebene Weisheit war für die Druiden minderwertig. Daher verzichteten sie auf das Schreiben und ließen die Blätter lieber an den Bäumen. Im Herzen trugen sie die in Geistesklarheit geschaute Weisheit.

Nach drei mal sieben Jahren im Wald waren ihre Sinne dermaßen offen, dass für sie die Wirklichkeit der Elfen, Baumfeen und Waldgötter keine Glaubensfrage war, sondern Erfahrungstatsache. Jede Pflanze, mit der sie sich befassten, konnte ihnen Auskunft geben, konnte ihnen Heilgeheimnisse und Zauberkräfte offenbaren. Das ist für uns heutzu-

Die Göttin Ardoinna, auf einem Eber reitend.

tage, die wir in unsichtbare elektronische Fesseln gebunden sind, abgelenkt durch ständige Medieninformation und Unterhaltungslawinen, abgeschlossen von der Umwelt in Betongebäuden, Glaskäfigen, hermetisch versiegelten Kraftfahrzeugen, nicht leicht nachvollziehbar. Doch Pflanzen können sehr wohl zu unserer Seele sprechen, wir müssen uns ihnen gegenüber bloß öffnen. Das ist an sich nichts Besonderes – jedes Tier kann das. Überall finden die Tiere die Kräuter, Wurzeln und Blätter, die sie zur Ernährung und zur Heilung ihrer Wunden, Magenverstimmungen und anderer Leiden brauchen (Storl 1996: 34). Jeder, der sich vom Alltag und dessen Trubel lösen kann und sich in einer offenen, meditativen Stimmung neben einen Baum oder ein Kräutlein setzt, wird erfahren, dass ihm die Pflanze Informationen und Einsichten vermittelt, die in keinem Buch nachzulesen sind.[25]

Der Wald in seiner Majestät und Magie erschien den Druiden als göttlich. So wurden die heiligen Wälder nach den Göttinnen benannt, die dort herrschten. **Dea Abnoba** hieß die Göttin des Schwarzwalds, **Dea Ardoinna** jene des Ardennenwaldes – sie wurde auf einem galoppierenden Eber reitend dargestellt (Duerr 1978: 188); die Göttin **Nematona** beherrschte den Pfälzerwald. Nicht nur der Wald als Ganzes, auch die einzelnen Bäume waren von Feen und Elfen bewohnt. In den Alpen gibt es noch immer die **Saligen,** die freundlichen Baumfeen. Sie bewohnen alte Lärchen und Tannen. Gelegentlich erscheinen sie dem einsamen Wanderer oder dem Sennen. Köhlerinnen und armen Bergbäuerinnen sollen sie in Geburtsnöten zu Hilfe gekommen sein (Scheffer/Storl 1995: 148). An solchen verehrten Bäumen ließen die Frommen später oft Marienbilder anbringen, die Dorfpfaffen ließen aus ihrem Holz Marienkapellen zimmern.

Um die Macht der gallischen Druiden zu brechen, befahl der kluge Taktiker Julius Caesar seinen Legionen, die heiligen Bäume in einem Wald bei Marseille zu fällen. Die Soldaten, eingeschüchtert von der

25 Auch mein Wissen verdanke ich nicht nur Büchern. In meiner Kindheit und Jugend verbrachte ich jede freie Stunde in den herrlichen Laubwäldern Ohios, und es scheint mir, als ob die Bäume und die Geister der Indianer, die ehemals dort lebten, meine Lehrer waren. Dank auch dem Bauernphilosophen Arthur Hermes, dem Waldeinsiedler im Waadtländer Jura, der auf einer Megalithkultstätte in einer Waldlichtung oberhalb des Neuenburger Sees seinen Hof hatte und mir die naturverbundene Weisheit der Kelten und Germanen näher brachte (Storl 1990: 82). Wie man sich den Pflanzen- und Baum-Devas nähert, habe ich in dem Buch *Pflanzendevas – Die Göttin und ihre Pflanzenengel* (AT Verlag, Aarau, 1997) in Worte zu kleiden versucht. Jedes Jahr findet im Schwarzwald und ebenfalls in Südungarn ein einwöchiger Workshop statt, in dem wir versuchen, uns meditativ mit den Pflanzen zu verbinden: Jedes Mal erfahren wir wunderbare Neuigkeiten über die Bäume und Kräuter, die noch in keinem Buch verzeichnet sind.

Mönch beim Fällen einer Eiche. Französische Buchmalerei, ca. 1220.

majestätischen Erhabenheit der Wälder, weigerten sich. Da ergriff Caesar selbst die Axt und tat den ersten Schlag, um ihnen zu zeigen, dass sie keine göttliche Rache zu fürchten hätten. Einige Jahrhunderte später ließ der heilige Martin nicht weit von Autun an einem der alten Religion geweihten Ort eine Kiefer schlagen. Diese beiden Gesten – schreibt Maurice Magre – stehen symbolisch für die zweifache Zerstörung des Druidentums durch Rom und die römische Kirche (Magre 1986: 50). Noch lange führten die christlichen Missionare einen erbitterten Kampf gegen die Heidenbäume, »gegen den inneren und äußeren Urwald«. Ähnlich wie die US-Regierung die Büffelherden der weiten Prärie vernichten ließ, um der indianischen Urbevölkerung die physische und spirituelle Lebensgrundlage zu nehmen, so zerstörten die römischen Imperialisten und später die kirchlichen Glaubensfanatiker den Wald als Träger der keltischen Spiritualität. An die Stelle des lebendigen Waldes setzten sie als Ideal das Bild der »heiligen Stadt«, einer von festen Mauern umringten steinernen Zitadelle (Laudert 1998: 38). An die Stelle des Baumes setzten sie eine Statue als Fetisch (port. *feitiço*, von lat. *facticius* = nachgemacht, dem Natürlichen entgegengesetzt). Es ist dieses von der lebendigen Erde losgelöste Bild, welches uns in die gegenwärtige ökologische und seelische Notlage gebracht hat.

Druidische Sammelrituale

Für die Kelten waren die Pflanzen keine unbeseelten Gebilde aus Bioplasma, die der Mensch nach Belieben nehmen, verbrauchen oder ausbeuten kann. Was sich dem physischen Auge bietet, ist nach keltischer Auffassung lediglich der »Körper« der Pflanze. Darüber hinaus hatten die Pflanzen für sie eine kräftemäßige Ausstrahlung, deshalb wirken sie auch, wenn man sie als Amulett trägt oder auflegt. Die irische Sage erzählt, wie Cúchulainn, der tapferste Held, durch das Auflegen von Heilkräutern von seinen Wunden geheilt wurde. Diese Tradition hielt sich noch lange. Von Bruder Niklaus von Flüe (1417–1487), dem berühmten Schweizer Einsiedler und Heiligen, wird berichtet, er habe »zur Aufrechterhaltung seines Lebens etliche Kräuter und Wurzeln auf seinen Magen und von außen auf sein Herzgrübchen« gelegt. Wenn diese Pflanzen welkten, dann legte er andere, frische darauf (Golowin 1993: 22).

Jenseits der Kräfteausstrahlung (Energiekörper, Ätherleib) der Heilpflanze oder des Baumes gewahrten die Kelten auch den Geist (Geistseele, Deva) der Pflanze oder die Gottheit, die sich in der Pflanze offenbarte. Dieser Geist – und nicht irgendwelche molekularen Wirkstoffe, wie wir heute glauben – ist es, der Heilung, Linderung oder Trost gewähren kann. Er muss jedoch richtig angegangen werden. Der Druide war derjenige, der die magischen Techniken, die Rituale und Zauberworte beherrschte, um den Geist der Pflanze anzusprechen oder um Hilfe zu bitten. Der Waldweise war Botschafter und Vermittler der pflanzlichen Mysterien.

Rituale dienen dazu, die (menschliche) Psyche auf die transsinnliche Dimension einzustimmen, damit sie sich dem Geist der Pflanze oder einer Gottheit nähern kann. Von antiken Schriftstellern, vor allem von **Plinius,** erfahren wir Bruchstückhaftes über solche Rituale, die bei den Druiden zum Sammeln und Ausgraben von Heilpflanzen gehörten. Am bekanntesten ist sein Bericht über die Mistelernte:

»Man findet aber die Mistel in Gallien sehr selten; und hat man sie gefunden, so wird sie mit großer Ehrfurcht abgenommen, vor allem am sechsten Tag des Mondes, der bei ihnen den Anfang der Monate und Jahre und nach 30 Jahren einen neuen Zeitabschnitt bildet, ein Tag, an dem der Mond schon genügend Kräfte hat und noch nicht halbvoll ist. Sie nennen die Mistel in ihrer Sprache ›die alles Heilende‹. Sie bereiten nach ihrer Sitte das Opfer und das Mahl unter dem Baum und führen zwei große Stiere herbei, deren Hörner da zum ersten Mal umwunden werden. Der Priester, bekleidet mit einem weißen Gewand, besteigt den Baum und schneidet die Mistel mit einem goldenen Messer ab: Sie wird mit einem weißen Tuch aufgefangen. Dann schlachten sie die Opfertiere und bitten den Gott, er wolle sein Geschenk denen, welchen er es gegeben hat, zum Glück gereichen lassen. Sie meinen, dass die Mistel, in einem Getränk genommen, jedem unfruchtbaren Tier Fruchtbarkeit verleihe und ein Heilmittel gegen alles Gift sei. So groß ist die Ehrfurcht der Völker meistenteils in ganz unbedeutenden Sachen« (*Historia naturalis* XXIV, 103–104).

Auf die Mistel und ihren Gebrauch bei den Kelten werden wir später noch zu sprechen kommen. Selbstverständlich handelt es sich hier um ein Ritual der »hohen Kultur« der Druiden und nicht der Volkskultur des einfachen Volkes. Keine Kräuterfrau, kein Bauer würde beim Sammeln von Heilpflanzen Stiere opfern. Stieropfer wurden sonst nur bei Thronbesteigungs- und Königswahlritualen vollzogen. Auch in diesem Fall muss es sich um ein königliches Ritual gehandelt haben, denn eine der wichtigsten Aufgaben des Herrschers war es, die Fruchtbarkeit der Herden und den Schutz vor Seuchen in seinem Reich zu gewährleisten (Le Roux/Guyonvarc'h 1996: 175). Zudem ist die Eiche der Baum des Königs, unter dem er bei wichtigsten Stammesangelegenheiten und Ratsversammlungen seinen Sitz nahm, so dass die Götter durch ihn reden konnten. Es ist auch nicht anzunehmen, dass die Bauern und Kräuterfrauen beim Sammeln von Heilpflanzen weiße Zeremonialgewänder trugen. Wahrscheinlicher ist, dass sie – wie der keltische Krieger in die Schlacht – im Zustand »heiliger Nacktheit«, »mit den vier Winden bekleidet« zu den Pflanzen gingen.

Neben der Mistelernte beschreibt Plinius auch die Ernte des Bärlapps, *Selago* genannt. Auch auf diese Pflanze – im Volksmund noch immer als Drudenkraut bekannt – werden wir später eingehen.

»Dem Sadebaum ähnlich ist die Pflanze, die man *Selago* nennt. Man sammelt sie ohne eisernes Gerät, indem man sie mit der rechten Hand durch die Tunika hindurch, auf der Seite, wo die linke Hand ist, herausreißt, als wolle man sie stehlen; dabei solle man eine weiße Kleidung tragen, rein gewaschene Füße haben und vor dem Sammeln ein Opfer mit Brot und Wein darbringen; man trägt sie in einem neuen Tuch« (*Hist. nat.* XXIV, 103).

Im nächsten Absatz schreibt er weiter von einer an feuchten Stellen wachsenden Pflanze, die die Druiden *Samulos* nannten: »Derjenige, der sie pflückt, darf nicht zurückschauen und muss die gepflückte Pflanze dort niederlegen, wo man die Getränke niederlegt; vor allem aber muss er sein Werk mit der linken Hand ausführen« (*Hist. nat.* XXIV, 104).

Zum Eisenkraut (*Verbena*) schreibt der römische Gelehrte, dass die keltischen Druiden es zum Losen und Wahrsagen verwendeten und »allerlei abergläubischen Unfug damit trieben«:

»Wenn man sich damit salbe, erlange man alles, was man wolle. Die Pflanze vertreibe Fieber, stifte Freundschaft und heile alle Krankheiten. Man müsse sie beim Aufgang des Hundssterns (Sirius) sammeln, wenn weder Sonne noch Mond scheine, zuvor aber die Erde mit Wachs- und

Honigopfer versehen. Mit Eisen müsse man einen Kreis um die Pflanze ziehen und sie dann mit der linken Hand herausgraben« (*Hist. nat.* XXV, 105).

Diese spärlichen Zeugnisse sind dennoch aufschlussreich, besonders wenn man sie mit dem Heilpflanzensammelbrauchtum in den ehemals keltischen Ländern vergleicht. Folgendes ist wichtig: Die richtige Zeit, das korrekte Ritual und eine Opfergabe. Diese wollen wir nun etwas genauer betrachten.

Die richtige Zeit

Die Druiden waren Meister der Zeit. In der Abgeschiedenheit ihrer Waldheiligtümer konnten sie genau den Wandel der Jahres- und Tageszeiten, den Lauf der Sonne, des Mondes und der Planeten beobachten. Das entging auch dem Imperator Caesar nicht: »Viel disputieren sie über die Gestirne und deren Bewegung« (Caesar, *De Bello Gallico* VI, 13). Auch andere Quellen bestätigen das: »Die Druiden geben vor, von der Größe und Gestalt der Welt, den Bewegungen des Himmels und der Gestirne sowie vom Willen der Götter Kenntnis zu haben« (Pomponius Mela, *De Chorographia* III, 2).

Ihre Naturnähe gab den Druiden Kenntnisse über die gestaltenden Kräfte, die ätherischen Energien, die vom Himmel herabströmen. Wie aufmerksame Gärtner noch heute nahmen sie die Übereinstimmungen zwischen den himmlischen Erscheinungen und der Entfaltung der Vegetation wahr. Sie sahen, dass der jeweilige Stand der Sonne, des Mondes und der Wandelsterne (Planeten) am Fixsternhimmel beziehungsweise im Tierkreis einen offensichtlichen Einfluss auf die Qualität der Heil- oder Sakralpflanzen hat. Diesen Erkenntnissen nähern sich inzwischen auch unsere Forscher. Der Stoffwechsel einer Pflanze ist am Morgen anders als am Abend; der Vollmond hat eine andere Wirkung als der Neumond; die Wandelsterne – ihre Konjunktionen, Oppositionen, Aspekte sowie ihre Stellung am Himmel – lassen sich ebenfalls mit den Erscheinungen der Pflanzen- und Tierwelt korrelieren.

Pflanzen, die heilend oder magisch wirken sollten, wurden während der »magischen Zeiten« gesammelt. Diese besonderen Zeiten waren »Zeiten dazwischen«: In der taufrischen Dämmerung des frühen Morgens, wenn die Nacht noch nicht ganz verflogen, der Tag noch nicht voll angebrochen ist, wenn die Vögel beginnen, die aufgehende Sonne mit ihrem fröhlichen Gezwitscher zu begrüßen, dann ist die beste Zeit, Leben bringende Heilkräuter zu pflücken. **Lüppe**kräuter – Giftkräuter, die dem Feind Tod und Verderben bringen sollten – wurden am besten am Abend gepflückt, wenn die Fledermäuse ausschwärmen, wenn die Sonne wie ein blutender, tödlich verwundeter Held in die Tiefe der Nacht versinkt. Andere magische Zeiten, die auch in Betracht kommen konnten, waren die »Geisterstunden« zu Mitternacht oder Mittag.

Die Phasen des Mondes, der in Ebbe und Flut die Gewässer bewegt, wurden auch beachtet. Wie wir sahen, wurde die Mistel am sechsten Tag des Mondzyklus – am achten Tag vor dem Vollmond – geerntet. Der keltische Monat basierte nicht auf einem abstrakten Kalender, sondern auf dem beobachtbaren Phänomen. Der Monat ging vom Neumond zum Vollmond und wieder zum Neumond. Auch der jeweilige Standort des Mondes im Tierkreis, ob er sich in den hohen Sommerzeichen oder in den horizontnahen Winterzeichen bewegte, floss in diese differenzierte Kräutersammelweise ein.

Noch immer hält sich die Volksheilkunde und die traditionelle Kräuterkunde an diese Regeln. So etwa der große Kräuterkundige Maurice Mességué, Erbe einer Kräutersammlertradition, die sich bis auf die keltischen Gallier zurückverfolgen lässt. Kurz nach Neumond, wenn die Mondsichel noch ganz klein ist, niemals aber bei Vollmond, sammelten er und sein Vater die Heilkräuter. »Das Mondlicht nimmt den Pflanzen jegliche Kraft; sie brauchen viel Sonne und wenig Mond« (Mességué 1988: 11). Die dünne Mondsichel ist sozusagen ein himmlisches Zeichen, dass die Kräuter geschnitten werden können. Heilkräuter wurden keinesfalls bei Vollmond gesammelt, wie jüngst einige Erfolgsautoren behaupteten. Für die Kelten enthält der dunkle Mond die ganze angesammelte, aufgestaute potenzielle Mondkraft; mit dem zunehmenden Licht des wachsenden Mondes verausgabt er diese Kraft (Loux 1980: 43). Die Kräuter haben an diesem Rhythmus teil. Auch das wusste früher jeder: Bei Vollmond nimmt die wägbare Masse, die Wässrigkeit, der Pflanzen zu; um die Neumondtage aber sind die imponderablen Qualitäten – Haltbarkeit, Festigkeit, Heilkraft – stärker (Storl 1992: 205).[26]

26 Schon Plinius gab den römischen Bauern den Rat, Früchte, die sie auf den Markt bringen, vor Vollmond zu pflücken, denn dann wiegen sie schwerer, die Früchte für den eigenen Vorrat aber bei Neumond zu lesen, denn dann halten sie länger (Storl 1992: 194). Weiter rät er, Futterlaub bei abnehmendem Mond zu schneiden, sonst beginnt es zu faulen (Hauser 1973: 30). Dieser Rat gilt besonders für Heilkräuter, die zum optimalen Zeitpunkt gesammelt und dann in getrockneter Form das ganze Jahr über halten sollen. »Im Augustwädel sollen die Heilkräuter gebrochen werden«, heißt es im Emmental (Wädel = abnehmender Mond).

Apoll, der hyperboräische Sonnengott.

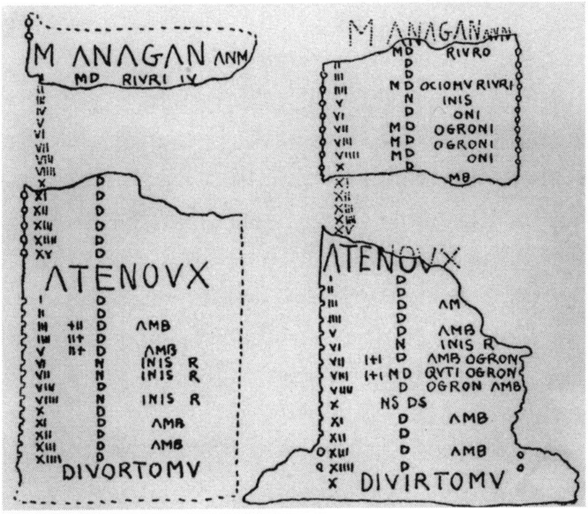

Der Coligny-Kalender.

Im süddeutschen und vor allem im alemannischen Raum achteten die Kräutersammler auch darauf, ob der Mond absteigend (*nidsi gend*) oder aufsteigend (*obsi gend*) ist, das heißt, ob er sich vom Schützen in Richtung der hohen Tierkreiszeichen (der Sommerzeichen wie die Zwillinge) bewegt, oder ob er sich auf dem Weg hinab in die niederen Zeichen befindet. Der aufsteigende Mond – egal in welcher Phase – zieht die Lebenskräfte hinauf in den oberen Blatt- und Blütenbereich; der absteigende Mond bringt sie in die Wurzeln (Storl 1992: 211). Die Beachtung dieses so genannten tropischen Mondes ist wahrscheinlich ebenfalls keltisches Erbe.

Die Druiden teilten die Tage in »günstige« und »ungünstige« ein. Das geht auch aus dem Kalender hervor, der 1897 in Coligny in Burgund gefunden wurde. Diese »Tagewählerei«, inzwischen zum krassen Aberglauben herabgesunken, wurde vom einfachen Volks beibehalten. Die Bauern machten sich Merkregeln, an welchen Wochentagen, Namenstagen der Heiligen und Feiertagen – Karfreitag, St. Georg, Johanni, Michaelis usw. – dieses oder jenes Kraut gesammelt, diese oder jene Wurzel gegraben werden sollte.

Selbstverständlich war auch die Jahreszeit von größter Bedeutung. Jeder naturverbundene Mensch, jeder Gärtner oder Bauer weiß, dass die Frühjahrssonne eine andere ist als die Herbstsonne, die Sommersonne eine andere als die Wintersonne. Folglich hatten die Kelten auch nicht einen einzigen Sonnengott wie etwa die Römer. Auch war die Sonne nicht unbedingt männlich oder weiblich, sie war beides, war »unser Vater und unsere Mutter« (Clarus 1997: 51). Die Gallier sprachen mal von **Granno,** dem Sonnengott, mal von **Grannas,** der Sonnengöttin.[27]

Im Frühling, in der Maienzeit, vermählte sich der goldhaarige Sonnenheld mit der schönen, blütengeschmückten Vegetationsgöttin. In diesem seinem jugendlichen Aspekt wurde die Sonne als **Bel, Belenos** (auch **A-Bel,** verwandt mit **Apoll**), »der Helle«, »der Glänzende«, verehrt. In der Zeit um die Frühlingstagundnachtgleiche bis hin zum Maifest sammelten die Frauen die frischen grünen Frühlingskräuter, die »Verjüngungskräuter«, die blutreinigenden, stoffwechselanregenden, entschlackenden Kräuter, die dem Leib die Winterträgheit nehmen, die Frühjahrsmüdigkeit vertreiben und den Schaffensdrang und die Lust wecken konnten. Diese saftigen Kraftpflanzen – junge Brennnesseln, Bärlauch, Scharbockskraut, Kresse, Löwenzahnblätter, Vogelmiere und die ganze »grüne Neune« – wurden als Kultspeise als »grüne Suppe« gegessen oder zu Kräuterwecken gebacken (Storl 2000: 15).

Im Mittsommer, wenn die Natur mit Licht getränkt ist, die Gräser und Kräuter in voller Blüte stehen und die Glühwürmchen (Leuchtkäfer) die kurzen Nächte mit ihrem Leuchten erhellen, sammelte das Landvolk die »Sonnwendblumen«, jene Kräuter, die viel Licht und Hitze vermitteln können: das dem Belenos (germanisch Baldur) geweihte Hartenau, Teufelsflucht oder Blutkraut, das wir Johanniskraut nennen und das so viel Licht in sich aufnimmt, dass es, zum Räuchern verwendet oder als Tee genossen, dunkle Depressionen und schwarze Gedanken aus der Seele zu verbannen vermag; die Holunderblüten, die so viel Sommerhitze enthalten, dass sie, als Aufguss getrunken, den Körper in Schweiß baden und jedem Krankheitsdämon, der sich einnisten will, die Hölle heiß machen; die ebenfalls schweißtreibenden Lindenblüten, der wärmende, würzige Dost, der Wiesenkümmel, der Quendel (Thymian) und viele andere mit ätherischen Ölen und Lichtkräften gesättigten Kräuter, die dann bei winterlichen Erkältungskrankheiten wertvolle Dienste leisten. Mit der Sommersonnenwende, wenn die Sonne die höchste Stelle des Tierkreises erreicht, fängt erst die richtige Heilkräutersammelzeit an. Beim Landvolk gilt noch immer der Johannistag als einer der besten Tage zum Kräutersammeln.

27 Auch der Mond konnte mal als Göttin, mal als hagerer Mann mit einem trockenen Bündel Reisig erscheinen. Das christlich gefärbte Mondmärchen erzählt, dass der Mann, der geizig oder hartherzig war, verflucht wurde, auf dem Mond zu leben. Älter ist jedoch der Gedanke, dass der Mondmann trockenes Holz trägt, weil er das ganze Mondwasser an die Erde abgegeben hat. Wie der indische Mondgott *Soma* ist der Mondmann Herr der Pflanzen und der Lebenssäfte.

Während der zwölf Mittsommertage – die magische »Zwischenzeit«, die das Jahr in zwei Hälften klüftet – kamen die Andersweltlichen, die Elfen, die Naturgeister und Götter, den Menschen sehr nahe; zugleich unternahmen die Menschen Ausflüge in die magische Welt des Transsinnlichen. An ungewöhnlichen, unheimlichen Orten, an Weggabelungen, auf Hügeln und Hünengräbern, auf dem Friedhof fanden sie während der Geisterstunden, am Mittag oder um Mitternacht, manch ein Zauberkräutlein: Farnwedel mit »Blüten«, die unsichtbar machen; Schafgarben und andere Liebeskräuter, die den zukünftigen Geliebten offenbaren; Machtkräuter wie das Bilsenkraut; Schießkräuter, die den Schuss von Pfeil und Bogen unfehlbar machen; Springkräuter, die Türen und Schlösser – und auch den Schoß der Geliebten – aufspringen lassen; Kräuter, mit deren Hilfe man Diebe erkennen oder die Sprache der Vögel verstehen kann; das Christofskraut, das hilft, verborgene Schätze aufzuspüren. Auch musste man sich während dieser Zeit hüten, nicht auf ein Irrkraut zu treten, denn dann könne man sich hoffnungslos im Wald verirren oder gar ins Reich der Feen stolpern – und wer einmal dort ist, kommt nicht so leicht wieder heraus.

Etwas später, im August, trat **Lugus (Lug)** als Gott der brennenden Erntesonne seine Herrschaft an. Er vermählte sich mit der dreifachen Göttin, die nun die garbengeschmückte Erntegöttin war, die Matrone mit dem Füllhorn. Lug, der die Kraft der heißen, sengenden Hochsommersonne verkörpert, sättigt die Kräuter mit würzigen Düften und stärksten Heilkräften. Im August sind tatsächlich die aromatischen, ätherischen Öle und Harze, die Glykoside und Alkaloide, in den Pflanzen am vollkommensten ausgebildet. In diesen heißen Tagen, den Hundstagen, die mit dem Frühaufgang des Hundssterns (Sirius) beginnen und mit dem Frühaufgang des Bärenhüters (Arcturus) enden, pflückten die Frauen ihr Heilkräuterbüschel, die Hausapotheke für Mensch und Vieh, und ließen dieses durch die segensreichen Worte der Druiden weihen. Noch immer sind die Hochsommertage die wichtigste Sammelzeit für Heil- und Zauberpflanzen, Kräuter für das glückliche »Ehewerk«, Kräuter gegen Hagel und Blitzschlag, Kräuter, die »böse Hexen« und Vampire – umherschweifende Astralleiber der Zauberer – fernhalten. Vielerorts wird noch immer Mitte August, zu Maria Himmelfahrt, der »Würzeltag«, »Kräutertag«, »Würzbüscheltag« oder »Maria Wurzweihtag« gefeiert.

Anfang November ist die Zeit zum Kräutersammeln vorbei. Mit

dem Ahnen- und Totenfest, das heutzutage noch als Allerseelen, Allerheiligen oder Halloween weiterlebt, hörte für die Kelten das Jahr auf. Das letzte Kraut, das noch gesammelt werden durfte, war der graue Beifuß, mit dem die Opfergans und der Gänsebraten gewürzt wurden. Nun begann die dunkle Jahreshälfte, nun wurde die Sonne schwach und die Gewässer froren zu. Der Sonnengott verzog sich wie ein Bär zum Winterschlaf unter die Erde. Ohne Sonne und ohne Wasser haben die Pflanzen keine Kraft. Was noch auf dem Acker oder am Waldsaum steht, gehört nun allein den Andersweltlichen, den zankenden, neckenden Kobolden, den Pucks. Alle Pflanzen draußen sind nun *puca*, das heißt tabu.[28] Niemand, der bei rechtem Sinn ist, würde nun noch irgendwelche Pflanzen pflücken; sie würden Krankheiten erzeugen, anstatt Gesundheit herzustellen. Einzig die Mistel, dieses ungewöhnliche, magische Gewächs, das aus dem solaren Jahresrhythmus ausschert – sie blüht unscheinbar gelblich-grün im späten Winter und ihre Beeren sind zur Wintersonnenwende reif –, kann noch gesammelt werden.

Das Ritual

Zum Ritual des Heil- und Zauberkräutersammelns gehört der richtige Angang. Der keltische Kräutersammler ging – wie es auch bei den meisten anderen Völkern der Brauch ist – früh am Morgen, nüchternen Magens, ohne zu sprechen, ohne zurückzublicken, auf den Weg. Wahrscheinlich achtete er auf die Träume, die er in der Nacht zuvor gehabt hatte, und auf die Zeichen – ungewöhnliches Verhalten von Tieren, Vogelflug, Begegnungen, Wolkenbildungen –, die Teil des ganzheitlichen Geschehens sind und ihm als Vorzeichen dienten. Der Sammler ging von Westen her auf die Pflanze zu, mit dem Gesicht nach Osten gerichtet. Dass die Kelten viele Pflanzen mit der linken Hand pflückten ist – wie Jean Markal schreibt – nicht schwer zu entschlüsseln: »Bei den Kelten war die rechte Seite die Lichtseite, die linke dagegen die Schattenseite, die Seite des Mysteriums. Sie lag gegen Norden, denn die Kelten orientierten sich mit dem Gesicht nach Sonnenaufgang. Die Ernte des Bärlapps bedeutete also eine Aneignung der dunklen, geheimnisvollen Kräfte« (Markale 1985a: 139).

28 Auch die Pilze scheinen die Kelten den Pucks überlassen zu haben. Im Gegensatz zu den Germanen, die dem zirkumpolaren Fliegenpilzkult huldigten und mit dessen Hilfe sie zur Wintersonnenwende die Geburt des Sonnenkindes im Erdenschoß miterlebten, auch im Gegensatz zu den pilzliebenden Slawen waren die Kelten eher mykophobisch veranlagt. Oder gehörte der Fliegenpilz etwa doch zu streng geheim gehaltenen druidischen Mittwinterritualen?

Nach dem Totenfest Samain gehören alle Wildfrüchte und Kräuter den Pucken, den Andersweltlichen.

Wie jeder Kräuterschamane oder Heiler bei traditionellen Völkern versetzte sich auch der keltische Sammler, wenn er zur angemessenen Zeit zu den Heilpflanzen ging, in einen sakralen, »andersweltlichen« Zustand. Um dem Geist oder der Fee der Pflanze zu begegnen, musste er selbst Geist werden. Er musste sein alltägliches Bewusstsein ablegen. Aus diesem Grund gehen die Sammler überall auf der Welt entweder so nackt und ungewaschen, wie sie geboren wurden, oder sie verkleiden und bemalen sich, so dass sie von den Geistwesen selbst als Geister erkannt werden. Sie nehmen sozusagen den von kulturellen Prägungen unberührten, vorgeburtlichen Seinsmodus an und nähern sich dabei dem transsinnlichen Reich der Toten und Ungeborenen, jener Dimension, in der sich ebenfalls die Pflanzengeister befinden. Die Druiden gaben sich den Geistern als Berufene, als Priester, zu erkennen, gekleidet in das weiße Gewand – Farbe der Reinheit, der Andersweltlichkeit. Die Erde wagten sie nur barfuß, mit gewaschenen Füßen zu berühren.

Zum Ritual gehörten auch die Zauberworte, der Spruch, die Erklärung, warum man gekommen war und weshalb man das Kraut nehmen will. Die Kraftworte sind, wie die indischen Mantras, Schlüssel zu den Bereichen der Anderswelt. Es sind uns eine Anzahl von Sprüchen bekannt, die über das Mittelalter hinaus bis in die Neuzeit tradiert wurden und wahrscheinlich auf keltisches Pflanzenbrauchtum zurückgehen. Man erklärte etwa der Pflanze: »Wir pflücken die Blätter, um sie auf die Wunden des Heilands (des Menschensohns) zu legen.« Zum Gundermann sprach man im Zauberton:

»Gundelreben Ger
Ich brech Dich in unser lieben Frauen Ehr
Und in der Ehr unseres lieben Herrn Jesu Christ.«

Zum Wacholder oder Kranewittbaum ging man, wenn ein Dieb einem etwas entwendet hatte. Man ging vor Sonnenaufgang, bog einen Ast mit der linken Hand nach Osten und sprach:

»Wacholderbusch, ich tu dich bücken und drücken,
Bis der Dieb sein gestohlenes Gut wieder
an seinen Ort getan hat.«

Dann legte man einen Stein auf den umgebogenen Ast und nahm ihn erst weg, wenn das Gestohlene wieder da war. Das ist natürlich unverkennbar keltische Zauberei der »kleinen Tradition«.

Als Grabwerkzeug oder Schneidewerkzeug verwendeten die Druiden Hirschgeweih, Feuersteinklingen oder Gold. Wie überall auf der Welt wurden eiserne Werkzeuge nie verwendet. Die Kelten glaubten, dass Eisen die Andersweltlichen – Elfen, Pflanzengeister, Tote – vertreibe. Nur beim Eisenkraut, das, wie wir sehen werden, bei archaischen Schmiederitualen eine Rolle spielte, wird eine Ausnahme gemacht. Da wird mit einem eisernen Schwert ein Kreis um die Pflanze gezogen.

Opfergaben

Das keltische Weltbild war vom Gedanken des Gleichgewichts geprägt. Winter/Sommer, Tag/Nacht, Feuer/Wasser, Mann/Frau, Jugend/Alter, Leben/Tod mussten einander die Balance halten, damit das Universum nicht aus den Fugen gerät. Als Illustration dieses Gedankens dient die Vision, die Peredur – ein walisischer Vorläufer des Gralsritters Parzifal – hatte, als er einmal durch ein Tal ritt, dessen Wiesen durch einen Fluss getrennt waren. Auf der einen Seite des Flusses weideten schwarze Schafe, auf der anderen weiße. Wann immer ein weißes Schaf blökte, kam ein schwarzes Schaf über den Strom geschwommen und nahm selbst weiße Farbe an. Und umgekehrt kam, wenn eines der schwarzen Schafe blökte, ein weißes hinüber, wechselte die Farbe und wurde Teil der schwarzen Herde. Die beiden Herden diesseits und jenseits des fliessenden Stromes stellen die Lebenden und die Toten dar. Das Gleichgewicht zwischen der hiesigen und der anderen Welt muss beibehalten werden.

So sind überhaupt die keltischen Opferpraktiken zu verstehen. Gute Ernten, siegreiche Schlachten oder Vermehrung der Rinder durch die Gunst der Götter müssen durch Opfer ausgeglichen werden. Bei besonders wichtigen Angelegenheiten, bei Seuchen und Krieg, war sogar das Menschenopfer angebracht. Zum Heil der Gemeinschaft gaben sich Menschen sogar freiwillig als Opfer hin.[29]

Wenn man von den Pflanzengöttern Heilung erhoffte, war eine ausgleichende Gegenleistung ebenfalls angebracht – manchmal war es Blut, oft Met, aus kostbarem Honig gebraut, Brot oder der teure Wein, der von den Galliern aus Rom importiert wurde. Potenten Zauberpflanzen, wie Tollkirsche oder Bilsenkraut, opferte man eine schwarze Henne oder einen schwarzen Hahn – der in der Anderswelt gleich wieder lebendig wurde – oder auch einen Hund (Storl 2000 b: 60).

Feuer und Wasser

Die Naturphilosophie der Druiden kannte zwei Urelemente: Feuer und Wasser. Strabo, dem berühmten Geografen des Altertums, erzählten Druiden, dass »sowohl die Welt als auch die Seele des Menschen unvergänglich seien, dass aber eines Tages nur noch Feuer und Wasser herrschen werden«. Wie die Germanen waren die Kelten überzeugt, dass das Leben und die ganze Schöpfung aus dem Zusammenwirken dieser beiden Urelemente entstanden ist – bei den Germanen bestand das Wasser allerdings in Form von Eis.

Das Feuer und Wasser der Kelten bezieht sich weniger auf physikalische Zustände – wie es bei den vier Elementen der alten Griechen, Erde, Wasser, Luft und Feuer, eher der Fall war –, sondern es handelt sich um schöpferische und zerstörerische Urprinzipien, analog dem **Yin/Yang** der Ostasiaten und dem **Shiva/Shakti** der Inder.

Das Feuer ist die kosmische Licht- und Wärmeenergie. Es ist die Sonnenkraft, die sich in die irdische Materie hineinopfert. Sie wirkt transformierend: lebenserzeugend, heilend, lebenserhaltend, kann aber auch Leben zerstören. Das Feuer war Teil praktisch jeder heiligen Handlung ebenso wie die Notfeuer der großen Jahreszeitfeste, der Sonnenwenden, des Lichtmess-, Mai-, August- und Halloweenfests.

29 Der freiwillige Opfertod Christus', des Sohnes Gottes, war für die keltischen Konvertierten nicht schwer zu verstehen. Der Entschluss, Mönch zu werden, galt bei den Inselkelten als »weißes Opfer« – im Gegensatz zum blutigen »roten Opfer« der alten heidnischen Zeit.

Ein **Notfeuer** hat nichts mit »Not« zu tun, sondern war (als **hnot fiur* von *hniudan* = »reiben«, »zwingen«, »nötigen«) ein Zeremonialfeuer, das wie in der mystischen Urzeit (der alten Steinzeit) mit einem Stock (Feuerbohrer) hervorgequirlt, -gerieben oder -gebohrt wurde. Für das bildhafte Denken der alten Europäer stellte das Reiben der Hölzer einen Koitus, eine geschlechtliche Zeugung dar. Der als männlich gedachte Quirlstab, bestehend aus einer »maskulinen« Holzart – vor allem Esche, aber auch Eiche oder Buche –, wurde auf einer Unterlage aus weicheren, »weiblichen« Hölzern – vor allem Birke, auch Pappel und Weide – gequirlt. So wurde das Dämonen vertreibende, heilkräftige »Feuerkind« gezeugt. Ein flammendes »Sonnenkind« sprang aus dem trockenen Holz hervor, ähnlich wie einst das erste Menschenpaar aus Baumstämmen hervorgetreten war. Das Wort »Kind« und »zünden« (engl. *kindle*) haben denselben Ursprung.

Damit alle Krankheiten und parasitischen »Würmer« von den Haustieren abfallen, trieb man das Vieh im Mai zwischen zwei Feuerstößen des Notfeuers hindurch. Diese kalten, schleimigen Kriecher und Blutsauger können die Glut nicht überleben. Auch Menschen sprangen über solche Feuer, vor allem das Mittsommerfeuer.[30]

Das andere Urelement, das Wasser, das aus der Erde sprudelnde, dampfende oder von den Wolken herabregnende Geschenk der Erdgöttin, ist ebenfalls heilig. Wie bei den Indern das Gangeswasser flüssige **Shakti** ist, so war das Wasser bei den Kelten nicht das physikalische H_2O unserer Physiker, sondern eine reinigende, fruchtbar machende, göttliche Energie. Es lässt die Geschöpfe wachsen und gedeihen, kann sie aber auch zerstören. Die Kelten unterhielten einen ausgeprägten Kult der heiligen Gewässer. Sie unterschieden Heilwirkungen verschiedener Brunnen und Quellen. In keltischen Märchen genügt oft nur ein Schluck Wasser, um einen Helden zu heilen oder vor dem Tode zu erretten oder um eine Unfruchtbare zu schwängern. Zu bestimmten Jahreszeiten, etwa im Mai, besitzt das Wasser besonders heilende Kräfte. Da steigen göttliche Wesenheiten selbst in die Gewässer. Wie ihre keltisch-germanischen Vorfahren schöpfen Bauern noch immer das »Osterwasser«. Stillschweigend, vor Sonnenaufgang, mit Blick gegen die Morgensonne wird es geholt. Osterwasser verdirbt das ganze

30 Einige Urgeschichtler vertreten die Ansicht, dass die Kelten die Idee des reinigenden Feuers aus den Steppen mitgebracht hatten. Steppenbrände wirken regenerierend auf Weiden und kommen der Gesundheit der Herden zugute.

Jahr nicht und hat, wenn man es trinkt oder sich damit wäscht, immer eine günstige Wirkung (Bächtold-Stäubli VI 1987: 360).

Das Feuer vermittelt die Form schaffenden, ordnenden Lichtkräfte der Sonne und des Kosmos – das griechische Wort **Kósmos** bedeutet »Ordnung«. Auch das haben inzwischen unsere Physiker bestätigt: Der Nobelpreisträger Erwin Schrödiger vermutete schon um 1933, dass das Sonnenlicht die geordneten Strukturen des organischen Lebens hervorruft oder überhaupt möglich macht (Bischof 1995: 181). Und der Rektor des Max-Planck-Instituts für Physik und Astrophysik in München, Hans-Peter Dürr, sagte kürzlich in einem Interview: »Ich nenne die Sonne ›die ordnende Hand des Lebendigen‹« (*Spiegel Spezial*, Interview, Juli 1999). Das Wasser, dieses »sensible Chaos«, empfängt die vom kosmischen Licht vermittelten Bildekräfte, wird davon geprägt, geformt, geschwängert. So erst ist die Schöpfung möglich.

Die keltische Auffassung vom notwendigen Gleichgewicht in der Natur verlangte, dass die Urelemente, die zusammen belebend und heilend wirken, genauso den Tod herbeiführen können.[31] Keltische Helden wie Diarmed, König von Tara, sterben einen »dreifachen« Tod. Druiden hatten ihm geweissagt, dass er durch die Klinge, durch Feuer und Wasser ums Leben kommen würde. Die Mythe erzählt, wie er, von einer Lanze getroffen, in der brennenden Halle seines Gastgebers in ein Bierfass flüchtet und darin seine Seele aushaucht. Ein »dreifacher Tod« scheint auch Teil der druidischen Opferrituale gewesen zu sein.[32] Der freiwillig sich Opfernde, der sich für die anderen hingibt, wurde anscheinend erstochen oder erdrosselt und dann den Urelementen, dem Feuer und dem Wasser, zurückgegeben. (In der keltischen Stammesgesellschaft stand der »dreifache Tod« des Geweihten der »dreifachen Geburt« des Vollinitiierten – physische Geburt, Jugendweihe, schamanische Initiation – gleichgewichtig gegenüber.)

31 Überhaupt hatten die Kelten ein ungezwungeneres Verhältnis zum Tod, als die Römer oder wir es haben. Lucanus (*De Bello Civili* I) schreibt: »Nach ihrer Lehre suchen die Totenseelen nicht das stille Land der Finsternis, das Geisterreich des Höllenfürsten drunten auf, sondern es atmet und lebt der Körper unverändert in einer anderen Sphäre weiter. (...) So steht der Tod nur in der Mitte eines langen Lebens; jedenfalls sind (sie) glücklich in ihrem Wahn, weil sie der größte aller Schrecken nicht bedrängt, die Todesfurcht. Daher stürzen sich die Männer mit Begeisterung einem Schwert entgegen, hat der Tod in ihrem Herzen Raum und scheint es ihnen feige, ein Leben zu schonen, das doch wiederkommen soll.«

32 Die Menschenopfer sind in dem Ausmaß, wie sie die klassischen Schriftsteller beschreiben, bis heute bei den Kelten nicht nachgewiesen worden und gehören wahrscheinlich zur Stimmungsmache, die den imperialistischen Raubzug gegen die Kelten rechtfertigen sollte. Dabei sei gesagt, dass die Römer, die diese Opfer als Beweis der Primitivität der Barbaren anführen, viel mehr Menschen in ihren Arenen der bloßen Schaulust »opferten«. Ähnlich wurde in den Vereinigten Staaten im 19. Jahhundert über die maßlosen Greueltaten der Indianer berichtet.

In der Thermalquelle sind die Urelemente inniglich vereinigt. Der Sonnengott (gall. **Grannos**) taucht während der Nacht tief in die Gewässer der Erde ein und bringt sie zum Brodeln. In dieser Form ist der Sonnengott der »Kocher« (**Boro, Bormo, Boromanus, Borvo** – nach ihm ist übrigens auch der Bourbon-Whiskey[33] benannt). Grannos wurde unter anderem auch in **Aquae Granni,** dem heutigen **Aachen** verehrt. Manchmal war das sprudelnde Wasser auch kalt, wie in kohlesäurehaltigen Quellen, aber auch in diesen erfuhren Kranke und Geschwächte Heilung.

In der alteuropäischen, präkeltischen Weltauffassung galten alle Quellen, Seen und Gewässer als Gebärmütter der Göttin. Wenn sich der Sonnenstrahl mit seinem Licht und seiner Wärme mit dem kühlen Wasser vereint, entsteht Heil, Fruchtbarkeit und Gesundheit. Es ist die große Hierogamos, die heilige Hochzeit der Natur.

Dieses keltische Urbild der Vereinigung des Lichtstrahls und des Wassers wurde mit der Gralslegende ins christliche Mittelalter hinübergerettet. Wenn der mit Christus, dem »Licht der Welt«, verbundene Speer den heiligen Kelch berührt, dann ergrünt das wüste, verdorrte, unfruchtbare Land wieder. Der keltische König – repräsentiert durch den Archetypus des Artus – ist Hüter der Fruchtbarkeit des Landes, ebenso wie der Sonnengott (Bel, Apollo) Hüter der heilenden Quellen ist.

Heilige Quellen, wie die rote (eisenhaltige) und die weiße (kalkhaltige) Quelle der Göttin in Glastonbury, sprudeln noch heute und ziehen noch immer Pilgerscharen an. Heilige keltische Quellen fließen wie von jeher unter den Kirchen und Kathedralen – in Canterbury, York, Aachen, Echternach, Chartres, Würzburg und anderswo –, lassen Visionen aufsteigen und strahlen Heilkräfte aus. Noch immer gibt es auf den Britischen Inseln – aber auch wieder in Mitteleuropa – den Brauch des »well dressing«, des Schmückens von Quellen und Brunnen mit Blumen und farbigen Bändern. Sogar die Yuppies (Young Urban Professionals) haben die Kräfte der verschiedenen Mineralwasser und Sprudel aus Naturquellen wiederentdeckt.

33 Das Wort Whisky stammt übrigens auch aus dem Keltischen bzw. Gälischen (*uisge beatha*) und bedeutet »Lebenswasser«.

Der Kessel der Heilung

In der späten Bronzezeit und der frühen Eisenzeit wurden metallene Kochkessel zum Kultgegenstand. Sie symbolisierten Leben und Erneuerung. Jeder Häuptling besaß mehrere Kultkessel, in denen Schweinefleisch gekocht oder psychedelisches, mit Bilsenkraut versetztes Starkbier gebraut wurde. Damit konnte er seine Gefolgschaft von Kriegern bei bester Laune halten und sie zugleich verpflichten, ihm zu folgen. Diese Fürstenkessel waren zugleich Symbol der rechtmäßigen Herrschaft.

Auch die Götter hatten ihre Kessel. Der Raben- und Schlachtengott **Bran** oder **Brennus** – nach ihm benannten sich übrigens viele keltische Kriegsführer[34] – hatte einen Kessel der Wiederbelebung. Gefallene Krieger wurden am Abend in den Kessel getan und am nächsten Morgen waren sie – sofern sie nicht geköpft worden waren – wieder lebendig und kampfbereit.

Die Göttin Kerridwen hatte einen Kessel der Inspiration und Initiation. Wer darin badete, wurde entweder als weiser Barde oder als Druide wiedergeboren. Die mittelalterliche walisische Geschichte macht die Heidengöttin zu einer Zauberin, die zwei Kinder gebärt: den hässlichsten Knaben, der je das Licht der Welt erblickte, und das allerschönste aller Mädchen. Sie wusste, wie sie ihrem Sohn trotz seines garstigen Aussehens Rang, Würde und gesellschaftliches Ansehen verschaffen konnte. Sie würde ihm durch den Kessel der Inspiration die Weisheit der Welt zukommen lassen. Also ließ sie ein Gefäß mit dem klarsten Quellwasser füllen und stellte einen blinden, alten Druiden an, das Feuer zu schüren, und einen dummen Jungen namens Gwion Bach, der das Gebräu rühren sollte. Ein Tag und ein Jahr, also dreizehn keltische Monate musste das Zaubergebräu sieden. Die Zauberin zog Tag für Tag noch vor Sonnenaufgang und auch in mondlosen Nächten aus, um die geeigneten Wildkräuter, Blüten und Wurzeln zu sammeln, die sie dann

34 Brennus nannte sich der Kriegsführer der Senonen, Boier und Lingonen, die im Jahre 387 v. u. Z. Rom belagerten. Die in ihrem Stolz verletzten Römer mussten sich mit tausend Pfund Gold freikaufen. Als sie deswegen murrten, warf Brennus noch sein Schwert in die Waagschale und sagte den berühmten Spruch: »Vae victis!« (Wehe den Besiegten). Nach ihm soll der Brenner, der niedrigste und kürzeste Alpenpass, benannt worden sein.
Ein anderer Brennus fiel mit einem starken Reiterheer in Griechenland ein und versuchte Delphi, das heilige Orakel Apollos, zu erobern. Die verängstigten Griechen befragten das Orakel, wie der Angriff ausgehen würde. Die Antwort lautete: »Weisse Jungfrauen werden Delphi retten.« Tatsächlich erschwerten für die Jahreszeit ungewöhnliche Schneestürme den Feldzug der Kelten; sie wurden geschlagen und Brennus verlor sein Leben.

Brunnen und Quellen sind heilig, sie gehören den Göttern und werden von dem Sonnengott (Bel, Apoll) beschützt.

zu günstigen Planetenstunden, Zaubersprüche murmelnd, in die brodelnde Brühe warf.

Kurz vor der Vollendung des Werkes jedoch spritzten dem Jungen beim Rühren drei heiße Tropfen auf die Hand, die er unwillkürlich ableckte. In dem Augenblick traf ihn ein weißes Licht, plötzlich konnte er die Zukunft wie auch die ferne Vergangenheit erkennen. Das Gefäß zerbarst und die Flüssigkeit, giftig und ätzend, versickerte im Boden. Als kreischende Furie setzte die Zauberin dem Jungen nach, der sich dank der neu erworbenen Zauberkraft in einen Hasen verwandelte und davonrannte. Sie aber jagte ihm in der Gestalt eines Windhundes nach. In höchster Not schlug er einen Haken, sprang in einen Fluss und schwamm als Fisch davon; sie aber jagte ihn als Otter. Gerade als der Otter ihn schnappen wollte, flatterte er als Vogel in die Luft empor. Im Nu verwandelte sich die Zauberin in einen Falken. Gerade als sie ihn mit ihren scharfen Krallen greifen wollte, gewahrte er eine Dreschtenne unter sich, wo die Bauern Getreide droschen. Als Weizenkörnchen ließ er sich fallen. In der Gestalt einer schwarzen Henne mit feuerrotem Kamm scharrte sie so lange im Spreu, bis sie ihn fand und aufpickte. So wurde sie schwanger. Als sich nach neun Monaten seine Geburt näherte, brachte sie es nicht übers Herz, das schöne Kind zu töten. Stattdessen legte sie ihn gefesselt in einen Lederbeutel, warf ihn ins Meer und überließ ihn seinem Schicksal. Am ersten Mai, dem Tag, an dem der Sonnengott Belenos die finstere Jahreshälfte beendet, wurde er von einem Angler an Land gezogen. Der Angler nannte ihn Taliesin, »leuchtendes Antlitz«. Er wurde zum größten Dichter und Barden des walisischen Volkes.[35]

Die Geschichte des Kessels der Kerridwen ist äußerst aufschlussreich. Es ist ein Kessel der Metamorphose, der Transformation. Die Botschaft ist, dass alles Hässliche, Unfertige oder Kranke im Kessel der Göttin verwandelt werden kann. Die Einnahme des Elixiers setzt bei dem »dummen Jungen« einen Prozess in Gang, der mit seiner Erleuchtung endet. Als Hase (Tier der Erde), Fisch (Wasser), Vogel (Luft) und als Getreidekorn, das von der schwarzen Henne mit rotem Kamm (Feuer) verschlungen wird, durchwandert seine Seele die vier elementaren Zustände sowie die vier Jahreszeiten: Das Erdtier symbolisiert den Winter, der Fisch den Frühling, der die Gewässer erneut zum Fließen bringt, der Vogel den Sommer und das Getreidekorn den heißen, feurigen Erntemonat, die Zeit des Lugus. Danach ist er der Zweimalgeborene beziehungsweise der Dreimalgeborene.[36]

Zum Heilkessel gehören die Urelemente Feuer und Wasser. Aber das ist nicht genug. Dazu gehören die Kräuter des ganzen Jahreskreises, allesamt zur richtigen Zeit – Sternenstunde, Sonnen- und Mondstand – gesammelt und mit Zaubersprüchen bedacht. In diesem Fall ging es darum, dem Leiden des Hässlichseins beziehungsweise der Dummheit und Unreife Abhilfe zu schaffen. **Drei** Tropfen der Essenz genügten. Die Zahl war für die Kelten magisch. Ihre Götter erschienen in dreifacher Gestalt. Das Universum war in Dreiheiten aufgeteilt. Gegensätze wurden immer durch ein Drittes verbunden: Hell-Zwielicht-Dunkel, heiß-lau-kalt, Jugend-Reife-Alter, Mann-Kind-Frau, Druiden-Krieger-Bauern (Botheroyd 1995: 89). In unseren Volksmärchen, die größtenteils auf keltische Überlieferungen zurückgehen, werden Zaubersprüche dreimal gesprochen. Überall im keltischen Raum war der Klee wegen seiner drei Blätter eine heilige Pflanze; zauberisch, Glück bringend oder hellsichtig machend wird der Klee aber erst, wenn er vierblättrig ist.

35 Näheres über diese Geschichte und ihre weiteren Implikationen sind in meinem Buch *Götterpflanze Bilsenkraut* (Nachtschatten Verlag) nachzulesen.

36 Eigentlich ist er ein Dreimalgeborener, denn der Lederbeutel, in den ihn die Zauberin steckte und in dem er dann im Meer treibt, ist auch eine Plazenta. Es ist das Bild des *curraghs*, des ledernen Rundbootes, in dem die Druidenanwärter gefesselt ins Meer hinaustrieben und dabei Visionen erlebten, ehe sie irgendwann wieder an Land getrieben wurden. Taliesin wurde am ersten Mai, dem Tag des Belenos, wenn das Licht die Dunkelheit besiegt, aus dem Meer gefischt (bzw. wiedergeboren).

Der berühmte Kessel von Gundestrup (Jütland, Dänemark).

Der Kessel steht wie die Schwitzhütte bei den Indianern und anderen Naturvölkern für den universalen Mutterschoß, der alles Verbrauchte, Missratene und Kranke wieder aufnimmt, es heilt und erneuert (Storl 1996: 118). Der Kessel – es kann auch ein See, ein Brunnen oder ein Trinkhorn sein –, mit Heilpflanzen gefüllt, wurde bei den keltischen Völkern zum Symbol der Heilung überhaupt. So wird zum Beispiel in der irischen Erzählung »Die Reise von Máel Dúins Boot« (*Immram curaig Máele Dúin*) eine Insel mit einem kleinen See beschrieben, an welchem der Held Máel und seine Gefährten eines Tages drei mächtige Adler beobachteten. Einer der Vögel war krank, sein Gefieder räudig und voller Milben, Läuse und Flöhe. Die Greifvögel brachten Zweige mit großen roten Beeren herbei. Sie fraßen einige der Beeren, derweil sie das Gefieder des alten Adlers glätteten und das Ungeziefer herauspickten. Gegen Mittag rissen sie die Beeren vom Ast, zerdrückten sie mit ihren Schnäbeln gegen die Felsen und warfen sie in den See, so dass sein Schaum ganz rot wurde. Der kranke, alte Adler schwang sich daraufhin in den See und badete darin, bis es Abend wurde. Am dritten Tag flog er gesund und verjüngt mit starken Schwingen wieder davon. Diuran, einer der Gefährten Máel Dúins, sagte: »Komm, gehen wir in den See und sehen wir, ob er uns auch verjüngen kann.« – »Nein«, sagten die anderen, »der Vogel hat sein Gift darin gelassen.« Da ging Diuran allein zum See, tauchte seine Lippen ins Wasser und trank davon, dann badete er darin. Seitdem waren seine Augen sein ganzes Leben lang völlig gesund, er verlor keinen einzigen Zahn und auch kein Haar und kannte weder Schwäche noch Krankheit (Le Roux/Guyonvarc'h 1996: 183).

Der große irische Heilgott **Diancecht** besaß ebenfalls einen riesigen Kessel – »See der Heilpflanzen« genannt –, den er mit sämtlichen Heilkräutern, die auf der Grünen Insel wuchsen, füllte. Das Eintauchen in dieses Kräuterbad konnte jeden Kranken oder Verwundeten wieder gesund machen, ja sogar Gestorbene wieder ins Leben rufen. Nur wer seinen Kopf verloren hatte, wer also geköpft worden war, dem konnte dieser Kessel nicht helfen. (Wir erinnern uns, die Kelten waren Kopfjäger!)

Erbe des Heilkessels: Kräutertees und Bäder

Auch wenn die Druiden mit ihren Kesseln, Zauber- und Heilgebräuen längst der Sage – oder im Fall von Miraculix, den Comics – angehören, so steht der keltische Heilkessel noch immer im Mittelpunkt der europäischen Volksmedizin. Für viele von uns ist es selbstverständlich, Heilkräuter in eine Tasse oder Schale zu tun, mit kochendem Wasser zu überbrühen und **drei Mal** am Tag, morgens, mittags und abends – zu den magischen Übergangszeiten der Kelten – zu trinken. Das traditionelle Maß pro Tasse ist eine Prise – die Menge, die man mit den ersten drei Fingern aufnehmen kann. Sehr alt ist auch der »drei Mal überbrühte Tee« – drei Mal überbrüht, weil er Wurzeln und Rinden enthält, deren Wirkstoffe nicht so leicht löslich sind.[37] Der überbrühte Tee, der Aufguss oder gegebenenfalls die Abkochung ist in der indigenen europäischen Heilkunde die bekannteste und gebräuchlichste Form der Anwendung von Heilmitteln. Erst seit dem letzten Jahrhundert hat das Einnehmen von Pillen oder die subkutane Einspritzung diese Applikationsform verdrängt.

Auch das Kräuterbad ist Erbe des heilenden Kessels der Kelten. Kräuterbäder waren, lange bevor es die bürgerliche Badewanne oder die warme Dusche im gekachelten Badezimmer gab, ein wichtiger Teil der Heilkunde. Baden war eine gesellige, keine autistische Angelegenheit, der man mutterseelenallein nachging. Noch lange hielt man sich an Baderegeln, die schon die Kelten kannten. So heißt es in der *Mainauer Naturlehre* aus dem 13. Jahrhundert, die auf einer Handschrift aus Montpellier basiert, dass es am besten sei, bei abnehmendem Mond ein Bad zu nehmen, und wenn er sich in den »kühlen Zeichen« – Skorpion, Fische, Krebs – befindet.

37 Besser ist es, Wurzeln oder Rinden vorher 12 bis 24 Stunden lang in kaltem Wasser einzuweichen und ausziehen zu lassen, und dann erst das Gebräu kurz erhitzen.

Allgemein hielt sich lange der Glaube an die besonders wohltuende Wirkung von Kräuterbädern während des Frühlings. Das Maienbad galt als Verjüngungsbad. Blumen und entspannende aphrodisische Kräuter, wie Baldrianwurzeln und Knabenkräuter (*Orchis*, deren Knollen die Signatur von »Knabenhoden« haben), Bibernelle und Thymian, Waldmeister, Liebstöckl und andere einst der Liebesgöttin geweihte Pflanzen, kamen mit ins Badewasser. Die Bäder wurden mit Liebelei und Schmauserei verbunden. Georgstag, Ostern und Himmelfahrt galten als gute Badetage. Noch Paracelsus lobt das heilkräftige Bad in der Johannisnacht. In Baden und Schwaben hieß es, das Kräuterbad während dieser Nacht wirke so viel wie neun Bäder zu anderen Zeiten. Es wurde in Quellen gebadet, aber auch in der Stube, im hölzernen Zuber, dessen Wasser eine Abkochung von »neunerlei Kräutern und neunerlei Hölzern beigemengt war«.

Als ungünstige Badezeiten galten der Winter, die Fastenzeit und die heißen Hundstage. Letzteres, weil das einst das Feuerfest des Lugus war, welches dem Fest des fließenden Wassers der jungfräulichen Göttin Brigit im Jahreskreis diametral entgegengesetzt war. Im Emmental und im Schwabenland glaubte man, dass während den Hundstagen das Wasser im See, in der Quelle oder im Teich »giftig« sei, weil »der Hirsch ins Wasser pisst« oder weil »die Schlangen da ihr Gift ins Wasser lassen« (Bächtold-Stäubli I 1987: 825).

Wie fast alle alten Völker, auf welche die Konstellation des Großen Bären herableuchtet, kannten auch die Kelten, insbesondere aber die Germanen das Dampf- oder Schwitzbad. Das Wort **Stube** (ahd. *stuba*, verwandt mit dem englischen *stove* = Ofen) bedeutete ursprünglich genau das, nämlich ein »geheiztes Badezimmer«. Wie bei den indianischen Schwitzhütten wurden heilende, aromatische Kräuter zum Ver-

Kräutertee und Kräuterbad.

dampfen mit auf die glühenden Steine gelegt, gelegentlich auch Bilsenkraut, wodurch das Baden zu einem wilden psychedelisch-erotischen Heidenspaß wurde. Nordgermanische Krieger nahmen ein Schwitzbad als Teil ihrer Reinigung oder Vorbereitung auf Auseinandersetzungen und peitschten dabei die Haut mit den Kraft spendenden Birkenruten.

Ein ganz besonderes Kräuterbad war das Bad mit **Berufskräutern.** Unter Berufen verstand man einen Schadenzauber, der durch »Verschreien«, »Verfluchen«, »Vermeinen«, »Bereden« entsteht. Die keltischen Druiden, die wandernden **Fili,** waren Meister des Wort- oder Gesangzaubers – in Irland *glam dicinn* genannt –, der gegen Feinde sowie gegen unwürdige, ungastliche oder ungerechte Könige angewendet wurde. Der Fluch wurde gesteigert, indem der Druide mit einem Bein, einer Hand und einem Auge in der Anderswelt stand und die Worte in einem einzigen Atemzug aussprach.[38] »... wer so berufen wurde, bekam, wenn er nicht gleich starb, vergiftete Furunkel im Gesicht, so dass er von allen erkannt werden konnte und in persönlicher Schmach stand. Doch bekam der Poet die Pusteln selbst und starb auf der Stelle, wenn derjenige, den er satirisiert hatte, ohne Fehl war.« So entnehmen wir einer Lobrede an den heiligen Columban aus dem 12. Jahrhundert (Le Roux/Guyonvarc'h 1996: 217). Das ist natürlich ein Ritual der »great tradition« des Adels und der Druidenschaft. Aber auch das einfache Volk kannte Berufungen, die aus Neid, Eifersucht oder anderer Boshaftigkeit ausgesprochen wurden und vor allem Brautsleuten, Kindern oder auch den Haustieren, etwa bellenden Hunden, galten. Berufene Kinder wurden blass, schwach, skrofulös und bekamen Rotznasen; berufene Brautsleute wurden siech und impotent; berufene Erwachsene bekamen Hexenschuss; berufenes Vieh wurde räudig und mager, hatte keinen Appetit oder die Milch versiegte. Dagegen halfen die Berufskräuter: das »Berufskraut«, die Dürrwurz (*Erigeron*), der gelb blühende Frauenflachs (*Linaria vulgaris*), Christofskraut (*Actaea spicata*), die Sumpfgarbe (*Achillaea ptarmica*), das gemeine Kreuzkraut (*Senecio vulgaris*), der Wundklee (*Anthyllis vulneraria*), der Ziest (*Stachys recta*) und andere, vor allem gelblich oder violett – in den Farben des Neids – blühende Blütenpflanzen. Der Betroffene wurde in einem Absud dieser Pflanzen gebadet; das Badewasser wurde anschließend samt der Berufung weggeschüttet.

38 Noch immer kneift der (britische) Magier – etwa Sean Connery in der Rolle des »alten Weisen« – ein Auge zu, um anzudeuten, dass ein Geschehen, welches er in Gang setzt, außergewöhnlich oder magisch ist.

Kräuterbäder

Kräuterbäder wurden vor allem durch Sebastian Kneipp (1821–1897) und Kräuterpfarrer Johann Künzle (1857–1945) wieder bekannt gemacht. Beide, äußerst verbunden mit dem einfachen Landvolk, schöpften, ohne es zu wissen, aus altkeltischer Tradition.

Zu den Bädern, mit denen Vater Kneipp beste Erfolge erzielte, gehören folgende:

1. Heublumenbad: Unter Heublumen versteht man die trockenen Blütenköpfe, Stängel und Blattreste, die sich auf dem Boden des Heuschobers anhäufen und die übrig bleiben, wenn das Heu verfüttert ist. Diese aromatisch riechende Mischung aus den Blüten der Gräser und Sommerwiesenblumen, den Köpfchen von Klee oder Disteln, wird aufgekehrt und bei Bedarf wird ein halbes bis zu einem Pfund davon aufgekocht und dem (35 ° bis 37 °C) heißen Bad beigegeben. Kneipp verordnete Heubäder bei Rheuma, Gicht, Skrofulose, Nieren-, Blasen- und Unterleibsleiden sowie nervösen Störungen.

Eigentlich eignet sich das Heublumenbad für fast alle Leiden, auch bei viralen Grippen. Bei den Kunstwiesen der heutigen Agrarbetriebe fallen echte »Heublumen« kaum mehr ab. Deswegen sammelt meine Familie für den Jahresbedarf die entsprechenden Blüten und Gräser von Hand und bewahrt sie getrocknet auf. Schon Kräuterpfarrer Künzle nahm die Heublumen nicht von kultivierten Wiesen, sondern ausschließlich von den wilden Bergwiesen seiner Heimat. Als Badezusatz zur Behandlung von Hautkrankheiten kochte er jeweils bis zu 3 Pfund davon auf (Hertwig 1969: 290).

Wir haben schon gesehen, dass das Heumachen eine keltische Erfindung ist, die es ermöglichte, mehr Vieh den Winter hindurch zu versorgen. Dem Heu schrieben die Kelten magische Kräfte zu. Salige Frauen, Hollen und Heinzelmännchen erschienen den Bauern oft bei der Heuernte. Sagen berichten, dass die Wichteln den Bauern bei der Heuernte halfen und mit Sensen aus Haselnussholz das Gras mähten.

Ein Stoß duftendes Heu wurde den Gebärenden – neben anderen »Bettstrohkräutern« und trockenem Binsenstroh – unter das Wochenbett gelegt. Kranke wurden mit qualmenden Heu beräuchert, und zwar von solchem, das in der Erbscheune lag. Und in den Winternächten vergaß man nicht, ein Fuder für den Hirsch des Wintergottes – später für den Schimmel des Nikolaus oder die Rentiere des Weihnachtsmannes – auszulegen.

2. Haferstrohbad: Kneipp ließ eine Menge von ungefähr 2 Pfund des kieselreichen, gehäckselten Haferstrohs eine Stunde lang kochen und gab es dem Vollbad bei, als Mittel für Grieß- und Steinleiden, bei Nieren-, Blasen-, Gicht- und Rheumaleiden, ferner bei Fußschweiß und Hautausschlägen.

Hafer, ursprünglich ein Getreideunkraut, das sich in der nordeuropäischen Jungsteinzeit zu einem respektablen Getreide mauserte, ist mit viel Zauber behaftet. In kalten Gegenden gedieh der Hafer besser als der Weizen. Die Kelten müssen bald gemerkt haben, dass er ihren Pferden gut tat und ihnen viel Kraft gab. Donar, der stärkste Gott der Germanen, war ebenso als begeisterter Haferbreifresser bekannt wie sein irischer Gegenpart, der unersättliche, dickbäuchige, die Blitzkeule tragende Dagda.

In England legten Bauern ein Büschel Hafer während der Weihnachtszeit ins Freie. Besonders wenn dann Tau auf den Hafer fiel, beschützte es im folgenden Jahr die Tiere gegen alle Krankheiten.

3. Walnussblätterbad: Nach Kneipp werden bis zu 2 Pfund der frischen oder getrockneten Blätter eine dreiviertel Stunde lang gekocht und dann dem Bad zugesetzt. Indikationen sind der skrofulose Symptomkomplex (Rhinitis, Blepharitis, Konjunktivitis, Keratitis, Lymphadenitis), besonders bei Kindern, sowie hartnäckige Wunden und Knocheneiterungen.

4. Kamillenblüten- und **Schafgarbenblütenbad:** Bei Wunden, Geschwüren, auch bei Rheuma und Frauenleiden zwei Hände voll mit kochendem Wasser überbrühen, bedeckt ziehen lassen und dann dem Vollbad oder Sitzbad beigeben.

5. Ackerschachtelhalm- oder **Zinnkrautbad:** Der am besten im Frühjahr, wenn die Kieselsäure leichter löslich ist, gesammelte Schachtelhalm ist – als Bad und Tee – ein wunderbares Heilmittel bei Bindegewebeschwäche, Geschwüren, schlechter Durchblutung und Stoffwechselleiden. Als Sitzbad hilft er bei Blasen- und Nierenleiden.

Weitere Bäder, die der Altmeister der Naturheilkunde angibt, sind **Fichtennadelbäder** für rheumatische Beschwerden, **Pfefferminzbäder** zur Anregung der Lebensgeister, **Eichenrindenbäder** bei nässenden Ekzemen, Frostbeulen, Hautverbrennungen und Hämorrhoiden, kräftigende, Schmerzen lindernde **Weidenrindenbäder** ... Die Liste könnte beliebig weitergeführt werden. Fast jede Heilpflanze kann unter Umgehung des Magen-Darm-Traktes über die Haut aufgenommen werden (KAISER 1996: 275).

Johann Künzle, der Schweizer Kräuterpfarrer, verwendete die Bäderrezepte Kneipps, fügte aber noch die eigenen »Rossbäder« hinzu. Darunter ist ein Rezept für Rheumatiker und Gichtleidende aus einer Mischung aus Wacholder, Tannenharz, Farnwurzel, Brennnesseln und Bergheublumen, wobei zwei bis drei Kilo davon vier Stunden lang zu einem potenten Absud gekocht werden. Nach dreißig Bädern dieser Art ist der Kranke wieder vollkommen gesund oder ein Engel. Altersschwache Leute kräftigte der Pfarrer mit einer dreistündigen Abkochung aus Tannen- und Fichtenknospen (»Schössli«).

Die Kräuter für den Tee und auch für die Bäder sollten jedes Jahr frisch gesammelt werden. Was nach einem Jahr übrig bleibt, werfe ich nicht auf den Kompost, sondern benutze es, da man in den Bädern größere Mengen braucht, als Bäderzusatz.

Generell sind frische Kräuter am besten. Die optimale Zeit des Sammelns und Pflückens erstreckt sich jedoch nicht über das ganze Jahr, sondern beschränkt sich nur auf eine kurze Zeitspanne. Vorher sind die Wirkstoffe noch nicht voll vorhanden – man kann auch sagen, der Pflanzengeist hat sich noch nicht vollkommen verkörpert –, und danach nehmen schon wieder die jahreszeitlich bedingten Abbauprozesse überhand. Daher ist es ratsam, die zur optimalen Zeit gesammelten Kräuter sorgfältig zu trocknen (im Schatten) und sie als Droge zu verwenden. (Das Wort hat übrigens nichts mit Rauschgift zu tun, geht auch nicht auf das Wort »Trug« zurück, sondern kommt vom niederdeutschen *droog* = trocken und bezieht sich auf »trockene« Pflanzenmaterie.) Die Droge befindet sich im suspendierten, »mumifizierten« Zustand; wenn sie von Wasser und Wärme berührt wird, nimmt sie erneut Frische und Farbe an und entlässt die in ihr enthaltenen Heilkräfte.

Wie und welche Heilmittel verwendet werden, wie sie hergestellt und verabreicht werden, welche Bedeutung und Kräfte man ihnen beimisst, ist von Kultur zu Kultur verschieden, ebenso wie Sprache, Kleidung und Bräuche verschieden sind. Die Kräuterkundigen der Cheyenne zum Beispiel, als Erben einer Großwildjägerkultur, »jagen« die Heilpflanzen und »erlegen« sie, nachdem sie die Erlaubnis von dem Hüter, dem Häuptling der jeweiligen Pflanzenart, erhalten haben. Das Kraut, das sie samt Wurzel aus der Erde herausrupfen, wird stundenlang gekocht, »so wie man die Tierknochen kocht, um das kräftigende Mark herauszuziehen«. Diese pflanzliche Kraftbrühe wird meist nur einmal, manchmal aber auch wiederholt vom Patienten getrunken. Nie mehr als vier Pflanzenarten kommen in den Heiltrunk, den der Pflanzenmedizinmann zusammenstellt. Vier ist die sakrale Zahl der Indianer. Medizinpflanzen werden auch als Amulette getragen, es wird mit ihnen geräuchert, Rinden und Wurzeln werden gekaut, oder es wird einfach nur mit dem Geist der Pflanze gesprochen.

Beispiele dieser Art lassen sich für jeden Kulturkreis ermitteln. Man kann es in der Geschichte der Pharmazie und Heilkunde nachlesen: Die Mesopotamier bereiteten Pulver, Kataplasmen, Klistiere, Amulette und Räucherstoffe aus den Heilpflanzen. Die Chinesen bevorzugen Pillen, Pulver, wässrige Zubereitungen, Weine, Essige, Pasten und Salben. Die alten Hebräer sind für ihre Spezereien, Salböle auf Olivenölbasis und Balsame bekannt und hatten ihre eigenen kulturspezifischen Riten und Zeiten der Verabreichung oder Herstellung. Die Tasse Kräutertee, drei Mal am Tag getrunken, und das Kräuterbad sind Teil überlieferter keltischer Kultur, die von anderen Völkern übernommen wurde. Aber auch das Auflegen von Kräutern, Kräuterbiere und Salben, gekocht in Bärenfett, Schweineschmalz oder Gänsefett, waren Bestandteile ihrer Heilpflanzenkunde. Im englischen Kult um den Schwarztee sind ebenfalls keltische Ritualmuster erhalten geblieben.

Im Mittelalter überlagerte die christliche Klostermedizin die altüberlieferte Heilkunde, verdrängte sie aber nicht. Die Kleriker und Gelehrten sprachen lateinisch und hatten Zugang zu den klassischen Schriften des Hippokrates, Dioskorides und Galen. Sie verachteten die Heilkunde der Bauern und Großmütter weitgehend als »superstitiones«, als primitiven Aberglauben. An die Stelle der unzähligen altbewährten einheimischen Wildkräuter setzten sie die wenigen kümmerlichen Pflänzchen des Klostergartens (*hortulus*). Bei diesen Gewächsen handelte es sich fast ausschließlich um mühsam aufgepäppelte bio-

Schafgarbe, ein ausgezeichnetes Badekraut.

topfremde, mediterrane Kräuter – Salbei, Ysop, Lavendel, Rosmarin, Origanum, Bockshornklee, Raute, Betonie –, die ständig in Gefahr sind, im Winter zu erfrieren und auch sonst nicht die vollen Heilkräfte entfalten können, die ihnen im sonnig-warmen Mittelmeerklima eigen sind. Die belesenen Doktoren und Apotheker bereiteten Pulver, Elixiere, Weine und dergleichen ganz nach dem klassischen und später nach dem alchemistischen Vorbild. Das Landvolk, das überall von Natur aus konservativ ist und an dem Erwiesenen festhält, benützte weiter die einheimischen (heidnischen) Kräuter nach altüberlieferter Art und Weise. Erst mit der Inquisition, der die meisten Heilkundigen als »Hexen« zum Opfer fielen, und mit dem Aufkommen der chemischen, so genannten heroischen Medizin, die bevorzugt mit mineralischen Giften (Quecksilber, Arsen, Vitriol, Antimon) hantierte, schien diese volkstümliche Quelle der Kräuterheilkunde endgültig zu versiegen. Als dann im 18. Jahrhundert die rationelle, mechanistische, materialistische Medizin ihr Monopol ausweitete, da trieben erneut die Wurzeln des vermeintlich abgestorbenen Baumes traditioneller (keltischer) Naturheilkunde aus. Dr. Eisenbart und seine chemische Horrormedizin wurde in Frage gestellt. Unbewusste Urerinnerungen regten sich in den Seelen begabter sensitiver Menschen.

Unter diesen befand sich Friedrich Hoffmann (1660–1742), der natürliche Mineralwasser und Heilwasser wieder in die medizinische Therapie einführte. Unter ihnen auch die Wasserärzte Sigmund Hahn (1664–1742), sein Sohn Johann Sigmund Hahn (1696–1733) und der heilkundige schlesische Bauer Vinzenz Prießnitz, der beobachtet hatte, wie sich Wildtiere mit Quellwasser heilen. Gegen eine unnatürliche Heilkunde zog auch der Arzt Christof Wilhelm Hufeland (1762–1836) ins Feld. Anstatt mit Quecksilberpräparaten, Aderlass und Opium behandelte er seine Patienten – unter ihnen befanden sich Goethe, Schiller, Herder, Wieland, Fichte und Jean Paul – mit Kräutertees, Sonnenbädern, Quellwasser, frischer Luft und Bewegungstherapie. Es ist kein Zufall, dass während dieser Zeit anderswo das Interesse an der keltischen und germanischen Geschichte erwachte. In Britannien regte sich zur selben Zeit ein »Celtic revival«, ein romantischer Versuch, wieder an die Weisheiten der alten Naturvölker und Vorfahren anzuknüpfen.

In der genialen Wasser- und Kräuterheilkunde des Sebastian Kneipp, in der Kräuterweisheit einer Maria Treben und anderer Kräuterfrauen (etwa der Kräutermutter Grete Flach, der Aschenbrennerin aus Bayern, Schwester Bernhardine aus dem Elsass u.a.) wird verschüttetes keltisches Wissen erneuert (Storl 1996: 220). Bei den Blütenessenzen des Edward Bach (1886–1936) sind wir fast schon wieder bei druidischem Heilwissen. Dieser Arzt, der Blüten in einer Schale mit frischem Quellwasser der Sonne aussetzte und daraus seine Heiltropfen machte, empfing seine Inspirationen in Wales, dem Land seiner keltisch-kymrischen Vorfahren. Mit den magischen Tropfen behandelte er nicht nur körperliche Symptome, sondern die zerrütteten, geschädigten Seelen seiner Patienten.

Der gute *spell* der Kräuter

Heilkunde bei den Kelten war vor allem Kräuterkunde. In Verbindung mit den Urelementen, dem Feuer und dem Wasser, können die Pflanzen ihre Heilkraft entfalten. Selbstverständlich dachten die Druiden und anderen keltischen Heilkundigen bei den Kräutern nicht an »Wirkstoffe«. Der Wirkstoffgedanke ging aus der arabischen Alchemie hervor. Es ging den Kelten nicht um materielle Stoffe – sie unterschieden sowieso kaum zwischen den materiellen und immateriellen, den physischen und spirituellen Dimensionen der Dinge –, sondern es ging um die Zauberkraft, um die Macht, die in einer Pflanze enthalten ist.[39] Diese Kraft kann den Bann des Krankheitsdämons brechen, kann den zwingenden Zauber, der von Hexern oder zürnenden Elfen ausgeht – Hexenschuss, Elfenschuss! –, lösen.

Eine Krankheit bestand für die Kelten nicht aus organischen Fehlfunktionen, bakteriellen Infektionen oder anderen mechanistisch-materialistischen Ursachen, sondern war Resultat einer Verzauberung. Um die keltische Heilkunde richtig zu verstehen, ist es daher unerlässlich, sich mit dem Begriff der **Verzauberung** auseinander zu setzen. Im Englischen wird der Begriff als *spell* bezeichnet. Man kann auch von der »Macht der Illusion«, »Suggestion«, »Täuschung«, »Schein« oder indisch von **Maya** sprechen.[40] Die Kelten wie auch viele andere Indoeuropäer waren der Auffassung, dass die »Welt« – das, was die meisten als Realität annehmen – in Wirklichkeit Illusion ist und dass Zauberer, wie die Druiden und Brahmanen, durch ihre *spells*, ihre magischen Gesänge und Formeln, ganz neue »Realitäten« schaffen können. Den Druiden wird nachgesagt, dass sie – wie Schamanen überall auf der Welt – auf diese Weise Macht über die Elemente und über das Wetter, die Stimmungen der äußeren Natur wie auch über die der Seele hatten. Im Englischen spricht man noch immer von einem *»spell of weather«* oder *»spells of luck«*. Durch *spells* konnten sie andere in Tiere verwandeln und sich selbst unsichtbar machen, sie konnten töten oder heilen und – wie es im walisischen *Cad Goddeu* (Schlacht der Bäume und Sträucher) des Barden **Taliesin** heißt – ganze Wälder in Krieger verwandeln.

Spells können schwach sein und leicht gebrochen werden, oder sie können dermaßen sorgfältig und feinmaschig »gewoben« sein, dass sie das Bewusstsein und das Leben eines ganzen Volkes über Jahre hinweg bestimmen können. Nach keltischer Auffassung lebt jedes Zeitalter, jede Nation unter ihrem jeweiligen Zauberbann, welche die Götter oder mächtige Magier gewoben haben. Die Betroffenen sind dann *spellbound*, »von dem Zauber gefesselt oder gebannt«. Aber jeder Zauber hat seine befristete Zeit: Nach 7 Jahren, 12 Jahren, 99 Jahren oder wie lange auch immer lässt der *spell* nach und kann gebrochen werden – es sei denn, er

39 Auch die Indianer verstanden ihre »Medizin« in dieser Weise. Medizin ist Macht – die Macht, einen gewünschten Zustand herbeizuführen. Der Heiler und Schamane ist ein »Medizinmann« oder eine »Medizinfrau«, nicht weil er die Wirkstoffe der Pflanzen kennt, sondern weil er die *Power* hat, die Pflanzengeister als Helfer einzuspannen.

40 Das Wort *spell* ist mit dem deutschen »Spiel, spielen« verwandt, im Sinne von vorgaukeln. Der Spielmann oder Barde entfacht mit seiner Musik einen Zauber, der die Menschen zum Lachen oder zum Weinen bringen kann, sie wach machen oder einschläfern, krank machen oder gesunden lassen kann.

wird durch Zeremonie, aufwendige Opfer, Askese oder andere Anstrengungen erneuert.

Der Sieg Caesars über Vercingetorix in Alesia im Jahr 52 v. u. Z. brach – so wie es die Kelten erlebten – die Zauberkraft der gallischen Stammesgesellschaft. Die Römer brachten einen neuen *spell* und einige hundert Jahre später setzten die christlichen Missionare wiederum einen neuen in Gang. Was wir Evangelium (»gute Botschaft«) nennen, hieß bei den iro-schottischen (keltisch-christlichen) Missionaren *»good spell«* oder *Gospel*. Für die Kelten ersetzt ein neuer Zauber einen alt gewordenen. Die walisische Geschichte des heiligen Collin (Colan), der unterhalb des Hügels bei dem alten Kultort **Ynisvitrin** (»die gläserne Insel«), beim heutigen Glastonbury, eine Einsiedlerklause errichtet haben soll, illustriert diesen Wandel: Eines Tages kamen Fremde des Weges und störten den frommen Einsiedler beim Gebet. Sie gaben sich als Boten des Gwynn, des Königs der Feen, zu erkennen und luden ihn auf die Burg auf dem Gipfel des Hügels ein. »Welche Burg?«, dachte er, denn er hatte keine dort oben gesehen. Misstrauisch packte er sein Fläschchen Weihwasser ein und begab sich zur Feenburg, wo ihn prächtig gekleidete Ritter und Damen begrüßten und er in die Halle des Fürsten geführt wurde. Er rührte weder die üppigen Speisen an, noch nahm er die prächtigen Geschenke an. Anstatt viel zu reden, holte er sein Weihwasser hervor und besprengte den König und sein Gefolge. Donner grollte, der Himmel verdunkelte sich und im Nu waren sie alle verschwunden, die stolzen Ritter und Rosse, die Edelfrauen und der Prunksaal. Alles wurde entzaubert, alles löste sich in Blätter, Gräser, Stängel, Pilze, Moose, Steine und Büsche auf. Die Feen und Elementargeister der Heiden waren damit aus dem Bereich menschlicher Wahrnehmung gebannt. Dem einzig wahren Gott dankend, stand der heilige Collin, nachdem die Gewitterwolken sich verzogen hatten, allein in der sengenden Mittagssonne auf dem Hügel und betrachtete die neue, nüchterne Welt, eine Welt der sachlichen, messbaren Dinge, deren *spell* noch anderthalbtausend Jahre dauern sollte, bis es wieder zu einem Paradigmawechsel – wie es im heutigen Jargon heißt – kommt (Storl 1997a: 123).

Auch Siechtum, Krankheiten und Seuchen galten bei den Kelten als Folgen von *spells*, von Schadenzauber, bösen Intentionen, bösen Worten und Blicken. Auch diese negativen *spells* konnten durch andere, positivere *spells* gebrochen werden. Fauler Zauber konnte durch guten Zauber ersetzt werden. Nur musste der gute Zauber mächtiger sein.

Wie bei vielen Naturvölkern galten die Pflanzen als besonders mächtige Geistwesen, die lediglich ihren Leib in der Welt der äußeren Erscheinungen haben, deren Geistseele aber in der Anderswelt weilt. Sie haben Macht über den Geist jeder Krankheit. Das Sprichwort: »Gegen jede Krankheit ist ein Kraut gewachsen.« ist dermaßen im Bewusstsein des Volkes verwurzelt, dass man ohne weiteres annehmen kann, dass es schon die Kelten aufsagten. Um eine Heilung zu bewirken, musste der Heiler das richtige Kraut kennen, welches geeignet ist, den Krankheits*spell* zu beseitigen. Aber die Kenntnis der richtigen Heilpflanze ist nicht genug. Es gehörte noch vieles mehr dazu: Das angebrachte Sammelritual zur astrologisch richtigen Zeit, die geeigneten Grab- und Sammelwerkzeuge – wie bereits gesagt, Eisen würde die erwünschte Wirkung zunichte machen –, der richtige Spruch, die richtige Zubereitung und die korrekte Art der Verabreichung (Rutherford 1983: 108). Zudem musste der Heilzauber für jeden Patienten jedesmal neu »gewoben«, neu entworfen werden. *Herbalists* in Wales, auf der Insel Man und auf den Channel Islands, die von sich sagen, sie seien die Erben der Druiden, verfahren noch heute so. Heilmittel können, so sagen sie, nicht als Massenprodukt hergestellt, in Warenhäusern gelagert und für jeden, der bestimmte Symptome aufweist, erfolgreich angewendet werden, wie es die Pharmaindustrie und das Medizin-Establishment behaupten. Jede Situation ist einmalig: die Persönlichkeit, die Konstitution und das Schicksal des Kranken, sein gesellschaftliches und familiäres Umfeld, seine Vorstellungswelt, die äußeren Lebensumstände, seine Gewohnheiten, sein Wohn- und Arbeitsort und vieles mehr. All das muss in einem *spell* mit berücksichtigt und eingebaut werden. Der gute *spell* rückt zurecht, zaubert neue Umstände herbei, die alle, die ganze Gemeinschaft und auch die Umwelt, nicht nur den akut Erkrankten, einbezieht. Die Krankheit des Einzelnen ist immer zugleich auch die Krankheit aller.

Signaturen

Wie konnte der keltische Heiler wissen, welches Kraut das jeweils richtige war? Die Pflanze selbst zeigte es ihm: Genauso wie der Mensch von unsichtbaren Kräften – von seinen Gewohnheiten und Charaktereigenschaften, seinen Trieben, Wünschen und Einbildungen – bis in die äußere Erscheinung geprägt wird, so ist die Pflanze durch die in und an ihr wirksamen Kräfte geprägt. Ein wahrer Menschenkenner kann durch das genaue Betrachten des Gesichtsausdrucks, des Mienenspiels, der Körperhaltung und der Ausstrahlung auf die Charaktereigenschaften eines Menschen schließen. Ebenso ist es bei der Pflanze: Ihre »Physiognomie« zeugt von den in ihr wirksamen Kräften. Der wahre Pflanzenkenner, etwa der Druide, der zwei Jahrzehnte in inniger Verbundenheit mit den Pflanzen im Wald lebt und in meditativer Betrachtung seinen Geist in sie versenkt hat, wird die »Signaturen«, die ihnen die Jahreszeiten und der Standort, Klima und Bodenbeschaffenheit, Götter, Geister und andere formgebende Kräfte verliehen haben, richtig zu deuten wissen.

Heute wird die Signaturenlehre als unwissenschaftlicher Unfug, als Aberglaube abgetan. Was kann man aber von den so genannten Wissenschaftlern erwarten, die die Pflanzenmaterie nur unter dem grellen Neonlicht eines sterilen Labors betrachten, die pflanzliche Gewebe zerlegen, zentrifugieren, mikroskopieren, durch messende und analysierende Maschinen jagen und dann, wenn sie sie endlich in ihre molekularen Bestandteile zerlegt haben, glauben, sie wüssten genau, was eine Pflanze ist! Würde man dasselbe mit dem Menschen tun, wüssten wir zwar etwas über Energie- und Stoffwechselmuster, dass der Körper aus soundsoviel Pfund Kalk, Phosphor, Kiesel und dazu einigen Spurenelementen besteht – was aber wüssten wir von dem transzendenten Geist, der in ihm lebt?

Bei den traditionellen Völkern auf der ganzen Erde wird immer auf die Signatur geachtet. Die Indianer suchen wurmförmige Wurzeln als Wurmmittel, behaarte Pflanzen für Haarausfall, milchige zur Milchbildung, rötliche bei innerer und äußerer Blutung, Kräuter mit gelbem Saft oder gelben Blüten bei Gelbsucht und Lebererkrankung, bittere Kräuter für Gallen- und Verdauungsbeschwerden (Vogel 1982: 33). Die Chinesen sehen in der Ginsengwurzel mit ihrer menschenförmigen Signatur eine Panazee für den ganzen Menschen. Man mag darüber den Kopf schütteln, doch fast immer stimmt die Indikation.

Signaturen einheimischer Pflanzen

Hier einige Beispiele volksmedizinischer Anwendung von Heilpflanzen nach ihren »Signaturen«. Alle angeführten Pflanzen wachsen im keltischen Siedlungsraum, und es besteht guter Grund zur Annahme, dass schon die keltischen Heiler sie entsprechend ihrer Signatur heilkundlich verwendeten. Wir wissen, dass die Kelten bei der Anwendung der Heilpflanzen auch die astronomischen Erscheinungen, den Stand der Wandelsterne im Tierkreis und andere Aspekte mit berücksichtigten. Wir wissen auch, dass die Konstellationen und Sternbilder von ihnen völlig anders aufgefasst wurden als in der klassischen Antike. Im keltischen Wales zählte man 37 Sternenkonstellationen, dazu 7 sichtbare und 8 unsichtbare Planeten. Himmel und Erde wurden als eine Mühle gesehen, wobei das rotierende Himmelsgewölbe als der oben auf der Erde aufliegende drehende Mühlstein verstanden wurde. Der Nordstern (Polaris) bildete die Achse (Pennick 1997: 97). Himmlische Bären drehen mit ihren riesigen Kräften das Mühlrad. Leider sind uns die genaueren Beschreibungen der keltischen Konstellationen verloren gegangen, denn bald, nach dem Verlust ihrer kulturellen Eigenständigkeit, wurden sie durch die

Signaturen von Pflanzen und Tieren (G. Della Porta, Phytognomonica, *Frankfurt 1591).*

klassischen griechisch-römischen Sternbilder verdrängt. Aber man blieb dabei, die Planetensignaturen in die Heilkunde mit einzubeziehen. Aus diesem Grund geben wir hier auch die planetarische Signatur der Pflanze an, so wie sie in der mittelalterlichen Herbalastrologie und bei den Meddygion Myddfai, den traditionellen walisischen Kräuterheilern, verwendet wurde und wie sie in der Volksmedizin noch immer gilt.

Ackerschachtelhalm (*Equisetum arvense*): Die Stängel dieser blütenlosen Gefäß-Sporenpflanze tragen eindeutig die Signatur der Wirbelsäule und wurden bei Rückgratbeschwerden, schmerzenden Wirbelknochen und Bandscheibenschaden als Tee oder Kompresse eingesetzt. Diese Therapie ist auch aus heutiger Sicht nicht unsinnig. Die in dem Kraut vorhandene wasserlösliche Kieselsäure hilft – als Begleittherapie – beschädigtes Knochengewebe, Knorpel und Bindegewebe wieder aufzubauen. Auch bei Rheuma und Leiden der urogentialen Organe ist dieses pflanzliche Fossil ein hervorragendes Heilmittel (Storl 2000a: 118).

Die kieseligen, spröden Stängel haben eindeutig die Signatur des Saturn, des langsamen, alten Planeten, der als greiser Knochenmann dargestellt wird und auch für die Knochen zuständig ist.

Artischocken (*Cynara* spp.) und andere stachelige **Disteln** (*Carduus* und *Cirsium*-Arten), vor allem aber die **Mariendistel** (*Silybum marianum*) helfen – so Paracelsus – bei »stechen umb die brust und in den seiten«. Hieronymus Bock bemerkt: »Die Weiber brauchen den samen für dz stechen an der seitte / deßgleichen dz gebrandt wasser von den feiste stachelechte blettern« (Bock, *New Kreuterbuch*, Strassburg 1539). Auch das ist nicht so unvernünftig, wie es auf den ersten Blick erscheinen mag. Für Seitenstechen, das von einer kranken Leber herrührt, ist diese Therapie bestens geeignet.

Die stacheligen, meist rötlich blühenden und bitter schmeckenden Disteln sind Pflanzen des roten, kriegslüsternen Mars, der auch für stechende Schmerzen im Körper mit verantwortlich gemacht wurde. Aber auch Jupiter, der die Leber regiert, hat seinen Siegelabdruck in der Pflanze hinterlassen.

Augentrost (*Euphrasia rostkoviana*): Paracelsus war nicht der Erste, der in der Blüte des kleinen Wiesenkräutleins die Signatur eines triefenden, gereizten Auges erkannte. Die Volksheilkunde machte

Augenwasser daraus oder tröpfelte einfach den Saft in die »blöden und tunkelen Augen«. Der Botaniker Camerarius berichtet, dass Philip Melanchton an chronischem Augenfluss litt – was bei Gelehrten der damaligen Zeit, die bei flackerndem, rußigem Fackellicht ihre Manuskripte lasen oder verfassten, kein Wunder ist. Kein Arzt konnte ihm helfen. Da erschien ihm im Traum sein Schutzgeist in der Gestalt eines Arztes, der ihm zu *Euphrasia* riet. Nach zwei Tagen war Melanchton geheilt (Marzell 1972: 391). Eine frühe Quelle (Lightfoot 1777) erwähnt, dass die schottischen *Highlanders* das Kraut mit kochender Milch überbrühten und die Flüssigkeit dann mit einer Feder – am besten eine Adlerfeder – auf die entzündeten Augen auftrugen. Ein Augenbad mit Augentrosttee wirkt auch heute noch hervorragend.

Die planetarische Signatur des Augentrosts ist die Sonne, die für das Augenlicht verantwortlich ist.

Beinwell, Wallwurz (*Symphytum* spp.): Die Blätter des Beinwells sind dermaßen fest mit dem Stängel verbunden, dass man, um sie abzureißen, kräftig daran ziehen muss; daher bezeichnete schon der griechische Kräuterarzt Dioskorides die Pflanze als »Symphytum«

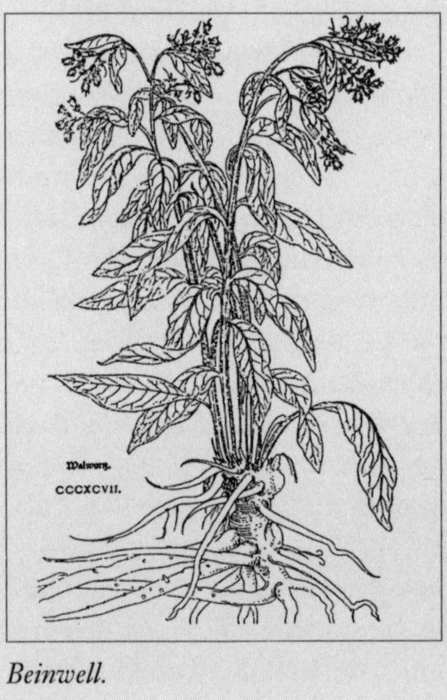

Beinwell.

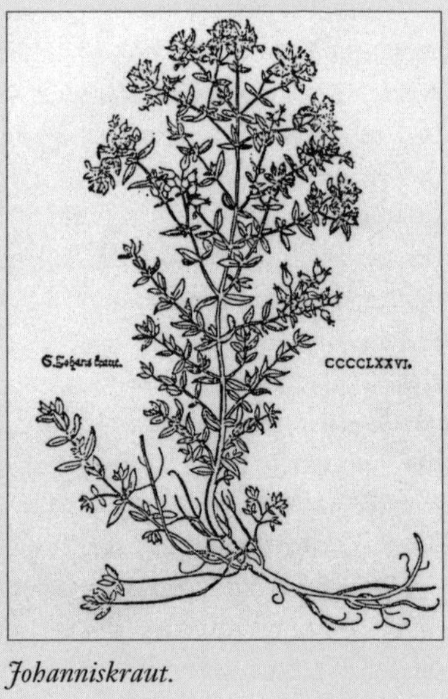

Johanniskraut.

(griech. *symphyein* = zusammenwachsen, zusammenfügen). Tatsächlich gibt es keine Heilwurz, mit der sich Knochenbrüche, Prellungen, Zerrungen und Wunden so schnell heilen und zusammenfügen lassen. Sie heißt Wallwurz, »umb ihrer *wallenden* Kraft willen. So wirds auch genannt Beinwallen, dass sie Beinbrüch heilet und zusammenwallet« (Carrichter 1576: 107). Zu ihrer Signatur gehört auch die dicke, saftige, vor Lebenskraft strotzende Wurzel. Diese Kraft wird – ähnlich wie in der heutigen »Frischzellentherapie« – vom menschlichen Organismus aufgesogen. Paracelsus spricht in dem Zusammenhang von einem »Magnet« im menschlichen Leib, welcher die Heilkräfte durch »Sympathie« aus der Pflanze zieht. (Wenn der Körper sie nicht braucht, ist auch keine magnetische Anziehung vorhanden.)

Die Wurzel mit schwarzer Rinde, die rauen Blätter und die Fähigkeit, Knochen zu heilen, verraten die Signatur des Saturn.

Bitterkräuter (*Amara*, wie Enzianwurzel, Bitterklee, Wermut, Tausendgüldenkraut, Löwenzahnwurzel, usw.): Die Bitterkeit galt als Signatur der Galle. Bitterkräuter wirken tatsächlich auf die Bitterrezeptoren in den Geschmacksknospen am Zungengrund und stimulieren reflektorisch die Magensaft- und Gallensekretion. Bitterkräuter gehören zum Mars, der im Körper die Gallenblase regiert.

Wermut (*Artemisia absinthum*, gall. *santonikon)* war im alten Gallien eine wichtige Heilpflanze, die bei Mensch und Vieh gegen Würmer, auch angezauberte »Geisterwürmer«, eingesetzt wurde. Die Bitterkeit vertreibt diese Parasiten aus den Gedärmen. Der Absinth, der den französischen Künstlern der Belle Epoque das Hirn vergiftete, war schon um 60 n. u. Z. eine gallische Spezialität. Aus dem gallischen Aquitanien berichten die Römer, dass man einen »Vinum absinthites«, einen mit Honig und Wermut versetzten Wein trank (Höfler 1911: 246).

Braunwurz, Knotenwurz, Eissechrut (*Scrophularia nodosa*): Der Rachenblütler mit knolligem Wurzelstock und harten, braunen, fast kugeligen Blüten wurde aufgrund seiner Signatur bei allen »Knoten« (*nodosa* = knotig) im und am Leib verwendet: bei Drüsenschwellungen, Skrofeln, Geschwülsten, Kropf, Beulen, Feigen (Hämorrhoiden) und Eissen (Karbunkel, Abzesse). Man weihte das Kraut sogar dem heiligen Antonius, da dieser selbst unter solchen dämonischen Peinigungen litt. Forschungen bestätigen, dass die Pflanze als Aufguss oder Tinktur entschlackend und entgiftend (bei Ekzemen, Pruritus und Psoriasis) wirkt. Als Salbe äußerlich appliziert kommt sie bei Lymphdrüsenschwellung, Hämorrhoiden und Hautproblemen in Frage.[41]

Das Verhärtete, Knotige der eher düsteren Waldpflanze ist Ausdruck von Saturnkräften. Aber auch Merkur, der Herr der Säfte und Lymphe, prägt dieses Gewächs.

Goldrute (*Solidago virgaurea*): Die goldgelbe Blüte dieses Korbblütlers erinnerte die alten Kräuterkundigen wie auch den Alchemisten Arnoldus de Villanova (1300–1363) an Urintropfen oder einen Urinstrahl. Für Rademacher war es *die* spezifische Nierenpflanze. Tatsächlich gibt es kaum ein besseres diuretisches und heilendes Mittel für Nierenerkrankungen aller Art und für Steinleiden. Bei der kanadischen Goldrute ist diese Signatur noch stärker.

Die Venus ist die Herrin der Harnorgane und Nieren. Negativ aspektiert verursacht sie die »venerischen Erkrankungen«. Sie ist die Göttin der Goldruten.

Hartheu, Johanniskraut (*Hypericum perforatum*): Das hartstängelige Kraut, das zur Mittsommerzeit üppig blüht, gehörte zu den Kräutern der Mittsommermysterien, die sich um den geopferten Sommer- und Sonnengott (Belenos, Baldur) rankten. Der rote Saft, der aus den zerquetschten Blüten hervorquillt, galt als das Blut des Gottes, später als das Blut des geköpften Johannes. Das Kraut kann Teufel vertreiben und hieß deswegen Teufelsflucht. Bei gespannter Stimmung in Haus oder Stall, etwa bei einem Gewitter, wurde mit dem Kraut geräuchert. Wundärzte, darunter Paracelsus, sahen in dem roten Saft und in den gepunkteten Blättern, die so aussehen, als seien sie mit Nadeln durchstochen, die Signatur einer Heilpflanze für Stichwunden und verwendeten sie so mit Erfolg (Müller-Ebeling/Rätsch/Storl 1999: 63).

Das leuchtende Sommersonnwendkraut trägt die Signatur des »Planeten« Sonne.

41 Die Braunwurz enthält auch Harpagoside und Harpagide mit antiarthritischer Wirkung. Wegen der enthaltenen Herzglykoside sollten Herzkranke bei Anwendung dieser leicht giftigen Pflanze vorsichtig sein (Chevallier 1996: 266).

Herbstzeitlose (*Colchicum autumnale*): Diese hoch giftige Wiesenpflanze blüht im »Altweibersommer«. Die Befruchtung, die Verschmelzung von Pollen und Ei, findet zur Wintersonnenwende unter der Erde (der Fruchtknoten am Grund des Blütenkelchs befindet sich in der unterirdischen Zwiebel) statt. Im Frühjahr wachsen die Samenkapsel und die Blätter empor, die grünen Blätter verdorren aber bald. Im Mai sind sie von der Erdoberfläche verschwunden, als versteckten sie sich vor dem Himmelsgestirn. Für die keltischen Sennen und Bergbauern kündete im Spätherbst das elfenhafte, zart lilafarbene Blühen der zeitlosen Pflanze die Herrschaft des Wintergottes (Samain) an. Es war das Signal, die Arbeit draußen zu lassen und mit der Arbeit im Haus, mit dem Hecheln, Spinnen und Weben, zu beginnen. In den dicken giftigen Knollen – Hundshoden, Pfaffenhödchen – sah man die Signatur gichtkranker Zehen. Bei akutem Gichtanfall wird noch heute eine Tinktur aus den Samen der Herbstzeitlose verwendet. Die Schmerzen hören sofort auf! »Colchicum (...) hemmt die Kristallphagozytose durch die Leukozyten und unterbricht dadurch den *circulus vitiosus* des Entzündungsgeschehens« (Weiss 1991: 343).

Saturn, der sonnenferne Planet, der auch für die Gicht verantwortlich gemacht wird, regiert diese Pflanze.

Klette (*Arctium lappa*): Die Kelten weihten diese kräftige Pflanze mit ihren großen Blättern und haarigen, mit »Krallen« versehenen Früchten dem Bären. Der Bär (kelt. *art*) war ein wichtiges Totem des keltischen Kriegeradels. König Artus ist ein »Bärenkönig«. Als Bärenkriegerpflanze galt die Klette (kelt. *kleita* = Flechtwerk) als Wundheilkraut. Da die Fruchtstände an verfilzte Haare erinnern, wurden sie als Haarwuchsmittel verwendet. Klettenwurzelöl für die Haare ist noch heute im Handel. Maria Treben, deren volkstümliches Kräuterwissen sehr stark in keltischen Überlieferungen wurzelt, erzählt, dass sie als Kind an Haarausfall litt und deswegen sogar in eine Hautklinik geschickt wurde. Eine alte Frau erzählte ihr von der Klette. Sie kochte die Wurzeln aus und wusch ihr Haar mit dem Absud. Darauf wurden die Haare dermaßen kräftig, dass sie »kaum mehr mit Bürste und Kamm hindurch kam« (Treben 1988: 130). Die Pflanze wurde auch magisch gegen die »Marenklatte«, den Schabernack treibenden »Wichtelzopf«, eingesetzt, der einem die Haare verflicht oder schlimmer die Kopfhaut mit Schorf (*Eczema impetiginosum*) bedeckt. Gegen das Ekzem wurde diese »Grindwurzel« eingesetzt (Höfler 1911: 64).

Die Klette ist, wie auch der Honig liebende Petz, ein Kind des Jupiter.

Lungenkraut (*Pulmonaria officinalis*): Die weißen Flecken und die Äderungen der Blätter dieser Pflanze waren den Alten eine Signatur des Lungengewebes. Später, in der Renaissance, sah man in den roten und blauen Blüten der Pflanze eine Ähnlichkeit mit dem roten, arteriellen, von der Lunge herkommenden und dem bläulichen, venösen, zur Lunge fließenden Blut (Marzell III 1977: 1188). Als Lungenmittel, insbesondere bei chronischer Bronchitis, wird das kiesel- und schleimhaltige Borretschgewächs – oft in Kombination mit Huflattich – noch immer in der Phytotherapie verwendet (Chevallier 1996: 256).

Als Kraut der Lunge gehört dieses Raublattgewächs dem Merkur an.

Melisse, Bienensaug (*Melissa officinalis*): In den nach Zitrone riechenden, annähernd herzförmigen Blättern dieses Lippenblütlers erkannten die Kräuterkundigen ein Herzmittel für Frauen. Konrad Köbl schreibt: »Melissentee, der Trost für heimgesuchte Frauen, nimmt Herzbeklemmungen, Schwindelgefühl und Schwermut« (Köbl 1993: 220).

Das freundliche Melissenkraut trägt die Signatur der Sonne und der Venus.

Scharbockskraut, Feigwurz (*Ranunulus ficaria*): Das sehr früh, fett gelb blühende Hahnenfußgewächs hat kleine, weizenkorngroße Brutknollen, die an Feigwarzen oder Mastdarmkrampfadern erinnern. Noch heute wird daraus kommerziell eine Hämorrhoidensalbe hergestellt.

Die buttergelbe, fettig glänzende Blüte der Feigwurz trägt die Signatur des Jupiter.

Schöllkraut (*Chelidonium majus*): Die Signatur dieses Mohngewächses ist eindeutig: gelbe Blüten, gelber Saft, der nach roher Leber riecht, gelappte, leberförmige Blätter, die Signatur einer Leberpflanze und – für die Römer – des Gottes Jupiter, der für die Leber und leberschädigende Alkoholika zuständig ist. Für den Kräuterhei-

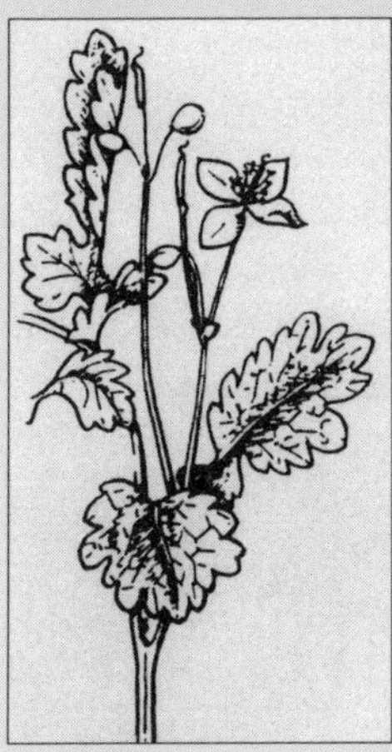

Schöllkraut.

ler Maurice Mességué ist es eine der wichtigsten Heilpflanzen. Er nennt sie »Schwalbenschwanz«, da ihre Zweige wie Schwalbenschänze gegabelt sind, was für ihn wiederum eine Signatur dafür ist, dass der Patient, den man mit der Pflanze behandelt, entweder vollkommen gesund wird oder stirbt.

Weide (*Salix* spp.): Die Weide wächst in feuchten, sumpfigen, kühlen Tälern und Niederungen. Menschen, die an solchen Orten wohnen oder arbeiten müssen (etwa Wäscherinnen), leiden bald an schmerzhaften rheumatischen Erscheinungen. Die Weide hat aber die Kraft, den kalten, nassen Einflüssen zu widerstehen, deswegen hilft ein Tee aus der Rinde dieses Baumes. Inzwischen weiß man, dass Weidenrinde Salicylsäure enthält. Sie ist ein natürliches Aspirin und kann alles, was Aspirin kann: Schmerzen lindern, Blut verdünnen, Fieber senken.

Die Weide mit ihrem weichen Holz, ihrem schnellen Wachstum und ebenso schnellen Absterben trägt die Signatur des wässrig-kalten »Planeten« Mond.

Eine pflanzliche Signatur richtig zu erkennen und zu deuten, ist jedoch kein Sonntagsspaziergang. Die Versuche von Renaissancegelehrten wie Giambattista della Porta (1536–1615) oder Oswald Crollius (1580–1609), aus der Signaturenlehre eine objektive, rationale Wissenschaft zu machen, schlugen fehl. Die unvorsichtigen Gelehrten schauten sich die Walnuss an und waren entzückt, darin die Signatur für den Schädel, die Hirnhaut und das Hirn zu entdecken. Die spitze Samenkapsel des Bockshornsklees könne, so glaubten sie, Skorpionstiche heilen, da sie dem Stachel dieses giftigen Spinnentieres ähnlich sieht. Hundezungenkraut sollte gegen Hundebiss gut sein, die herzförmigen Veilchenblätter gegen Herzbeschwerden, die aufrechten Kolben des Aronstabs sollten die männliche Potenz stärken. Bald zeigte sich die Nutzlosigkeit dieser platten Vergleiche. Sie waren zu oberflächlich gefasst. Ihre Fantasie hatte ihnen einen Streich gespielt. Seither wird die »Signaturenlehre« als Episode der Wissenschaftsgeschichte oder als

Folklore abgehakt (Storl 1993: 59). Oder sie ist, wie der Botaniker Jean-Marie Pelt ihr zugesteht, bestenfalls als ein System der Gedächtnisstützen anzusehen, mit deren Hilfe Gesellschaften mit mündlicher Tradition ihr Wissen bewahrt und weitergegeben haben (Pelt 1983: 56). Aber trotz all dem gibt es eine echte Signaturenlehre. Diese zu meistern, bedarf es eines »hellen Sehens«, einer »schamanisch-ekstatischen Sichtweise«, um die Zeichen richtig zu erkennen. Rudolf Steiner, ein Verfechter der Signaturenlehre, sprach vom »Äthersehen«.

Auch die Kelten wussten, dass die Signaturen schwer zu deuten sind. Eine überlieferte Sage von **Diancecht,** dem irischen Heilergott, versucht zu erklären, warum das so ist:

In einer Schlacht gegen die finsteren Fir Bolg wurde dem König des Volkes der Göttin Ana (Tuatha De Danann) der das Schwert führende Arm abgetrennt, so dass er für sein Amt ungeeignet war und auf den Thron verzichten musste. Bei den Kelten konnte nur derjenige rechtmäßiger Herrscher sein, der vollkommen gesund und unversehrt war.[42] Da behandelte ihn der Heiler und Arzt der Götter, der weise Diancecht. Mit Hilfe des kunstfertigen Bronzeschmieds Credne legte er dem König einen silbernen Arm an, mit dem er alle Bewegungen ausführen konnte. Doch obwohl die kunstvolle Prothese einwandfrei funktionierte, blieb er für die Herrschaft untauglich. Da wickelte **Miach,** der Sohn Diancechts, den abgetrennten Arm des Königs in Kräuter und Wurzeln und sagte den Zauberspruch auf: »Bein zu Bein. Sehne zu Sehne.«[43] In drei Mal neun Tagen war der König geheilt: »Während der ersten neun Tage legte er den Arm an seine Seite, und er wurde mit Haut überzogen, während der zweiten neun Tage legte er ihn an seine

42 Botheroyd gibt folgende Erklärung: »Die verwundete, verkrüppelte Gottheit ist unfähig, die Lebensimpulse erneut in Umlauf zu bringen, das Land eines solchen Fürsten wird unfruchtbar, eine Vorstellung, die noch der Fischerkönig in der Gralslegende illustriert« (Botheroyd 1995: 256). Dass der großspurige Kaiser Wilhelm, der das zweite Deutsche Reich in den Untergang führte, ebenfalls einen verkrüppelten Arm hatte, gibt in diesem Zusammenhang zu denken.

43 Der Spruch, den Miach zum Heilen anwendete, entstammt uralter indoeuropäischer Tradition: In der *Atharva Veda* (VI, 12), einem der ältesten Schriftzeugnisse der indoeuropäischen vedischen Inder, wird eine Heilpflanze – *ein Wachser, ein Zuwachser des gebrochenen Knochens* – angerufen, einen Verwundeten zu heilen. Die Verwundung wird dann besprochen: »Was dir zerrissen, was dir entzündet ist, was in dir zerbrochen ist, soll Dhatri angenehm wieder zusammensetzen, Gelenk für Gelenk. Dein Mark vereinige sich mit Mark, mit dem Gelenk das Gelenk. Zusammen soll dein abgefallenes Fleisch, zusammen auch der Knochen wachsen. Mark mit Mark werde zusammengefügt: mit der Haut verwachse die Haut ...« usw. (Mylius 1981: 84). Der in einer Klosterbibliothek gefundene *Merseburger Zauberspruch* lässt den germanischen Gott Wotan das Pferd Baldurs, dessen Bein gebrochen ist, besingen: »Sei's Beinrenkung, sei's Blutrenkung, sei's Gliederenkung: Bein zu Bein, Blut zu Blut, Glied zu Gliedern, so seien sie fest gefügt« (Döbler 1975: 216).

Brust. Während des dritten Neuntagezyklus stellte er weiße Medizin aus auf Feuer geschwärztem Schilf her« (*Zweite Schlacht von Mag Tured*). Nun hatte der König wieder seinen Arm aus Fleisch und Blut.

Die gelungene Heilung erregte Diancechts Neid. Der erzürnte Vater schlug den Sohn an den Kopf, so dass ihm die Kopfhaut platzte. Miach heilte sich selbst mit Kraut und Spruch. Wieder schlug ihn der Vater und verwundete ihn am Schädel. Wiederum heilte sich Miach. Ein drittes Mal schlug ihn Diancecht und verwundete ihn bis aufs Hirn. Da starb der junge Heiler. Er wurde begraben und aus seinem Grab wuchsen 365 Kräuter hervor, für jedes Organ, jedes Gelenk und jeden Nerv des menschlichen Leibes die entsprechende Heilpflanze. Miachs Schwester, die kräuterkundige **Airmed,** sammelte die Pflanzen. »Sie öffnete ihren Mantel und ordnete sie nach ihren Eigenschaften darin ein. Doch da kam Diancecht und mischte sie erneut, so dass sie ihre Eigenschaften nicht mehr auseinander kennen konnte. Seither kann niemand mehr die Heilkraft der Pflanzen erkennen oder die Signaturen deuten, es sei denn der Heilige Geist – man könnte auch sagen die Ahnen oder Lichtelfen – offenbarte sie ihm.«

Die Geschichte ist aufschlussreich. Zum einen ist die alte Überzeugung angedeutet, dass es für jede Krankheit oder für jedes kranke Organ eine Heilpflanze gibt, die durch ihre Signatur zu erkennen ist. Dieser Gedanke wurde übrigens im 19. Jahrhundert durch den genialen Aussenseiterarzt **Johann Gottfried Rademacher** (1772–1850) wieder neu belebt. Er war der Auffassung, dass äußere Zeichen pflanzlicher Arzneien, wie Farbe und Form von Blättern, Blüten und Früchten, nicht weniger als das gesamte Aussehen einer Pflanze auf das Organ oder die Krankheitssymptome hindeuten, für die es geeignet ist (Goerke 1998: 216). Diesem Ansatz folgten auch **Rudolf Steiner** (1861–1925) und die von ihm inspirierte anthroposophische Medizin: Heilpflanzen sind vor allem solche, die die Tendenz haben, ein Glied oder ein Merkmal überbetont zu entwickeln – abnorme Knollen, auffallende Farben, Verkümmerungen, ungewöhnliche Wachstumsgesten. Wenn der menschliche Körper sich ähnliche Launen erlauben würde, wäre er ernsthaft krank. Was bei der Pflanze übertrieben ist, ein Spiel der Natur, ist krankhafte Entartung beim Menschen. Die *kranke* menschliche Natur hat ihr Gegenbild in der *Heil*pflanze; beide sind Ausdruck (Widerspiegelungen) derselben Prozesse (Pelikan 1975: 22).

Aus der Geschichte des Miach geht außerdem hervor, dass die Heilpflanzen durch ein Opfer göttlicher Wesenheiten entstanden sind. Die

Klugheit und außerordentliche Fähigkeit Miachs nahmen die Kräuter, die aus seinem Grab wuchsen, in sich auf. Der Heilgott hat sich sozusagen in Heilpflanzen verwandelt. Auch das ist ein alter, universaler Mythos. Heilpflanzen, wie auch Nahrungs- und Nutzpflanzen, sind verwandelte, in das materielle Dasein hineingeopferte übersinnliche Wesenheiten. (Im Nahen Osten opferte sich der Gottessohn in den Wein und Weizen hinein; bei den Waldlandindianern fielen drei himmlische Schwestern zur Erde herab und verwandelten sich in Bohnen, Mais und Kürbisse; der göttliche Mondamin wurde von den Ojibwa-Indianern getötet, begraben und wuchs als Maispflanze wieder aus der Erde empor; bei den Ceramesen wird die Jungfrau Hainuwele getötet und auf dem zeremoniellen Tanzplatz verscharrt, ihre Leiche verwandelt sich in Taroknollen, Jams und andere Wurzelgemüse.)[44] Die Götter und Geister gehören sowieso der »Anderswelt« an und können eigentlich gar nicht sterben, sie verwandeln sich nur. Daher ist es möglich, mit ihrem Geist Kontakt aufzunehmen, sie zu verehren und, wenn Not besteht, sie mit dem richtigen Spruch anzurufen und um Hilfe zu bitten.

Das Dritte, was aus dem keltischen Mythos hervorgeht, ist, dass die Signaturen nicht leicht zu erkennen sind, jedenfalls nicht mit dem profanen alltäglichen Bewusstsein: »Es sei denn, der Heilige Geist offenbart sie.« Vor leichtfertiger Deutung warnen alle Kräuterkundigen. So etwa Paracelsus, in dem viel keltisches Überlieferungswissen steckt und der nicht nur an den Universitäten, sondern auch bei den einfachen Bauern, Hirten und Kräuterfrauen lernte: »Die Natur zeichnet ein jegliches Gewächs, das von ihr ausgeht, zu dem, dazu es gut ist; darum wenn man erfahren will, was die Natur gezeichnet hat, so muss man es an den Zeichen erkennen, was Tugenden in ihm sind« (*De rerum naturae*, in: Peuckert I 1965: 297). Aber – so warnt er – nicht durch das oberflächliche Anschauen, die gegenständliche Analyse und den alltäglichen Verstand erkennt der Mensch die Siegel und Signaturen, sondern durch das **»Licht der Natur«**. Dabei handelt es sich um so etwas wie eine geheime Kraftausstrahlung der Pflanzen, Steine und der anderen natürlichen Dinge. Im »Lichte der Natur« erkennen auch die stummen Tiere, welches Kräutlein sie heilt oder welches sie fressen

44 Kulturanthropologen haben den Mythos der Opferung göttlicher Wesenheiten, die dann als Nutzpflanzen weiterleben, überall von Afrika bis Amerika, von Indien bis Ozeanien verfolgen können. Sie bezeichnen diese als *Dema*-Gottheiten oder sprechen vom *Hainuwele-Komplex*. Dema ist ursprünglich die Bezeichnung der geopferten Gottheiten bei bestimmten Völkern in Neu-Guinea, deren Geister dann während der großen Zeremonien anwesend und für Schamanen ansprechbar sind.

können. Lassen wir Paracelsus es selbst erklären: »Der Heilige Geist und die Natur sind eins: Täglich ist die Natur ein Licht aus dem Heiligen Geist und lernt von ihm, also kommt es im Menschen während der Tiefe der Nacht [man kann auch sagen während der stillen Tiefenmeditation, im Klartraum, in der Entrücktheit, Anm. d. Verf.]. Das Wissen der kalten Vernunft hat verblendet das Licht der Weisheit und das Licht der Natur; so herrscht eine fremde Doktrin und hat beider Erkenntnis zwischen Stühle und Bänke gesetzt. Die dieser fremden Doktrin anhängen, versuchen die Wahrheit beider Lichter zu verdunkeln und wollen sogar das Licht des Ewigen und der Natur auslöschen. (...)[45] In der Natur ist ein Licht, das heller scheint als das Licht der Sonne; in diesem Licht werden die unsichtbaren Dinge sichtbar« (Waldemar 1959: 74).

Die Signaturen, die den Charakter der Pflanze zum Ausdruck bringen, sind zugleich mit den formgebenden Bildekräften des Kosmos verbunden. »Nicht allein, dass die Kraft der Kräuter aus der Erden sei, sondern vom Gestirn, das Corpus aber von der Erde« (Paracelsus, *Philosophia Sagax* Lib. I, 6). Und weiter: »Die Sterne sind die Model, Patronen, Formen, matrices aller Kräuter. Durch attraktivische Kraft zeugt jeder Stern seinesgleichen Kraut aus der Erden« (Paracelsus, *De Pestilitate*, Traktat I). Durch Märchen und andere Überlieferung wissen wir, dass die Kelten sehr auf die Sterne achteten und die Planeten sozusagen mit in den Heilkessel hineingaben.

Ursprungsmythe der Meddygion Myddfai

In den keltischen Ländern am westlichen Rand der europäischen Halbinsel, in Irland, der Bretagne, Wales und auf der Insel Man, gibt es noch Kräuterheiler, die von sich behaupten, dass ihre Kunst auf die alten Druiden zurückgehe. Warum auch nicht? Sie alle sammeln ihre Heilpflanzen zu bestimmten Zeiten, schauen auf die planetarischen und irdischen Signaturen, kennen sich aus in der Symbolik der Pflanzen und nehmen sich – wie Volksheiler überall – jener Patienten an, denen die

45 Paracelsus, dessen Weisheit noch heute aktuell ist, schreibt weiter: »Nun merket, dass Christus und die Seinen dem Licht der Natur nichts genommen haben, aber die Scholare mit ihrem pharisäischen Sauerteig wollen der Natur ihre Macht brechen und nehmen, und zwar weil sie selbst weder Christus nachfolgen noch dem natürlichen Licht. Sie sind die Toten, die die Toten begraben. Kein Leben ist in ihrem Tun, denn sie lernen weder etwas vom Licht der Ewigkeit noch vom Licht der Natur und wollen's doch beide sein.«

studierten Doktoren nicht weiterhelfen können. Sie haben geheime Rezepte, die sie dem Neugierigen niemals verraten. Oft gelten sie als »Originale«, denn ihr Aussehen und Verhalten deckt sich meistens nicht mit bürgerlichen Normen. Am bekanntesten unter den Volksheilern sind die Kräuterärzte von Myddfai. Die Mythe des Ursprungs dieser Heilerzunft wollen wir uns hier anhören, denn sie gibt Aufschluss, über die keltische Kräuterkunde.[46]

Vor über achthundert Jahren soll es gewesen sein, beim Schwarzen Berg im Süden von Wales, in der Nähe des Sees Llyn y Fan fach, nicht weit von der heutigen Ortschaft Llanddeusant, da wohnte eine arme Witwe mit ihrem einzigen Sohn Gwynn (»der Helle«). Der Junge hütete die wenigen Kühe, die sie besaßen, auf den Bergweiden. Eines Morgens trieb er sie ans Ufer des Sees. Da sah er im Licht der Morgensonne plötzlich eine wunderschöne junge Frau, die sich beim Wasser ihre langen goldenen Haare kämmte. Er verliebte sich auf den ersten Blick in sie und starrte sie an. Da er nicht wusste, was er sagen sollte, hielt er ihr sein Gerstenbrot und den Käse hin, die er in der Tasche hatte. Sie lachte aber nur und sagte: »Ach, du mit deinem vertrockneten Brot. So leicht ist es nicht, mich zu verlocken!« Damit tauchte sie ins Wasser und verschwand. Da beschlich ihn die Vermutung, dass die schöne Frau eine Andersweltliche sein könnte, was aber seiner Liebe zu ihr keinen Abbruch tat.

Zuhause erzählte er seiner Mutter von der Begegnung. Die Mutter wusste, dass die Feen keine Speisen essen wie die normalen Sterblichen, und riet ihm diesmal rohen Teig einzustecken, um ihn ihr anzubieten. Früher als sonst trieb er seine Kühe ans Seeufer, aber sie erschien nicht. Doch dann am Mittag kräuselte sich die Wasseroberfläche. Da war sie wieder! Sie war so schön, dass er fast vergaß, was er sich vorgenommen hatte. Endlich streckte er ihr die Hand mit dem ungebackenen Brotteig hin und fragte, ob sie ihn zum Mann haben wolle. Wieder brach sie in Lachen aus: »Ach, du mit deinem feuchten Brot. Ich will dich nicht haben.« Doch ehe sie im Wasser untertauchte, lächelte sie ihm ermutigend zu, so dass seine Liebe zu ihr noch heftiger entflammte.

Zuhause beriet er sich wieder mit seiner Mutter. »Gebackenes Brot mag sie nicht, rohen Teig mag sie nicht. Hier, nimm dieses halb gebackene Brot, vielleicht mag sie das!«

46 Das Märchen ist folgenden Quellen entnommen: Conway 1976: 8; Rees 1961: 344, und Hetmann 1982: 156.

Gwynn konnte nicht schlafen. Die Sterne funkelten noch, als er sich auf den Weg machte. Den ganzen Morgen wartete er am Ufer. Der Mittag verstrich. Es regnete. Schon war es fast dunkel und er wollte seine Kühe rufen und nach Hause gehen. Da erschien sie. Sie sah schöner aus als je zuvor. Als er ihr das halb gebackene Brot entgegenstreckte, nahm sie es freundlich lächelnd an. Auf die Frage, ob sie ihn heiraten wolle, antwortete sie: Ja, aber sie müsse erst ihren Vater fragen. Sie verschwand wieder unter dem Spiegel des Sees. Zufällig merkte er, dass die Sandalen, die sie an den Füßen trug, in ganz ungewöhnlicher Weise geschnürt waren.

Es dauerte nicht lange, da bewegte sich die glatte Wasseroberfläche. Ein alter, weißhaariger, mit Moos und Schilf bedeckter Mann, der wie Neptun aussah, stieg aus der Tiefe empor und mit ihm zwei Mädchen, die einander bis aufs Haar glichen. Es war, als hätte sich seine Geliebte – die übrigens Nelferch hieß – verdoppelt.

»So«, sagte der Alte, »du willst eine meiner Töchter zur Frau nehmen. Ich bin einverstanden, vorausgesetzt du kannst mir zeigen, welche es ist, die du liebst.«

Gwynn betrachtete sie beide aufs schärfste und konnte nicht den geringsten Unterschied entdecken. Doch da sah er, dass die eine ihren Fuß etwas vorschob und erkannte sie daran, wie die Sandalen geschnürt waren. Er ging auf sie zu und nahm sie bei der Hand.

»Du hast richtig gewählt«, sagte der Wassermann, »du darfst sie heiraten, aber nur unter der Bedingung, dass du sie niemals grundlos tadelst noch schlägst, denn dann muss sie zu mir in den See zurückkehren!«

»Lieber würde ich mir die eigene Hand abschlagen«, erwiderte Gwynn.

»Als Mitgift will ich euch so viele Rinder, Pferde, Schweine und Schafe geben, wie Nelferch in einem Atemzug, ohne dabei Atem zu holen, aufzählen kann.« Sie hatte einen langen Atem.

Sie heirateten und bezogen einen großen Bauernhof in der Nähe von Myddfai. Sie waren sehr glücklich und es wurden ihnen drei gesunde Söhne geboren.

Sieben Jahre waren vergangen, da wurden sie zu einer Taufe ins Dorf geladen. Als sie schon ein Stück gelaufen waren, sagte Nelferch, sie sei müde und wolle nicht weitergehen. »Doch, wir müssen«, sagte ihr Mann Gwynn, »das gehört sich so! Du kannst ja mit dem Pferd reiten, wenn dir das Laufen zu anstrengend ist.« Er holte Sattel und Saumzeug für das Pferd, das in der nahe gelegenen Weide graste. Sie aber weigerte sich das Pferd zu besteigen. Da versetzte er ihr mit dem Handschuh einen leichten Schlag. »Das war der erste Schlag«, seufzte sie; »erinnere dich an dein Versprechen, das du mir gegeben hast!«

Einige Jahre später waren sie zu einer Hochzeit ins Dorf geladen. Die Gäste tranken, tanzten, lachten viel und vergnügten sich. Nelferch aber wurde immer trauriger und begann bittere Tränen zu weinen. »Nimm dich doch zusammen!«, fuhr ihr Mann sie an und versetzte ihr wieder einen leichten Stoss. »Das war das zweite Mal«, schluchzte sie.

Etwas später wurden sie zu einer Beerdigung eingeladen. Mitten in der Totenfeier brach sie plötzlich in lautes Gelächter aus. Die Trauergäste waren schockiert. Gwynn gab ihr einen Rippenstoß mit dem Ellenbogen und herrschte sie an: »Sei still, was gibt es da zu lachen?« Dann bemerkte er seine Dummheit. Aber es war zu spät. Nelferch ging sofort zu ihrem Bauernhof zurück und rief alle Tiere, die sie als Mitgift mitgebracht hatte. Sie alle kamen, die Rinder, Pferde, Schweine, Schafe und Ziegen, und folgten ihr ins Wasser. Sogar das kleine schwarze Kalb, das schon geschlachtet am Metzgerhaken hing, sprang vom Haken herab und trottete mit. Die vier Ochsen, die zum Pflügen ins Joch gespannt waren, gehorchten ihrer Herrin und folgten ihr. Die tiefe Furche, die ihr Pflug bis zum See hinab zog, kann man noch heute bewundern.

Gwynn konnte nicht ohne Nelferch leben, auch er stürzte sich ins eiskalte Wasser. Die Söhne, die inzwischen erwachsen waren, irrten, vor Schmerz außer Sinnen, tagelang am Ufer umher. Da erschien ihnen ihre Mutter noch einmal und sagte zu ihnen: »Ihr Lieben, die ihr so viel Schmerz erfahren habt, sollt von nun an den Schmerz anderer lindern!« Sie führte sie zu einer Stelle, die noch immer die »Schlucht der Ärzte« (*Pant y Meddygon*) genannt wird, zeigte ihnen alle Heilpflanzen und unterrichtete sie in ihrer Wirkung. Dann segnete sie ihre Söhne und verschwand wieder unter dem Seespiegel. Diese Ärzte von Myddfai wurden zu den erfolgreichsten Heilern in Wales. Ihr Ruhm verbreitete sich weit über die Grenzen des kleinen Landes hinaus.

In Wales existiert ein in walisischer Sprache verfasstes Manuskript aus dem 13. Jahrhundert mit neunhundert Kräuterrezepten. Es soll angeblich von Rhiwallon, einem der Söhne Gwynns und der Seenymphe, und von seinen drei Söhnen, Cadwgan, Gruffydd und Einion, geschrieben worden sein (Conway 1976: 10).

Das Märchen von Gwynn und Nelferch ist ein Schlüssel zum Verständnis der europäischen – der keltischen und vorkeltischen – Kräutertradition. Schauen wir uns die einzelnen Aspekte genauer an:

Hirtenweisheit

Der junge Mann Gwynn, »der Helle«, ist ein Hirte. Wenn Hirten oder auch Fischer im Märchen erscheinen, ist dies immer ein Hinweis auf die Meditation. Das friedliche Hüten der Tiere ist ein Symbol des Hütens der eigenen Triebe und Gedanken. Hirten und Sennen befinden sich weitab vom Trubel der Märkte, von der Geschäftigkeit und Unredlichkeit des Alltags. Sie leben Tag für Tag mitten in der freien Natur und können ungestört ihren Geist und ihre Sinne wandern lassen. Sie befinden sich in derartiger Resonanz mit ihren Tieren, dass sie diese mit ihren blossen Gedanken zu sich rufen können – auch der alte Arthur Hermes konnte das. Zugleich können sie sich so tief in die Tierseelen hineinversenken, dass sie wissen, wann und wo ihnen was fehlt oder wann und warum sie dieses oder jenes Heilkraut fressen. Die Tiere mit ihrem wunderbar entwickelten Riechvermögen, mit ihrem sicheren Instinkt »wissen« genau, welche Pflanze sie bei dieser oder jener gesundheitlichen Störung brauchen. Auf diese Weise werden die Tiere, die sie täglich hüten und beschützen, zu ihren Lehrern. (Auch die Indianer sprechen von den Tieren als weisen Lehrern der Menschen.)

Weitab vom Dorf befinden sich die Hirten immer in der Nähe der Naturgeister. Sie kennen den Umgang mit den Wildmännern und Wildweibern, von denen die Sage noch erzählt – und diese sind immer kräuterkundig, eben weil sie »wild« und noch nicht von der Zivilisation und ihren Schulen verdorben sind.[47] Oft wird der einsame Hirte von andersweltlichen Frauen als Geliebter begehrt – wie es auch in diesem Märchen der Fall war.

Wenn der Dorfarzt oder gar die Hebamme oder weise Frau nicht weiterhelfen konnten, hat man früher den Schäfer oder Hirten gerufen. Er wusste immer das richtige Kraut. Das ist überall auf der Welt, wo es Hirten gibt, so (Grimm 1982: 963). In Norddeutschland ist der Hirte der anerkannte Volksmediziner und Gesundbeter des Dorfes.

47 Von dem Recken Wate heißt es im *Gudrunlied* , dass er die Heilkunde von einem wilden Weib erlernt habe: *»sie haeten in langer zite da vor wol vernomen, daz Wate arzet waere von einem wilden wibe ...«*

Seejungfrau, Wesen der Zwischenwelt.

Die saftigen, grünen Weiden, auf denen der Hirte seine Herden grasen lässt, sind im Märchen Symbol für die gesunden Wachstumskräfte. Der Hirt, der täglich mit ihnen in Verbindung steht, kann diese frischen Kräfte an andere weitervermitteln. Er wurde deswegen gerne zu Hochzeiten eingeladen. Er ist es auch meistens, der den Ebereschenzweig als Lebensrute schneidet und der damit das Vieh der Bauern schlägt (quickt), damit die Tiere im Dorf gesund und fruchtbar bleiben.

Der Hirtenstab, meist aus Haselholz geschnitzt, ist praktisch ein Zauberstab. Er kann mit dem Stab verborgene Schätze finden oder das Wetter beeinflussen, etwa die Wolken wie eine Herde bewegen. Insofern ähnelt er den Schamanen vieler Völker, die ebenfalls die Fähigkeit haben, sich mit den Wettergeistern zu verständigen. Um die Macht ihres Steckens zu verstärken, schließen in den christlichen Ländern die Hirten oft ein bis neun vom Abendmahltisch entwendete Hostien in den Stab ein. (Der Bishofsstab war übrigens ursprünglich ein Hirtenstab und der Heiland selbst ein guter Hirte.)

Kräuterkunde als weibliches Wissen

In dem Märchen bringt eine Nixe, eine Wasserelfe, das Heilkräuterwissen aus den Tiefen des Sees mit. Kräuterkunde ist kein aktiv erkämpftes, maskulines Wissen. Es wird empfangen. Es ist eine Gabe, ein Geschenk der Anderswelt. Es kann nicht gegen den Willen der Göttin mit Gewalt erobert und in Besitz genommen werden. Es kann weder durch Experiment und Analyse noch mit einer intellektuellen *tour de force* erzwungen werden, sondern der menschliche Geist muss sich, wie

Der Hirt als Meister der Kräuterkunde.

der weibliche Schoß, entspannt und wonnevoll der Eingebung öffnen, um mit Heilintuitionen schwanger zu werden.

Kräuterkunde ist feminin, weil das Finden und Sammeln von Nahrungs- und Heilpflanzen während der Steinzeit – die immerhin 98 Prozent unserer Entwicklungsgeschichte als Menschen ausmacht – Frauenangelegenheit war, ebenso wie der Umgang mit Tieren, das Jagen und Töten Männersache war. Das soll aber nicht bedeuten, dass nur Frauen Kräuterkunde treiben dürfen. Auch Männer können weibliche Intuition entwickeln. Die Schamanen tun das. Ebenso gibt es heutzutage gelegentlich Frauen im Medizinbetrieb, die sehr maskulin – intellektuell und kalt analysierend – mit den Phythopharmaka umgehen.

Die ätherische Welt der Elfen

In der Anderswelt, in der Welt der Elfen und der Toten, ist alles umgekehrt und entgegengesetzt zur diesseitigen Welt. Dort ist das Vorwärtsschreiten ein Rückwärtsgehen, dort ist die Nacht der Tag und der Tag die Nacht. Gold und Edelsteine, die einem die ätherischen Wesen der Anderswelt, die Natur- und Waldgeister schenken, werden hier zu Kot und Asche, derweil Tannenzapfen oder Blätter, die diese Wesen ihrem Besucher schenken, sich hier wiederum zu Kostbarkeiten verwandeln. Da Nelferch eine Andersweltliche war, konnte sie sich bei der Hochzeit nicht freuen, sondern musste weinen. Aus demselben Grund lachte sie laut und herzhaft bei der Beerdigung. Zur Taufe konnte sie nicht gehen, denn Weihwasser mögen die Elfenwesen nicht. Haben wir nicht in der Geschichte des heiligen Colin sehen können, wie das geweihte Kirchenwasser die Naturgeister entzaubert und ihre schillernde Welt bannt? Die Kräuterkunde hat – auch wenn sie heute von christlichen Priestern und Nonnen betrieben wird – immer etwas Magisches, Heidnisches an sich. Sie braucht das Wunder und die Imagination. Sie braucht das Sich-Öffnen der Seele, das Staunen. Sie funktioniert nicht, wenn sie entmythologisiert und entzaubert wird.

Die ätherische Welt – Avalon oder *Gwynned*, das »Weiße Land«, oder die Bildekräftewelt, wie sie Rudolf Steiner nennt – ist eine Welt der Leichtigkeit, der Metamorphose und der Lebenskräfte. Andersweltliche wie Nelferch, die Elfen und auch die Totengeister vermitteln uns aus dieser für uns jenseitigen Welt die Kräfte des Lebens. Überall, in Afrika, Asien und einst auch bei den Kelten, wurden die Naturgeister und die Verstorbenen verehrt und gefüttert, damit Wachstum und Gedeihen auf dem Feld, im Obstgarten, auf der Wiese und der Weide erhalten bleiben.

Die Gesetze Avalons sind denjenigen der materiellen Welt entgegengesetzt. Die physikalisch-materielle Welt hat Maß und Gewicht. Sie wird vom zweiten thermodynamischen Gesetz beherrscht, ist durch Prozesse des Abbaus, des Verfalls, der Abkühlung, der Schwere, des Krankwerdens und des Todes charakterisiert. In der ätherischen Welt ist es umgekehrt: Hier fliegen die Seelen, hier finden wunderbare Verwandlungen statt, hier gibt es weder Sünde noch Tod noch Krankheit, hier herrscht Leichtigkeit. Ein großer Wissenschaftler wie Newton entdeckte die mechanischen Gesetze der Schwerkraft des physischen Weltalls, als ihm ein Apfel auf den Kopf fiel. Der britische Philosoph John Ruskin (1819–1900) fragte jedoch, wie der Apfel überhaupt auf den Baum kam. Damit berührte er die Frage nach der »Leichtigkeit des Lebens« und der ätherischen Welt.

Die Methode der exakten Naturwissenschaft, die aus Logik und experimenteller Beobachtung besteht, kann nur die eine (materielle) Seite, die Seite des Gewordenen, des Zerfalls, der Schwere beschreiben. Kein kräuterkundiges Wildfräulein wird je dem Laboranten am Computerbildschirm erscheinen und dem Pharmazeuten sagen, welches Kraut gegen den Aids-Virus oder Alzheimer hilft. Der analphabetische Hirte jedoch, der etwas Wein in ein Loch im Felsgestein goss und den Waldgeist fragte, was gegen die Pest hilft, erhielt zur Antwort: »Ich weiß wohl, Bibernell und Eberwurz, aber das sage ich dir noch lange nicht.«

Das werdende Leben, die Kräfte des Wachstums und des Heilens – die ätherische Welt eben – wird durch Imagination und Intuition erschlossen. Echtes Kräuterwissen ist nur durch diese Fähigkeit zum bildhaften Erfassen übersinnlicher Eingebungen, verbunden mit genauer Beobachtung der unmittelbaren natürlichen Welt, möglich. Auch das will das Märchen von der Seejungfrau sagen.

Übergänge und Zwischenräume

Der junge Hirte entdeckt die schöne Nixe am Ufer eines Sees. Das ist ein typischer Ort des Übergangs. Hier trifft ein Reich auf ein anderes; hier berühren sich das feste Land, das bewegte Luftreich und das kühle Reich des Wassers. Ein solcher Ort bedeutet einen Bruch in der Kontinuität, einen Riss, einen *Hiatus*, eine Öffnung, in der sich Zwischenwesen und Andersweltliche offenbaren können. Es hätte genauso eine Weggablung, eine Quelle, eine Bergspitze oder die Hecke sein können, denn auch das sind Orte des Übergangs, voller Zauber und unvorhersehbarer Möglichkeiten. In der Hecke, die das kultivierte Land von Wald oder Ödland trennt, findet man die allerbesten Heil- und Zauberkräuter. Hier, zwischen der Welt der Kultur und der der Wildnis, hielten sich die Hexen, die *Hagazussen* oder »Heckensitzerinnen«, auf, sammelten Kräuter und hielten Zwiesprache mit den Geistern (Müller-Ebeling/Rätsch/Storl 1999: 37). Auch biologisch sind diese Randbiotope am See- oder Flussufer, in der Hecke, am Gartenrand oder Feldrain mit einer recht differenzierten Flora und Fauna höchst interessant. Allesamt gute Orte zum Verweilen, zum Meditieren.

Bei den Kelten galten auch die Tiere und Pflanzen, die an solchen Orten anzutreffen sind, als magisch. Vor allem der Schwan, der an schilfbewachsenen Ufern, zwischen Wasser und fester Erde lebt. Als Vogel ist er Teil der himmmlischen Welt des Lichts und der Lüfte, der lange Hals aber hat etwas Schlangenhaftes, Chtonisches. Die Färbung des Schwans verbindet das Weiß der Milch, das Rot des Blutes und das Schwarz der Erde (Kot, Ruß). Der große Vogel verbindet und hat zugleich Teil an den Gegensätzen, deshalb ist er magisch: Sein Gesang, so die Kelten, kann Menschen verzaubern. Schwäne sind heilig, weil sie die heilenden Kräfte der Sonne (Feuer) und des Wassers verbinden. Nelferch hätte genauso gut als Schwanenjungfrau erscheinen können, wie es in vergleichbaren keltischen, germanischen und slawischen Sagen geschieht. Bei diesen Völkern waren die Schamanen, Zauberer, Künstler und Schmiede oft mit Schwanenfrauen vermählt. Sie verdankten ihre Zauberkraft den Schwanenfrauen. Der Schmied Wieland (engl. *Wayland*, altnordisch *Völundr*) hatte zusammen mit seinen Brüdern die holden Schwanenjungfrauen entdeckt, als sie ihr weißes Federkleid ablegten und im Wasser in Jungfrauengestalt badeten. Der listige Schmied und seine Brüder nahmen ihnen ihr Fiedergewand und zwangen sie, ihre Frauen zu werden. Eines Tages aber fand Wielands Weib das versteckte Kleid und flog wieder davon. Auch Gwynn konnte die magische Nelferch nicht zurückhalten. Meerfrauen und Schwanenjungfrauen symbolisieren die Muse, die den Helden oder Dichter inspiriert. Er kann sie aber letzten Endes nicht zwingen zu bleiben, wenn für sie die Zeit gekommen ist, wieder in die Anderswelt zu entschwinden. Brigit, die weiße Jungfrau, die dreifache Göttin der Inspiration und des Vorfrühlings ist eine Schwanengöttin.[48]

Auch die Tageszeiten, in denen der junge Hirt Gwynn die schöne Andersweltliche antrifft, sind von Bedeutung: Die Morgendämmerung, die den Tag und die Nacht voneinander trennt; der Mittag, wenn die Sonne am Zenith steht und den Tag in zwei Hälften teilt; der Abend, der Übergang vom Licht zur Dunkelheit. Diese Zeiten sind Nahtstellen, Grenzen zwischen verschiedenen Reichen, Momente des Chaos, wo die Gesetze des einen nicht mehr gelten und die des anderen Reichs noch nicht greifen. Hier können sich Sterbliche und Unsterbliche, Diesseitige und Jenseitige begegnen. In der Morgendämmerung kommen die Lichtwesen, küssen die Seelen wach und bringen die guten Eingebungen für den Tag. Am Abend – der einst als »Feierabend« einen sakralen Status hatte[49] – machen sich für den Hellsichtigen die Heizelmännchen bemerkbar. Der Mittag ist ebenfalls eine Geisterzeit, eine Nahtstelle zur Ewigkeit. *High Noon* war die richtige Zeit für den Zweikampf, den nur einer überleben kann.[50] Es ist die Stunde der Mittagsgespenster; Wassernymphen und weiße Jungfrauen erscheinen dann. Zur Mitternachtsstunde zeigen sich die ruhelosen Toten, die man be-

48 In Indien wird die Schwanengöttin und Muse der Künstler, Schriftsteller und Dichter unter den Namen *Saraswati* noch immer im Frühling verehrt.

49 Es gab sogar eine »Feierabend-Patronin«, die heilige Notburga, die von den Bauern verehrt wurde. Als Erntemagd sollte sie noch nach dem Feierabendläuten an der Getreideernte weiterarbeiten, da hängte sie ihre Sichel einfach in die Luft, an einen Sonnenstrahl und gab sich der Andacht hin. Es spricht vieles dafür, dass es sich bei ihr um eine umgewandelte keltische Göttin handelt. Eine weisse Hirschkuh soll sie mit ihrer Milch ernährt haben; Schlangen sollen ihr heilende Kräuter gebracht haben, und bei ihrem Begräbnis wurde ihr Wagen von zwei weissen Stieren gezogen. Noch lange glaubten Landleute den Pfad des Hirschs, der ihr einst die Nahrung brachte, im frischen Morgentau zu erkennen.

50 In den Western, den Mysteriendramen der US-amerikanischen Gesellschaft, kommen viele keltische Motive zum Ausdruck. Das Bild des weiß gekleideten Helden, der dem schwarz gekleideten Bösewicht in der Mittagshitze des *High Noon* zum *Showdown* gegenübertritt, ist ebenso keltisch wie das des Helden, der, nachdem er den Bösen besiegt hat, auf seinem treuen Pferd, allein in den Sonnenuntergang (den Westen, die Anderswelt) reitet.

fragen kann, wenn man es wagt, oder gar erlösen kann, wenn die eigene Seele rein genug ist.

Wie schon erwähnt, sammelt man heilende Kräuter in der Morgendämmerung, Zauber- oder Giftkräuter in der Abenddämmerung oder zu Mitternacht. Aber auch der Mittag kann dafür günstig sein. Johanniskraut wird zur Mittagsstunde des längsten Tages gepflückt, ebenso Kornblumen zum Blutstillen und Adlerfarnwurzeln, die das Vieh vor Verhexung schützen. Kümmel, der bei der Entbindung benutzt wurde, sollte am Mittag zu Johanni mit den Zähnen gepflückt werden. Klettenwurzel wurde um 12 Uhr am Walpurgistag gegraben und dann im Hof verstreut, um die Ratten zu vertreiben. Zur Folklore der Mittagszeit gehört der französische Glaube, dass die »Druidensteine«, die Menhire, in dieser Geisterstunde lebendig werden und sich drehen.

Die klaren Sinne

Noch etwas will uns die Sage vom Ursprung der Myddfai-Kräuterärzte sagen: Auch wenn die keltische Pflanzenkunde die transsinnliche Dimension mit einbezieht, ist sie alles andere als ein Schwelgen in traumhaften, fantasievollen Bildern. Sie ist keine wirklichkeitsfremde Schöngeisterei. Der Pflanzenkundige muss klare Sinne haben, muss die vor ihm stehende physische Pflanze genauestens betrachten, ebenso wie Gwynn genau hinschauen musste, um Nelferch, seine Geliebte, von ihrer Zwillingsschwester zu unterscheiden. Hätte er ihre anders gebundenen Sandalen übersehen, dann hätte er sie verloren und es hätte die Myddfai-Heiler nicht gegeben. Es ist also vollkommen angebracht, die anatomischen und ökologischen Einzelheiten der Pflanzenwesen bis ins kleinste Detail zu beobachten. Es ist notwendig, die Pflanze zu betrachten, zu beschnuppern, zu betasten und sogar in sie hineinzulauschen, etwa welche Töne der durch das Laub streichende Wind hervorbringt. Im gleichen Maße wie nach außen sollen die wachen Sinne nach innen offen sein. Erst wenn der Kräuterkundige die Pflanze draußen in der Natur ebenso wie innen, im Spiegel der Seele, betrachtet, ist es möglich, etwas Wesentliches über sie zu erfahren.

Rezepte der Myddfai-Heiler

Diod Anfarwoldeb

Dieser »Unsterblichkeitstrank« besteht aus gleichen Teilen Kerbel, Heidekraut, Waldgeißblattblüten, roter Klee und Eisenkraut. Die Kräuter werden als Tee aufgebrüht. Wer an Abgeschlagenheit und Energielosigkeit leidet, nimmt am Morgen und am Abend jeweils einen Esslöffel des Gebräus als Tonikum ein.

Es scheint sich hier um ein »magisches« Rezept zu handeln, denn die angegebenen Pflanzen hatten für die Kelten vor allem einen sakralen Wert. Das Rezept sollte nicht ohne weiteres ausprobiert werden, da die benötigten Mengen nicht präzisiert werden und einige der Zutaten problematisch (leicht toxisch) sind.

Beim **Kerbel** handelt es sich sicherlich um den würzigen Gartenkerbel (*Anthriscus cerefolium*), der noch heute in der gallischen Küche in den *Fines Herbes* eine hervorragende Rolle spielt und als »blutreinigend« gilt, und nicht um den Wiesenkerbel (*Anthriscus silvestrus*), der eher giftig ist und eine starke Wirkung auf die Gebärmutter hat beziehungsweise ein Abtreibungsmittel mit nicht bekannter Dosierung ist (Schauenberg/Paris 1970: 75).

Das **Heidekraut** (*Calluna vulgaris*) war den Kelten sehr heilig. Es gab sogar eine gallische Göttin dieses Krauts, die Heidegöttin Uroika. Sie erscheint in der irischen Sage als dreigestaltige Riesin, die in Begleitung einer Meute von siebzig Hunden in einem Elchwagen fährt und »ihren Sitz im Schoß der Berge zur Zeit der Heideblüte errichtet«. In Wales wurde ein beruhigend wirkendes obergäriges Bier (*heather ale*) damit gewürzt. Der Gattungsname *Calluna* (griech. *kalynein)* bedeutet »fegen, reinigen, verschönern«. Es war also eines der Besenkräuter, mit denen nicht nur Kehricht, sondern auch unsichtbare unreine Geistwesen weggefegt werden konnten. Das violett blühende Heidekraut war ebenfalls ein »Berufs-« oder »Beschreikraut«, dessen Abkochung man mit ins Badewasser goss, um damit die heimlichen Verwünschungen und Verzauberungen durch feindselige Menschen wegzuwaschen. Der Tee aus dem blühenden Kraut gilt als blutreinigend, auswurffördernd, harntreibend und wundreinigend, vor allem aber als nervenberuhigend. Heidekraut enthält wie die Bärentraubenblätter (*Arctostaphylos uva-ursi*) Arbutin, das bei alkalischem Harn die Harnwege wirksam desinfiziert (Scheffer/Storl 1975: 118).

Das **Waldgeißblatt** oder die **Waldheckenkirsche** (*Lonicera periclymenum*) ist eher giftig. Rinde und Blätter wirken harn- und schweißtreibend, in stärkerer Dosierung Brechreiz erzeugend, in geringer Dosierung entgiftend. Es sind aber die Blüten, die in geringen Mengen in diesem Rezept verwendet werden. Diese haben eine entspannende Wirkung auf das Atemsystem und lindern Krämpfe. Der Blütentee wurde auch bei Erkältungen, Drüsenschwellung und Milzproblemen eingesetzt (Grieve 1982: 410).

Das Geißblatt war der Liebesgöttin geweiht. In der alten französischen Ballade »Le lai du chèvrefeuille« singt Tristan von der Liebessehnsucht, die ihn mit der goldhaarigen Ysolde, der Frau eines anderen, verbindet und von der er nicht lassen kann. Seit sie, ohne es zu wollen, gemeinsam einen Liebestrunk eingenommen haben, lieben sich Tristan und Ysolde »wie das Geißblatt den Haselstrauch, die einander innig umklammern und umwachsen und voneinander getrennt zugrunde gehen würden«. Es ist eine verbotene, zukunftslose Liebe. Erst im Tod sind sie vereint. Aus ihren Gräbern wachsen ein Baum und eine Schlingpflanze, die ineinander verwachsen. Die Ballade ist ein gewandelter Mythos, der weniger von historischen Menschen als von der Liebe einer Sonnengöttin zum Wintergott, dem »Grünen Mann«, erzählt.

Der **Rotklee** (*Trifolium pratense*), der für die Kelten Glück, angenehme Sommertage und die Gegenwart der dreifaltigen Göttin versinnbildlichte, galt selbtverständlich auch als mächtiges Heilmittel. Der Tee, gebraut aus den süßen Blüten, aus denen die Kinder im Sommer gerne den »Honig« saugen, galt besonders im ehemals keltischen Westeuropa als hervorragendes Tonikum und entschlackender Blutreiniger. Der rote Klee hat sich überall eingebürgert, wo sich Waliser, Iren und Schotten angesiedelt haben – im Appalachengebirge, in Australien, Neuseeland oder Südafrika –, und wurde von ihnen dort in den harten Pionierzeiten, als es kaum Ärzte gab und es ums nackte Überleben ging, bei fast jeder Krankheit fleißig getrunken. Die *Hillbillies* und das *Country folk*, die ich in West-Virginia kennen lernte, schworen auf den Rotklee bei *canker* (*cancer*, Krebs) und bei Schwindsucht (*consumption*), jenem Zustand, der den Betroffenen ständig abmagern und husten lässt, als sauge ihm der »Wurm« seine Lebensenergie aus. Das Rezept ist einfach: 2 bis 3 Teelöffel Kleeblüten pro Tasse werden mit kochendem Wasser überbrüht. Um eine Krankheitsentwicklung umzukehren, muss der Tee über lange Zeiträume hinweg getrunken werden. Auch bei asthmatischen und bronchialen Beschwerden wird der Tee getrunken oder werden die getrockneten Blüten, zusammen mit Bilsenkraut und Huflattichblättern, in der »Asthmazigarette« geraucht.

Obwohl sich Wissenschaftler bezüglich der Wirksamkeit des Rotklees eher verhalten geben, hat die pharmazeutische Analyse inzwischen antivirale und antimykotische Eigenschaften ausgemacht, dazu das Sterin (b-Sitosterin), das tatsächlich das Wachstum von Tumoren hemmt und auch die Resorption von Chloesterin mindert.[51]

Wie wir später noch sehen werden, war das drahtige **Eisenkraut** (*Verbena officinalis*) mit den unauffälligen, kleinen blasslila Blüten eines der wichtigsten Zauberkräuter der Kelten und wurde in jede Hexensalbe gerührt. In der Volksmedizin war die Pflanze praktisch ein Allesheiler und wurde verschrieben zur Stärkung der Nerven, zum Vertreiben der Schwermut, bei nervöser Erschöpfung, bei Leberleiden und Gallensteinen, zur Anregung der Menstruation und der Muttermilchbildung, als Wundheilmittel und zur Zahnfleischspülung. Die Pflanze war offizinell, das heißt, sie war fester Bestandteil der Kräuter, die der Apotheker in seiner *officina*, seinem Arbeitsraum, auf Vorrat hatte. Die einst so wichtige Heilpflanze, mit der schon die Druiden ihre Altäre reinigten, ist heute praktisch vergessen. Kaum jemand weiß mehr, wie sie aussieht. Der schmackhafte, nach Zitrone duftende »Eisenkrauttee«, den man im Teesortiment des Supermarkts bekommt, ist nicht das offizinelle Eisenkraut, sondern der mit ihm verwandte, aus Südamerika eingeführte Zitronenstrauch (*Lippia citriodora*), den es zu keltischen Zeiten hier nicht gab. Es wäre durchaus interessant, mit dieser magischen Keltenpflanze wieder Bekanntschaft zu machen.

Physig Cryd Cymalau

Bei dieser Mischung handelt es sich um ein uraltes walisches Rezept mit schmerzstillenden, wassertreibenden einheimischen Heilkräutern –

51 Inzwischen wird das Wirkstoffmodell der pharmazeutischen Wissenschaft von Ethnomedizinern hinterfragt. Jede Heilpflanze besitzt nicht nur Wirkstoffkomponenten, sondern vor allem eine kulturelle und linguistische Identität, die mit ihren Heilkräften untrennbar verbunden ist (Grossinger 1982: 56). Mit dem Rotklee kann ich im Allgäu als Heilpflanze weniger anfangen, weil er in dieser Region nicht Teil des »heilkundlichen Kosmos« ist. Dagegen hat – etwa im Westallgäu und im Appenzellerland – das Sanikel (*Sanicula europea*) einen fast sakralen Status als traditionelles Heilmittel. Der mit der lokalen Volksheilkunde sehr verbundene Kräuterpfarrer J. Künzle verschreibt den Wurzeltee bei Darmverschleimung, Magengeschwüren, Blutspeien, Durchfall, Lungenerkrankungen, Brustverschleimung, Nieren- und Unterleibsblutungen, Menorrhagie und inneren Brüchen (Künzle 1945: 456). Allgäuer Bauern bestätigen mir gegenüber immer wieder die besondere Heilkraft der Pflanze. In anderen Gegenden, in denen dieser Schirmblütler nicht bekannt ist, fehlt die von der Tradition getragene Erwartungshaltung und die Wirkung ist bei weitem nicht dieselbe (Storl 1998: 166).

Mädesüß, Klettenlaubkraut, Beinwell, Schlüsselblume und Brennnessel. Die zu gleichen Teilen gemischten getrockneten Blätter können als Aufguss überbrüht werden und dann über einen längeren Zeitraum hinweg eine Tasse pro Tag getrunken werden. Man kann sie aber auch in Fett sieden, um mit der so hergestellten Salbe schmerzende Glieder einzureiben. Diese »Physig« (Medizin) ist vor allem für rheumatische Erkrankungen gedacht.

Mädesüß (*Filipendula ulmaria*), in den romanischen Ländern allgemein als »Königin der Wiesen« bezeichnet, war eine der heiligsten Pflanzen der Druiden. Das um die Sonnenwende blühende Kraut ist harntreibend, »blutreinigend« und vor allem – da es natürliches Aspirin enthält – schmerzstillend.

Das **Klettenlabkraut** (*Galium aparine*) – auch Hafta, Klebkraut Klimmup, Lüs (weil es wie Läuse klebt) oder Teufelsdraht genannt – ist eines der Labkräuter. Es gehört zur Familie der Rötegewächse, wie der Krapp, mit dem Textilien leuchtend rot gefärbt wurden, der Waldmeister und das gelbe Labkraut. Übrigens gehört auch der Kaffee zu dieser Familie. Die Labkräuter sind alle stark harntreibend und entschlackend. Getrocknet duften sie herrlich, wie frisches Heu. Dafür sind die Kumarinverbindungen verantwortlich. Die Kelten und Germanen weihten die duftenden krampfstillenden Kräuter der Großen Göttin. Sie waren Bestandteil der Bettstrohkräuter, jener wohlriechenden Pflanzen, auf welche die Gebärenden gebettet wurden. Der gute Duft vertrieb alle unholden Geister und versicherte die Kreißende darin, dass die Göttin ihr beistand. Auch Kranke wurden auf Duftkissen, die Labkräuter, Steinklee, Quendel und Dost enthielten, gebettet. Die Germanen weihten die Bettstrohkräuter Freya, die Christen machten »Maria Bettstroh« daraus und erklärten, es seien jene Kräuter gewesen, auf welche die Gottesmutter das kleine Christkind gebettet habe. In der Herbalastrologie sind die Labkräuter der Venus geweiht, die für Harn- und Geschlechtsorgane zuständig ist.

Ein Aufguss von Klettenlabkraut hilft, Harngrieß und Nierensteine auszuscheiden, und erweist sich günstig bei Harnweginfektionen. Als »Blutreiniger« regt der Tee die Lymphgefäße an, Gifte und Abfallstoffe auszuscheiden, und ist ein wirksames Diuretikum bei Psoriasis, Ekzemen, Arthritis und Skrofeln. Bei Lymphdrüsenkrebs hilft der Tee als Unterstützungstherapie. John Gerard (1596) berichtet, dass die Engländerinnen das Klettenlabkraut mit Haferflocken kochten, »um eine gute Figur zu behalten oder um abzuspecken«.

Ein alter Liebeszauber mit Klettenlabkraut geht wahrscheinlich auf die Kelten zurück: Zu Johanni windet sich ein Mädchen, das sich einen Freund wünscht, einen Kranz in der magischen Mitternachtsstunde, läuft dreimal ums Haus herum und spricht dabei:

»Klebekraut, ich winde Dich
Schätzchen, ich finde Dich
Wenn Du willst der meine sein,
komm vor meinem Augenschein.«

Dann erscheint der Zukünftige. Ist das Mädchen beim dritten Umlauf mit dem Kranz noch nicht fertig, wird es krank. In der walisischen Blumensprache bedeutet das Schenken von Klettenlabkraut: »Ich halte fest an deiner Liebe.«

Beinwell oder Wallwurz (*Symphytum officinale*) ist eine Pflanze mit überbordender, unverwüstlicher Lebenskraft. Als *comfrey* machte sie in den Sechziger- und Siebzigerjahren in der ländlichen Alternativszene Karriere. Zum Verdruss der Kinder kochten die Hippiemütter die jungen Blätter und Triebe häufig als Spinat, da sie reichlich Vitalstoffe enthalten und reichlich »biophotonische Energie« verstrahlen. Inzwischen warnte die Pharmaforschung, dass die Pflanze Pyrrolizidinalkaloide enthält, die Leberkrebs verursachen können. Da war es aus mit der Begeisterung. Nun hat man die Sache jedoch genauer untersucht und korrigiert: Nur bei Mengen, die einem Konsum von etwa vier handelsüblichen Apothekerpackungen pro Tag entsprechen, seien diese Alkaloide eine Gefahr für die Leber. Als Heilmittel kann man Beinwell und ähnliche Pflanzen ohne Bedenken verwenden, so der große Phytotherapeut Rudolf Fritz Weiss (Weiss 1991: 386).

Im Gegensatz zu dem hier angegebenen Myddfai-Rezept werden die Blätter in der Volksheilkunde nur selten verwendet, höchstens als Tee bei Magen- und Darmgeschwüren. Die Blüten werden in Hustentees gemischt. Die eigentliche Heilkraft der Wallwurz liegt in den dicken, schwarzhäutigen, saftig-schleimigen Wurzeln. Der Name der Art, *Symphytum*, bezieht sich auf das »Zusammenwachsen«. Die ätherische Kraft der Pflanze lässt Knochenbrüche und Fleischwunden schnellstens zusammenwachsen, so dass die schnelle Heilung dem Verletzten fast wie ein Wunder vorkommt. Die schleimhaltige Wurzel enthält Kieselsäure, Vitamin B_{12} und Allantoin, einen entzündungshemmenden Stoff, den auch die Schmeißfliegenmaden ausscheiden, wenn sie bei verwundeten Tieren das gangränöse Fleisch aus den Wunden fressen und damit die Wundheilung beschleunigen. Vor allem aber besitzt die kräftige Wurzel die Fähigkeit, den »Ätherleib«, den geistigen Bauplan, des zerbrochenen, gequetschten, geschundenen Körpers wieder herzustellen.[52] Beinwellumschläge eignen sich bei allen Brüchen, Knochenhautentzündungen, schmerzenden Phantomgliedern, Krampfadern und sogar Arthrosegelenken.

Die **Schlüsselblumen** oder **Himmelsschlüssel** (*Primula veris*) sind die Schlüssel, mit denen die Frühlingsgöttin den Himmel aufschließt, so dass alle Wesen, die weit weg, irgendwo in der Anderswelt weilen, die Singvögel und Schmetterlinge und all die bunten Wiesenblumen, zurückkehren können. Ein Aufguss aus dem blühenden Kraut eignet sich gut zum Entgiften, wirkt schweißtreibend, fiebersenkend und schleimlösend. Die ganze Pflanze galt als Heilmittel für das Nervensystem, da der Tee entspannend und beruhigend bei Angstzuständen, Anspannung Schlaflosigkeit, Schwindel und Kopfschmerzen wirkt. Die Blüten, die der schönen Göttin geweiht waren, kamen in Britannien in alle Liebeselixiere. Sie wurden bei Sonnenaufgang gesammelt, in ein Glas mit frischem Regenwasser gelegt und den ganzen Tag in die Sonne gestellt. Das so gewonnene Blütenwasser wurde unter Aufsagen eines Spruches auf das Kopfkissen des Liebsten gesprenkelt, deren Herz alsbald vor Sehnsucht dahinschmelzen würde (McIntyre 1998: 181).

Die **Brennnessel** (*Urtica dioica*), eine der wertvollsten unserer Wildpflanzen, war selbstverständlich eine der heiligen Pflanzen der Kelten. Sie schätzten die anthropochore (menschenfreundliche) Pflanze als vitamin- und mineralreiches Gemüse, als Faserlieferant und als Heilmittel. Brennnesseltee ist ein ausgezeichnetes entschlackendes Mittel – es fördert die Ausscheidung von Harnsäure – und ist deswegen auch bei Rheuma, Gicht, Arthritis und schlechter Haut angesagt. Wegen ihrer blutreinigenden Eigenschaft eignen sich Waschungen mit Brennnesselinfusionen und das Trinken des Tees für Mädchen in der Pubertät ebenso wie für Frauen in den Wechseljahren (Mabey 1993: 124).

52 Ein Bergbauer, der auf einer Alp im Luzernischen seinen Hof hat, erzählte mir, wie seine Hand einmal zwischen Deichsel und Schlepperkuppel geraten und zu Brei zerquetscht worden war. Aber anstatt den Rettungshubschrauber zu rufen, ließ er seine Frau Beinwellwurzeln zerstampfen und die Hand darin einwickeln. Schon am nächsten Tag hatte die Hand, zwar stark geschwollen, gelb und schwarz verfärbt, ihre eigene Gestalt wieder. In den nächsten Wochen fügten sich Knochen an Knochen und Sehne zu Sehne. Nach sechs Wochen Beinwelltherapie war die Hand wieder völlig hergestellt.

Bedydd Ceridwen

Bedydd Ceridwen bedeutet »Keridwens Taufe« und bezieht sich auf den Kessel der Zauberin Keridwen, wie er im walisischen Epos *Mabinogion* beschrieben wird. Ehe er ins Bad steigt, soll der Badende drei Mal kräftig ausspucken (Conway 1976: 54). Das klingt zwar geheimnisvoll und zauberisch, doch handelt es sich lediglich um ein normales heißes Bad, in das noch einige **Holunder**blätter, **Schlüsselblumen-** und **Skabiosen**blüten gestreut werden. Das sind zwar Kräuter mit symbolischem Bezug zur Großen Göttin, aber die physische Wirkung wird vor allem eine hautreinigende sein. Ob und welchen Einfluss das Bad auf Seele und Gemüt hat, muss noch, durch Meditation oder mit Hilfe entheogener Substanzen, erforscht werden.

Die Skabiose (*Scabiosa columbania*), auch Grindkraut, Krätzkraut genannt, in der Volksbotanik oft mit der Ackerwitwenblume und dem Teufelsabbiss verwechselt, diente vor allem als Umschlag oder Waschung bei juckender Haut, Pickel, Krätze (lat. *scabies* = Grind, Krätze) und leprösen Ausschlägen.

Wasser der Großzügigkeit

Dieses Teegemisch soll die Fähigkeit zum Hellsehen unterstützen. Zu den Zutaten gehören Beifuß, Wegwarte und Blutweiderich. Von den Kräutern wird ein einfacher Aufguss gemacht (1 Teelöffel pro Tasse). Ehe man mit einer Meditation anfängt, kann man davon ein Glas voll trinken. Zuvor aber soll man mindestens einen halben Tag lang gefastet haben und das Getränk auf nüchteren Magen einnehmen. Die getrockneten Blätter können zum selben Zweck auch geraucht werden (Conway 1976: 61).

Der **Beifuß** (*Artemisia vulgaris*), ein heutzutage wenig beachtetes, aromatisches »Unkraut« mit grünlichgrauen Blättern, das an Wegrändern, auf Schutthalden und an Bahndämmen wächst, ist die älteste Sakralpflanze im ganzen nördlichen Eurasien. Schon die steinzeitlichen Schamanen beräucherten sich mit dem Kraut oder rieben sich damit ein, wenn sie auf die Reise in die Anderswelt gingen. Beifuß wurde in einer Höhle im Irak, in der Neandertaler vor knapp 70000 Jahren ihre Toten bestattet hatten, auf dem Boden verstreut gefunden, ebenso in der Höhle von Lascaux, in der vor rund 19000 Jahren altsteinzeitliche Rentierjäger Tiergemälde an die Wand malten und Initiationsriten abhielten. Der wunderbare aromatische Duft des Beifußes schafft einen geschützten sakralen Raum, in dem sich die Geister und Tiergottheiten

Venus: Beherrscherin der Harn- und Geschlechtsorgane.

manifestieren können.[53] Das im Beifußrauch enthaltene ätherische Öl (mit Zineol und Thujon) hat nach Ansicht einiger Autoren einen Einfluss auf die Hypophyse (MADEJSKY 1999: 1331; CONWAY 1976: 60). In Indien heißt es, *Artemisia* (sanskr. *damanaka*, *tapodhana*; hind. *nagdauna)* hilft bei yogischen Meditationen, das Kronenchakra (*Sahasrara*) zu aktivieren. Der Beifuß wird deswegen in der indischen ayurvedischen Heilkunde unter anderem bei Kopfschmerzen, Hysterie, Krämpfen und Epilepsie eingesetzt (ZOLLER/NORDWIG 1997: 156).

Wie anderswo war der Beifuß auch bei den Kelten und anderen Indogermanen eine der Machtpflanzen. Man räucherte mit Beifuß während der Weihenächte der Wintersonnenwende. Zu Mittsommer trugen die Feiernden einen Beifußgürtel (Volksnamen: Gürtelkraut, Sonnwendgürtel, Johannisgürtel, Gänsegürtel, franz. *ceinture de Saint-Jean*), wenn sie über das Sonnenwendfeuer sprangen. Als »Machtwurz« (angelsächs. *mucgwyrt*) kannten es die Germanen ebenso wie die Römer (lat. *valentia)*. Und so sahen es auch die keltischen Gallier, die die heilige Pflanze **Bricumum** (kelt. *briga*, *brigo* = Macht, Kraft) nannten und sie der Göttin der Brigit, der Machtvollen, weihten. Vor allem die prophetischen, weisen Frauen, die **Veledas,** benutzten das Kraut, um sich auf ihre magischen Ausflüge vorzubereiten. Sie gingen nicht viel anders als die Prärie-Indianer vor, die sich mit dem amerikanischen Beifuß (*Artemisia ludoviciana*) einrei-

53 Neben Beifußarten (*Artemisia* spp.) benutzten die archaischen Jäger und Sammler der nördlichen Hemisphäre auch Mariengras (*Hierocloe odorata*, *»sweet gras«*) und Wacholder (*Juniperus* spp.) als sakrale Pflanzen, die weniger psychedelisch wirken als den Rahmen für eine schamanische Seance schaffen. Die nordamerikanischen Indianer sagen, dass *Artemisia* (*prairie sage*) einen sakralen Raum herstellt, dass der stachelige Wacholder diesen Raum schützt und dass das Mariengras gute Geistwesen herbeilockt (STORL 1998c: 11).

ben und beräuchern, wenn sie auf Visionssuche gehen oder zur Mittsommerzeit den Medizintanz (*sun dance*) tanzen (Storl 2000a: 43).

In der indogermanischen Vorstellung gleicht die freie Seele einem weißen Vogel. Der Schamane oder die weise Frau fliegt als Gänserich oder Gans in die jenseitige Welt.[54] Die Jahreszeiten, wenn die Wildgänse über das Land hinwegrauschen, sind zugleich »Zwischenzeiten«, in denen der Flug in die Götter- und Geisterwelt am besten gelingt. So flogen sie beim Übergang von der hellen zur dunklen und von der dunklen zur hellen Jahreszeit mit den Wildgänsen mit. Sie flogen im Frühling zur Lichtmesszeit, in der die Göttin selbst im strahlend weißen Federgewand erschien und die Gänse nordwärts ziehen, oder im nebelgrauen November, wenn die Gänse, mit Klageschreien den Tod der Sonne verkündend, wieder nach Süden zurückkehren. Wahrscheinlich wurde in den Tagen, vor allem zu Samain, eine mit Beifußkraut geweihte Gans geschlachtet und als totemische Mahlzeit verzehrt. Noch bis heute wird die Martinsgans, Michaelsgans oder Weihnachtsgans mit Beifußzweigen ausgerieben oder gestopft. Da wir in einer eher materialistischen Zeit leben, heißt es, das Gewürz rege die Galle an, damit das fettige Festmahl gut verdaut werden könne. Das ist natürlich auch wahr, Beifuß hilft der Verdauung, ist ein Stomachikum, Digestivum und Cholerikum.

Aber nicht nur das. Überall, wo der würzige Korbblütler wächst, wird er als Frauen- und Geburtskraut hoch geschätzt. *Artemisia* ist Bestandteil der weiblichen Mysterien in Eurasien wie in Nordamerika. Eine Abkochung wurde benutzt, um eine verzögerte oder ausbleibende Menstruation in Gang zu bringen. Somit war das der Göttin (Holle, Brigit, Artemis) geweihte Beifußkraut ein Mittel zur Geburtenregelung. Die ausbleibende Periode, die eine Schwangerschaft andeutet, wurde angeregt. Der rote Stängel, den der Beifuss an sonnigen Standorten aufweist, wurde als Signatur für die Monatsblutung gedeutet.[55]

54 Die Gänseschar, die im Sommer, der Sonne folgend, in weite Fernen fliegt, wurde von den Kelten auch mit einer Schar Krieger verglichen, die in die Ferne zieht, um Abenteuer zu bestehen. Für die Kelten wie für viele Stammesvölker waren die fremden Länder so etwas wie Teil der anderen Welt. Der Kriegszug glich somit der gefahrvollen schamanischen Reise. Die mit Kriegsfarben bemalten oder tätowierten Krieger galten während des Kriegszuges nicht als normale Menschen, sondern sie hatten Teil am magischen, schicksalshaften, andersweltlichen Geschehen. Somit war die Gans, einer der heiligsten Vögel der Kelten, nicht nur Attribut der fliegenden Frauen und ihrer Göttin, sondern auch der Kriegsgötter.

55 In Kriegs- oder extremen Notzeiten bedienten sich die Frauen des Beifußes und sagten den Ahnen, die sich wiederverkörpern wollten, sie sollten später kommen. Auch wenn sich Dämonen einschleichen und in menschlicher Gestalt inkarnieren wollten oder es darum ging, sich eines Bastards oder der Frucht einer Vergewaltigung zu entledigen, griffen die Hebammen zu diesem Kraut.

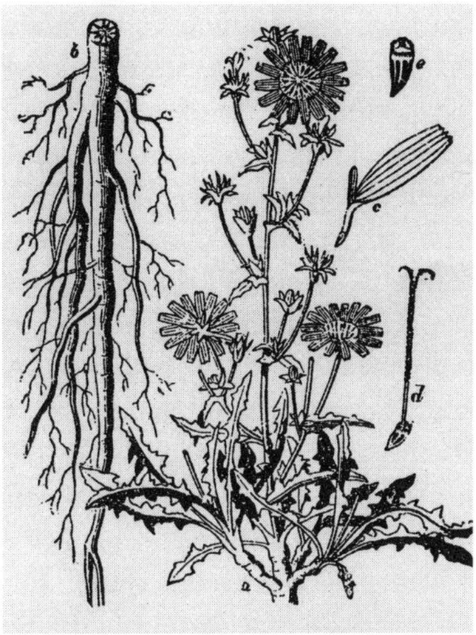

Wegwarte.

Bei der Geburt wurde Beifuß äußerlich als Kompresse aufgelegt, um den Geburtsverlauf zu beschleunigen und das Ausstoßen des Mutterkuchens zu unterstützen (Mabey 1993: 44). Aber auch zur Anregung der Fruchtbarkeit hilft das östrogenisierende und gestagenregulierende Kraut: In der ersten Hälfte des Zyklus fördert eine Teekur den Eisprung.[56] Auch die Kelten benutzten das Frauenkraut zur Wärmung, Entspannung und Reinigung des Unterleibs. In dem alten Manuskript der Meddygion Myddfai aus dem 13. Jahrhundert, das angeblich auf die Inspiration der Wasserfrau Nelferch zurückgeht, heißt es: »Man binde Beifuß an den linken Schenkel der gebärenden Frau, wenn sich die Geburt zu lange verzögert. Dann wird das Kind alsbald hervorkommen. Dann aber den Beifuß sofort entfernen, damit die Frau nicht verblutet« (Chevallier 1996: 171).

Eine Geburt stellt ebenso ein Schwellenerlebnis dar wie ein schamanistischer Ausflug. In beiden Fällen öffnen sich die Tore zur Anderswelt. Ebenso wie die Schamanen, die tibetanischen Lamas oder die indianischen Sonnentänzer sich beim Gang über die Schwelle mit Beifuß beräucherten oder abrieben, reinigten und schützten die Frauen auch den gebärenden Schoß, die Lebenspforte, mit dem Kraut, damit die sich wiederverkörpernde Seele ohne Gefahr die Schwelle zum Diesseits überqueren konnte. Aus demselben Grund war der Beifuß auch Bestandteil der Totenriten, wenn die Seele wieder ins Jenseits geht.

Eine dermaßen wichtige Pflanze musste mit sorgfältigem Ritual gesammelt werden. Marcellus Empiricus berichtet, dass die Gallier die Machtwurz in sakraler Nacktheit vor Sonnenaufgang angingen und das Kraut mit der linken Hand brachen (Höfler 1911: 245).

Die **Wegwarte** (*Cichorium intybus*) ist ein milchiger Korbblütler, der an sonnigen Weg- und Feldrändern wächst. Die hübsche Pflanze gibt

56 Margret Madejsky, »Stimmungsaufhellung mit pflanzlichen Hormonen«, Vortrag, 3. Symposium für ganzheitliche Kräuterheilkunde, *Natura Naturans*, München, 9.10.1999.

sich ganz der Sonne hin. Von der Sommersonnenwende an blüht sie unentwegt bis zur Herbsttagundnachtgleiche, wenn die Sonnenkraft wieder schwindet. Sie hält einen ganz bestimmten Zeitrhythmus ein: Morgens, gegen sechs Uhr, öffnet sie ihre kurzlebigen, zarten, himmelsblauen Blüten; gegen Mittag schließt sie diese wieder. Die Blüten richten sich alle gegen Osten, zur Sonne hin. Bedecken dunkle Wolken das Himmelsgestirn, dann öffnet sie ihre Blütenköpfchen überhaupt nicht.[57]

Wegen dieser Treue zur Sonne nannte man die Pflanze früher *Sponsa solis* (Albertus Magnus), Sonnenbraut, Sonnenschwester oder Sonnenwirbel. In der altüberlieferten Blumensprache hieß es: »Wie die Wegwarte immer zur Sonne dreht, so lasse ich mich durch nichts von Dir ablenken, mit Herz, Leib und Seel Dir die Liebe zu schenken« (Zacharias 1982: 165). Kein Wunder, dass einst die Frauen die Blüten unter die Speisen ihrer Ehemänner mischten, damit diese ihnen treu blieben. Oder dass die Mädchen vor Sonnenaufgang gingen, die noch geschlossenen Blüten pflückten und in ihr Mieder steckten, um zu sehen, ob sie darin aufblühen: Das galt als gutes Vorzeichen, dann hätten sie Glück in der Liebe. Sie konnten aber auch einige Blüten unter das Kopfkissen legen, um von ihrem Zukünftigen zu träumen.

Die Sonnenbraut, die da als Wegwarte, Wegluege oder Wegleuchte am Wegrand steht, galt als verwunschene Jungfrau, deren Geliebter, ein junger Ritter, in einem Kreuzzug gen Jerusalem ritt und nie wiederkam. Jahrelang stand sie da, schaute zum östlichen Horizont und weinte sich ihre blauen Äuglein aus. Als die Eltern sie ermahnten, doch einen anderen zu nehmen, antwortete sie trotzig:

»Eh ich lass das Weinen stehn,
Will lieber auf die Wegscheid gehn,
Ein Feldblümlein zu werden!«

Und so geschah es, dass der liebe Gott sie in eine Blume verwandelte.[58]

57 In den letzten zwanzig Jahren hat sich in vielen Teilen Westeuropas das Blühverhalten der Wegwarte geändert. Wahrscheinlich sind Störungen durch Fernseh-, Radar- oder andere elektromagnetische Wellen die Ursache dafür, dass die Blüten oft bis spät in den Nachmittag offen bleiben und sich auch nicht mehr nach Osten richten.

58 In katholischen Regionen wurde später aus der treuen Sonnenbraut die »Armesünderblume« oder die »Verfluchte Jungfrau«. Die frömmelnde Legende erzählt von einem hartherzigen Mädchen, das von Jesus verflucht wurde, als er müde und durstig des Weges kam, sie ihm jedoch den erfrischenden Trunk Wasser verweigerte. Nun muss sie bis zum Jüngsten Tag als Kraut am Wegrand stehen.

Sonnentier Hirsch.

Hinter dieser eher harmlosen Geschichte verbirgt sich die archaische Vegetationsgöttin, die Tochter der Erdgöttin, die Geliebte und Braut des strahlenden Sonnengottes. Die blaue Blume ist sozusagen eine Verkörperung der Göttin.[59] In dem vorkeltischen, alteuropäischen Mythos galt der Hirsch als Sonnentier. In der imaginativen Schau der alteuropäischen Ureinwohner erscheint die Sonne auf mineralischer Ebene als Gold, auf animalischer Ebene als Hirsch und auf menschlicher Ebene als strahlender Held. Wie ein edler Hirsch wandert die Sonne tagsüber über den Himmelsberg und des Nachts (oder im Winter) durch die Reiche unter der Erde. Die an die Erdoberfläche gebundene Wegwarte begrüßt ihn jeden Morgen, wenn er wieder erscheint. Als Gefährtin des Sonnenhirsches nannte man die Wegwarte einst auch »Hindläufte« (Hinde = Hirschkuh), *hindlophte* (11. Jh.) oder Hirschsprung. Die hehre junge Göttin, die da als Blume Gestalt annimmt, erlaubt es niemand, sie zu berühren – noch weniger sie zu pflücken oder auszugraben –, außer ihrem Geliebten, dem Sonnenhirsch.

In diesem Zusammenhang erhellt sich der Sinn vieler altüberlieferter Ausgraberegeln: »Die Wegwarte soll am Sankt Peterstag (29. Juni) um zwei Uhr zur Vesper mit einem Hirschgeweih und ohne sie mit der Hand zu betasten, gegraben werden, dann kann man sich der Liebe jener Personen versichern, welche man damit berührt«[60] (Perger 1864: 126). Anderswo muss die Hindläufte mit einem Goldstück oder einem Goldlöffel bei Sonnenaufgang an einem besonders heiligen Tag – Jo-

59 Die alten Griechen sahen in der Wegwarte die verwunschene Nymphe Clythie, die Geliebte des schönen Phöbus (Sonnengott Apollon).
60 Die Äbtissin Hildegard von Bingen vermerkt jedoch eher bissig, dass derjenige, der sich dieses alten Liebeszaubers bedient, nicht von anderen Menschen geliebt, sondern gehasst werde.

hanni, Jakobi (25. Juli), Maria Himmelfahrt –, am besten, wenn sich der Mond im Zeichen der Jungfrau oder des Löwen (astrologisches Haus der Sonne) befindet, unter Aufrufung der Dreifaltigkeit und mit dem Gesicht nach Osten gekehrt, ausgegraben werden. Auch soll man die Wurzel sogleich an einem Stab festbinden, denn sie (ihr Geist) sei flüchtiger als ein Hirsch oder ein Reh.

Mit der so gewonnenen Wurzel kann man sich gegen angezauberte Liebe wehren, Splitter oder Dornen aus der Haut ziehen oder sich hieb- und stichfest machen. Wenn man etwas verloren hat, lege man die Wurzel unter das Kissen, und man wird träumen, wo es sich befindet. Die Sonnenbrautwurzel ist auch eine Springwurz; sie öffnet Verschlossenes, auch den verschlossenen weiblichen Schoß. Zu Maria Geburt gesammelt, hilft sie einer Kreißenden in der schweren Stunde der Gebärnot. Die bayrische Sage berichtet von der blauen Blume »Nimmerweh«, die eine wilde Frau, ein »Holzfräulein«, einer Gebärenden zur trostreichen Stärkung in die Hand gegeben haben soll (Höfler 1990: 23). Das Halten der Wegwarte verbindet die Gebärende unmittelbar mit der Göttin selbst.

Anhand dieser Beispiele sehen wir, dass wir es mit einer uralten sakralen Pflanze zu tun haben. Wir sollten diese Angaben nicht als längst überwundenen Aberglauben abtun, sondern eher als Hinweis nehmen, dass es womöglich Dinge gibt, die unser derzeitiges Wissen übersteigen. Vielleicht verhilft die Wegwarte unter den richtigen Umständen tatsächlich zu klarerer Intuition, zu Hellsichtigkeit. Nach Paracelsus verwandelt sich ihre Wurzel nach sieben Jahren in einen Vogel. Paracelus war kein Narr. Selbstverständlich meinte er nicht einen physischen Vogel, sondern einen Geistvogel, der eine Botschaft aus der geistigen Welt vermittelt. Die alchemistisch orientierten Heilpraktiker Margret Madejsky und Olaf Rippe stellen dementsprechend eine Mondtinktur aus der Sonnenpflanze her: Die bei Sonnenaufgang gesammelten Blüten werden dabei über Nacht ins Vollmondlicht gestellt und tagsüber wieder in einen dunklen Raum. Um das Hellsehen zu unterstützen, werden abends vor dem Schlafengehen einige Tröpfchen davon eingenommen oder auf die Stirnmitte (»drittes Auge«) getan (Madejsky/Rippe 1997: 151). Drei oder neun Tropfen wäre die Menge, die mit der keltischen Überlieferung übereinstimmt. Hieronymos Bock, einer der ehrwürdigen »Kräuterväter«, nennt das destillierte Wegwartenblumenwasser, »eyn edel artzney zu den hitzigen und dunckelen Augen« und ein alter Spruch besagt: »Das edle Kraut Wegwarten macht gut Augenschein.« Auch hier lässt sich fragen, ob bloß das physische Sehorgan oder auch das »innere Auge« gemeint ist.

In der heutigen Phytotherapie wird die Wegwarte zur Entgiftung der Leber und der Bauchspeicheldrüse verwendet. Durch Kationenbindung bindet die Wegwarte Schwermetalle (Kadmium, Blei, Quecksilber), so dass diese Stoffe in geringeren Mengen ins Blut gelangen und leichter ausgeschieden werden. Das gilt auch für den Zichoriensalat – er ist nichts anderes als eine Zuchtform der wilden Wegwarte –, der den Darm entgiftet und die Darmflora stabilisieren hilft. Die europäische Volksmedizin kennt einen entschlackenden, blutreinigenden Zichorientee, der aus den im Herbst gesammelten Wurzeln gebraut und bei Nierenproblemen, Rheuma, Gicht und Milzschwäche getrunken wird. Die galenischen Ärzte, die *Cichorium* als »bitter, dünn, erdig und kalt zum zweiten Grad und trocken zum zweiten Grad« beschreiben, setzten die im Zeichen Saturns stehende Pflanze ein, um die bittere, schwarze Galle aus dem Leib herauszuschwemmen und zugleich die Seele vom Gift bitterer melancholischer Gedanken zu befreien.

Edward Bach, der bewusst oder unbewusst seine Inspirationen aus seinen keltisch-kymrischen Wurzeln geschöpft hat, bereitete eine Blütenessenz (Chicory) aus den Wegwartenblüten. Er verschrieb die Tropfen für Besitz ergreifende, klammernde Menschen, die viel Liebe, Mitgefühl und Aufmerksamkeit brauchen, da sie sonst dem Selbstmitleid verfallen. Die Essenz verhilft ihnen zur selbstlosen Liebe, zur Liebe der Seele zum höheren Selbst.

Der dritte im Bunde der Pflanzen, die das Hellsehen begünstigen sollen, ist der **Blutweiderich** (*Lythrum salicaria*), ein ausdauerndes Weiderichgewächs mit purpurroten Blüten, die in einer aufrechten Ähre zusammengefasst sind. Dieses »Blutkraut« wächst an Ufern, in feuchten Gräben und in Flachmooren. Die Pflanze heißt Weiderich wegen ihrer weidenähnlichen Blätter. Der lateinische Gattungsname beruht auf *lythron* (= »mit Blut besudelt«). Der Volksmund nennt das Kraut Himmelsturm, da die langährigen Blüten wie »Himmelstürme« (Gewittertürme) – die hellen Wolkengebilde, die ein Gewitter ankündigen – über die anderen Blumen emporragen. Die Germanen weihten diese »Wetterkerze« deswegen dem Gewittergott Donar. Im Rheinischen ist der Blutweiderich als »Blitzkraut« noch immer Bestandteil des Kräuterbüschels, das zum Schutz vor Blitz dient (Marzell II 1972: 1514). In den nordischen Ländern heißt die Pflanze Fackelwurz (*Fackelört*). Aber nicht nur da, sondern auch in Montpellier, einem ehemaligen Mittelpunkt keltischer Kräuterheilkunde, wo die Blume als *erba daou ciérgé* bekannt ist. Mattenrotschwanz oder Rotschwänzle heißt sie in Baden. Vielerorts im westdeutschen Raum nennt man sie Fuchsschwanz, im Norden eher Katzenschwanz, hier und da Blutkraut (in St. Gallen Blueterich) und anderswo Eisenkraut oder Isenhart. Letzteres führt oft zu einer Verwechslung mit einer anderen heiligen Keltenpflanze, nämlich dem eigentlichen Eisenkraut (*Verbena*).

In Regionen, in denen sich die keltisch-gallische Kultur lange hielt, in Montpellier, Avignon oder Arles, wird die Pflanze vor allem als »Hahnenkamm« – *crésta dé gal* oder *crésto dé gaou* – bezeichnet, im Elsass als »Gullerwedel« (Hahnenschweif). Vermutlich hatte die Pflanze schon ähnliche Bezüge bei den alten Kelten. Wir wissen, dass der Hahnenkamm das feurige Prinzip darstellt. Caesar nannte den Hahn, neben Hase und Gans, das heiligste Tier der Britonen. Der Vogel war ein Wappentier der Kelten Galliens, wie später der Franzosen. Der Herold des neuen Tages und der Sonne symbolisierte Lebenslust, männliche Potenz, Ruhm, Herrschaft und feurigen Mut. Das klingt martialisch, und dennoch scheint der Blutweiderich eine Pflanze des Friedens gewesen zu sein. In England heißt die Blume *loosestrife;* das bedeutet »Auflösung des Streits«. Culpeper behauptet, dass dieses Kraut, zwischen erregte Pflugochsen gehängt, diese beruhigt. Als Räucherung vertreibe es Fliegen und Stechmücken sowie Schlangen und Nattern jeder Art (Culpeper 1999: 108). Die alten Botaniker kannten die Pflanze als *Lysimachia spicata purpurea.*[61] Lysimachos war ein Feldherr und Leibwächter von Alexander dem Großen. Alexander galt im Altertum als ein inkarnierter Sonnengott und Lysimachos war sozusagen sein »Hahn«. Es wird ihm angedichtet, dass er als Erster die blutstillenden, adstringierenden Eigenschaften des Blutweiderichs entdeckte und als Wundkraut für seine Soldaten verwendete. Auch habe er mit einem Blutweiderichzweig einen tobenden Stier besänftigt. Lysimachos lässt sich auch als *lysi-machein* deuten, »das, was den Kampf beendet«.

Es sind diese Assoziationen mit Beruhigung und Blutstillen, die wahrscheinlich bei der Wahl der Pflanze in dem walisischen Hellsichtigkeitstrunk eine Rolle spielen, denn psychoaktive Wirkstoffe lassen sich nicht analysieren. Aber nicht alles an einer Pflanze lässt sich durch unsere analytischen Methoden erfassen.

61 *Lysimachia* ist auch der Name für den gelb blühenden Gilbweiderich oder Felberich. Wenn man in den mittelalterlichen Schriften über *Lysimachia* liest, ist oft nicht klar, ob der Blutweiderich oder der Gilbweiderich, ein Primelgewächs, gemeint ist.

Der Purpurweiderich enthält das Glykosid Salicarin, das eine antibakterielle Wirkung im Darm entwickelt – noch im 19. Jahrhundert wurde es wegen seiner »elektrischen« Eigenschaften bei Choleraepidemien eingesetzt –, dazu kommen Pektine, Phytosterine, Harze, ein Flavon und sehr viel Tannin (Gerbstoffe), so viel, dass er zum Gerben verwendet wurde.

In der Volksheilkunde galt die rot-purpurne Blüte schon immer als Signatur der blutstillenden Kraft der Pflanze. Wegen der reichlich vorhandenen Gerbsäure ist sie tatsächlich ein gutes Hämostatikum für frische Wunden und innerlich ein Mittel bei Durchfall, Ruhr, Thyphus, bei Blut- und Schleimfluss aus dem Darm und bei Darmentzündung. Dafür wurde seit dem Altertum die Wurzel verwendet. Blutkraut, Bluetströpfle und Christi Bloodbloom sind volkstümliche Bezeichnungen, die sich darauf beziehen.

DER KELTISCHE JAHRESKREIS UND BAUMKALENDER

Ohne den Wandel der Sonne und des Mondes durch den Tierkreis, ohne die Jahreszeiten lässt sich die Pflanzenwelt nicht verstehen. Die Vegetation ist Ausdruck des in ständiger Wandlung begriffenen kosmischen und terrestrischen Kräftespiels. Die sichtbaren Pflanzen sind »Zeitenleiber« transsinnlicher pflanzlicher Archetypen, sie wachsen und wandeln sich im Einklang mit dem Kreislauf des Jahres. Wenn wir die keltische Pflanzenkunde verstehen wollen, müssen wir den keltischen Jahreskreis verstehen und auch die Gottheiten, die sich den Kelten darin offenbarten.

Die keltische Geistesart

Um die keltische Pflanzenkunde und den Baumkalender richtig zu verstehen, müssen wir die Brille unseres eigenen Weltbildes vorübergehend ablegen. Als Erben des rigiden, kategorisierenden Denkens der klassischen Antike, der abstrakten Spitzfindigkeit der mittelalterlichen Scholastik und des wissenschaftlichen Materialismus der Aufklärung sind wir es gewohnt, in festen, einander ausschließenden Kategorien zu denken. Die keltische Geistesart ist anders, sie ist beweglicher, flüssiger, »ätherischer« und lässt sich nicht in festgeschriebenen Dogmen ausdrücken. Keltische Religion und Naturerkenntnis ist in das unmittelbare Naturgeschehen eingebettet und beruht auf mystischer Schau, auf Ekstasefähigkeit, nicht auf einer »heiligen Schrift«.

Der Hahn, das Totentier der Gallier, hält noch immer Wache auf den Türmen.

Es gab ebenso wenig eine Kirche, die die »wahre Lehre« verwaltete, wie es eine übergreifende Staatsorganisation gab. (Diese Ungeeintheit war auch der Grund, warum es den Kriegern der locker zusammengefassten Stammeskonföderation unter Vercingetorix nicht gelang, die disziplinierten römischen Legionen zu besiegen.) Ähnlich der hinduistischen Spiritualität, die sich aus einer Vielzahl eigen-

Darstellung der Morrigan.

ständiger lokaler Kulte zusammensetzt und weder Papst noch Oberhirten kennt, blieb die keltische »Religion« dezentralisiert. Sie schöpfte ihren Inhalt aus den umliegenden Wäldern, Bergen, Wiesen und Feldern. Die Weltmitte, der Weltenberg, der Weltenbaum, befand sich nicht an einem einzigen, definitiven Ort, von dem nur die Priester zu erzählen vermochten, nicht in einer fernen Stadt, einem Jerusalem oder Mekka, sondern in unmittelbarer, erlebbarer Nähe der Siedlung, im heiligen Hain, bei der Dorfquelle, auf dem Grabhügel (Sid) oder einem nahe gelegenen Fels. Jede Gegend hatte ihren heiligen Berg, ihren »Nabel der Welt«. Bis zur Zeit der Hexenverfolgung gab es noch in ganz Europa diese Berge – der Puy-de-Dôme in der Auvergne, der Brocken oder die vielen Blocksberge – wo im Mai, zu Mittsommer oder beim Augustvollmond die letzten heidnischen Naturfeste gefeiert wurden.

Es gab entsprechend viele keltische Gottheiten, denn alles – Baum, Berg, Fels, Fluss – war heilig, belebt und beseelt, und offenbarte sich dem inneren Auge als ansprechbarer Naturgeist, als Gottheit oder Göttin (Pennick 1997: 110). Über tausend Götternamen sind bekannt, ohne dass man genau weiß, welche Funktion sie hatten. Sicherlich waren es noch viel mehr – ähnlich dem Hinduismus, der eine (mystische) Zahl von 333 000 000 Gottheiten kennt, jede davon ein Gesicht des *einen* Seins. Jeder Keltenstamm, praktisch jedes Dorf, hatte seinen eigenen Namen für den Donnerer, für den Erntegott, für die Göttermutter, für den Totengott, für die Sternengötter, für die Tier- und Pflanzengottheiten. Oft wurden sie nicht einmal mit ihren eigentlichen Namen angesprochen, aus Respekt vor der magischen Macht, die in einem solchen Namen liegt. Der Name beschwört. Den Donnerer nennt man lieber »den guten Alten«, die Totengöttin »die große Königin«. Allein bei den Inselkelten hatte die große Göttin **Morrigan**[62], die sich als Nachtmahr auf die Brust der Schlafenden setzt oder als schwarzer Rabe krächzend über die Schlachtfelder kreist, viele Namen. Sie ist *Babd*

62 Dieser »Alpgöttin« *Mor*rigan verdanken wir das Wort Nacht*mahr* (engl. *nightmare*). Mahr ist, wie Mähre – ein (schlechtes) weibliches Pferd –, ein altes keltisches Lehnwort.

(Rabe), *Macha*, Göttin der Kopfjäger (»Mashas Mast« sind die Köpfe der Gefallenen), und *Nemain* (Panik), deren schreckliche Schreie auch den stärksten Krieger in den Wahnsinn treiben. Sie ist nicht nur Rabengöttin, sondern erscheint auch als einbeinige rote Mähre, als Wölfin, als Aal, als eine hornlose Kuh, als schöne rothaaarige Frau, als einäugige Alte. Sie ist weder eindeutig eine blutrünstige Kriegsgöttin oder Walküre noch eindeutig die Verkörperung des weiblich Bösen. Als schöne junge Frau vereint sie sich mit dem Helden und schenkt ihm den Sieg. Erschöpften weckt sie als Kuh mit der Milch ihrer Euter die Lebensgeister.[63] Auch wenn diese Göttin eine eigenständige Person darstellt, ist sie andererseits ein Aspekt der Göttermutter *Ana* oder *Dana*, die ihrerseits sich ständig wandelnde Erscheinungen annimmt. Mal ist sie die weiße Lichtjungfrau, mal die alte Vettel, mal die gütige Hausfrau, dann wieder die Braut des schwarzen Unterweltgottes, ein Berg, ein Fluss, ein Tier oder ein Baum.

Ebenso verhält es sich mit den anderen Göttern der Kelten. Überhaupt ist alles im Wandel. In dem vielschichtigen Universum, in dem das Alltagsbewusstsein nur eine von vielen Möglichkeiten der Wirklichkeit darstellt, ist nichts fixiert. Derartige Perspektiven übersteigen selbstverständlich den um logische Ordnung ringenden, »reduktionistischen« Verstand. Im Gegensatz zu den klar definierten Funktionen und Aspekten der griechischen und römischen Gottheiten, ganz zu schweigen von den Vorstellungen monotheistischer Stifterreligionen, halten sich die Geister und Götter der Kelten an keine vorgegebenen Kategorien, an keine eindeutigen Regeln. Das kann einen pedantischen Stubengelehrten verzweifeln lassen. Auch Julius Caesar, der imperiale Bezwinger der gallischen und helvetischen Kelten, verfehlte den Kern keltischer Spiritualität, als er versuchte die Keltengötter in das Schema des römischen Götterpantheons zu pressen. Man muss ein Schamane, ein *Shaiva* (ein Anhänger des Shiva-Kultes) oder eben ein ekstasefähiger, naturverbundener Druide sein, um die keltische Götterschau nachzuvollziehen.

Ebenso verhält es sich mit dem keltischen Kalender. Sowenig es *den* keltischen Staat oder *die* keltische Religion gab, sowenig gab es *den* keltischen Kalender. In Coligny, im Departement Ain, Frankreich, wurden

63 Die Kriegsgöttin Morrigan ist auch eine Prophetin. Als Abschluss der »Zweiten Schlacht von Mag Tured« schaut sie in die Zukunft: »Ich sehe eine Welt, die mir missfällt: Sommer ohne Blumen, Kühe ohne Milch, schamlose Frauen, mutlose Männer, Verhaftungen ohne König, Bäume ohne Obst und Meere ohne Laich ...« usw.

gegen Ende des 19. Jahrhunderts Fragmente eines druidischen Kalenders aus dem 1. Jahrhundert n. u. Z. gefunden, der in einem 19-jährlichen Zyklus den synodischen Rhythmus des Mondes mit dem Sonnenlauf in Einklang bringt. Aber es gab in der tausendjährigen Geschichte der Kelten auch viele andere Systeme der Zeiteinteilung.

Die Zeit der Kelten war dehnbar, sie konnte schnell vergehen oder lange weilen. Der Druide vermochte sie zu beschleunigen oder wie Mog Ruith, der den Sonnenaufgang anhielt, zu verzögern. Besonders in der Anderswelt, bei den Bewohnern der Hühnengräber (Sid), gibt es keine feste Zeit; ein Tag und eine Nacht können ein Jahr, ein Jahrhundert oder eine noch längere Zeitspanne sein. Es wird erzählt, dass gelegentlich ein Wanderer, der spät am Abend durch den Wald ging, von den Elfen eingeladen wurde, mit ihnen eine Nacht zu feiern und tanzen. Wenn dann der Morgen kam, war in der Menschenwelt inzwischen schon ein ganzes Jahr vergangen oder gar eine ganze Generation gekommen und vergangen. Der Betroffene hatte es dann schwer, sich wieder zurechtzufinden.

Wir wissen, dass die Kelten wie die meisten naturverbundenen Völker die Zeit als Kreis empfanden und nicht wie wir als ein lineares Abticken von Zeit-Bits. Sie bestand aus Kreisen innerhalb von Kreisen. Innerhalb des Jahreskreises kreisen Monatskreise, darin wiederum die Tageskreise und Stundenkreise. Auch jeder Planet beschreibt seinen bestimmten Kreis und ebenso jede Generation. Wir wissen auch, dass der jeweilige Kreis in eine helle und eine dunkle Seite eingeteilt wurde. Den Anfang eines Kreises bildete immer die dunkle Hälfte. Der Monat fing mit dem unsichtbaren Neumond an, der jeweils nächste Tag mit der Abenddämmerung, das Jahr mit dem düsteren November. In diesem Muster wird die keltische Überzeugung zum Ausdruck gebracht, dass das Sein aus finsteren, unfassbaren Tiefen heraus ins Licht des Daseins bricht, ebenso wie das Kind aus dem dunklen Mutterschoß oder der keimende Same aus der dunklen Erde hervortritt.

Im Gegensatz zu unseren Stunden waren die keltischen Stunden beweglich. Bei Sonnenuntergang oder, noch genauer, in dem Augenblick, in dem der Flug der Schwalben dem der Fledermäuse weicht, ist des nächsten Tages Beginn. Folglich waren im Winter die Nachtstunden viel länger als die Tagesstunden. Im Sommer war es umgekehrt. Der Tag selbst hatte acht Stunden und wurde verglichen mit einem sich drehenden achtspeichigen Rad, dem Spinnrad der Schicksal spinnenden Göttin oder dem Rad des unterirdischen, Wachstum spendenden

Cernunnos (ir. **Donn** oder **Dagda**), dem Fürst der Anderswelt, dem dunklen Bruder des Sternenhimmels.[64] Die acht »Speichen« bestanden aus Sonnenuntergang und -aufgang, Mittag und Mitternacht sowie den vier dazwischen liegenden Zeitpunkten. Die Stunde war kein einheitlich neutrales Zeitmaß, sondern jede der acht Stunden hatte ihre eigene Qualität, jede galt als Bereich einer Gottheit. Die Nahtstelle zwischen einer Stunde und der anderen galt als magischer Moment, als eine »Zwischenzeit«, in der Außergewöhnliches geschehen kann, als »Riss«, durch den die Kreaturen der Anderswelt hindurchschlüpfen können.

Auch der keltische Monat mit seinen zwei 14-tägigen »Wochen« (walis. *pymthegnos* = »fünfzehn Nächte«; engl. *forthnight)* folgte demselben Muster. Die erste Woche fing immer mit dem dunklen Neumond an und ging bis zum Vollmond, mit dem Viertelmond als »Wochenmitte«. Der ersten *forthnight* folgte die zweite, die mit dem nächsten Neumond endete. Neumond und Vollmond waren magische Schwellen, die gefeiert wurden. Übrigens folgt der Kalender der Hindus noch immer diesem Muster. Die zwei an die Mondphasen gebundenen Wochen gelten in Indien als die zwei »Flügel« des Monats.

Das achtspeichige Rad

Das keltische Jahr bestand aus vier vom Sonnenlauf vorgegebenen, festen Kardinalpunkten (im keltischen Britannien als *albans* bezeichnet), nämlich den Sonnnenwenden und Tagundnachtgleichen. Dieses kosmische »keltische Kreuz« markiert die Hauptfeiertage. Fast noch wichtiger waren die so genannten Kreuz-Viertel-Tage, die sich genau zwischen den vier Kardinalpunkten befinden. Diese waren ursprünglich dem Mondrhythmus zugeordnet und daher beweglich. Sie wurden während der Vollmondtage im »Weibermonat« (Februar), im »Wonnemonat« (Mai), im »Erntemonat« (August) und im »Schlachtmonat« (November) gefeiert. Erst später, unter dem Einfluss des römischkirchlichen Zeitverständnisses wurden daraus die kalendarisch festgesetzten Tage des 1. Februar (Maria Lichtmess), des 1. Mai, des 1. August und des 1. November (Allerheiligen).

64 Caesar nennt diesen dunklen Gott, der die Zeit gebiert, *Dis-Pater* und schreibt: »Die Gallier rühmen sich, alle vom Vater Dis abzustammen« (*De bello Gallico* VI, 18).

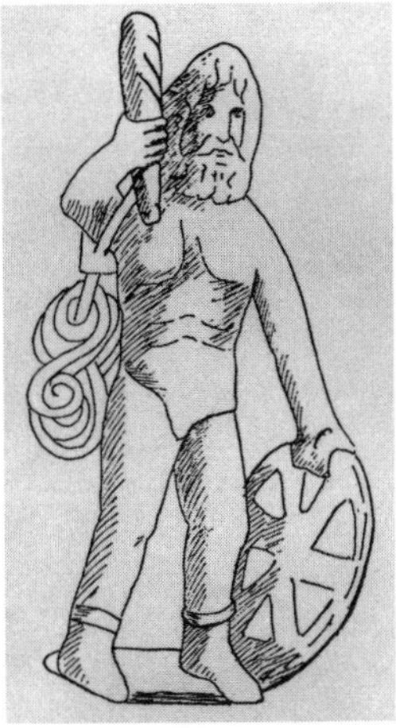

Der Gott des Rades (gallo-römische Darstellung).

So glich auch das Jahr einem achtspeichigen Spinnrad – die vier Hauptspeichen gehörten der Sonne, die vier dazwischen dem Mond. Die Zeiträume zwischen den »Speichen« empfanden die Kelten als »Räume«, genauer als Reiche, die von verschiedenen Göttern beherrscht wurden und daher verschiedene Qualitäten und Gesetzmäßigkeiten aufwiesen. Die Feiertage zum Anfang und zum Schluss dieser Zeiträume stellten die Grenzen zwischen diesen Götterreichen dar. Diese Übergänge von einem Zeitraum zum anderen gleichen dem Niemandsland, wo weder Ordnung noch Gesetz herrschen, wo weder der eine noch der andere Herrscher seine Souveränität ausüben kann. Besonders die »Kreuz-Viertel-Tage«, die »Hexenfeiertage«, markieren Augenblicke des wirbelnden Chaos, in denen die Jenseitigen die Menschenwelt heimsuchen und andererseits die Menschen – mittels Rausch, Trance oder Ekstase – leichter mit der »Anderswelt« verkehren können. Diese acht Zeiträume, die schon in vorkeltischen Zeiten das neolithische Ackerbaujahr gliederten, wollen wir hier näher betrachten.

Allerheiligen, Halloween, Samain

In den Neumondnächten der kalten, neblig trüben Novemberzeit endet die helle Jahreshälfte. Die Sonne steht nun im Skorpion. Sie ist schwach und kalt, als wäre sie von dem giftigen Stachel des Spinnentieres gestochen und tödlich vergiftet worden. Zum »Vollmond des Jägers« (*hunters moon*) feiert der schwarze Gott **Samain** den Antritt seiner Herrschaft. Er ist ein Schlächter und Jäger. Er erlegt den Sonnenhirsch, raubt dessen Gattin, die Vegetationsgöttin, und verschleppt sie in sein unterirdisches Reich.[65] Dort herrscht sie nun als Totengöttin, hütet die Seelen Verstorbener, die schlafenden Samen und die im Winterschlaf erstarrten Tiere. Auch der Seelen der Tiere, die zu dieser Zeit geschlachtet, geräuchert und eingepökelt werden, nimmt sie sich an. Den Hellsichtigen erscheint sie als altes Weib, das im dürren, entblätterten

65 In der christlichen Ikonografie verwandelt sich der Heidengott Samain, der Jäger, in den Heiligen Hubertus, der mit dem Sonnen- oder Christushirsch konfrontiert wird und dessen Tag der 3. November ist.

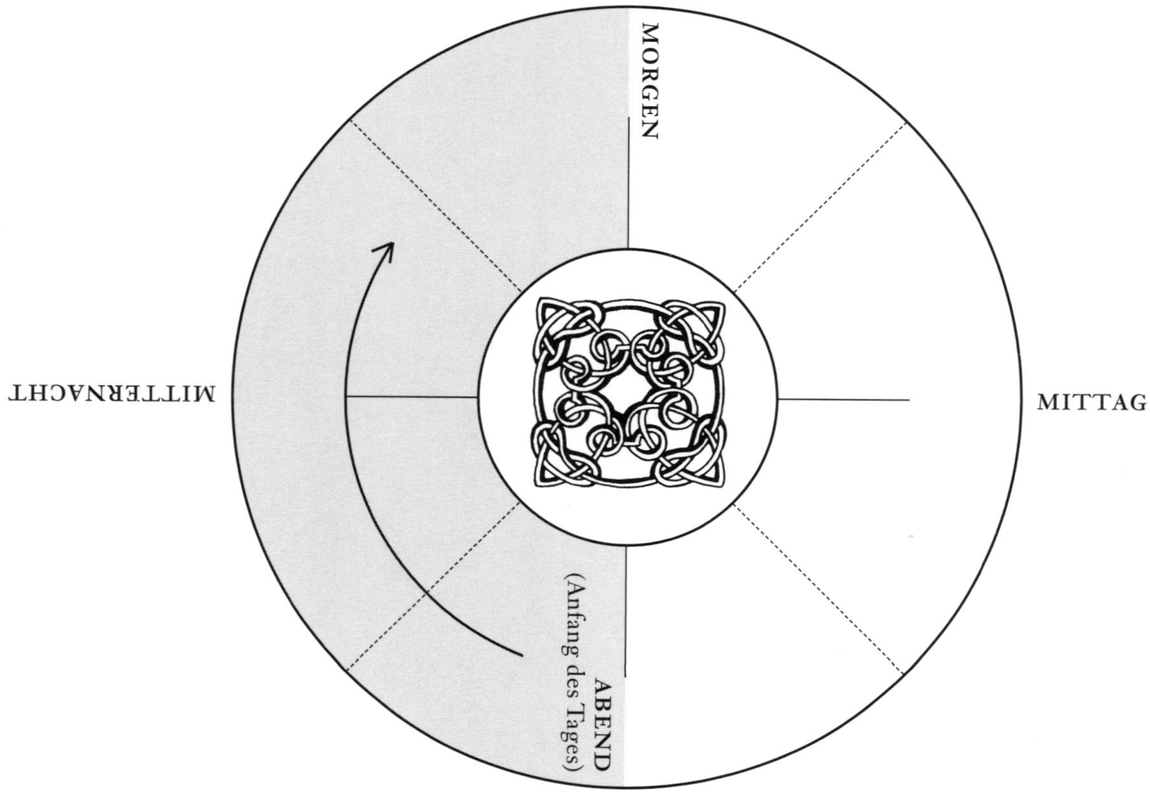
MITTAG
MORGEN
ABEND
(Anfang des Tages)
MITTERNACHT

Wald neunerlei Holz sammelt (Holz enthält Sonnenkraft und Wärme, die im Feuer freigesetzt werden).

Samain ist mit dem Wort »sammeln« verwandt. Nun ziehen sich die Menschen und das Vieh in die Geborgenheit von Haus und Stall zurück. Die Vögel sammeln sich und fliegen nach Süden. Die Vorräte sind nun in der Scheune, im Speicher oder Keller. Alles was noch draußen ist, ist *puca*, gehört den Geistern.

Zu »Halloween« (engl. = heiliger Abend, Allerheiligen), dem Abend vor dem Samainfest, hebt sich der »Nebel«, die Menschen können die Eingänge zu den Feenhügeln finden. Eine Gans als Zeichen des magischen Flugs der Seele wird geopfert und mit dem würzigen **Beifußkraut** geweiht. Die Totengeister und Gespenster schwärmen aus, rütteln an Fensterläden und Türen und betteln um Gaben. Die gewöhnlichen Gesetze des Alltags sind aufgehoben; Zauberer (Schamanen) verkehren mit den Jenseitigen. Man kann die Zukunft erkennen, die Toten beschwören und um Rat fragen. Aber es ist ratsam, dabei **Knoblauch, Bilsenkraut** und die Wurzel der **Engelwurz** als Schutz bei sich zu tragen (Nichols 1998: 128). Orakel und Ratespiele werden mit **Äpfeln** und Nüssen – den klassischen Totenspeisen – gespielt. Verliebte auf der Insel Man legen zwei **Haselnüsse** ins Feuer: Wenn die Nüsse nebeneinander ruhig verglühen, ist es ein gutes Omen für ihre Beziehung – die Liebe wird von den verstorbenen Vorfahren gesegnet –, wenn sie aber zerplatzen, ist es kein gutes Zeichen.

In den keltischen Gegenden Britanniens wird noch immer ein Samainfeuer entfacht. Eine Strohpuppe, die die Vergehen und Verfehlungen der Menschen darstellt, wird verbrannt. Kinder und Jugendliche schwärzen ihre Gesichter und verkleiden sich als Geister, Hexen und Tote. Wenn man diesen keine Äpfel, Nüsse oder Süßigkeiten schenkt, dann treiben sie Schabernack. Kerzen werden angezündet und als Wegleuchte für die Geister in ausgehöhlte Kohlrüben gesteckt, in die man eine Fratze geschnitzt hat. In jüngster Zeit wurden sie durch die viel grösseren gelben aus Amerika stammenden Kürbisse ersetzt. In dieser Gespensternacht muss die Stube blitzblank gefegt, das Feuer sorgfältig bedeckt, Stühle und Tabakspfeifen vor den Herd gerückt, Speise und Trank für die Toten hingestellt sein, ehe man sich schlafen legt (Botheroyd 1995: 285).

Die Pflanze, die diese Zeit symbolisiert, ist die gefährliche **Tollkirsche** (*Atropa belladonna*). Ihre tief schwarzen Beeren, die wie die Augen eines Marders aussehen, sind nun reif. Es ist ungewiss, ob die keltischen

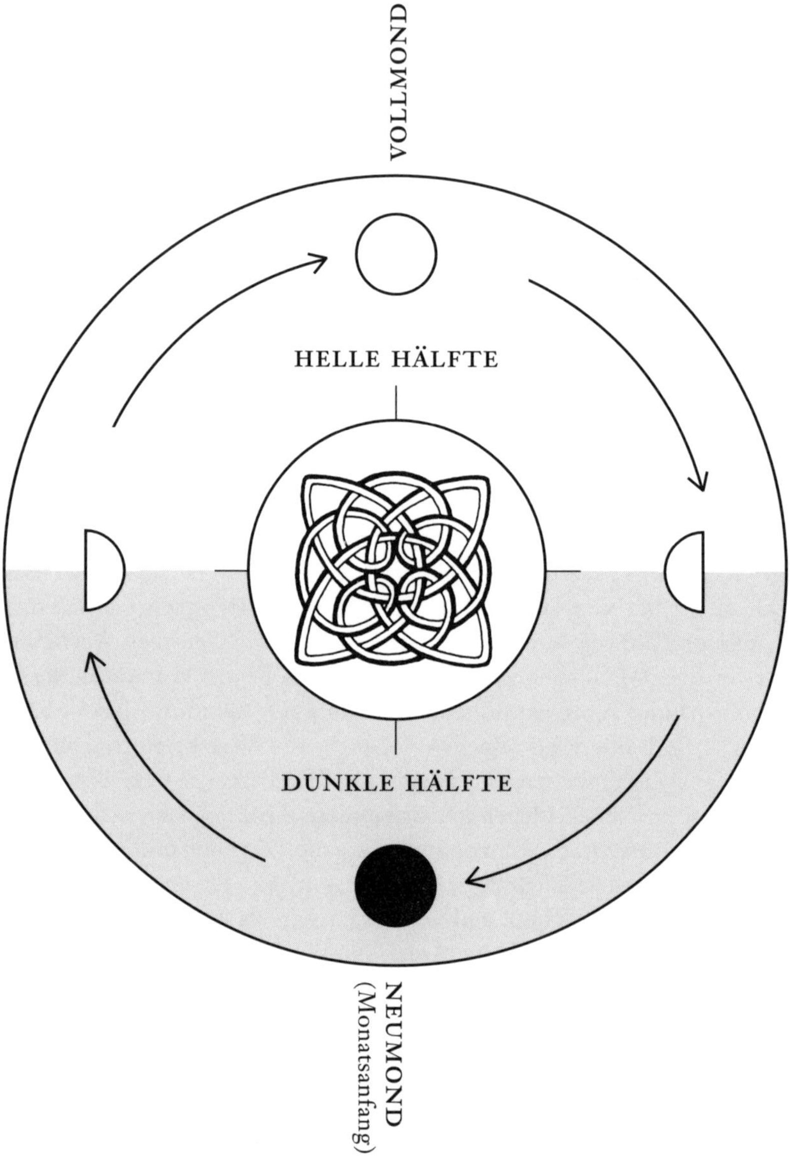
VOLLMOND
HELLE HÄLFTE
DUNKLE HÄLFTE
NEUMOND
(Monatsanfang)

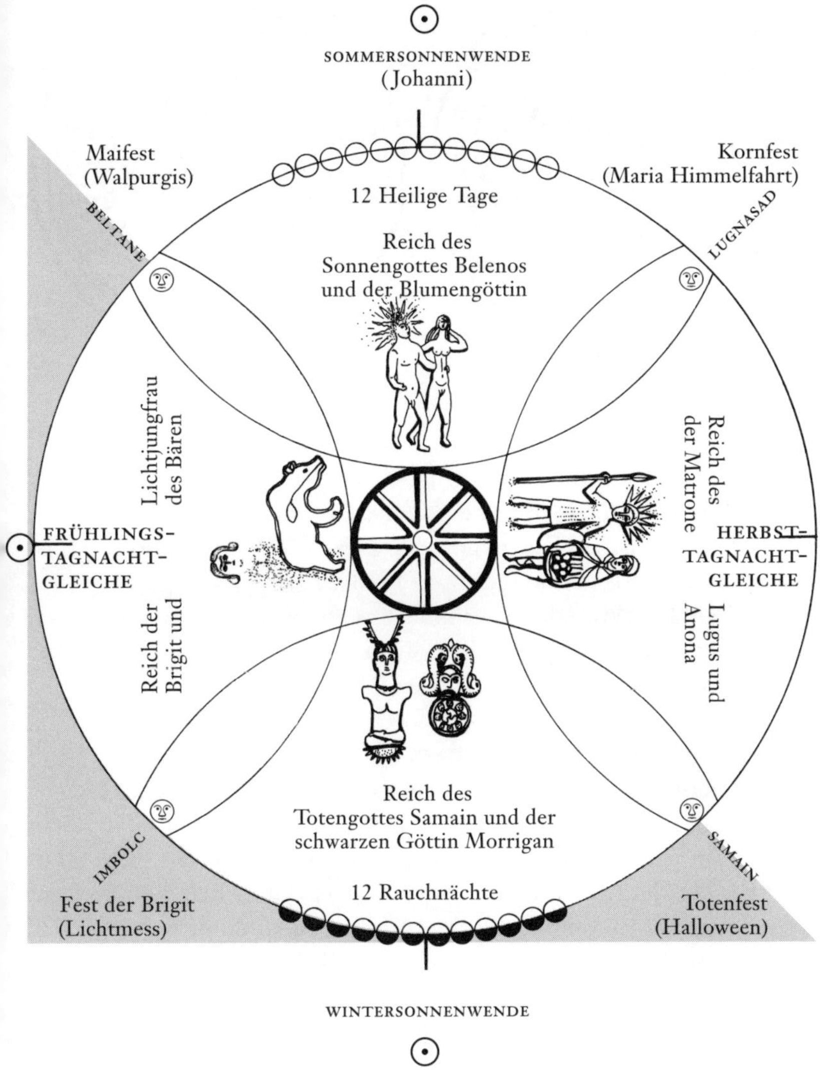
SOMMERSONNENWENDE
(Johanni)
Maifest
(Walpurgis)
Kornfest
(Maria Himmelfahrt)
12 Heilige Tage
BELTANE
LUGNASAD
Reich des
Sonnengottes Belenos
und der Blumengöttin
Lichtjungfrau
des Bären
Reich des
der Matrone
FRÜHLINGS-
TAGNACHT-
GLEICHE
HERBST-
TAGNACHT-
GLEICHE
Reich der
Brigit und
Lugus und
Anona
Reich des
Totengottes Samain und der
schwarzen Göttin Morrigan
IMBOLC
SAMAIN
12 Rauchnächte
Fest der Brigit
(Lichtmess)
Totenfest
(Halloween)
WINTERSONNENWENDE

Nach Samain (November) zieht sich das Leben ins Haus zurück … Keine Kräuter durften mehr gesammelt werden; dafür wird Holz geschlagen.

Magier an diesem Hexenfeiertag eine »Flugsalbe« aus dieser giftigen, tropanalkaloidhaltigen Pflanze bereiteten und anwendeten. Doch wahrscheinlich ist es. Der Baum, der diese Totenzeit symbolisiert, ist vor allem die giftige **Eibe** (Nichols 1998: 225).

Samain, der Winterkönig, schmückt sich mit immergrüner **Tanne, Mistel** und vor allem **Stechpalme,** denn er ist zwar der Totengott, aber er trägt das Lebensgrün in den neuen Jahreskreis hinein.

Wintersonnenwende, Alban Arthuan

Die tiefste Nacht des Jahres, die Nacht der Wintersonnenwende, stellt zugleich den Zenit der Herrschaft Samains dar. In dieser Nacht gebiert die Göttin tief in der finsteren Erde in der stillsten aller Stunden das wiedergeborene Sonnenkind. Die Menschen nehmen das Wunder dieser geweihten Nächte in ihrer Meditation wahr, zünden Lichter an, lassen einen **Eichen-** oder **Birken**klotz, den Julblock, schwelen und hängen den Wintermaien – den ursprünglichen Weihnachtsbaum – auf. Bei den britischen Kelten wurde das Haus vor allem mit **Stechpalme, Mistel** und **Efeu** geschmückt, auf dem Festland benutzte man **Tannen-** und **Fichten**grün. Die Asche des Julfeuers galt als heilkräftig und wurde auch auf die Felder gestreut, um diesen Fruchtbarkeit zu verleihen.

Zwölf Nächte dauerte das Wintersonnenwendfest. In diesen Rau- oder Rauchnächten wurden Haus und Stall mit duftenden, Heil bringenden Kräutern – **Beifuß, Wacholder, Mariengras, Tannen**harz – ausgeräuchert.

In der Spinnstube geht es lustig zu. Grossvater erzählt Geschichten.

Am Vorabend zum letzten der zwölf Tage hielt man in England ein Zechgelage – *wassailing* (von altengl. *wes hail* = »heil sein«) genannt. Dabei umtanzten die Dorfbewohner die Obstbäume und begossen sie mit Bier. Auch auf die Gesundheit des Viehs, vor allem der Stiere, wurde getrunken. An dem Tag wurde ein Kuchen gebacken, in dem eine Bohne versteckt war. Wer das Stück mit der **Bohne**[66] bekam, wurde zum Bohnenkönig gekürt und herrschte mit närrischem Regiment. Es wurden dumme, dreiste, obszöne Bohnenlieder gesungen und ein orgiastisches Bohnenfest gefeiert. Die Pferdebohne galt bei den alten europäischen Ackerbauvölkern, neben Erbsen, Hanfsaat und Hirse, als bevorzugte Totenspeise. Die Toten aber sind es, die der Erde und den Menschen Fruchtbarkeit geben (Storl 1998: 85). Die dicken Samen in den Schoten, die so aussehen wie Embyos in der Plazenta, stellen die Ahnen dar, die sich demnächst wiederverkörpern.

Während dieser Zeit traten maskierte Hirschtänzer auf. Mit ihren Tanzschritten trommelten und stampften sie Botschaften an die Erdgöttin und den Hirschgott Cernunnos, der in der Tiefe das Leben erneut anregt. Dieser Gott erscheint noch heute zur Wintersonnenwende als Nikolaus oder Samichlaus mit seinem Hirsch oder einem von

66 Es handelt sich bei den Bohnen nicht um die im 16. Jahrhundert aus Südamerika eingeführten grünen Bohnen (*Phaseolus*), sondern um die Acker-, Sau-, Pferde- oder Favabohne (*Vicia faba*), die zu den ersten Feldfrüchten der neolithischen Pflanzen gehörte.

Hirschen oder Rentieren gezogenen Schlitten. Das neue amerikanische Weihnachtslied *Rudolph the red-nosed Reindeer* enthält eine Urerinnerung an diesen Mittwinterkult.

Die keltischen Pflanzen der Wintersonnenwende sind **Mistel, Stechpalme** und **Beifuß,** auf die wir später zu sprechen kommen. Die **Tanne,** dieser immergrüne, harzgetränkte Lichtbaum, unter dem wir noch heute die Krippe mit dem Christ-(Sonnen-)Kind aufstellen, ist der Baum dieser Weihenächte.

Lichtmess, Imbolc, L'fheill Brighde

In den mondlichten Nächten des Februar, wenn die Sonne in den Wassermann tritt, die Lämmer geboren werden und das Eis zögerlich zu schmelzen beginnt, findet das Reich des Schwarzen Gottes und seiner Gefährtin Morrigane sein Ende. Das Götterpaar verwandelt sich. Das hellsichtige Landvolk nahm wahr, wie die Göttin nun, verjüngt und rein, als *Brigid* aus den Tiefen zurückkehrt, wie sie, manchmal auf einem Hirsch reitend, über das Land zieht, die schlafenden Samen weckt und an den Bäumen rüttelt, so dass – den Augen noch unsichtbar – der Saft zu fließen beginnt.[67] Säfte sind Träger des Lebens. Die reine, »vom Strahlenkranz umgebene« weiße Jungfrau – identisch mit der *Ostara* der Germanen – verkörpert die Leben spendenden Kräfte des Ostens, des neuen Morgens. Nun zapften die Kelten Birkensaft und ließen ihn zu Birkenmet vergären.

Das Fest der Brigit oder Birgit war vor allem eine Zeit der Reinigung.[68] Der indogermanische Reinheitskult, wie er auch in Indien noch gepflegt wird, sieht die Dunkelheit als verunreinigend an. Wenn die Nacht, die Sonnen- oder Mondfinsternis vorbei sind oder wenn, wie zu Anfang Februar, die Tage wieder länger werden, muss der Schmutz der finsteren Zeit mit frischem Wasser weggewaschen oder mit (Birken-)

67 Brigit, auch Birgit, Bride und Brigantia genannt, ist Tochter des Himmelsgottes (Dagda). Nach ihr wurden Flüsse und Städte benannt, darunter *Bregenz* am Bodensee, *Brig* im Wallis, *Bragança* in Portugal, die Ebene *Brega* in Irland, die Flüsse *Braint*, *Barrow* und *Brent* in Britannien. Eines ihrer Heiligtümer war in Kildare, Irland, wo noch lange in einem Frauenkloster ein ewiges Feuer gehütet wurde. In Irland kannte man die Göttin auch als *Bovinda*, die »weiße Kuh«. In Indien ist sie die weiße Jungfrau *Saraswati*, »die schöne Fließende«, Herrin der reinigenden Gewässer, Göttin des Redeflusses und der Inspiration, Gattin des Schöpfers Brahma. Ihre Attribute sind der Schwan und die Birke – die Veden wurden zuerst auf Birkenrinde geschrieben.

68 Der keltische Tag der Brigit, die das neue Licht und die Gewässer zum Fließen bringt, wurde von den Christen auf Maria übertragen. Maria Lichtmess wurde zum hohen kirchlichen Feiertag in Erinnerung an den Tag der Reinigung Marias (40 Tage nach der Geburt) sowie an die Beschneidung und Darbringung des Jesuskindes im Tempel. Bei den Römern war der 2. Februar der Lucina, der Geburtsgöttin, geweiht.

Reisig weggefegt werden. Bei den nordeuropäischen und sibirischen Stämmen reinigte man sich in Schwitzbädern und schlug den Körper mit Birkenruten. Die **Birke** ist der Baum der Lichtgöttin und steht für jeden Neuanfang.

Zusammen mit der weißen Jungfrau, die das Licht zurückbringt, kam auch der Bär aus seiner Höhle wieder hervor. Der Bär ist kein anderer als der wiedergeborene, aber noch verhüllte jugendliche Sonnengott. Er ist noch wild, befindet sich noch wie jeder junge Krieger im initiatorischen Berserkergang. In dem Märchen von *Schneeweißchen und Rosenrot* hören wir, wie das Licht, hell wie lauteres Gold, unter seinem zotteligen Pelz hervorleuchtete, als er diesen am Türhaken zufällig etwas aufgerissen hatte. Die Mädchen in dem Märchen ist kein anderes als die Göttin Brigit selbst, und die alte Mutter, die dem Bären, in dem kleinem Häuschen tief im winterlich verschneiten Wald Zuflucht gewährt hatte, ist keine andere als die Frau Holle, die alte Erdmutter.

Der Tag der Brigit war ein wichtiger Orakeltag für die Landwirtschaft. An dem Tag wollte man wissen, wie das Wetter wird, wann man mit dem Pflügen beginnen kann und wie hoch der Flachs wachsen wird.

»Lichtmess hell und klar,
bringt viel Flachs im Jahr.«

Der magische Tag würde das Wetter der nächsten sechs Wochen verkünden. Die Kelten glaubten, dass Meister Petz, aus seinem Winterschlaf erwacht, aus seiner Höhle hervorkommt, um die Luft zu schnuppern. Wenn es ihm zu hell ist und er blinzeln muss, kehrt er brummend um und legt sich bis zur Frühlingstagundnachtgleiche wieder im Schoß der Erdmutter schlafen. Der Bauernspruch im Baselbiet sagt es noch:

»So mängi Stund der Bär z Liechtmäß der Doope cha sunne,
so mängi Wuche wirds no Winter (cholt).«

Anderswo heißt es:

»Zu Lichtmess schön und Sonnenschein,
Der Bär muss noch sechs Wochen in die Höhle rein.«

Später, als es keine Bären mehr gab, wurde er im Bauernspruch durch andere Wildtiere, die in Erdhöhlen hausen, ersetzt, etwa den Fuchs oder den Dachs. In Amerika heißt Lichtmess »Murmeltiertag« (*groundhog day*). Es heißt bei den Farmern, wenn das Murmeltier am 2. Februar seinen Schatten sieht, geht es für sechs Wochen wieder unter die Erde.

Das **Schneeglöckchen** (*Galanthus nivalis;* engl. *Fair maids of February* oder *Candlemas-bells*) ist das Lichtmessblümchen. Es war schon immer

Schneeweißchen und Rosenrot auf dem Bären.

die Blume, die die Wiederkunft der Göttin anzeigte. Diese erste blühende Pflanze nach dem Winter wurde dann auch eines der wichtigsten Marienattribute. In England trugen bei den Lichtmessumzügen weiß gekleidete Jungfrauen Schneeglöckchensträuße in der Hand. Aber auch **Märzenbecher, Krokusse, Winterlinge** und andere zarte Blümlein, die Frost und Schnee trotzen, wurden ihr geweiht.

Der Herrschaftsantritt der Weißen Göttin und des Götterbärs markierte das Ende der Weihnachtszeit. Ihre Herrschaft dauert bis Mai. Wenn dann das Licht erstarkt, muss der Winterschmuck, der Tannenbaum, endgültig weg. In England hieß es nun: »Hinaus mit Rosmarin und Myrthenlaub, herunter mit dem Mistelstrauß, hinaus mit den Stechpalmen, und holt den viel grüneren Buchsbaumschmuck herein« (Dyer 1889: 218).[69] Der Buchsbaumschmuck blieb bis Ostern erhalten. Während ihrer Herrschaft zogen die Göttin und ihr Gefährte über das Land. Wo immer sie ihren Fuß hinsetzte, sprossen Blumen aus der Erde: Schlüsselblümchen, Veilchen, Butterblumen, Osterblumen. In diesen Zeitraum fällt auch der Tag des heiligen Valentin (14. Februar), der zum Patron der frisch Verliebten wurde und dessen Blume der **Krokus** ist. Die Göttin, die alle Gewässer in Bewegung setzt, die den Saftfluss in den Bäumen anregt, bewegt auch die Lebenssäfte der Menschen. Sie inspiriert nicht nur die Dichter und Sänger, sondern regt ebenfalls den hormonellen Rausch des Verliebtseins an. Überhaupt hat ihre Zeit etwas Närrisches, Leichtsinniges an sich. Die Fastnachtszeit gehört ihr.

69 »Down with the rosemary and bays, down with the mistletoe, instead of holly now upraise the greener box for show.«

Im *Indiculus superstitionum et paganiarum* (762 n. u. Z.), dem »Handbuch« für Missionare, werden die »unflätigen Feste« im Februar strengstens verboten. Da sich die halb bekehrten Schäfchen nicht an diese Verbote halten wollten, wurden die spätwinterlichen Feste zur »Fastenzeit« umgedeutet. Doch hatte Fastnacht nichts mit »Fasten« zu tun, das Wort kam von dem Brauch des »Faselns« (von mittelhdt. *vaselen* = »fruchten, gedeihen«), und das war eine ausschweifende Fruchtbarkeitsorgie – die Berührung mit dem schöpferischen Chaos! – mit viel Spaß, unsinnigem Treiben, Fressen und Saufen. Es gab wilde, lärmende Umzüge, »um das Korn aufzuwecken«, »damit der Flachs auffährt«; die vielen Unholde und krankheitsbringenden Geister der dunkleren Jahreszeit wurden – wie noch heute in der alemannischen *Fasnet* – mit Maskenumzügen verabschiedet.

Fastnachtstreiben.

In milderen geografischen Lagen, etwa in Irland, begann das Pflügen. Der Pflug, der die Scholle aufreißt, so dass das Acker den Samen empfangen kann, hatte starke sexuelle Bezüge.

Frühlingstagundnachtgleiche, Alban Eilir

Der Höhepunkt der Herrschaft der schönen Birgit und ihres jungen Berserkers fällt in die Zeit der Frühlingstagundnachtgleiche, wenn, je nach geografischem Breitengrad, der **Schwarzdorn,** die **Ulme** oder der **Ginster** blühen. Wie wir schon gesehen haben, ist es die Zeit der verjüngenden, grünen Frühlingskräuter, die als Kultspeise gegessen wurden. **Pestwurz** und **Huflattich,** die nun ebenfalls blühen oder schon Blätter treiben, helfen Wintererkältungen überwinden.

In den Pflanzen, die im Passions- und Osterbrauchtum eine wichtige Rolle spielen, finden wir eine Schatztruhe einstiger keltisch-germanischer Bräuche. Meine Allgäuer Nachbarn binden für den Palmsonntag einen »Palmboschen«. Ein Kranz aus sieben verschiedenen grünen Zweigen – **Buchs, Eibe, Sadebaum, Thuja, Weißdas** (Tanne), **Rottanne** (Fichte), **Weidenkätzchen** und **Buchen**laub – wird an einem

Das Motiv des Radkreuzes ist uralt. Als Symbol der Fruchtbarkeit kannten es schon die vorkeltischen Europäer. (Hier eine Felszeichnung aus dem Val Camonica.)

Holunderkreuz befestigt und auf einen langen **Haselnuss**stock gesteckt.[70] Die Holunderzweige müssen sorgfältig geschält werden, damit sich »zwischen Stamm und Rinde keine Hexe versteckt«. Ausgeblasene, bunt bemalte Eier verleihen dem vierspeichigen Radkreuz die fröhlichen Farben des Frühlings. Der alte Dorfpfarrer, der streng darauf achtet, dass auch die richtigen Pflanzen in den »Palm« kommen, erklärt seinen Schäfchen zwar, all das sei uralter christlicher Brauch.[71] Eine Prozession mit den emporgehaltenen Pflanzengebinden soll an den jubelnden Einzug Jesu in Jerusalem erinnern, steht doch in Matthäus (21, 8) geschrieben, wie die Menschen Zweige von den Bäumen schnitten und dem Herrn auf den Weg streuten. Doch nach dem Gottesdienst gehen die Dorfbewohner recht heidnisch mit ihrem Palmboschen um. Sie stellen ihn im Herrgottswinkel (in der Nordostecke der Stube) oder beim Gartentor auf, überzeugt, dass jeder Teufel, Waldschrat oder Krankheitsdämon davor weichen muss. Bei heftigem Gewitter werfen die Frauen einige Weidekätzchen vom Palm ins Herdfeuer, um Blitz und Hagelschlag fernzuhalten. Was der alte Priester gerne verschweigt, ist, dass der Palm, dieser »Frühlingsmaien«, viel älter ist als das Kirchenbrauchtum. Schon die vorkeltische Bauernkultur des megalithischen Europa trug Radkreuze[72] mit grünen Pflanzen, um die im Frühling wiederkehrende Göttin und ihren Bruder/Gatten zu be-

70 Anderswo werden auch Wacholder, Lärche, Efeu oder andere meist wintergrüne Pflanzen verwendet.

71 Die sieben Zweige sollen an die sieben biblischen Schöpfungstage erinnern und an das in der Offenbarung erwähnte Buch mit sieben Siegeln. Die Eibe – so der Pfarrer in seinem eher abstraken, weit hergeholten Deutungsversuch – sei ein Urholz und Symbol für den Beginn des Lebens; der Buchsbaum stellt das Leben selbst dar, der Sever ist Sinnbild der Einhaltung des christlichen Lebens, die Buche Zeichen der geistigen Widergeburt; die Fichte bedeutet Hoffnung, die Weißtanne Wohlstand und die Weide Gesundheit. Die bunten Eierschalen sollen an das Grab erinnern, ebenso wie die ausschlüpfenden Küken an die Auferstehung erinnern sollen.

72 Das Motiv der Radkreuze, auch Questen genannt, ist präkeltisch. Derartige Symbole wurden schon bei den Pfahlbauern und in den bronzezeitlichen Felsritzungen des nordischen Kulturkreises (in Bohuslän, Schweden) gefunden.

grüßen. Sie trugen sie sonnenläufig als Flursegen um die Felder. Rechnet man die Holunderzweige und den Haselstab zu den sieben Kräutern, dann sind wir wieder bei der sakralen Zahl von *neun* heiligen Pflanzen.

Zu den Frühlingspflanzen, die den Kelten heilig waren, gehören auch der **Klee,** der den Fußstapfen der Göttin entspringt, und der blühende **Sauerklee.** Die Blätter zeigen die Dreiheit der Schöpfung an und wurden von dem Nationalheiligen der Iren, dessen Namenstag der 17. März ist, als Symbol der Heiligen Trinität gedeutet. Die gelbe **Primel** war die Schlüsselblume der Göttin, mit der sie den Himmel aufschloss. Später aber hing sie am Schlüsselbund des heiligen Petrus.

Maifest, Walpurgis, Beltane, Lá Bealtaine (Feuer des Bel)

In der Nacht zum Maivollmond tanzen die Naturgeister, das Elfenvolk schwärmt jubelnd aus. Schamanisch begabte Menschen – fliegende Frauen – gesellen sich zum Flug. Es ist der »Polterabend« der göttlichen Hochzeit. Die Sonne hat nun das Bärenfell abgelegt und erscheint als strahlender junger Held, der seine blumengeschmückte Braut in wilder Liebesbrunst umarmt. Mit der Herrschaft des **Belenos** (Bel, Bile, Baldur, Apollo), »der Leuchtende, hell Glänzende«, und seiner Braut, der Blumengöttin **Belisama** (Dana), beginnt die helle, warme Jahreshälfte. Nur noch einmal wagen die Frostriesen – die christlichen »Eisheilgen« – einen Vorstoß, werden aber bald wieder vertrieben. Das Spinnen, Weben und die anderen häuslichen Winterarbeiten hören nun endgültig auf und das Vieh wird auf die Sommerweide getrieben. Der Kuckuck verkündet als Herold der Göttin mit seinem Rufen die angehende Wonnezeit. Alle Geschöpfe, Menschen, Tiere und Naturgeister, feiern mit. Die Obstbäume blühen, die Bienen schwärmen aus und halten Hochzeit, die Buchen tragen helles, freundliches Laub.

In der Walpurgisnacht wurden in keltischen Ländern alle Feuer gelöscht. Bei Sonnenaufgang wurde ein neues Feuer, das Beltaine-Notfeuer, mit dem Feuerquirl rituell neu gezündet. Mit Holz von neunerlei Bäumen wird das Feuer gefüttert. In Irland brennt es zwischen neun Torfstücken. Menschen springen durch das Feuer, treiben das Vieh zwischen zwei Feuerstössen hindurch und nehmen etwas Glut mit, um ihre Hausherde mit dem neuen Feuer zu segnen.

Es wird auch der Maibaum aufgestellt. Er besteht aus einem geschälten **Birken-** oder **Fichten**stamm, dessen grün belassene Krone einen großen, mit bunten Bändern umwundenen Blumenkranz durchstößt. Ein Zeichen der innigen Vereinigung des schönen Gottes mit seiner Braut, das **Lingam-Yoni** des westlichen Kulturkreises. Die ganze Gemeinschaft tanzte nun den Reigen um den Maibaum und berauschte sich mit starken, mit **Bilsenkraut** und **Waldmeister** versetzten Bocksbieren oder weinähnlichen Gebräuen. Jedes Dorf wählte die schönste Jungfrau als Verkörperung der Liebesgöttin, schmückte sie mit blühendem **Weißdorn** (Gallien und Britannien), **Gänseblümchen** und **Margeriten** oder hüllte sie in frisches, grünes **Birken**laub und setzte ihr eine Blütenkrone auf. Ein in grünes Laub gekleideter kräftiger Bursche mit geschwärztem Gesicht – der »grüne Mann« – verkörperte ihren göttlichen Gefährten. Die Jugend zog in die Wälder; die Mädchen verschanzten sich in »Minneburgen« (*châteaux d'amour*), die von den Burschen erstürmt wurden. Ein altwalisischer Dichter lässt uns wissen: »Ehe es das Gesetz des Papstes gab und solchen Ärger, liebten einander alle ohne Schande. Freie und leichte Freude kommt wieder, da der Mai die Häuser hat uns aus Blättern bereitet ...« In England wurde das lustige, zügellose Treiben in Mysterienspielen dargestellt, die den grün gekleideten **Robin Hood,** seine fröhliche, gesetzlose Bande und das mit **Schlüsselblumen** und **Veilchen** geschmückte Fräulein **Marian** als Hauptakteure hatten. Robin ist wohl kein anderer als der archaische Sonnenhirsch. Der Name Robin bedeutet auch »Rotkehlchen« und ist ein Synomym für das männliche Glied (Nichols 1998: 132).

Gundelrebe.

Das Maienfest ist Badezeit. Man ging in aller Frühe hinaus, um im frischen Morgentau zu baden und sich das Gesicht mit dem Nass, »das weder vom Regen noch aus der Erde stammt«, zu waschen, damit man rote Backen kriegt und schön wird. Die Maikönigin und ihr grüner Gefährte bespritzten und begossen die Feiernden mit

Wasser – ein Spass, hinter dem die Volkskundler einen archaischen Regen- und Fruchtbarkeitszauber vermuten.

Noch heute stellt man Maibäume auf. Auch steckt man in ländlichen Gegenden den Mädchen noch gerne einen »Maien«, einen grünen Birkenzweig, vors Haus. Maibowlen mit Waldmeister werden vielerorts noch immer getrunken. Sogar der 1. Mai, als Hauptfeiertag der sozialistischen Klassenkämpfer, steht noch unter dem Bann des uralten Festes[73] (Fricke 1980: 7).

Zu den Pflanzen des Beltain-Festes gehört auch der **Bärlauch**. Vielerorts im süddeutschen Raum heißt es, dass eine Bärlauchsuppe zur Walpurgisnacht die bösen Hexen fernhalten kann. Den **Baldrian** kannte man früher nicht als nervenberuhigendes Mittel, sondern als Pflanze der Liebe. Heißt es doch, wenn man etwas Baldrianwurzel in den Mund nehme und denjenigen, den man haben will, küsse, würde dieser nicht widerstehen können. Eine Walpurgispflanze ist auch der **Gundermann** oder die **Gundelrebe.** Magister Johannes Praetorius, der Leipziger Hexenexperte aus dem 17. Jahrhundert, schreibt dazu: »Wenn man den Gundermann auf Walpurgisnacht sammelt und hernach inmitten der Nacht einen Kranz daraus macht und solchen am folgenden Tage auf den Kopf setzt, so kann man

Moderner Maibaum.

73 Die Mai-Paraden sind säkularisierte Versionen der Umzüge, die einst den Kultwagen des göttlichen Paares begleiteten. Die rote Fahne, die an das Blut der streikenden Arbeiter erinnern soll, die 1886 von der Polizei auf dem Haymarket in Chicago erschossen wurden, findet ihren Vorgänger in den blutgetränkten Opfertüchern des neolithischen, noch vorkeltischen Frühlingsfestes. Damals wurden neben den ekstatischen Orgien auch Menschen – oft das göttliche Maipaar – geopfert. Das Blut als Lebensträger galt der Versöhnung der Erde und war Zeichen der fruchtbaren, menstruierenden Göttin. Zur Segnung wurden die Teilnehmer mit dem Blut betupft oder bespritzt. Solche Praktiken sind für uns heute schwer nachvollziehbar, aber wir müssen erkennen, dass die Teilnehmer nicht aus dem alltäglichen, ängstlich besorgten Ichbewusstsein heraus handelten, sondern sie waren – wie wir aus vergleichbaren, in der Völkerkunde bekannten Praktiken wissen – von der Naturgewalt ekstatisch ergriffen und mitgetragen.

alsdann die Hexen erkennen, da ein auf dem Kopf wird haben einen Schemel, die andere eine Malte oder Kelte.«

Mittsommer, Sommersonnenwende, Johanniszeit, Alban Hevin

Die herrlich milden, langen Tage der Sommersonnenwende wurden zwölf Tage lang gefeiert. Die Pflanzengöttin, nun schwanger mit den werdenden Früchten der Erde, träumt den Mittsommernachtstraum. Belenos steht am Zenit seiner milden Herrschaft. Taranis, der große Donnerer, der Himmelsgott, dessen Symbol ein brennendes Rad ist, schickt ab und zu ein Gewitter und erfrischt seine Geliebte, die Erdgöttin.

Das Licht und die Wärme der kraftvollen, reifen Sonne wurde durch das Mittsommerfeuer erhöht. Aus **Eichen**holz musste das Notfeuer sein. In Wales wurden wiederum neun Holzarten und ein Reisigbündel vom letzten Mittsommerfeuer den Flammen übergeben. Die jungen Leute rollten mit Stroh umwickelte, brennende Räder und Scheiben die Hügel hinunter, schnellten glühende Scheiben durch die Nacht oder veranstalteten Feuerläufe mit brennenden Besen und Fackeln aus getrockneten, in Pech getauchten **Königskerzen**stängeln.[74] Mit dem brennenden Stängel dieser Mutterherrgottskerze, Johanniskerze, Wollkraut oder Brennkraut, wie es auch genannt wird, wurden Kranke berührt und geheilt; dazu wurde der Spruch aufgesagt: »Die Mutter Gottes geht übers Land, sie trägt in der Hand den Himmelsbrand!«[75]

Das Mittsommerfeuer war ein Freuden- und Dankesfeuer, vor allem aber war es ein »Heidenspass«, eine Zeit der Liebe und des Rausches. Wie zum Maifest brauten die Frauen Starkbiere, denen entheogene

Tanz ums Mittsommerfeuer (18. Jh.).

74 In Frankreich feierte man den Johannisabend als *Jour des brandons*, indem man mit brennenden Königskerzen Läufe veranstaltete.
75 Das Räderrollen wurde später wegen Brandgefahr verboten, nachdem um 800 n. u. Z. das Kloster von Fulda deswegen abgebrannt war.

Kräuter hinzugegeben wurden. Das Feuer wurde umtanzt und übersprungen. Liebespaare sollten sich dabei an den Händen festhalten, damit ihnen später der Trennungsschmerz erspart bliebe. Der Sprung durch die Lohe, das wusste man, reinigt Leib und Seele und bringt Gesundheit. Er bringt den Feldern Gedeihen und reiche Ernte. »Flachs, Flachs, werde lang!«, sagten die Frauen. Oder man rief den Flammen zu: »Wachse, dass auch der Hanf drei Ellen hoch werde!« (Frazer 1991: 906).

Erst später im Mittelalter wurde der Sinn des Johannifeuers als Abwehr gegen böse Dämonen umgedeutet. Der habgierige, grausame Adel, die Inquisition, das Wüten der Pest und die Türkenkriege ließen im Mittelalter immer mehr die Angst vor Dämonen aufkommen.

Soweit man weiß, tanzten und sprangen die Heiden, nur mit einem Gürtel aus **Beifuß** oder auch **Eisenkraut** begürtet, ansonsten nur in die »vier Winde« gekleidet. Im Haar trugen sie Kränze aus Blumen, Eisenkraut und **Gundermann**grün (Gundelrebe). Wie bei anderen Naturvölkern hatte die rituelle Nacktheit nichts mit einer verklemmten, narzissistischen Zurschaustellung des Körpers zu tun, sondern signalisierte einen heiligen Zustand, eine Verbindung mit den Ursprüngen, ein *Regressum ad originem.* Beide, Beifuß und Gundermann, stärken die Ekstasefähigkeit und Hellsichtigkeit bei offenen, sensiblen Menschen. Das Eisenkraut hat als Kraut der Schmiede sowieso mit Hitze zu tun. Wie wir sehen werden, wurde das hartstängelige, drahtige Kraut zum Härten des Eisens verwendet und im übertragenen Sinne zum Härten des männlichen Gliedes. Die Druiden erhöhten den Zauber der Sommernächte, indem sie den ölhaltigen Sprorenstaub des **Bärlapps,** das so genannte Hexenmehl oder Blitzpulver, bei ihren Ritualen und Erzählungen in das Feuer warfen. Das gibt einen dramatischen Licht- und Explosionseffekt (Storl 1992: 157).

Die Sonnenwende galt als weitere Nahtstelle, als Übergangszeit, in der die Sid-Bewohner die Anderswelt verlassen, in der die Götter und Naturgeister den Menschen nahe treten. Und wenn immer der sterbliche Mensch auf das Übersinnliche stößt, verliert er seinen alltäglichen Verstand, er wird berauscht und närrisch. So erlebten die Feiernden manch ein Wunder: Sie sahen die Götter unter ihnen tanzen und singen; sie sahen, wie die Sonne stillsteht oder drei Sprünge macht; sie hörten Pferde reden, sahen Elfenreiche unter dem Wasser, sahen, wie die Zwerge unter dem Hofholunder Hochzeit hielten, wie die Ottern ihrem König huldigten, sahen Farne um Mitternacht in bunten Farben aufblühen und sogleich versamen; sie gruben feurige Kohlen unter den Beifußstauden hervor. Von solchen »Johanniswundern« sprachen noch die Bauern im Mittelalter, auch suchten sie noch die glühenden Johanniskohlen und Farnsamen, die als Allheilmittel und Glücksbringer galten. Nur brauchte man Mut, um sie zu greifen, denn hechelnde Höllenhunde mit Feueraugen bewachten sie.

Diese närrische, wilde Zeit außerhalb der Zeit konnte auch gefährlich sein. Man konnte sich eine blutige Nase holen, etwa wenn man an den Blumen roch, in denen sich die fliegenden Krebse versteckt hatten. Auch forderte die magische Zeit gelegentlich ein Todesopfer. In Bayern hieß es noch lange, die Johannizeit erfordere »einen tiefen Schwimmer und einen hohen Klimmer«. Und hier und da wurde ein Wanderer oder eine Kuh auf der Alm vom Blitz erschlagen. Vorsichtshalber opferte manch ein Bauer eine schwarze Henne oder einen schwarzen Hahn, Kinderkleider oder warf einen Laib Brot in den Fluss.

Das heidnisch-keltische Sommerfest war ursprünglich ein weiteres Fruchtbarkeitsfest und ein psychedelisches Trinkgelage, das seine Wurzeln in einem neolithischen, bronzezeitlichen Mysteriendrama hatte. Wenn wir dem Kulturanthropologen James G. Frazer, der das Thema intensiv erforscht hat, glauben wollen, dann erlitt der Sonnengott oder sein Stellvertreter auf Erden, der **Eichen**könig, beim Sommersonnenwendfest einen blutigen, rituellen Tod. Oft war es der Sohn des »Königs« oder Häuptlings, der als Opfer zur Göttin ins Jenseits geschickt wurde. Der schöne, viel geliebte Belenos (oder Baldur) galt aber als unsterblich, niemand konnte ihm etwas anhaben, denn die Göttermutter hatte alle Wesen schwören lassen, ihm keine Leid anzutun. Die kleine schwächliche Mistel, die auf dem Weltenbaum – bei den Kelten ist das die **Eiche** – wuchs, hatte sie als zu gering erachtet, um ihr den Schwur abzuverlangen. Doch die Mistel ist ein elfisches »Zwischenwesen«, sie gehört weder zum Himmel noch zur Erde, und sie fällt ganz aus dem solaren Jahresrhythmus heraus. Aus dem Mistelzweig schnitzte Lugus (Lug, Loki), der feurige Gott, den Pfeil, der den holden Lichtgott fällen würde. Lugus ist, wie wir sehen werden, niemand anders als die nächste Verwandlungsform des Sonnengottes selbst, er ist dann der Gott der reifen Früchte und des schnittreifen Getreides. An die Stelle des beliebten, tödlich getroffenen Sonnengottes setzten die Missionare den heiligen Johannes, den Verkünder des einzig wahren Sonnengottes »Christus«, und erklärten, dass auch er zur Mittsommerzeit geköpft worden sei. Aus dem Beifußgürtel, den die Feiernden trugen, wurde dann der »Johannisgürtel«; aus den mit duftenden Sommerkräutern und Wiesenblumen gepolsterten Liebeslagern wurde das »Johannisbett«[76] in Erinnerung an die Schlafstätte des Täufers in der Wüste; und das Trinkgelage, von dem das Volk nicht lassen wollte, wurde zum »Minnetrunk des Johannes« (Johannistrunk, Täuferminne). Später übrigens wurde der Täufer zum Patron der Gastwirte erklärt.

Die **Bilwis**priester der Heiden, die »um Bil oder Belenos Wissenden«, segneten in der Sonnenwendzeit die reifenden Getreidefelder. Sie opferten dem »Korn-, Roggen-, Hafer- oder Erbsenbock«, dem ungestümen Naturgeist, der die Wachstumskraft des Feldes symbolisierte und der die Feiernden mit seiner wilden Potenz berauschte. Damit diese Wachstumskraft, die sich manchmal recht ungestüm und bockig erwies, nicht die Felder verlässt, steckten die Bilwispriester **Ebereschen**zweige und »Wolfskräuter«, wie die gelb blühende **Arnika** (Bergwolfsverleih), rund um die Äcker. Die Bilwisse, die lange, verfilzte Haarlocken trugen, tanzten – vom Getreidebock partizipatorisch ergriffen – in Ekstase am Feldrand, schnitten einige Halme, segneten sie mit Zaubersprüchen und Bierlibationen und sahen zu, dass der Bock nicht in die Wildnis entsprang, sondern im Herbst als »Erntebock« eingefahren werden konnte. Diese Bilwisse wurden von ihren Rivalen, den christlichen Missionaren, zu schädlichen Kornfelddämonen (Bilmesschnitter) erklärt. Noch im späten Mittelalter wurden »Bilwisse« oder »Pilwisse« als Hexen oder Zauberer von der Inquistion zum Tode verurteilt (Bächtold-Stäubli I 1987: 1317).

Trotz Bekehrung behielt das mittsommerliche Fest seine Bedeutung. Für Kräutersammler in ganz Europa bleibt es ein Höhepunkt. Neun (manchmal 7, 77 oder 99) Johanniskräuter werden vielerorts noch heute gesammelt, darunter Hartheu oder Johanniskraut (*Hypericum*), dessen Blüten etwas vom Blut des geköpften Heiligen enthalten, **Kamille** – in den Nordländern als »Augenbrauen Baldurs« bekannt –, **Bärlapp, Arnika, Ringelblume, Holunderblüten, Schafgarbe, Ziest, Eisenkraut, Klette, Kümmel, Königskerze, Gundelreben, Blutwurz** und andere. Man hält die Kräuter kurz ins Johannisfeuer, um ihre Heilkraft zu stärken (aufzuladen), und sagt dabei den Spruch: »Keine Beule an meinem Leibe, kein Bruch an meinem Fuß.« Da nun

76 Das Johannisbett besteht aus einem Lager Johannisblumen. In der Nacht, so heißt es, kommt der Täufer und legt sich darauf – aber nur, wenn man beim Pflücken fleißig betet und nicht sündigt! Die Blumen werden getrocknet und gelten als außerordentlich heilkräftig; sie werden krankem Vieh ins Futter gestreut.

der Holunder, der Baum der Göttin, in voller Blüte steht, werden vielerorts »Holunderkuchen« – in Bierteig fittierte Holunderblütendolden – verzehrt. Zudem heißt es, dass der Duft des blühenden Holunders eine feine hormonanregende Wirkung hat und die Lust zur Liebe weckt.

Johanni ist eine typische »Zwischenzeit«, in der sich Kommendes offenbaren kann. Es heißt, wer die neun Kräuter unter das Kopfkissen tut, träumt Zukünftiges.

Johannes tritt an die Stelle des Sonnengottes.

Augustfeuer, Lugnasad, Lammas

Das Feuerfest zum Augustvollmond ist das Ende der Herrschaft des milden Bel und seiner Braut. Das mächtige Notfeuer, das nun überall auf den Höhen lodert, ist Bels Scheiterhaufen. Die Lohe signalisiert die Metamorphose des Gottes. Er ist nun zum feurigen, leuchtenden **Lugus (Lug)**[77] geworden, der sich mit der Matrone mit dem Füllhorn, der Kornmutter, der Ernährerin der Welt, **Annona**[78], vermählt und seine Herrschaft antritt. Sie werden nun über die Herbsttagnachtgleiche hinweg bis zum Totenfest Samain herrschen. Ihre Zeit ist die Erntezeit. Der August, wenn die Sonne sich durch das Tierkreisbild des heißen Löwen bewegt, ist »Schnittmonat«.

Lug ist der »Meister aller Künste« (*Samildanach*), der »Löwe mit sicherer Hand«, der die Vergeistigung und Vervollkommnung der Natur

77 Der Name des Lugus oder Lug bedeutet »der Leuchtende« und ist verwandt mit dem lateinischen *lux* (Licht), dem griechischen *leukos* (weiß), dem germanischen Lohe (lodernde Flamme). In Wales wurde er als *Llew Llaw Gyffes*, »der mit der geschickten Hand«, verehrt. Lug gilt als Erfinder aller Handwerke und Künste, als Führer des Göttergeschlechts der Tuatha de Dana. Wie der germanische Loki ist er der Meister des Feuers und Vater der Technologie. Dieser mächtige Gott wurde nachweislich im ganzen keltischen Siedlungsraum verehrt. Zu seinen heiligen Orten (*Lug-Dunum*) gehören Laon, Loudon und Lyon (von *Lug-Nemeton*, Wald des Lug) in Frankreich, wo der römische Kaiser Augustus die gallischen Mysterienfeiern des Lug im August auf sich selbst übertrug. Nach Lug benannt sind Leiden in Holland, Liegnitz in Schlesien, London und Carlisle (*Caer Lugubalion*) in England.

78 Die Erntegöttin der Kelten hatte viele Namen. Im Nordosten Galliens, im Rheinland und an der Rhone nannte man sie *Rosmerta*.

vorantreibt. Er führt das Gewordene zum Verblühen, Versamen und zur Auflösung in eine geistige Dimensionen hin. Er stellt das Prinzip der Vollendung, der Vervollkommnung, des erfüllten Schicksals dar. Er ist das Feuer, das den Stahl härtet, die Hitze, die dem Obst, den Beeren und Früchten Reife und Süße schenkt. Dem Getreide nimmt er die Milchreife und verwandelt die Körner in feste, goldene *Nuggets*. Das mondhafte, fleischige Grün der Kräuter macht er mit seinem Feuerhauch zu fein gefiederten, duftenden Gebilden; er reichert sie mit heilkräftigen ätherischen und fettigen Ölen, Balsamen und Harzen an.

Er ist der Terminator, der korrupten Herrschern ihren verdienten Tod gibt. Als Loki tritt er in der isländischen Edda als treibende Kraft der Zerstörung und Auflösung des jeweiligen Schöpfungszyklus auf.

Das mehrtägige Fest des Augustfeuers ist vor allem das Fest der Kornernte. Die nordische Sage erzählt von Loki, der der Frau des Gewittergottes, ihre goldenen Haare schert. Die Angelsachsen bezeichneten das Fest als *Loaf-Mass* (oder *Lammas*), die Messe oder Feier des ersten Brotlaibs. Es war Brauch, dass die *Lady* des Hauses (das englische Wort *Lady* kommt von angelsächs. *hlofdige* = Brotteigkneterin) aus den Körnern der ersten, mit der Hand gezupften Garbe ein Brot bäckt und segnen lässt. Da das Korngetreide die Grundlage des Lebens ist, war das eine wichtige kultische Handlung.

In der letzte Garbe, die von den Schnittern geschitten und gebunden wurde, lebte die »Kornmutter«, der »Kornbär«, der »Kornwolf« oder der »Getreidekönig«. In England heißt die letzte Garbe »John Barleycorn«, in Schottland ist es die *Cailleach*, die »alte Frau«. Manchmal wurde dieser »Vegetationsdämon«, wie die Volkskundler ihn nennen, auch mit Lug identifiziert. In Irland wurde er in der Gestalt einer Strohpuppe mit blauen **Kornblumen,** rotem **Klatschmohn, Kornrade**, **Feldkamille** und anderen Blumen, die im Getreidefeld wachsen, geschmückt und in einem Umzug, der einer Beerdigungsprozession ähnelte, auf dem Erntewagen in das Dorf gebracht. Dann folgten Tanz und Lustbarkeit. Dieses Erntefest, das archaische, neolithische Züge trägt, wurde in ähnlicher Weise in ganz Europa gefeiert.

In diesen Tagen beginnt vielerorts auch das Herbstpflügen, welches einst den Koitus des Gottes mit der Erdgöttin versinnbildlichte.

Die Kirche war gezwungen, auch diesen heidnischen Feiertag zu übernehmen. Der 1. August wurde zu Petri Kettenfeier erklärt, dem Tag, an welchem dem von Herodes eingekerkerten Apostel Petrus ein Lichtengel erschien und ihm die Ketten abfielen. An diesem Tag sei Lu-

Lug (Lugus), der Gott mit dem Lichtspeer.

zifer (der Lichtbringer) aus dem Himmel hinab in die Tiefen gestürzt worden. Die keltischen Christen identifizierten ihren Lug aber weniger mit dem in die Tiefen stürzenden Luzifer, sondern eher mit dem Erzengel Michael. Wie Michael trägt auch Lug einen Lichtspeer und bekämpfte die dumpfen, dunklen, dem bösen Drachen ähnlichen **Fumoiren,** die das gute Leben bedrohen.[79] Viele heilige Orte des Lug – etwa Mont St-Michel in Frankreich – wurden auf den Sankt Michael übertragen. Das Feuerfest am 1. August wird in der Schweiz, dem ehemaligen Land der keltischen Helveter, als Nationalfeiertag gefeiert.

Der Lichtspeer des Lug ist ein **Eschen**speer. Die Esche ist ein Licht- und Feuerbaum, aus dessen Zweigen man den Feuerquirl machte.

Der August fällt in die »Frauendreißiger«, die Zeit zwischen Maria Himmelfahrt (15. August) und Maria Geburt (8. September), wenn die Frauen ihre Heilkräuter sammeln sollen. Zu den Pflanzen des Lug gehören neben den aromatischen Kräutern auch die Getreideunkräuter. Nun sind auch die Samen der **Brennnessel** reif, die wegen der Feuerkraft, die sie den Lenden zu schenken vermögen, eifrig gesammelt werden. Nicht nur die Kräuter, sondern auch das Gras wird in den Hundstagen von heilender Feuerkraft durchglüht. Noch immer mähen Tiroler Bergbauern in der Augustvollmondnacht etwas Gras, aus dem sie ein außerordentlich heilkräftiges Heu für krankes Vieh machen.

Herbsttagundnachtgleiche, Alban Elved

In der Zeit des Herbstäquinoktiums gehen je nach geografischer Lage die verschiedenen Erntefeste – Obsternte, Nussernte, Weinlese – weiter. Die **Besenheide** (*Calluna*) steht nun in voller Blüte und verzaubert ganze Landschaften mit ihrem edlen Purpur. Sie ist der purpurne Königsmantel des Lug. Noch immer herrschen die Matrone mit dem Füllhorn und der Erntegott, die sich dann, unter christlichen Vorzeichen, zur Ernte-Maria und zum Sankt Michael verwandelten.

79 Die Fumoiren sind dämonische Gegengötter, ähnlich den Titanen der Griechen oder den Asuras der Veder, die das hemmende, lebensfeindliche Prinzip verkörpern. So versuchten sie etwa, Diancechts Kessel mit heilenden Kräutern zu zerstören, indem sie Felsbrocken hineinwarfen.

Die Heidenfeste wurden nach der Bekehrung als Michaels- und Kirmesfeste weitergeführt. Das ganze Dorf versammelte sich zum Tanzfest unter der Dorflinde; eine Kirmeskönigin wurde gekürt und Wettspiele wurden abgehalten. Hier und da wurde auch eine Michaelsgans geschlachtet »Wenn man an Michaelis eine Gans isst, dann braucht man das ganze Jahr kein Geld«, so ein alter Bauernspruch. Oft nahmen die Feste wilde Züge an; so empörte sich ein gewisser Jakob Wimpfeling um 1500 über die Straßburger »Kirchweih«: »Alljährlich kam auf das Kirchweihfest eine so große Menge beiderlei Geschlechts in die Kathedrale wie in ein Wirtshaus zusammen (...) So schien diese Straßburger Versammlung eher an die Orgien des Bacchus, an den Dienst der Venus und an Plutos unterweltliches Fackelfest zu erinnern als an christliche Ceremonien oder an die Vigilien frommer Christen. Man pflegte nämlich in der St.-Katharinen-Capelle ein Fass aufzulegen, daraus den Fremden Wein verzapft wurde (...) Diese Unsitte wurde von Geiler von Kaisersberg unter Mitwirkung des ersten Bürgermeisters Petrus Schott beseitigt« (Pfannenschmid 1878: 249).

Nun begann auch bald neben den letzten Erntearbeiten die Tätigkeit in den Werkstuben – Lug, erinnern wir uns, ist auch Meister des Handwerks. Am Michaelstag sagte man: »Michael steckt das Licht an, das Gesind muss zum Spinnen ran.« (Anderswo fing das häusliche Spinnen erst am Martinstag, am 11. November, an.) Die **Herbstzeitlose,** dieses gespenstische lilafarbene, krokusähnliche Blümlein, das nun allmählich aus den abgeweideten Matten hervorsprießt, ist die Michaelsblume. Sie heißt auch Kiltblume (von alemann. *chilt* = Arbeit am Abend, in der Nacht) oder Lichtblume, denn nun beginnen die langen Winterabende, in denen die Frauen beim flackernden Licht der Lampe oder des Kienspans am Spinnrad sitzen. Die erste Herbstzeitlose, welche die Frauen oder Mädchen finden, wird zwischen den Händen zerrieben, damit diese beim Spinnen nicht wund werden. Mit dem Saft der »Liechtbluem« bestrichen sich die Leute im Zürcher Oberland die Augenlider für die bevorstehenden langen Winterabende (Marzell I 1943: 1078). Auch die Göttin wird demnächst anfangen zu spinnen. Die feinen filigranen Spinnfäden, die im Altweibersommer durch die Luft flirren, sind – wie man glaubte – vom Spinnrad der Frau Holle.

Das Wintergetreide muss fertig gesät werden: »Auf Sankt Michael beende die Saat, sonst wirst du's bereuen zu spat.« Die Schweine werden noch in den Wald getrieben, um sie mit Eicheln und Bucheckern zu mästen.

Die letzten Wochen der Herrschaft des Lug und der Matrone gleichen einem Sonnenuntergang. Die Nacht des Jahres bricht herein, bald werden Samain, die schwarze Sonne, und die alte Morrigan die Macht übernehmen. Überall in der Natur schwindet die Kraft, die Tage werden kürzer, das bunte Laub fällt von den Bäumen.

Der rotbackige **Apfel** ist wie nichts anderes das Zeichen dieser Zeit. Der Apfel gehört dem zur Neige gehenden Jahr. Er ist die Frucht des Westens, des Sonnenuntergangs. Die Apfelernte steht symbolisch für die Lebensernte. Die Frucht weist in die Anderswelt, in das Apfelland, welches die Kelten *Avalon* nannten. Äpfel und Haselnüsse, die nun geerntet werden, weisen als Totenspeise in die nächste Phase des Zyklus.

Das Medizinrad der Europäer

Den achtteiligen naturbezogenen Kalender der Kelten kann man als ein Medizinrad bezeichnen. Es ist ein Rad und ein Kalender, der nicht auf abstrakten nummerischen Konstruktionen basiert, sondern sich aus dem unmittelbaren intensiven Erleben der werdenden und vergehenden Natur ergibt. Die naturbedingten Zeiträume sind Wirkungsfelder verschiedener Gottheiten, die sich wiederum als Metamorphosen des göttlichen Paares, des Himmels und der Erde, beziehungsweise der Sonne und der Vegetationsgöttin, erweisen. Sie bilden das Spannungsfeld, die Dialektik, von der letzten Endes noch immer unser Leben abhängt.

Das Medizinrad ist ein Mandala des Seins. Der große Kreis beschreibt die Stationen der Sonne auf ihrer Wanderung durch den Tierkreis, so wie man sie von der Erde aus mit den eigenen Sinnen wahrnimmt. So, von ihrem geozentrischen Standpunkt aus, und nicht anders erleben es die Geschöpfe der Erde, die Tiere und Menschen wie auch die Pflanzen. Man kann mit bloßen Augen sehen und spüren, wie die Sonne von ihrem Tiefststand zur Wintersonnenwende (im Zeichen Skorpion/Schütze) über den Frühlingspunkt (in den Fischen) hinauf zum Höchstpunkt (in den Zwillingen) wandert und dann wieder hinab über die Herbsttagundnachtgleiche (in der Jungfrau) zum Winterpunkt zurückkehrt.

Die Natur keimt, sprosst, wächst, entfaltet sich, blüht, versamt und vergeht im Einklang mit diesem Sonnenlauf. Auch das ist allgemeine Erfahrung. Der Mond und die anderen Planeten folgen dieser Bahn. In der spätkeltischen Legende des König Artus erscheinen die zwölf Stationen des Tierkreises als die zwölf Ritter der Tafelrunde. Artus selbst ist die Sonne; der runde Tisch, an dem sich seine Runde versammelt, besteht ausdrücklich aus Eichenholz und stellt den Weltenbaum dar.

Alle Wesen vollziehen in ihrer Entstehung, Entfaltung und ihrem Vergehen eine ähnliche Wanderung. Der Tag in seinem Lauf ist nur ein kleines Abbild des großen Sonnenjahres. Auch des Menschen Dasein folgt diesen Stationen. Wie das Sonnenkind zur Weihnachtszeit entwindet er sich der Dunkelheit des mütterlichen Schoßes und tritt ins Licht des Daseins. Sein Frühling ist die Jugend, sein Hochsommer ist die Fülle der Lebensmitte, sein Herbst bringt Reife und Lebensernte, und der Winteranfang, der Samain seines Lebens, führt ihn wieder über die Schwelle ins Totenreich. Dies ist das Schicksal der Wesenheiten, der Sonne und der Götter ebenso wie der Menschen, Tiere und Pflanzen.

Das keltische Medizinrad beinhaltet auch die vier Himmelsrichtungen. Das Fest der Brigit und die Tagundnachtgleiche sind dem Osten, der Morgenröte des Jahres, zugeordnet. Beltaine und die Sommerson-

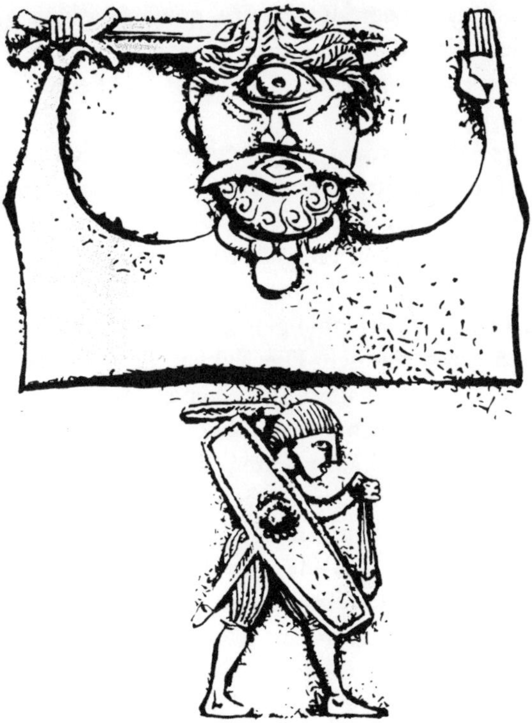

Lug, der geschickte Anführer der Tuatha de dana, im Kampf gegen den einäugigen Balor, den König der bösen Fomorier.

nenwende mit ihrem hellen Licht gehören dem Süden an. Lug, der Gott der Reife und Ernte, herrscht im Westen. In der großen Schlacht der Tuata de Danna gegen die düsteren Fomoiren ruft Balor, der einäugige Riese, der die dunklen Dämonen des Chaos anführt, beim Anblick des hell leuchtenden Lug aus: »Wieso geht heute die Sonne im Westen auf?« Das waren auch die letzten Worte des Riesen, denn dann traf ihn der Stein aus der Schleuder Lugs. Balor fand sich im Totenreich wieder, welches im Westen, in Richtung des Sonnenuntergangs, liegt. Samain, in der eisigen Zeit, in der es dem grünen Leben an Wasser, Licht und Wärme mangelt, gehört eindeutig dem Norden an.

Auch die sieben sichtbaren Planeten und ihre Kräfte haben ihre Stationen in diesem Medizinrad. Die Lichtmesszeit gehört dem Mond, der alles keimen und gären lässt, der die Geschöpfe mit seiner Lebensmilch labt, der Frühlingspunkt dem beflügelten Merkur, der zum schnellen Wachstum und Sprießen antreibt; das ekstatische Mai- und Sommerfest ist der anmutigen Venus, dem Stern der Liebe, zugeordnet, Lammas oder Lugnasad dem feurigen Mars; die Herbsttagundnachtgleiche mit ihrem Erntereichtum ist Domäne des dicken, jovialen Erntegottes Jupiter; und das Samainfest regiert der alte, bittere, graue, weisheitsvolle Saturn. Dieser ist der »alte Mann des alten Jahres«, dem dann wieder der Mond als Neujahrssäugling folgen wird. Und so geht es weiter im steten Kreislauf.

Der ewige Kreislauf des Werdens und Vergehens war den Kelten derart gewiss, dass sie den Tod nicht fürchteten. Denn sie wussten, auch sie würden wiederkommen. So konnte ein Kelte sogar Geld borgen mit dem Bescheid, dass er die Schulden im nächsten Leben bezahlen würde.

Die hier angeführten Planetenbezeichnungen sind selbstverständlich nicht keltisch, sondern greco-römisch. Die Kelten, die die Himmelsphänomene genau beobachteten, hatten ihre eigenen Namen, die wir aber heute nicht mehr kennen. Auch die Sternbildkonstellationen, welche die Kelten am Fixsternhimmel ausmachten, decken sich nicht mit denen der klassischen Antike. Erst spät, nach ihrer Eroberung durch die Römer, übernahmen die Kelten den auf die Sumerer zurückgehenden zwölfgliedrigen Tierkreis. Die Waliser behielten bis ins Mittelalter eine altkeltische Gliederung des Fixsternhimmels: Da sah man etwa den »Kreis des Zauberers Gwydion« am nächtlichen Sternenhimmel, den »Hain der Blumengöttin Blodeuwedd«, die »Harfe des Arthur«, den »Kessel der Keridwen« und viele andere (Pennick 1997:

LANGE TAGE

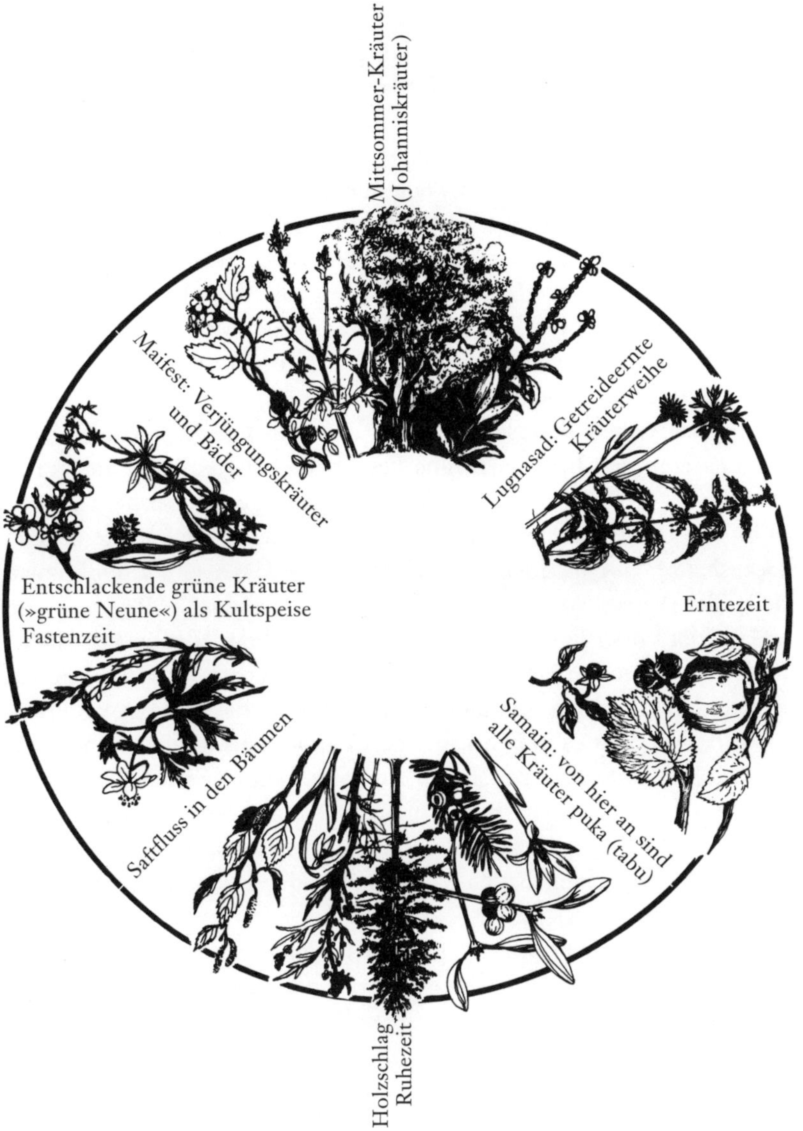

LANGE NÄCHTE

98). Allein das sollte aufhorchen lassen, wenn so genannte keltische Horoskope oder »keltische Kalender« auf den klassischen Zodiak bezogen werden.

Der Tanz der Sonne durch die Jahreszeiten führt ebenfalls durch die Elemente. Der Winter – die Herrschaft des Samain und der Alten – steht für das feste **Erdelement,** für Eiseskälte, Härte, Dunkelheit. Der Frühling – die Herrschaft der Brigit und des Bärengottes – bringt das **Wasserelement** zum Zuge: Es taut, die Säfte und Humore regen sich. Der Sommer – die Herrschaft des Belenos und der Sommergöttin – ist dem **Licht-** und **Luftelement** zugeordnet. Der Herbst, der die Reife und Ernte bringt – die Herrschaft des Lug und der Matrone –, gehört dem **Feuerelement.** Und nachdem das Feuer nach der Herbsttagnachtgleiche langsam erlischt, geht es in die kalte Asche über. Der Winterschnee ist die Asche des Herbstfeuers.

Die keltischen Jahresfeste stellen ein Gleichgewicht von polaren Gegensätzen dar. Imbolc (Brigits Fest) bedeutet Reinigung und Freisetzung des schöpferischen Wassers. Diametral gegenüber liegt Lugnasad mit seinem potenziell zerstörerischen Feuer. In der aufsteigenden Jahreshälfte, von der Lichtmesszeit bis in die Maienzeit, schöpfte man heilende Wasser von Quellen (Osterwasser), nahm »Märzen-« und »Maibäder« oder lief barfuß durch die taufrischen Wiesen. Das Baden in der absteigenden Jahreshälfte galt als weniger im Einklang mit den Elementen. Vor allem in den heißen Hundstagen, wenn das Feuerelement regiert, galt es in den keltischen Ländern als ungünstig, ja sogar als krank machend zu baden. Im Emmental und in Schwaben wurde während dieser Zeit vom Baden in Seen, Teichen oder Flüssen abgeraten, da das Wasser verdorben sei. In Britannien war das Wasser zu Lugnasad tabu: Waschen, Baden und Angeln oder Fischen war drei Tage lang verboten.

Die Zeit um die Frühlingstagundnachtgleiche war eine Zeit des Fastens und des Säens; die ihr gegenüberstehende Herbsttagundnachtgleiche war eine Zeit der Festschmäuse und des Erntens.

Auch das Maifest Beltaine und das Totenfest Samain stellt eine Polarität dar: Im Mai gingen die Menschen in die Natur hinaus, stiegen auf einen Hügel, um die Sonne zu begrüßen. In ekstatischer Ausgelassenheit tanzten und liebten sie im Freien. Im November dagegen blieb man am besten im Haus, schloss die Türen und spielte höchstens Orakelspiele mit Äpfeln und Haselnüssen. Im Mai wurde das Vieh auf die Weiden getrieben, im November kamen die Tiere wieder in den Stall.

Im Mai wurden die meisten Tiere geboren, in der Samainzeit war Schlachtzeit. Im Mai verschenkte man weder Feuer noch Wasser oder Nahrung. Im November gab man großzügig und reichlich, vor allen den Toten stellte man Speise und Trank auf die Gräber. Im Mai wurden das Leben und die Liebeslust zelebriert, im November, wenn die Lebenskraft allgemein schwindet, vermieden die Menschen den Geschlechtsverkehr, denn die Kinder würden schwach oder debil zur Welt kommen.

Starke Gegensätze stellen auch die Sommersonnenwende und die Wintersonnenwende dar – sie wurden besonders bei den Nordgermanen, die weiter nördlich als die Kelten siedelten und entsprechend stärker den jahreszeitlichen Schwankungen ausgesetzt waren, zelebriert. Dem sommerlichen Sonnenwendfeuer im Freien stand das winterliche Julfeuer im Herd gegenüber. Die Mistel spielte bei beiden Festen eine Rolle: Zur Sommersonnenwende war sie die Pflanze, die dem Sonnengott den Tod brachte. In den Winterweihenächten, wenn der geopferte Gott wiedergeboren wird, wurde sie als Lebenshüterin über Türeingänge gehängt. Auch der Beifuß war bei beiden der zwölftägigen Feste dabei, einmal als Sonnenwendgürtel, das andere Mal als Räuchermittel, und immer zur Weihung der Schamanen vor dem »Ausflug« zu den Göttern.

Polaritäten dieser Art bestimmen den ganzen Kalender. Auch die einander gegenüberstehenden Kalenderheiligen weisen oft entgegengesetzte Eigenschaften auf. Den Eisheiligen vom 11. bis 15. Mai – den drei »Eismännern«, Pankratius, Servatius, Bonifatius, und der »kalten Sophie« – diametral gegenüber steht der »Martinssommer« um den 11. November. Die Eisheiligen bringen die letzten Fröste, sie verkörpern das letzte verzweifelte Aufbäumen des von der Sonne besiegten Winters. Der Martinssommer dagegen, der in die Martinszeit fällt und die letzten warmen Tage des Jahres bringt, ist das letzte Aufbäumen des Sommers.[80]

80 Das Martinsfest war insbesondere auf dem europäischen Festland, wo es die Stelle des irischen Samain einnahm, ein großes Fest. Ein Martinsfeuer wurde angezündet, in dem »der Sommer verbrannte«, großzügige Geschenke wurden gemacht, ein »Martinsschwein« und eine »Martinsgans« gehörten zu den jahreszeitlichen Kultspeisen. Es gab Laternenumzüge; Kerzen wurden in ausgehöhlte Rüben oder Kürbisse getan; besondere »Märtesküchle«, »Martinshörner« und anderes Martinsgebäck wurde gebacken und selbstverständlich trank man die »Martinsminne« mit viel gutem Wein. Zu Martini überbrachten die Hirten unter Aufsagen eines Spruchs in jedes Haus ein mit Eichen- und Wacholderzweigen umwundenes Birkenreis, die Martinsgerte. Mit ihm trieben im Frühjahr die Dirnen das Vieh zum ersten Mal wieder aus dem Stall (Bächtold-Stäubli V 1987: 1710).

Im Umgang mit den Pflanzen hielten sich die Kelten ebenfalls an dieses Medizinrad. Die saftigen grünen, sämtliche Drüsen anregenden, blutreinigenden Kräuter sammelten sie als frische Kultspeise im Frühling, in dem Zeitraum, in dem Brigit herrscht. Demgegenüber wurden im heißen August die medizinisch wirksamen, aromatischen Blütenkräuter, die so genannten Dürrkräuter, gesammelt und getrocknet. Zu Mittsommer gab es die wärmenden Sommerkräuter (Johanniskräuter); im gegenüberliegenden Herrschaftsbereich des Samain wurden keine Kräuter gesammelt, dafür aber im Wald bei abnehmenden Mond Holz geschlagen.

Das Medizinrad des Sun Bear

Der Ojibwa-Medizinmann Sun Bear empfing eine Vision von seinen verbündeten Geistwesen, die Vision eines Rades, das den Kreis der Sonne durch die Jahres- und Lebenszeiten darstellt, das den Himmel mit der Mutter Erde verbindet und alle Geschöpfe, die Großväter und Großmütter Steine, die grünen Brüder und Schwestern, die Tiere und die Stämme der Menschen in einem Lebensmandala zusammenschließt. Das Rad wird mit 36 Steinen ausgelegt. In der Mitte, wie ein Lingam im Yoni, ist ein großer Stein, der die strahlende Schöpfungsmitte darstellt. Daneben, ebenfalls in der Mitte, liegt ein nach Osten gerichteter Büffelschädel. Das Rad mit den vier Pfaden, die in sein Zentrum führen, erinnert sehr an das keltische Jahresrad; auch der Büffelschädel gemahnt an den großen Geweih tragenden Gott der europäischen Ureinwohner.

Gegen den entschiedenen Widerstand traditioneller indianischer Schamanen ließ Sun Bear auch die Weißen an dieser Vision teilhaben. Denn nur wenn diese entfremdeten Bleichhäute den Schlüssel erhielten, der sie wieder mit der Mutter Erde und der Natur verbindet, könnten die geschundene Erde und die erkalteten Menschenseelen wieder Heilung finden.

Hier und da wurde die Botschaft gehört, aber oft nicht verstanden. Sagte mir doch kürzlich ein begeisterter Medizinradanhänger: »Ja, cool, ich düse in die Staaten, um auf Visionssuche zu gehen und mich mit dem Kreis der Natur zu verbinden.« Das ist sicher nicht im Sinne von Sun Bear. Man braucht nicht weit zu gehen, um die »Erde« und die Natur zu erfahren.

Andere wiederum geben sich größte Mühe, genau den Anweisungen zu folgen, die der große Medizinmann gab. Sie legen die Steine samt einem aus Amerika importierten Büffelschädel aus, weihen den Kreis mit dem Rauch von ebenfalls importiertem *Sweet Grass* und *Prarie Sage* (oft falsch als »Salbei« übersetzt) und opfern dazu Tabak. Mit einem »Whey ya he«, »Heya heya« oder einem anderen Lied werden dann die großen Hüter der vier Richtungen angerufen: *Waboose*, der mächtige weiße Büffel, der Geist des Nordens, der im Winter die arktische Kälte herbeiführt; *Wabun*, der goldene Adler, der Geist des Ostens, der das klare Licht des Frühlings bringt; *Shawnodese*, der Kojote, der Trickster und Geist des Südens, dem die feuchte, heiße Luft von der Karibik zu verdanken ist, und *Mudjekeewis*, der schwarze Bär, der Geist des Westens, der die Reifung und die trockene Herbstluft bringt.

Nun passt das Schema vorzüglich zu den klimatischen und ökologischen Gegebenheiten Nordamerikas, wo es Kojoten gibt, wo süß duftendes Gras, Steppensalbei und Tabak einheimische heilige Pflanzen sind, wo – im Gegensatz zu Europa – der Regen vor allem aus dem Süden und die Trockenheit aus den Wüsten im Westen des Kontinents kommen. Auf unsere Verhältnisse angewendet, wirkt das Schema jedoch eher aufgesetzt. Es verbindet nicht mit der Natur, wie man sie in der Alten Welt, am westlichen Rand des eurasischen Kontinents vorfindet. Ich bin Sun Bear, der mir einmal in einer Vision erschienen ist, für seine Sehergabe und seine Hingabe an die Erde sehr dankbar, bin aber zugleich überzeugt, dass er nichts sehnlicher wünscht, als dass die verwirrten Europäer dort, wo sie leben, das Medizinrad wiederentdecken. Dieses Rad kannten die Kelten noch.

Wahre und falsche keltische Baumkalender

Dass die Kelten ihre Zeitrechnung am liebsten anhand der wachsenden Vegetation, insbesondere der Bäume, darstellten, hatte gute Gründe. Wie wir sahen, war die keltische Gesellschaft keine städtische Zivilisation. Die Kelten waren vor allem Bauern, deren Leben an den Jahreszyklus der Pflanzen gebunden war.

Das dreiteilige Universum wurde selbst als ein lebender Baum, als eine kosmische Eiche gedeutet. Die Sonne wandelt im Jahreskreis von den dunklen Wurzeln (zur Wintersonnenwende) hinauf zum durchlichteten Wipfel (zur Sommersonnenwende) der Welteiche, um dann

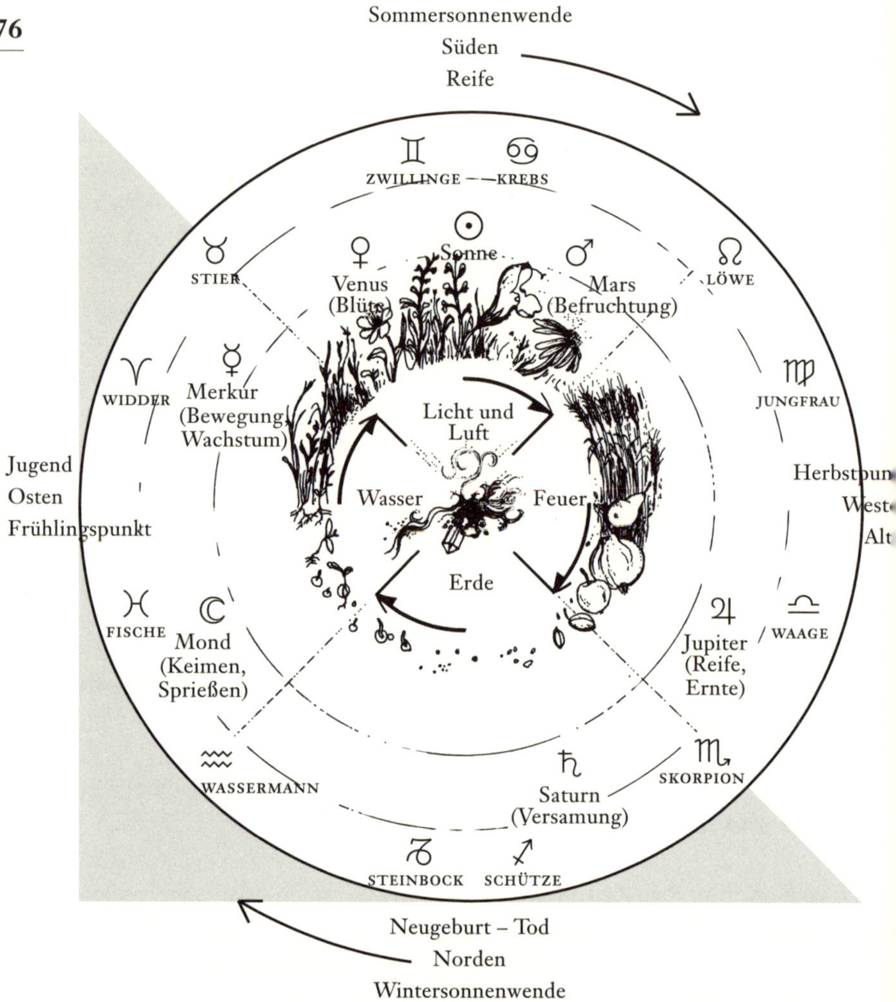
Sommersonnenwende
Süden
Reife
ZWILLINGE
KREBS
Sonne
STIER
Venus
(Blüte)
Mars
(Befruchtung)
LÖWE
WIDDER
Merkur
(Bewegung,
Wachstum)
Licht und
Luft
JUNGFRAU
Jugend
Osten
Frühlingspunkt
Wasser
Feuer
Herbstpun
West
Alt
Erde
FISCHE
Mond
(Keimen,
Sprießen)
Jupiter
(Reife,
Ernte)
WAAGE
WASSERMANN
Saturn
(Versamung)
SKORPION
STEINBOCK
SCHÜTZE
Neugeburt – Tod
Norden
Wintersonnenwende

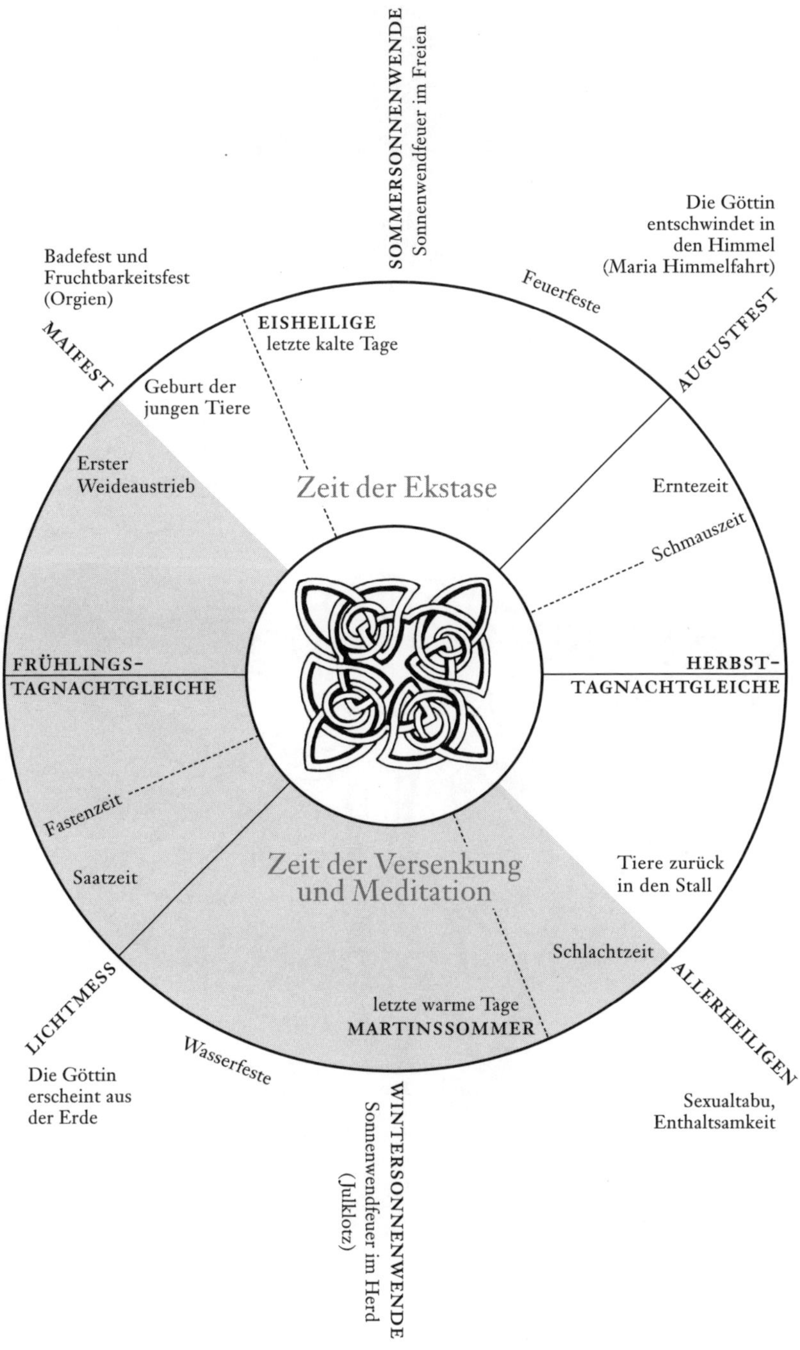
SOMMERSONNENWENDE
Sonnenwendfeuer im Freien
Die Göttin entschwindet in den Himmel (Maria Himmelfahrt)
Feuerfeste
AUGUSTFEST
Badefest und Fruchtbarkeitsfest (Orgien)
MAIFEST
EISHEILIGE
letzte kalte Tage
Geburt der jungen Tiere
Erster Weideaustrieb
Zeit der Ekstase
Erntezeit
Schmauszeit
FRÜHLINGS-TAGNACHTGLEICHE
HERBST-TAGNACHTGLEICHE
Fastenzeit
Saatzeit
Zeit der Versenkung und Meditation
Tiere zurück in den Stall
Schlachtzeit
letzte warme Tage
MARTINSSOMMER
LICHTMESS
ALLERHEILIGEN
Wasserfeste
Die Göttin erscheint aus der Erde
Sexualtabu, Enthaltsamkeit
WINTERSONNENWENDE
Sonnenwendfeuer im Herd (Julklotz)

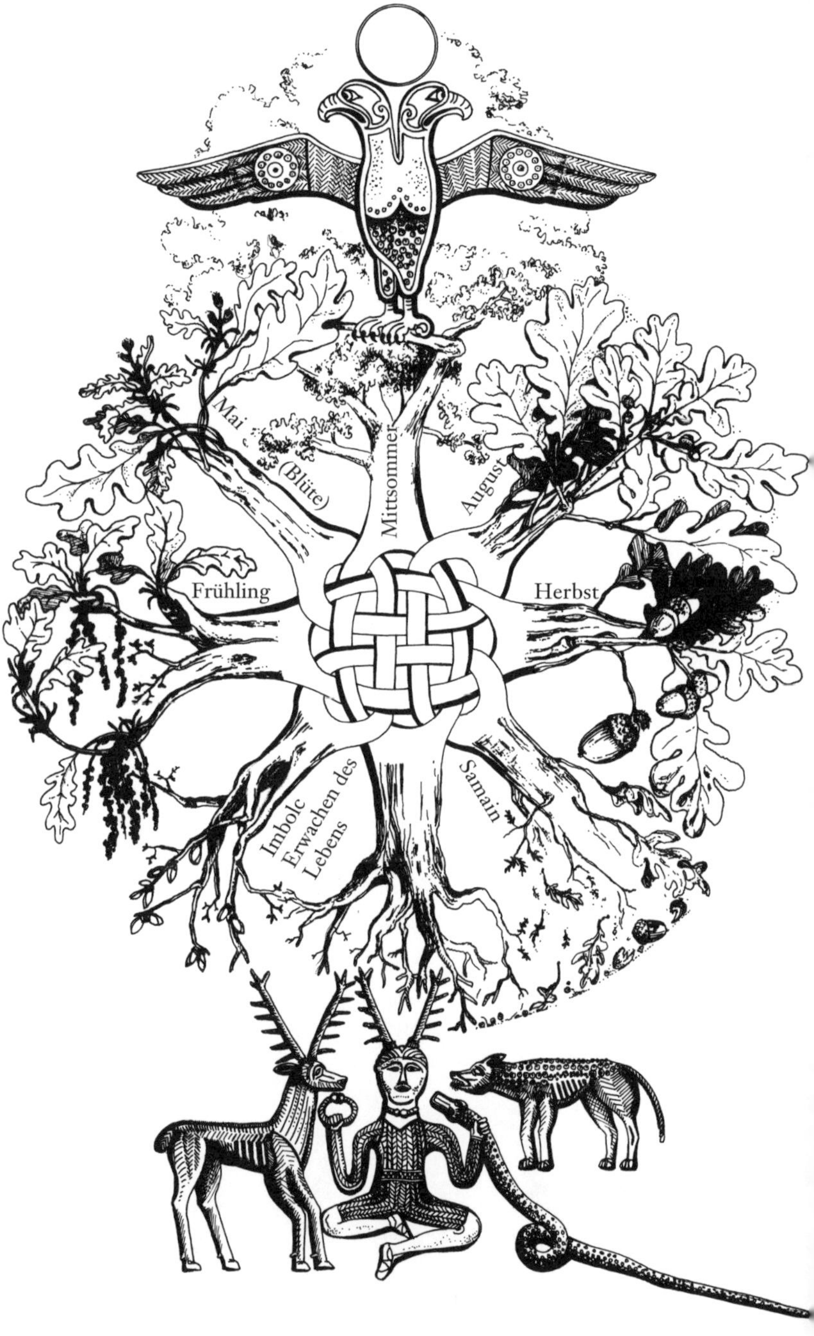
Mai
(Blüte)
Mittsommer
August
Frühling
Herbst
Imbolc
Erwachen des
Lebens
Samain

erneut hinabzusteigen.[81] Jedes Dorf, jeder Stamm hatte einen Repräsentanten dieses Weltenbaums, unter dem der Stammeskönig bei der Ratsversammlung tagte. Jede Gegend hatte ihren heiligen Wald (*Nemeton*), der als Weiheort diente und in dem die Weisen, die Druiden, wohnten. Jede Baumart hatte ihre Gottheit. Überliefert ist *Deus robor* oder *Oloudios*, der Eichengott, *Fagus*, der Buchengott aus den Pyrenäen, *Alisanus*, der gallische Ebereschengott, und *Abellio*, der Apfelgott (Botheroyd 1995: 29). Das sind nicht allgemein keltische Namen, sondern örtliche Benennungen, die irgendwann einmal aufgeschrieben wurden. Wenn der Mensch stirbt, führt der erste Schritt, den seine Seele auf der langen Wanderung ins Jenseits tut, in einen Baum – in die Dorflinde, in die Eiche – hinein. Dieser wird ihm zum Weltenbaum, die Äste sind die Sprossen der Himmelsleiter, auf denen er in die Götterwelten steigt. Auf diesen Ästen wird er bei seiner Wiederverkörperung wieder herabsteigen. Auch die ersten Menschen wurden, wie wir schon wissen, aus den Bäumen geboren.

Einen keltischen Baumkalender gab es also wirklich. Die Bäume und auch die anderen Pflanzen setzen mit ihrem Ergrünen, mit ihrem Blühen, ihrem Fruchten, ihrem Laubfall und ihren Ruhephasen genaue Zeichen des Zeitenwandels. Das ist nichts Abstraktes. Er wird wahrgenommen und erkannt, nicht ausgerechnet und erdacht. Zugleich kann man das jahreszeitliche Verhalten der Waldtiere und den progressiven Wandel des nächtlichen Sternenhimmels beobachten. Überall gibt es da Korrespondenzen, die »wahr« sind und nicht nur aus bezugslosen Fantasien und Fiktionen bestehen. Dieser Kalender brauchte nicht aufgeschrieben zu werden, die Erde schrieb ihn selbst in einer Schrift fließender, im Jahresrhythmus sich ständig wandelnder, lebendiger Bilder auf. Das war die »Schrift«, die die Waldweisen mit großem Verständnis lesen konnten. In Bezug auf diese natürliche Schrift ist unsere westliche Kultur – durch das Wirken der Inquisition und Aufklärung – geradezu analphabetisch geworden.

In Anbetracht der Lebendigkeit und Naturnähe dieses Kalenders sehen die in den Buchläden feilgebotenen »keltischen Baumkalender« und »keltischen Horoskope« recht konstruiert und willkürlich erdacht aus. Allenfalls tragen sie den Stempel der dominanten römischen Denkart mit ihrer Vorliebe für ausschließliche Kategorien. Schauen wir uns

81 Die Waliser kannten Lleu, den »Hellhaarigen mit der geschickten Hand«, den Sonnenhelden, als Adler, der zu Mittsommer vom obersten Wipfel der riesigen Eiche aus die Welt betrachtet. Im Winter aber sitzt der Vogel, abgemagert bis auf die Knochen, im untersten Geäst.

einmal den bekannten, viel zitierten Baumkalender von Robert von Ranke-Graves an, wie er ihn in seinem Buch *Die Weiße Göttin* darstellt. Es ist ein beeindruckendes Werk. Kaum jemand mag den komplizierten Zusammenhängen, den ständigen Abschweifungen und Arabesken des Buches zu folgen, und eben deswegen ist es so verlockend und suggeriert eine gelungene, gut recherchierte Rekonstruktion eines verloren gegangenen keltischen Baumkalenders. Er stellt die keltische Mythologie in die Nähe der antiken Religionen des Nahen Ostens, Nordafrikas und des pelasgischen Griechenlands und brilliert mit unvermuteten Querverbindungen, dass einem dabei heiß um die Ohren wird. Von dem ungeschriebenen Wissen der Landbevölkerung, von den unmittelbar in den Naturrhythmus eingebetteten germanischen, keltischen, baltischen oder slawischen Waldvölkern weiß der klassisch gebildete Stubengelehrte jedoch recht wenig Lebensnahes zu berichten. Das Werk bringt einem den Ausspruch des feinfühligen Naturkenners Goethe in den Sinn: »Mit Worten lässt sich trefflich streiten, mit Worten ein System bereiten!«

Der faszinierenden Hirnakrobatik des Oxford-Professors liegt das lange Zeit mündlich überlieferte altirische Baumalphabet **Beth-Louis-Nion** (Birke-Eberesche-Esche) zugrunde. Das Baumalphabet soll zugleich die Funktion eines dreizehnmonatigen Kalenders haben.[82] Es stimmt schon, dass die Birke (*Beth*) für die Kelten immer einen Anfang, einen Neubeginn darstellt. Wenn von Ranke-Graves aber den Birkenmonat auf das Datum vom 24. Dezember bis zum 20. Januar festlegt, dann irrt er sich bestimmt. Der Anfang des Jahres war, wie wir sahen, das Totenfest im November. Aber auch da spielte die Birke eine Rolle. Birkenruten, zum Besen gebunden – der spätere »Hexenbesen« –, dien-

82 Der Kalender, der 5000 Jahre alt sein soll, wurde von Robert Graves wie folgt »rekonstruiert«:

Datum	Baum	Buchstabe
24. Dezember – 20. Januar	Beth = Birke	B
21. Januar – 17. Februar	Luis = Eberesche	L
18. Februar – 17. März	Nion = Esche	N
18. März – 14. April	Fearn = Erle	F oder V
15. April – 12. Mai	Salille = Weide	S
13. Mai – 9. Juni	Uath = Weißdorn	H
10. Juni – 7. Juli	Duir = Eiche	D
8. Juli – 4. August	Tinne = Stechpalme/Steineiche	T
5. August – 1. September	Coll = Haselstrauch	C
2. September – 29. September	Muin = Rebstock	M
30. September – 27. Oktober	Gort = Efeu	G
28. Oktober – 24. November	Ngetal = Schilfrohr	NG
25. November – 22. Dezember	Ruis = Holunder	R
23. Dezember (Leerer Tag)	Mistel	—

ten der kultischen Reinigung von Stube, Stall und Herdstelle. Im Februar, wenn die weiße Lichtjungfrau Birgit erscheint, war die Birke ebenfalls wichtig: Birkensaft wurde zur körperlichen und seelischen Reinigung getrunken. Zu Beginn des Maifests Beltain wurde eine Birke nicht nur als Maibaum aufgestellt, sondern es wurden – wie noch heute zu Pfingsten – die Häuser und Fahrzeuge mit frischem Birkengrün geschmückt.

Ähnlich verhält es sich mit der Eberesche, dem *Luis*, dem zweiten Buchstaben im Alphabet. In der Eberesche, die auch Vogelbeer- oder Quickbaum genannt wird, lebt – nach keltischer Ansicht – ein Geist der Belebung und Erweckung. Der Pionierbaum wächst schnell und seine im Herbst reifen Früchte haben die Farbe frischen Blutes. Blut galt bei den Kelten, wie auch vielen anderen Völkern, nicht nur als der Lebenssaft, sondern als Träger des Geistes. (Noch Rudolf Steiner bezeichnet Blut als Träger des »Ich«, des göttlichen Geistes im Menschen.) Die Monatsblutung der Frau stellt ihre Fruchtbarkeit und das Weiterleben des Stammes dar. Blut ist eines der besten Opfer an die Götter – heilige Hinkelsteine, Idole und Bäume werden mit Blut oder dem blutroten Ocker, dem »Blut der Erde«, eingerieben, um den Segen der Götter zu erwirken. Schamanen reisen in Trance durch die Blutbahnen ihres Körpers, besuchen die Organe, die entweder die Götterburgen darstellen oder die mikrokosmischen Planeten. Das Blut verbindet sie mit den entferntesten Ahnen des Stammes. Die heidnischen Zauberer lauschten dem Rauschen des Blutes, des Lebensstroms, und konnten darin das Raunen der Götter hören. *Rowan* oder *Roan* heißt der Baum im Englischen, und ähnlich in skandinavischen Sprachen, und ist verwandt mit *Rot*, *Raunen* und *Runen*.[83] Was der keltisch-germanische Schamane als das Raunen der Götter vernahm, schnitzte er als Rune in die Rinde heiliger Hölzer – Buche, Esche, Eberesche – und rötete diese zusätzlich noch mit Blut, um sie zu beleben. Der Rowan, der Baum mit den blutroten Beeren, belebt ebenso wie Blut. Eine Ebereschenrute konnte zum Lebenszauber verwendet werden. Und weil er belebt, hieß er auch Quickbaum (vom altgerm. **kwikwas* = lebendig, quick). Die rituelle Anwendung der Eberesche war also nicht nur auf den »Ebereschenmonat« vom 21. Januar bis 17. Februar beschränkt, wenn

83 Mit Blut oder roter Farbe (Ocker, Zinnober) wurde bei den Kelten, aber auch überall in traditionellen Gesellschaften, Zauber betrieben. Ja sogar unser Wort »Zauber« geht auf das germanische **taubra*, nord. *Taufr*, angelsächs. *teafor* zurück und bedeutet »Rötel« (Ocker). Der Baum mit den blutroten Beeren war also bei den europäischen Völkern der vollkommene Zauberbaum und wurde überall zum Zaubern eingesetzt.

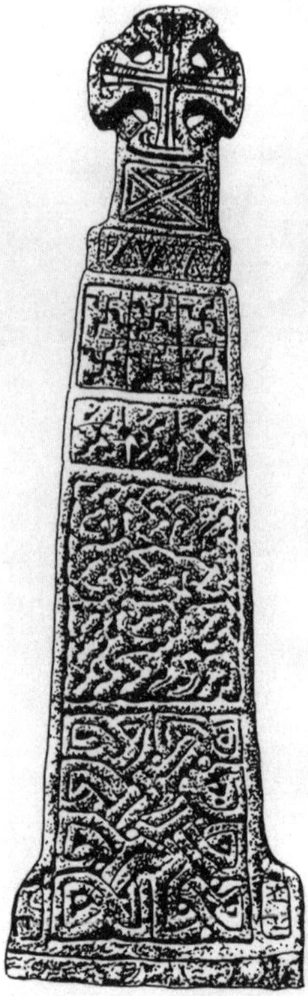

Im keltischen Kreuz wie diesem aus Wales (11.Jh.) kommt das keltische Medizinrad zum Ausdruck.

unter der milden Hand der Brigit oder Ostara das Leben in der Natur neu erwacht, sondern immer wieder, wenn etwas belebt oder zum Erwecken gebracht werden sollte. So wurden im Mai beim ersten Austrieb des Viehs die winterschwachen Tiere damit »gequickt«. Auch Frauen wurden mit dem Vogelbeerreis gequickt, um sie fruchtbar und gesund zu machen. Die Druiden schwangen Zauberstäbe aus Ebereschenholz auch bei anderen Leben erhaltenden Zeremonien. Selbstverständlich war auch der Herbst, wenn die roten Beeren hell leuchten, eine »Ebereschenzeit«.

Der dritte Monat in der Rekonstruktion des keltischen Baumkalenders ist *Nion* (Esche) vom 18. Februar bis 17. März. Die besten Speere wurden aus dem gerade wachsenden Eschenholz gemacht. Im ganzen indogermanischen Raum war der Baum mit der lichten Aura ein Baum der berittenen Sonnenhelden und des Lichtes. Ein Eschenspeer ist Attribut Lugs (Lugus), des Sonnengottes in seinem heißen, feurigen Aspekt. Der Feuerquirl, der im »Schoß« des weiblichen Birkenholzes Funken schlägt, war fast ausschließlich ein Eschenstab. Ein mit Spiralen verzierter Eschenstab diente den Druiden, wenn es um maskulinen Feuer- und Lichtzauber, um das In-Schach-Halten der Schlangenkräfte der dunklen Erde ging. Die Esche spielte bei jedem Entfachen eines jahreszeitlichen Notfeuers eine Rolle, denn mit ihm wurde himmlisches Feuer auf die Erde herabgeleitet.

Die Angaben der anderen »keltischen Baumkalender« im Sortiment der Buchhändler decken sich meistens abolut nicht mit den Aussagen von Robert von Ranke-Graves. Sie sind kulturhistorisch noch belangloser, haben aber dennoch etwas Verlockendes an sich. So bereitet etwa eine Zsuzsanna Budapest, eine professionelle kalifornische »Hexe«, für die Leser ihres Buches (*Das magische Jahr*) ein buntes Menü vor, in dem die Monate und Bäume mit Kristallen, Mondaspekten, Blumen, Gefühlen, Tierkreiszeichen und vielem mehr zu einem großartigen System aufeinander bezogen werden. Eine solche Konstruktion mag für den chaotisierten, bezugslosen Bürger einer sinnentleerten, seelenlosen, technomanischen Gesellschaft dem Bedürfnis nach psychischer Integration entgegenkommen, aber mit keltischer Spiritualität und Zeiteinteilung, mit unmittelbarer Naturempfindung hat das wenig zu tun. Es handelt sich um Baukästen mit Naturgegenständen als Versatzstücke, mit denen man die kaputten Lebensbezüge wieder aufzubauen versucht. Das mag intellektuell befriedigen, aber man kann sich damit auch schöne Gedankengefängnisse errichten, die einem das fließende, unmittelbare Naturwahrnehmen verbauen. Solche Konstruktionen gleichen den Anleitungen der Sex-Handbücher, mit deren Hilfe man zu spontanen Liebesfreuden gelangen will.

Das »keltische Baumhoroskop« von dem englischen Ehepaar Liz und Colin Murray, basierend auf dem mündlich überlieferten Ogam-Kalender, ist fast so künstlich konstruiert und an den Haaren herbeigezogen wie das »Baumhoroskop« von Annemarie Mütsch-Engel (*Bäume lügen nicht – das keltische Baumhoroskop*). Das Mütsch-Engel-System, in dem die Birke der Sommersonnenwende, die Eiche der Frühlingstagundnachtgleiche, der Ölbaum der Herbsttagnachtgleiche und die Buche der Weihnachtszeit zugerechnet werden, entbehrt fast jeder historischen und natürlichen Grundlage. Der Wert dieser Systeme mag allenfalls darin liegen, dass sich einige Menschen dann »ihre« Bäume tatsächlich auch einmal anschauen.

Was wir brauchen, sind nicht gekünstelte Systeme, sondern der direkte Zugang zur Natur. Das rustikale keltische oder steinzeitliche Stammesleben ist längst wieder in die Traumzeit verschwunden, aber auch als Großstädter können wir täglich beobachtende Naturspaziergänge unternehmen. Sogar in der Innenstadt wachsen in den Mauerritzen interessante Kräutlein, und manch ein Käfer krabbelt da noch herum; wir können einen Baum erklettern, unseren Geist meditativ in Blumen oder Bäume versenken, wir können einen Flecken Erde in einen Garten verwandeln – in Japan sieht man liebevoll gepflegte Gärtlein, oft kleiner als eine Schreibtischplatte, mit Moosen, Steinen und einigen Kräutlein bestückt. Wenn wir uns der Natur zuwenden, dann werden die *Devas*, die Gottheiten der Natur, sich erneut unseren Seelen kundtun, werden Inspirationen und Träume zur rechten Zeit geben und ihren eigenen, von Sonne, Mond und dem Sternenhimmel vorgezeichneten Rhythmus offenbaren. Dann wird auch die innere Landschaft der Seele wieder ergrünen, bunt erblühen, uns Weisheitsfrüchte schenken.

Dann werden wir die richtigen Feste zur richtigen Zeit feiern. »Nicht wir erfinden die Feste und Rituale, sondern die Geistwesen der Natur, die uns inspirieren«, erklärte mir einmal der alte indianische Medizinmann Bill Tallbull. Es sind die Bäume selbst, die uns den wahren Baumkalender lehren werden. Wir müssen uns nur Zeit nehmen, ihnen zuzuhören. Wir brauchen keine Priester, Prophetinnen oder Hierophanten, die uns in konstruierte Systeme einbinden und uns von der flutenden, wonnevollen, durch und durch beseelten Natur ablenken.

DIE HÄUPTLINGSBÄUME

Wie die Chinesen und andere Völker teilten die Kelten die Bäume, Sträucher und Kräuter nach gesellschaftlichen Kriterien ein. Es gab Häuptlingsbäume und Bauernbäume. Für das Fällen, vor allem von Häuptlingsbäumen, sah das Gesetz im mittelalterlichen Irland drakonische Strafen vor. Für das widerrechtliche Schlagen eines Haselstrauchs oder Apfelbaums galt die Todesstrafe, für die anderen der sieben Häuptlingsbäume – Eiche, Eibe, Esche, Tanne, Erle, Birke – eine Buße von einer bis drei Kühen (Ranke-Graves 1976: 236).

Dermont MacManus, ein zeitgenössischer irischer Schriftsteller, versuchte die heiligen Bäume der Kelten nach dem Grad ihrer magischen Kraft zu klassifizieren (Pennick 1997: 65). Eine derartige Aufstellung kann nicht anders als subjektiv und beliebig sein, dennoch werden wir seine Auflistung in diesem Kapitel als Richtlinie nehmen. Die elf wichtigsten Kraftbäume der Kelten waren:

1. Weißdorn	5. Erle	9. Eiche
2. Haselnuss	6. Esche	10. Besenginster
3. Holunder	7. Stechpalme	11. Kiefer
4. Weide	8. Birke	

Selbstverständlich gehören noch andere Bäume in diese Liste, die für sie ebenso heilig waren und von denen wir im nächsten Kapitel einige beschreiben werden.

Um ein Gespür dafür zu bekommen, wie die Kelten mit den Bäumen umgingen und welche Rolle diese im keltischen Weltbild spielten, wollen wir nun einige der Häuptlingsbäume herausgreifen und ausführlicher besprechen.

Weißdorn, Hagedorn

(*Crataegus* spp., kelt. *skviját*)

Der Weißdorn oder Hagedorn ist ein Gehölz, das sich gerne am Rande des kultivierten Landes, der Felder und Weiden ansiedelt und zusammen mit Schlehen, Brombeeren, Wildrosen, Kreuzdorn und anderem Gestrüpp eine natürliche Hecke, einen Hag, bildet. Im Neolithikum, nachdem die Jäger und Sammler sesshaft geworden waren, bildeten sich die Dornenhecken als Randbiotop der gerodeten, kultivierten Flächen aus. Sie umgaben die Brachäcker und Weiden, auf denen Ziegen, Rinder und Schafe grasten. Je mehr die gefräßigen Weidetiere an den Zweigen knabberten, umso dichter wurde die Dornenhecke, bis sie eine wirksame Barriere, ein Gehege, bildete. So wurde der Weißdorn allmählich zum Inbegriff für Schutz und Sicherheit für den Hof oder Weiler. Die Hagedornhecke hinderte das Eindringen reißender Wölfe, Bären und anderer wilder Tiere ebenso wie der »wilden Männer und Frauen«, die noch als Wildbeuter im Urwald lebten. Auch Dämonen, Krankheitsgeister und andere Unholde würden – so war man überzeugt – an den spitzen Dornen hängen bleiben, versuchten sie in den heiligen Kreis einzudringen, in dessen Mitte als Herz der Gemeinschaft ein Feuer brennt. Noch bis vor kurzem glaubte die ländliche Bevölkerung, dass man sich einer Krankheit entledigen könne, indem man durch eine Weißdornhecke kriecht. Auch Haustiere wurden durch den Hagedorn getrieben, um Parasiten, Krätze und Räude abzustreifen.

Dornröschen (Gustav Doré).

Schlafdorn

Überall wo der Weißdorn wuchs, nahmen die indoeuropäischen Völker die positive Kraft des Baumes für sich in Anspruch. Die Römer steckten Zweige der *Spina alba* an Stall- und Haustüren, um die Kinder raubenden, vogelgestaltigen Strigen fern zu halten. Bei den Slawen galt der Weißdorn als sicherer Schutz gegen Blut saugende Vampire. Die Leichen von Widergängern – oder von jenen, von denen man befürchtete, sie würden es werden – wurden mit Weißdornpfählen durchbohrt.

In der Siedlung oder auf dem Hof, die von einem derart mächtigen Gewächs umgeben sind, lässt sich ruhig schlafen. So ruhig, dass der Weißdorn im ganzen indogermanischen Sprachraum mit tiefem unerschütterlichem Schlaf assoziiert wird. *Svefnthorn* (Schlafdorn) heißt das Bäumchen im Isländischen. Die Nacht wird von den Skalden der *Älteren Edda* poetisch als »die mit dem Schlafdorn Betraute« umschrieben. Wenn jemand mit einem Schlafzauber belegt wurde, nannten dies die Nordgermanen »Schlafdornstechen«. Auch Odin machte von diesem Zauber Gebrauch, als er Brunhilde mit einem Weißdornstachel stach, so dass sie in tiefen Schlaf versank. Auch Dornröschens Dornenhecke bestand höchstwahrscheinlich aus Weißdorn, und die Spindel, deren Stich das Königskind in einen hundertjährigen Zauberschlaf versenkte, war wohl aus dem harten Holz des Hagedorns gedrechselt. (Dieses harte Holz eignet sich zur Herstellung von Werkzeugstielen, Rechenzähnen, Spazierstöcken und Spindeln; aus der Wurzel lassen sich ausgezeichnete Pfeifenköpfe – *Briar* – machen.)

Auch **Merlin,** der Archetypus des keltischen Druiden, schläft träumend bis ans Ende der Zeit, unter den Zweigen eines alten Hagedornbusches. Die schöne Fee **Viviane** (Nimue) nahm den alten Weisen zärtlich bei der Hand, umwand ihn mit ihren anmutigen Armen wie der Efeu eine Eiche, liebkoste ihn und entlockte ihm mit süßen Worten alle seine Zaubergeheimnisse. Tief im Wald von Broceliande, in der Waldlichtung, die einst Belnemeton («heiliger Hain des Belenos«) hieß, ließen sie sich unter einem hohen, mit Blüten bedeckten Weißdornbusch nieder. Da beschwor sie ihn: »Lehre mich, wie ich einen Mann fessele, ohne Ketten, ohne Turm, rein durch die Kraft des Zaubers, so dass er nie mehr entweichen kann, wenn ich ihn nicht freigebe.« Als der Magier mit dem Kopf in ihrem Schoß eingeschlafen war, »nahm sie ihren langen Schleier, umgab damit die Weißdornhecke, unter welcher Merlin schlief, und vollendete die Bezauberung, ganz so, wie er es sie gelehrt hatte; neun Mal ging sie um den geschlossenen

Kreis, und neun Mal wiederholte sie die Zauberworte, bis der Zauber unauflöslich war« (Brosse 1990: 166). Es wäre jedoch falsch zu glauben, dass der Entrückte unglücklich war. Unter den Ästen der Weißdornlaube fand der Waldweise die weibliche Hälfte seines Wesens, er fand seine Herzensmitte.

Überall, wo er wächst, wurde der Weißdorn der großen Weißen Göttin, Dana, der Braut des Belenos, geweiht. Die Bilder der im Feuerring schafenden Brunhilde, des Dornröschens, der Viviane (Nimue) sind Reminiszenzen der großen Göttin. Sie west als Schicksalsgöttin, als Herrin über Leben und Tod, im Reich jenseits des Zauns, jenseits der schützenden Hecke. Sie ist die verführerische Hexenkönigin. Acht habe derjenige, der sich dort hineinwagt!

Oder sie selbst schläft dort als Jungfrau, hold und unschuldig, im heiligen, von einer Dornenhecke umgebenen Hain. Der junge Sonnenheld (der Sonnengott Belenos), der junge Ritter küsst sie dann wach, so dass sie vom langen Schlaf erwacht. Dieses Mysteriendrama findet in der Menschenseele ebenso statt wie in der Natur. Wenn der Hagedorn in weißer Blütenpracht prangt, dann erwacht die Göttin und erscheint auch den Menschen. Als »Maikönigin« nimmt sie in der schönsten Jungfrau im Dorf Gestalt an. In fernen neolithischen Zeiten und auch noch zur Zeit der keltischen Heiden wurde ihr Erscheinen mit Raserei und wilden Orgien begrüßt. Man gab ihr den kräftigsten jungen Burschen – er verkörperte den Sonnenhelden – zum Gefährten und wusste, dass sie die Äcker zur Erntezeit reichlich mit Getreide und die Gärten mit Obst segnen würde. Ganz früh, bei den ersten, noch vorkeltischen Bauern, wurde der Auserwählte gegeißelt und mit einer Dornenkrone gekrönt, ehe er mit ihr in das jenseitige Reich hinter der Hecke zog. Offensichtlich sind Elemente dieses neolithischen Kultus Teil des christlichen Mysteriendramas der Passion geworden. Gallische Christen, wie Marcellus Empiricus, der römisch-gallische Volksmediziner aus dem 5. Jahrhundert n. u. Z., waren überzeugt, dass die Dornenkrone des Heilands aus Weißdornzweigen bestand.[84] Als Opferbaum erscheint der Strauch auch in einem vor ungefähr 3500 Jahren niedergeschriebenen hethitischen Gebet an die Weißdorngöttin:

»Du bist der Weißdornstrauch;
Im Frühling kleidest du dich weiß,
Zur Zeit der Ernte aber kleidest du dich blutrot.

84 »Salutaris herba, id est spina alba qua Christus coronatus est ...«, zit. in Höfler 1911: 29.

Dem Schaf, das unter dir hinweggeht, rupfst du das Fell.
So ziehe auch von diesem Opfer,
Das durch das Tor [deiner Hecke] geht,
Böses, Unreines und den Zorn der Götter weg.«

Inzwischen nimmt das Maifest mildere Formen an, das orgiastische Treiben ist – wie die Natur selbst – gebändigt. Aber noch immer wird die Maigöttin in England und Frankreich mit blühenden Hagedornzweigen geschmückt, und noch immer hält man beim Umtanzen des Maibaums den Weißdornmaien in der Hand. In Irland besteht der Maibaum vielerorts aus einem Weißdorngehölz. In der Pfalz orakelt die Bauernregel in Bezug auf die Weißdornblüte: »So viele Tage der Strauch vor dem 1. Mai blüht, so viele Tage vor Jakobi [25. August] die Getreideernte beginnt.«

Dem Dornenstrauch als Baum der Göttin, beziehungsweise der Mutter Gottes, traut man zu, Böses zu vertreiben. Zu Walpurgis, dem Hexenfest am Vorabend des ersten Mai, kann man die Zweige an die Türen stecken, um den Besuch unliebsamer Astralreisender fernzuhalten (Strassmann 1994: 283). Verhexte Milch wurde mit Weißdornschlegeln geschlagen, um den Zauber umzukehren. Dennoch blieb das Heckengehölz ein Hexenbaum, war doch die große Göttin der Wildnis und der chaotischen Kräfte der Fruchtbarkeit zugleich die Hexengöttin. Man glaubte, dass sich die fliegenden Hexen auf dem Weg zur Maitanznacht auf dem Brocken gerne auf dem Weißdorn ausruhten und dabei die Spitzen abbrachen und das frische Laub aßen.

Der Heckenbaum, der das Gehege umschließt und nichts hineinlässt, galt im christlichen Mittelalter auch als Symbol der Keuschheit und Jungfräulichkeit – das ist die genaue Umkehrung der heidnischen Bedeutung. Es heißt, »er verschließt auch das Geburtsschloss des Weibes«. Ein Schlüssel, der ein Schloss zuschließt, kann dieses aber auch wieder aufschließen. So ist es kein Wunder, dass der Weißdorn im Gebärzauber als »Springkraut« eine Rolle spielte. Im Allgäu etwa heißt es, die Schwangere solle drei Dornen von dem Strauch abbrechen und diese in einem Säckchen auf der linken Seite tragen; dann werde sie eine leichte Geburt haben (Bächtold-Stäubli IX 1987: 448). Oder die Hebamme sollte solche Dornen bei sich tragen und die Schwangere damit sanft berühren.

Ganz traute man dem Weißdorn, der in der Maienzeit so schön blüht, dennoch nicht. Es haftete immer noch zu viel Unheimliches, zu viel Düsteres an ihm. Die unbewusste Erinnerung an heidnisch orgiastische Opferriten schwingt ebenfalls noch mit. Der Duft der Blüten – sie enthalten Trimethylamin und werden von Fliegen und Aasinsekten bestäubt – erinnert an den süßen Geruch des Todes; »so roch der Wind, der von London her wehte, als dort die Pest wütete«, sagte John Gerard, der englische Kräuterarzt. Andernorts wird der Duft als der der weiblichen Scheide, als Heringslacke oder als »Maikäferduft« beschrieben. Der Weißdorn ist schließlich ein Machtbaum der Göttin, und diese hat viele Gesichter: Eines davon ist Morrigan, die Todesgöttin.[85] In diesem Zusammenhang lässt sich das druidische Ritual des Todesfluches (*glam dicinn*), das gegen einen ungerechten König durchgeführt wurde, verstehen: Sechs Druiden stiegen nach einer Fastenzeit bei Sonnenuntergang auf einen Hügel an der Grenze, wo mehrere Länder zusammentreffen. Alle mussten dem Weißdornstrauch, der auf dem Gipfel stand, den Rücken kehren. In den Händen trugen sie einen Schleuderstein und einen Weißdornzweig. Beim Wehen des heftigen Nordwinds sangen sie, einer nach dem anderen, ihren Fluch. Dann legte jeder seinen Stein und seinen Ast auf die Wurzel des Weißdornstrauchs. Wenn sie im Unrecht waren, dann tat sich die Erde auf und verschlang sie; wenn jedoch der König Unrecht hatte, dann verschlang ihn der Hügel mitsamt seiner Frau, seinem Sohn, seinem Pferd, seinen Waffen, seiner Rüstung und seinem Hund (LeRoux/Guyonvarc'h 1996: 218).

Der Wanderstab

Dass dem Weißdorn als einem der heiligsten Bäume der Kelten die Verteufelung durch die christlichen Missionare nichts anhaben konnte, davon wissen die Strassenbauämter in Irland und Wales ein Lied zu singen. Es ist praktisch unmöglich, dort eine Straße zu bauen, wo ein mit Stofffetzen und Weihegaben geschmückter Weißdorn steht. Solche Bäume sind den Heiligen geweiht und gelten als Wohnort der Feen. Wer einen solchen Baum fällt, dem stirbt das Vieh oder gar die Kinder.

Gleich zu Beginn, als die Christen kamen, verquickten konvertierte Druiden die neue Lehre mit dem alten Brauchtum, der den heiligen Weißdorn, den heiligen Lichtspeer und den Opferkessel umgab. In Glastonbury, einer der wichtigsten Kultstätten der Göttin – hier quillt rotes, eisenhaltiges Wasser, ihr Menstrualblut, aus einer Quelle –

85 Die Nordgermanen benutzten für die Scheiterhaufen zum Einäschern der Verstorbenen vorzugsweise das heiß brennende Hagedornholz. Später wurde es im Norden Brauch, Weißdornbüsche auf die Gräber zu pflanzen.

wächst ein uralter Weißdornbaum. Die Legende besagt, dass Joseph von Arimathia, der nach langer Irrfahrt den Abendmahlskelch vom Heiligen Land nach England brachte, hier seinen Wanderstab in den Boden steckte. Dieser wurzelte, trieb aus und blüht seither jedes Jahr zur Weihnachtszeit. König Artus, der mit seinen Rittern den Kelch als Heiligen Gral hütete, ließ sich jedes Jahr einen blühenden Zweig von dem Weißdornbäumchen bringen. Bis zum heutigen Tag erhält das britische Königshaus zu Weihnachten einen Blütenzweig von diesem Baum.[86]

Diese Legende ist wichtig, denn der Wanderstab aus Weißdornholz verbindet das christliche Heilsgeschehen mit keltischer Spiritualität; der Abendmahlskelch mit dem erlösenden Opferblut des Gottessohns wird dadurch mit dem heiligen Kessel der Göttin und des Himmelsgottes Dagda identifiziert.[87] Joseph von Arimathia soll, nachdem er in Frankreich gepredigt hatte, im Jahre 63 mit seinen zwölf Jüngern Britannien erreicht haben. Er soll in Glastonbury eine runde Kirche aus Weidenruten und Lehmverputz erbaut haben, die erste Kirche auf britannischem Boden. Glastonbury, eine Insel in einer großen Sumpflandschaft, war schon vor den Kelten ein Kraftort. Noch heute wird der Pilgerort als das »englische Jerusalem« bezeichnet. Für die Kelten war diese Gegend mit ihren starken geomantischen Energiefeldern und unheimlichen Nebeln ein Tor zu der Feen- und Toteninsel **Avalon** (der Apfelinsel, walis. *Ynys Avallach)*. Hier soll König Artus sein Schwert Excalibur empfangen haben; hier soll er von der Fee Morigane (= die Göttin Morrigan) in die Anderswelt entführt worden sein, wo er bis zu seiner Wiederkehr ruht. 1191 sollen die Benediktinermönche, die hier ein Kloster hatten, einen aus einem Eichenstamm gezimmerten Baumsarg entdeckt haben, auf dessen Deckel sich die Aufschrift befand: »Hier

86 Der Brauch, vor der Wintersonnenwende Kirschen- und andere Obstholzzweige zu brechen und zum Blühen zu bringen, gehört in den Kreis des überlieferten keltisch-germanischen Fruchtbarkeitszaubers. Der Brauch wurde auf die heilige Barbara übertragen. An ihrem Namenstag, am 4. Dezember, gehen die Frauen und brechen – sie dürfen nicht geschnitten werden – die »Barbarazweige«. Das Blühen über Weihnachten weist auf ein gutes, glückliches, fruchtbares Jahr hin.

87 Joseph von Arimathia soll es gewesen sein, der bei der Kreuzabnahme die Nägel aus den Händen und Füßen des Heilands herauszog und auch das Felsengrab zur Verfügung stellte. Die kirchliche *Legenda Aurea* erzählt: »Als die Juden hörten, dass Joseph Christus ins Grab gelegt hatte, legten sie ihn in eine Kammer, versiegelten diese und wollten ihn nach dem Sabbat töten. In der Nacht der Auferstehung aber hebt Christus das Haus auf an den vier Enden, trocknet Josephs Tränen, küsst ihn und führt ihn hinaus, ohne dass die Siegel brechen« (Keller 1979: 293). Die mittelalterliche Gralsdichtung lässt ihn dann den Abendmahlskelch – eine Kristallschale, die aus der Krone des gestürzten Luzifer gemacht wurde –, der das Blut des Erlösers aufgefangen hat, ins Abendland bringen.

liegt der berühmte König Artus mit seiner zweiten Frau Ginevra auf der Insel Avalon begraben.« Hier, auf dem Gralshügel mit der Quelle, dem *Chalice Hill*, wo drei reine Jungfrauen den Kelch Tag und Nacht hüteten, soll die Gralsburg des Fischerkönigs gestanden haben.

Viele Heilige, darunter der heilige Patrick aus Irland lebten und starben an diesem Ort. Auch die heilige Brigida soll hier gelebt haben. Der Glastonbury *Tor*, auf dem noch die Turmruine einer Michaelskirche steht, soll derselbe Hügel gewesen sein, auf dessen Gipfel der König der Naturgeister, der Feenkönig **Gwynn ap Nudd**, seinen Palast gehabt haben soll; zu ihm wurde der heilige Collin eines Mittags eingeladen. Wir haben schon gehört, wie der mürrische Einsiedler das Feenschloss mit Weihwasser besprengte und den ganzen Feenzauber zum Verschwinden brachte. Die Puritaner, die unter Cromwell das Kloster verwüsteten, hackten auch den ursprünglichen Weißdornbaum – diesen »heidnischen Götzen« – ab. Da die Mönche aber viele Ableger gemacht hatten, wächst ein anderer, inzwischen knorrig und alt gewordener *hawthorn* an derselben Stelle (Fortune 1991: 36).

Botanik und Heilkraft des Weißdorns

Es gibt ungefähr 200 *Crataegus*-Arten, die in der gesamten gemäßigten Zone verbreitet sind. Bei uns wachsen vor allem der zweigriffelige *Crataegus oxyacanthus* und der eingriffelige *C. monogyna*. Bastarde zwischen den Arten kommen häufig vor und alle haben, was ihre Heilkraft betrifft, eine ähnliche Wirkung.

Der dornige Heckenstrauch heißt wegen seiner helleren Rinde »Weißdorn«, im Gegensatz zu der Schlehe, die wegen ihrer schwarzen Rinde »Schwarzdorn« genannt wird. Der »Rotdorn« ist eigentlich ein Weißdorn mit roten Blüten. Die Blüte ist sonst allgemein weiß, und die im Herbst reifenden mehligen Beeren, die »Mehlfässchen«, sind rot. Rot und Weiß sind die mystischen Farben der Göttin, die Farben von Blut und Milch. In Märchen und Mythe wird zwischen dem Weißdorn und der Wildrose kaum unterschieden. Alle diese dornigen Heckenpflanzen gehören der großen Weißen Göttin, deren Spur uns noch heute in den Märchen von Dornröschen oder Schneeweißchen und Rosenrot begegnet.

Ausgrabungen zeigen, dass die neolithischen Bauern die nahrhaften, mehligen roten Beeren im Herbst sammelten. Wahrscheinlich aßen sie auch die zarten jungen Blätter im Frühling.

Unter Apothekern und Naturheilkundigen ist *Crataegus* inzwischen ein geflügeltes Wort, wenn von Kardiopathien, von Herzerkrankungen, die Rede ist. Der Tee aus getrockneten Blättern, Blüten und den roten Beeren wirkt vorbeugend oder als Heilmittel bei degenerativen Herzkrankheiten. Einem Bericht des *British Medical Journal* zufolge hilft ein Aufguss – 2 bis 3 Tassen am Tag – bei Herzschwäche, Angina pectoris, Fettherz, Bluthochdruck, Herzklopfen, unregelmäßigem Puls, Herzstechen, Durchblutungsstörungen der Herzkranzgefäße und bei Schlafstörungen nervösen Ursprungs. Der Tee ist ohne Nebenwirkungen und kann über Jahre hinweg genommen werden. Er verbessert die koronare Durchblutung und somit die Sauerstoffversorgung der Herzmuskeln. Auf jeden Fall sollte der Herzkranke es mit diesem Tee versuchen, ehe er zu Maiglöckchen (*Convallaria*) oder den anderen, viel giftigeren Herzpräparaten, wie Digitalis oder Strophantus, greift.

Anscheinend wurden die kardiotonischen Qualitäten des Weißdorns erst in der Mitte des 19. Jahrhunderts entdeckt. Es war der irische Arzt Dr. Green, der *Crataegus* als Erster verwendete. Seine Praxis wurde zum Wallfahrtsort für Herzpatienten. Hatte er die Inspiration in der Stille der nächtlichen Meditation von dem Deva dieses Rosengewächses erfahren? Oder hatte er – wie sein Zeitgenosse Dr. Withering, der den Fingerhut (*Digitalis*) als drastisches Herzmittel entdeckte – Zugang zu der lang geheim gehaltenen Tradition der kräuterkundigen Frauen gefunden? Doch auch wenn man von dem Heilgeheimnis des Weißdorns früher gewusst hätte, wäre es auf wenig Interesse gestoßen, denn vor der industriellen Revolution waren Herzprobleme kein Thema. Erst mit der Unruhe und Hast, die eine von Maschinen dominierte Welt mit sich brachte und die den Menschen aus seinem organischen Lebensrhythmus herausreißt, kamen Herzerkrankungen und Herzrhythmusstörungen ins Bewusstsein der Mediziner. Inzwischen ist Herzversagen zur häufigsten Todesursache in der westlichen Welt geworden.

Haselnuss

(*Corylus avellana*, kelt. *knovà*, walis. *coll*)

Die Hecke war nicht nur eine physische Grenze zwischen dem kultivierten Land und dem kaum zu durchdringenden Urwald, sondern ebenso eine metaphysische Grenze. Hinter dem Gehege fing das Reich der wilden Tiere, der Gespenster und Waldunholde, der Elfenwesen und Gottheiten an. In die numinose, zauberische Welt hinter dem dornigen Gestrüpp wagten sich nur jene, die selbst magisch aufgeladen waren: die Jäger, die Kräuter sammelnden alten Frauen – die »Heckensitzerinnen« oder Hexen –, die Schamanen und Druiden. Die überdimensionale Rolle, welche die neun Heckengehölze in der Magie, im druidischen Loswerfen und im Volksaberglauben spielen, ist nur in diesem Zusammenhang zu verstehen.[88]

Wegen der kräftigen, geraden Stecken und Pfosten, die sich aus dem Strauch schneiden lassen, und vor allem wegen der nahrhaften Nüsse ist die Haselstaude eines der wichtigsten einheimischen Heckengehölze. Aber nicht nur deswegen. Die Kelten waren überzeugt, dass das Haselgehölz auch Schutz gegen die chaotischen Kräfte und Energien des Jenseits – gegen Blitzschlag, Feuer, Schlangen, wilde Tiere, Krankheiten und bösen Zauber – bietet. (Noch im 20. Jahrhundert pflanzten die Anthroposophen rund um das Goetheanum in Dornach einen »Schutzwall« aus Haselsträuchern gegen das »Widergeistige«.) Andererseits verbindet der kleine Baum gerade mit dieser Dimension. Schläft man darunter, dann werden einem zukunftsträchtige Träume geschenkt. Und der hellsichtige Münchner Alchemist Dr. Max Amman rät: »Unter Haselsträuchern kann man sich leicht mit freundlichen Naturgeistern in Verbindung setzen.«

Wie wir sahen, teilten die Kelten die Welt in eine diesseitige und eine jenseitige Seite auf. Hier, auf dieser Seite, die lebenden inkarnierten Geschöpfe, dort die Andersweltlichen, die Geister, Götter, Feen, Ahnen. Die andere Welt ist nicht weit weg. Die beiden Seiten liegen hautnah aneinander. Zu besonderen Zeiten, den acht Feiertagen, den Vollmond- oder Neumondnächten oder den Geisterstunden öffnen sich heimliche Tore zur anderen Seite. Wenn man dann eine Haselgerte bei sich trägt, hat man nicht nur Schutz vor den chaotischen Mächten des Jenseits, sondern man kann ebenso die Kräfte und Energien des Jenseits aufspüren, dirigieren, beherrschen oder sie von drüben herüberleiten. Der Haselstock ist für Kundige ein echter Zauberstock.

88 Die »Hecke« als Schwelle zur anderen Welt ist übrigens bis heute noch nicht verschwunden. Sie ist nur ins All oder auf die submolekulare Ebene der Elektronen verschoben worden. Dahinter treiben die »Außerirdischen«, die Ufo-Gottheiten Dänikens, mysteriöse »Mutterschiffe«, Quarks, Pulsare und »schwarze Löcher« ihr Unwesen. Hinter der elektronischen Hecke des Computers geistern die Chimären einer »virtuellen Realität«, von Lara Croft und dem Moorhuhn bis zu den gemeinen PC-Viren. Aber auch diese modernen »Andersweltlichen« haben, insofern wir ihnen Zugang zu unserer alltäglichen Lebenswelt verschaffen, umwerfende Folgen für uns und die Natur.

Welche Kräfte können aus der Anderswelt herübergeleitet werden? Es sind die Schätze der Elementargeister, der Toten und der Götter: Der Kundige kann mit der Rute in die transsinnlichen Bereiche »hinüberspüren«, kann verborgene Schätze finden, Wasseradern »schmecken« oder gar das Wetter beeinflussen. Man kann die ätherischen Lebenskräfte, die uns Gesundheit und physische wie auch geistige Zeugungskraft geben, hereinleiten. Man kann durch die merkurhafte Natur der Hasel zur Quelle göttlicher Weisheit vordringen und sich von den Göttern mit richtigen Intuitionen oder Inspirationen befruchten lassen. Diese außergewöhnlichen Aspekte wollen wir nun im Einzelnen betrachten.

Kontakt mit Elementargeistern: Die Kräfte der Erde

Die Haselrute gilt bei Rutengängern oder Radiästheten noch immer als bester Energiestromleiter. Mit ihnen vermag der Sensitive Wasseradern und Erze, insbesondere Silber und Gold, aufzuspüren. Mit dem Stab lassen sich aber auch Diebe und sogar Mörder, versteckte Marksteine und verirrtes Vieh wiederfinden. Mit dem Haselstab als Wanderstock kann man auch den Weg wieder finden, wenn man sich verlaufen hat. Das ist so, weil der Haselstab mit den nichtstofflichen Dimensionen der Elementar- und Naturgeister verbindet. Und diese Andersweltlichen wissen vieles, sehr vieles, was wir »dummen« Menschen nicht wissen können.

Die Wünschelrute

Die Wünschelrute wurde von den Kelten verehrt und mit grösster Sorgfalt hergestellt, aber sie ist keine keltische Erfindung. Schon die vorkeltischen Etrusker kannten *aquileges* (Rutengänger), die mit Haselruten verborgene Quellen aufdeckten, und auch die Chinesen vor über 5000 Jahren wussten davon. Sogar heute geht das noch, und zwar schneller und billiger als mit technischen Geräten.

Der Umgang mit der Wünschelrute folgt den allgemeinen Regeln der keltischen Pflanzenrituale. Nicht jeder kann die Rute schneiden. Nur ein Unbescholtener oder zumindest ein Sonntagskind darf dies tun. Die Rute soll auch nicht irgendwann, sondern an einem besonders heiligen Tag geschnitten werden. Im christlichen Europa ging man – je nach Region – in der Christnacht, der Silvesternacht oder an Dreikönig, Maria Lichtmess, Karfreitag oder in der

Osternacht, am Hexenabend der Walpurgisnacht, zu Mitternacht in der Johannisnacht oder zu Maria Himmelfahrt (15. August) hinaus, um die Rute aus dem Gehölz zu schneiden. Wenn wir diese Daten genauer betrachten, entdecken wir, dass sie ungefähr auf die alten keltischen Feiertage fallen, auf die Sonnenwenden, Tagnachtgleichen und Kreuz-Viertel-Tage (mit Ausnahme von Samain). Am besten ist es, wenn dieser Termin in den Neumond fällt oder drei Tage danach. Die günstigste Tageszeit ist kurz vor Sonnenaufgang oder in der mitternächtlichen Geisterstunde, eventuell auch am Mittag.

Man muss stillschweigend, am besten splitternackt, ohne gesehen zu werden und ohne jemanden zu sehen, zu dem Haselstrauch gehen. Mit dem Gesicht gegen Osten oder zum Sonnenaufgang gerichtet, soll man sich dreimal vor der Hasel verneigen und sie begrüßen, indem man sagt: »Gott segne dich, du edles Reis und Sommerzeig.« Oder:

»Gott grüsse dich, du edles Reis.
Mit Gott, dem Vater, such' ich dich,
Mit Gott, dem Sohne, find' ich dich,
Mit Gott, dem Heiligen Geist, schneide ich dich ab.«

Man soll ihr auch ausdrücklich sagen, was man von ihr erwartet:

»Ich beschwöre dich, Sommerlatte,
Aus des Waldes grüner Matte,
Dass du mir weisest, so recht und wahr,
Als Maria eine reine Jungfrau war,
Wo Gold und Silber liegt blank und klar.«
(Perger 1864: 253)

Oder man sagt ihr beim Schneiden: »Ich gebiete dir, Rute und Sommerlatte, bei den heiligen drei Königen, Kaspar, Balthasar und Melichor, so wahr der Stern sie geführt und geweisen hat zu dem wahren Schatz unseres Herrn Jesu Christi, so gewisslich neig und zeig die ganze lautere klare Wahrheit um alles, was ich begehre und dich fragen werde« (Engel 1978: 42).

Indem man die heilige Dreifaltigkeit oder Maria aufruft, wird das Geschehen zu einer heiligen Handlung. Hier und da, etwa in Schlesien, rief man aber den Teufel an. Man musste ihm die Seele verschreiben, damit die Rute ihre Kraft erlangte. Den Hörner Tragenden anzurufen, ist kulturgeschichtlich viel älter, als den Christengott

Rutengänger.

zu nötigen. Der Waldteufel ist – richtig verstanden – kein anderer als der Cernunnos, der Herr der Tiefe, der Gebieter der Seelen und Elementargeister.

Zum Schneiden soll man sich umkehren und die Rute zwischen den Beinen – »hinter dem nackten Arsch«, wie es bei den Wenden heißt – hervorziehen. Dann muss die Gerte mit einem einzigen, geschwinden Schnitt abgetrennt werden, damit der Baum keine Zeit hat, seine Kraft doch noch zurückzuziehen. Der dramatische Vorgang gleicht einer Geburt, die Zauberrute wird sozusagen zwischen den Schenkeln des Rutengängers in diese Welt hineingeboren und abgenabelt. Sie wird auch tatsächlich wie ein lebendes Wesen behandelt.

In manchen Gegenden wurde sie wie ein Kind mit Wasser getauft. Das sollte ihre Zauberkraft wecken. Man taufte sie im Namen der Heiligen Drei Könige (Elsass, Tirol, Bayern) oder im Namen des Petrus – er ist der Wetterherr und trat an die Stelle der heidnischen Wettergötter, Donar oder Tanaris. Man steckte sie sogar in die Kleider oder Betten eines Täuflings und gab ihr einen Taufnamen. Die Spreewalder Wenden wickelten sie sogar in Windeln (Ohrt 1989: 836). Diese »Taufe« ist weniger ein christliches Ritual als vielmehr die Wasserweihe, die schon die keltisch-germanischen Heiden praktizierten.

So wie der Stern die Heiligen Drei Könige zum Christkind soll die Rute den Rutengänger zum Schatz führen.

Traditionell benutzt man zum Schneiden kein metallenes Messer, sondern eine Feuersteinklinge. Auch soll man kein Eisen bei sich tragen. Verschiedenenorts, etwa in Böhmen, wurde sehr wohl ein Messer genommen, aber es musste funkelnagelneu und in Weihwasser getaucht sein. Dieses Messer durfte niemals mit der bloßen Hand berührt werden, sondern nur mit der in ein frisches weißes Tuch gewickelten linken Hand.

Nur ein Gegenstand, der wirklich viel Macht besitzt, ist eines solch umständlichen Rituals würdig. Entweder waren die alten Europäer, die sich diese Mühe machten, absolute Narren – das glauben wir heute allgemein –, oder sie wussten etwas, was wir nicht mehr wissen.

Die Naturgeister, die sich in den Winden und Wolken, in Regen und Hagel, in Raureif und Tau physisch verkörpern, haben ihre Geistseelen in der Anderswelt. Die Hasel ist eine Brücke zu diesen Geistseelen. So wird es verständlich, dass die alteuropäischen Schamanen und die keltischen Druiden Haselstäbe benutzten, um es regnen zu machen, um Blitze zu lenken, um Winde zu schüren und Wolken den Weg zu weisen. Die Fähigkeit, das Wetter auf diese Weise zu beeinflussen, ist überall auf der Welt eine der anerkannten schamanischen Kräfte. Noch im Mittelalter scheint es Erben des keltisch-druidischen Wetterzaubers gegeben zu haben. In Hexenprozessakten aus dem 17. Jahrhundert lesen wir: »Ein Teufel überreicht einer Hexe einen Haselstab und heißt sie damit in den Bach schlagen, worauf ein Platzregen erfolgt.« Oder aus einer Prozessakte im Tirol: »Ein Hexenbub peitschte mit einer Haselgerte das Wasser, bis ein Wölkchen davon aufstieg. Nicht lange darauf ging ein Gewitter nieder und der Hagel richtete großen Schaden an« (Marzell 1987: 1537).

Unerwünschtes garstiges Wetter lässt sich mit der Haselrute aber auch wieder beruhigen. Wenn es zu arg blitzt und hagelt, dann werfen Allgäuer Bäuerinnen einige Haselkätzchen aus dem geweihten Kräuterbündel ins Herdfeuer. Hatte nicht auch Maria, als sie ihre Base Elisabeth in den Bergen besuchen wollte, unter einer Haselstaude Schutz vor einem Gewitter gefunden? In Tirol werden Haselzweige zu Maria Heimsuchung (2. Juli) geschnitten und gegen Blitzschlag ins Fenster gesteckt. Auch wenn man auf dem Feld von einem Gewitter überrascht wird, ist es gescheit, sich schnellstens einen Haselzweig in den Hut zu stecken (Strassmann 1994: 147). Mit dem Haselstab lässt sich auch die Wilde Jagd, die heftigen Herbst- und Winterstürme, in denen der alte Schamanengott Wotan, der Herleking oder Herne der Jäger, mit seinem Gefolge von Geistern, Werwölfen und Ungetauften über das Land tobt, fern halten.[89]

Genauso wie sich mit dem Haselstab die Drachen des Himmels, die Winde und Wolken beherrschen oder führen lassen, kann man die Drachen und Schlangen der Erde, die sich in Wasseradern, Erzadern und geomagnetischen Strömungen verkörpern, auffinden oder führen. Das Drachenführen war, wie in der Einführung schon besprochen, eine der großen Fähigkeiten der hellsichtigen Druiden.

Der Haselstrauch ist mit den Drachen- und Schlangenenergien verbunden, da er selbst etwas von der kraftvollen, lebendigen Natur dieser Wesen hat. In meinen Kursen setzen wir uns manchmal unter die Bäume, die wir kennen lernen wollen, umarmen sie oder halten einen ihrer Zweige. Wir versuchen unsere Gedanken zur Ruhe zu bringen und unseren Geist so weit wie möglich in den Baum hinein

89 Die Wilde Jagd, die vor allem in der Gespensterzeit um den November tobt, war überall im keltisch-germanischen Raum bekannt. In der Bretagne, der Normandie und Gascogne ist der wilde Jäger kein anderer als »Monsieur *Artu*«, ein zum Dämon verwandelter König Artus. In den Alpen ist das wütende Heer mit dem Perchtenlaufen und Klausenjagen verbunden. In England beziehungsweise im Windsor Park reitet Herne der Jäger, der in Hirschhaut gekleidet ist und auf dem Kopf einen blanken Hirschschädel trägt, aus dem ein großes Geweih hervorragt. Er soll schrecklich aussehen und von einem blauen Phosphorlicht umgeben sein. Im Jura und im Périgord sind es »weise Damen«, Feen, die auf weißen Pferden, ähnlich den Pferden, die einst in den heiligen Hainen der Gallier und Germanen gehalten wurden, dahergaloppieren. Im düsteren Dartmoor und anderswo im keltischen Cornwall geistert eine schreckliche Meute von kopflosen Höllenhunden, angeführt vom Teufel selbst.

zu versenken, bis wir sein transsinnliches Wesen zu spüren bekommen. Wenn es gelingt, sich in meditativer Trance mit dem Haselstrauch zu verbinden, dann spürt man unmittelbar eine schlangenartige, belebende, wache Kraft, die durch den Baum hindurch pulsiert. Es ist eine Urkraft, die man nur mit der *Shakti*-Kraft der Kundalinischlange vergleichen könnte. Es ist schon mehrmals vorgekommen, dass die Meditierenden, die eine frische Haselrute umklammert hielten, plötzlich erschraken und sie losließen, da sie das Gefühl hatten, sie hätten wirklich eine lebende, sich windende Schlange in der Hand.

Mit einem Haselstab soll Sankt Patrick, der Apostel der keltischen Iren, sämtliche Schlangen von der Grünen Insel vertrieben haben. Im Schwarzwald, wo noch viel keltisches Brauchtum lebt, gab man den Kindern, die weit zu gehen hatten, Haselzweige mit auf den Weg, damit sie sicher vor Kreuzottern und Nattern sind. Eine von den Gebrüdern Grimm aufgenommene christliche Legende – »Der Haselstrauch« – gibt den Grund dafür an: Während das Christkind schlief, ging die Gottesmutter einmal in den Wald Erbeeren suchen. Gerade als sie sich nach einer schönen roten Beere bückte, schoss eine Natter aus dem Gras. Maria erschrak und floh zu einer Haselstaude, hinter der sie sich verbarg. Die Natter zog sich daraufhin zurück. Da sprach sie: »Wie die Haselstaude diesmal mein Schutz gewesen ist, so soll sie es auch in Zukunft anderen Menschen sein.« Seither ist ein grüner Haselzweig gegen Nattern, Schlangen und was sonst noch auf der Erde kriecht, der sicherste Schutz.

Zieht man mit einem Haselstab einen Kreis um eine Schlange oder eine Giftnatter in menschlicher Gestalt, dann ist sie gebannt und kann nicht hinaus. Auch das glaubte man überall im keltischen Siedlungsraum. Der Blitz, der sich mit dem Haselzweig ablenken lässt, ist eigentlich auch eine Schlange, eine Feuerschlange, die im Zickzack von den Gewitterwolken herabfährt und Mensch oder Vieh durch ihren »Biss« töten kann. Es ist eine Entladung makrokosmischer Schlangenenergie.

Der Haselwurm

Uralt und typisch keltisch ist das Motiv des Haselwurms, der unter der Haselstaude nistet. Nicht unter jeder Hasel ist der kleine Drache zu finden, sondern nur unter einer sehr alten, einer, die zudem von einer Mistel befallen ist. In verschiedenen Chroniken und mittelalterlichen Berichten lesen wir, der Haselwurm – auch Paradieswurm, Paradiesschlange, Milauro, Weißer Wurm, Tatzelwurm, Wurbl oder Murbl genannt – sei halb Mensch, halb Schlange; er habe einen Kopf wie ein Säugling oder wie eine Katze, ein Maul wie ein Hecht und könne weinen wie ein Kind. Noch im Jahr 1930 soll der Haselwurm in Villanders und 1933 in Brixen gesehen worden sein: »Der Wurm war von schöner, goldgelber Farbe und hat wie ein Poppele geweint. (...) Da ein Jäger mit einem Hund des Weges kam, verkroch sich der Haselwurm« (Petzoldt 1990: 90). »Achtzehn Schuh lang, mannsdick, am Kopf als eine Katze grün und gelblich, mit Füßen am Bauch«, so wird er in der »Braunschweigischen Chronik« (1597) beschrieben. Meistens wird er aber als eine weiße Schlangenkönigin mit einer goldenen Krone geschildert. In der Karwoche soll sie aus den Tiefen hervorkommen, um Ostertau zu trinken und unter dem Haselstrauch ihre Eier zu legen.

Die Haselschlange sei sehr weise. Sie sei der Paradieswurm, der einst die ersten Menschen im Garten Eden verführte und ihnen die göttliche Erkenntnis versprach (Genesis 3,4). Wer die Haselschlange fängt und auch nur ein Stückchen von ihrem Fleisch verzehrt, dem sind die Signaturen der Kräuter kein Geheimnis mehr, der kann sich unsichtbar machen, wird unverwundbar, kann durch geschlossene Türen gehen und die bösen Geister fliehen ihn. Wer ein Stück Haut und drei Rippen vom Haselwurm in seine Felder vergräbt, hat keinen Hagel zu fürchten, und das Wild äst seine Feldfrüchte nicht ab (Perger 1864: 249). Paracelsus sei durch den Genuss des Haselwurmfleisches kräuterkundig geworden: »Deshalb haben die Kräu-

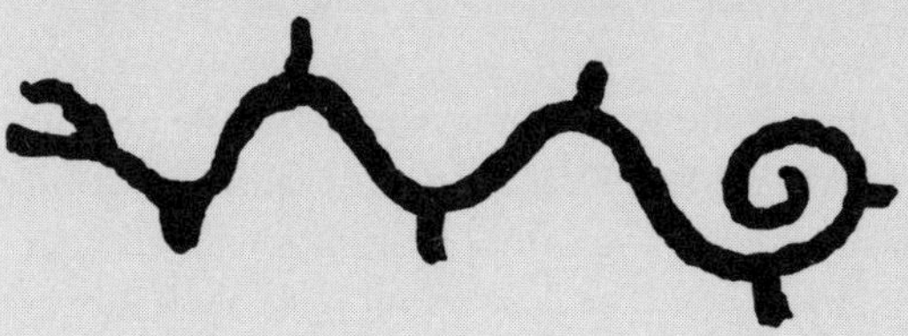

Der Tatzelwurm (bronzezeitliche schwedische Felszeichnung).

ter, wenn er auf das Feld hinausgegangen, gesprochen und ihm kund gethan, gegen welche Übel und Krankheiten sie heilsam wären.«

Natürlich ist es nicht so leicht, einen Haselwurm zu fangen. Wenn man eine alte Haselstaude mit einem Mistelstein findet, soll man ihn ansprechen: »Grüß Gott, edle Frucht der Haselstaude.« Wenn man dann beim Graben tatsächlich auf einen weißen Wurm stößt, muss man auch ihn vorsichtig besprechen: »Ich beschwöre Dich, mein Wurm ...« Die zauberische Echse, die anfangs ganz ruhig daliegt, soll man sofort mit Beifuss (*Artemisia vulgaris*) bestreuen, damit sie nicht entflieht.

Was mag wohl hinter dieser Fabel stecken? Vielleicht ist es ein Bild des archaischen Reptilienhirns, des Hirnstammes und des Rückenmarkstammes, des entwicklungsgeschichtlich ältesten Teils unseres zentralen Nervensystems, den wir mit Fischen, Lurchen und Echsen gemeinsam haben. Hier scheint das Organ für außerordentliche Bewusstseinszustände zu liegen, hier sind die tiefsten Instinkte verankert. Diese Instinkte sind es, die die Tiere wissen lassen, welche Pflanzen sie fressen können, welche Kräuter heilend wirken. Dieses Urhirn steht noch in voller Resonanz mit den Energien, die von der Erde, dem Mond und den Gestirnen ausstrahlen, sowie mit der physischen und metaphysischen »Atmosphäre«, die einen umgibt. Das Reptilienhirn ist prälogisch und »unkultiviert«, es ist unsere neurale Antenne zu der grundlegenden »Realität«, die kaum durch kulturelle Symbolsysteme, wie etwa die Sprache, manipuliert oder pervertiert werden kann. Der Haselwurm mit goldener Krone ist das westliche Gegenstück zur indischen Kundalinischlange, die zusammengerollt unter dem Wurzelchakra liegt und die, wenn sie durch Yoga, Tantra oder Meditation geweckt wird, die Erleuchtung ermöglicht. Wer Zugang zu dieser weißen Schlange findet, ihre chaotische (sexuelle) Energie umzuwandeln vermag und diese mit der merkurhaften Haselkraft zu führen weiß, der wird sehr wohl die goldene Krone der Weisheit tragen und die Sprache der Natur verstehen können.

Sehr interessant ist für uns die Anweisung, die Schlange mit Beifuß (*Artemisia*) zu bestreuen – einem Kraut, das die Gallier *bricumum* (von *briga*, *brigo* = »Macht, Kraft«) nannten. Beifußkraut wird überall, wo es wächst, von Schamanen zum Einreiben oder als Räucher-

Der Paradieswurm verführt die ersten Menschen.

werk benutzt, ehe sie auf Reise in die andersweltliche Dimension gehen. Die »Hexen« verwendeten es, ehe sie ausflogen, ebenso wie die tibetanischen Bönpriester bei ihren Seancen oder die Sonnentänzer der Prärie-Indianer, deren Trance sie über die Wolken zu den Donnervögeln und Göttern führte. Der Beifuß öffnet den Zugang zur Anderswelt und schützt vor den Gefahren, die dort lauern. Die *Artemisia*arten waren in der Antike der Göttin hinter der Hecke, der jungfräulichen Schwester des Apollo, der Artemis (»die Unantastbare«), und im Norden der Frau Holle geweiht. Sie ist als Herrin der wilden Tiere die Göttin der Instinkte (Storl 2000: 42).

Bei den Inselkelten nimmt der Haselwurm eine andere Gestalt an. Da begegnen wir dem magischen Salm oder Lachs – »dem ältesten und weisesten aller Tiere« –, der sich in abgelegenen, schwer auffindbaren Quellen tummelt, an deren Ufer Haselsträucher wachsen. Die irische Sage berichtet von einer glänzenden Quelle, die König Cormac auf seiner Reise in die Anderswelt sah. Die fünf Flüsse Irlands entspringen dieser Quelle. Neun purpurrote Haselsträucher umwachsen den Tümpel und lassen ihre Nüsse in die singenden Gewässer fallen. Die fünf Lachse, die darin schwimmen, schnappen sie auf. Diesen Nüssen verdanken die Fische ihre Weisheit und ebenso die leuchtend roten Tupfer auf ihrer silber-goldenen Schuppenhaut (hier wieder das Motiv vom Feuer im Wasser).

Wer einen solchen Lachs fängt und verspeist, dem wird alles Wissen zuteil, der kann mit den Pflanzen, den Tieren und den Geistern reden. Dem alten Oberdruiden Fintan gelang es, in einem tiefen Tümpel des Boyne-Flusses einen solchen Salm zu fangen. Er beauftragte den jungen Finn, den Fisch zu kochen, aber verbot ihm, davon zu kosten. Als der Junge den Fisch im Kochtopf wenden wollte, verbrannte er sich den Daumen und steckte ihn in den Mund. So kam er in Besitz der höchsten Weisheit. Der alte Druide war weise genug, nicht an der Macht des Schicksals zu zweifeln. Er segnete den Jungen und sagte ihm: »Dieser Fisch war für dich vorbestimmt« (Rees

1961: 251). Dasselbe altkeltische Motiv erscheint in dem von den Gebrüdern Grimm aufgezeichneten Märchen »Die weise Schlange«. Ein König, dessen Weisheit im ganzen Land berühmt war, ließ sich von seinem Diener jeden Tag nach dem üblichen Essen eine zugedeckte Schüssel hereintragen und aß von ihrem Inhalt. Der Diener, neugierig geworden, hob eines Tages den Deckel der Schüssel und fand eine weiße Schlange darin. Nachdem er ein Stückchen davon gegessen hatte, fing er an, die Stimmen der Tiere zu vernehmen (Grimm 1991: 126).

Kontakt mit den Toten: Die Kräfte der Fruchtbarkeit

Bis in dieses Jahrhundert wusste man, dass der Haselstrauch mit sexueller Liebe und Fruchtbarkeit zu tun hat.[90] »In die Haseln gehen«, bedeutet nichts anderes als zu koitieren. »Anneli mit der rote Brust, chomm, mer wend i d' Haselnuss«, heißt es in einem Schweizer Volkslied. Und dem Dorfmädchen, mit dem der wackere Jüngling allzu leicht in die Haseln geriet, steckte man zum Maifest keinen »Maien« aus Birke, Weißdorn oder Tanne vor die Tür oder das Fenster, sondern einen aus Haselzweigen. In der auf die keltische Pflanzensymbolik zurückgehenden Symbolsprache des Mittelalters galt die Hasel als »Baum der Verführung«. In einem mährischen Lied fragt ein Mädchen den Haselbaum:

»Grüß dich Gott, du Haselstauden, warum bist du denn so grüne?«

Die Hasel antwortet:

»Schön Dank, schön Dank, du zarte Jungfrau, warum bist du denn so schöne?«

Die Jungfrau, die den Sinn der Frage wohl versteht, warnt den gefährlichen Baum:

»Hüt dich, hüt dich, Frau Haselin, und tu dich wohl umschaun,
Ich hab daheim zween Brüder stolz, die wollen dich umhauen!«

Unverdrossen antwortet Frau Hasel:

»Und hau'n sie mich im Winter um, im Sommer grün ich wieder,
Verliert ein Mädchen seinen Kranz, den find sie nimmer wieder!«

90 Sexualität und Fortpflanzungsverhalten haben, ebenso wie außergewöhnliche Bewusstseinszustände, mit dem alten Reptilienhirn – mit der Macht der Haselschlange – zu tun.

Schwarzwälder Bub mit Haselstecken zum Schutz gegen Nattern.

Kein Wunder, dass die Nonne Hildegard von Bingen nicht sonderlich gut auf die Hasel zu sprechen ist: »Der Haselbaum ist ein Sinnbild der Wollust, zu Heilzwecken taugt er kaum – es sei denn als Mittel gegen Impotenz.« Bei Kinderlosigkeit wurde damals ein Haselzweig über das Bett der Eheleute gehängt, und die Schwangere trug als Zeichen, dass sie in guter Hoffnung war, Haselzweige mit Nüssen. Sprüche wie: »Wenn's Haselnüsse gibt, gibt's auch viele uneheliche Kinder«, sind in ganz Europa bekannt. In Bayern heißt es: »Wenn d' Haselnüss g'rotid, do g'rotid d' Huere.« Und von einem Kind ohne Vater sagt man, er (sie) »ist aus einer Haselstaude gesprungen«. Volkskundler führen solche Sprüche darauf zurück, dass die jungen Leute, wenn sie im Wald Nüsse sammeln, den argwöhnischen Augen der Sittenwächter vorübergehend entkommen sind.[91] Wahrscheinlicher ist jedoch eine andere Erklärung: Naturverbundene, offene Menschen stimmen sich unwillkürlich auf die Fruchtbarkeitsrhythmen des Waldes ein und haben Teil daran. Sie werden von der ätherischen Ausstrahlung der Hasel bis hinab ins Wurzelchakra berührt.

Die Inselkelten – sie hatten sogar eine Haselnussgottheit, den **Mac-Cool** («Sohn der Haselnüsse«) – glaubten, dass die Wälder und Raine mit reichlicher Haselmast gesegnet werden, wenn der König des Landes gut, gerecht und potent ist. Er bürgt schließlich für die Fruchtbarkeit seines Reiches.

91 In Frankreich sagt man: »*Années de noisettes, années de filles; années de poires sauvages, années de garçons*«, also, Jahre mit Haselnüssen sind Mädchenjahre, Jahre mit Wildbirnen sind Bubenjahre.

Die Hasel mit ihren hochwertigen Inhaltsstoffen – essenzielle Fettsäuren, Proteine, Phytosteroide, Vitamine – ist ein wertvolles, kräftigendes Nahrungsmittel. Aber das allein erklärt nicht die Bedeutung, die diese Pflanze bei den Kelten in Bezug auf sexuelle Potenz und Fruchtbarkeit hatte. Die Kelten und Germanen glaubten, die Ahnen selbst seien es, die die Kräfte der Fruchtbarkeit für den Acker, für Mensch und Vieh aus dem immensen Kräftereservoir des Jenseits herüberschicken. Der Haselstrauch, der als bester Energieleiter die Anderswelt mit der diesseitigen verbindet, erlaubt es den Toten, selbst herüberzukommen und während der Stille der Nacht (im Traum) mit den Frauen Beischlaf zu halten. So können sich die Vorfahren in ihren Nachfahren als Enkel wiederverkörpern.[92]

Das »Fitzeln«, »Quicken«, »Faseln« oder »Schmakostern« mit Haselruten gehörte überall zu den mittwinterlichen Fruchtbarkeitsritualen. In den alpinen Rückzugsgebieten fielen während der winterlichen Faselnächte die in Pelz vermummten Burschen in die Dörfer ein und schlugen die Mädchen mit Haselrutenbündeln oder mit aufgeblasenen Schweineblasen, die an Haselstöcke gebunden waren. Sie verkörpern die Ahnengeister, die mit den Ruten die Lebenskräfte übertrugen. Auch der Wintergott der Kelten, der mit Tanne und Stechpalme geschmückte Grüne Mann, der zur Wintersonnenwende durch den Schornstein ins Haus schlüpft und die Herzen der Menschen besucht, trug Haselruten, deren magischer Schlag fruchtbar, zeugungsfähig und milchreich machte.

Andererseits können auch die Lebenden den Jenseitigen Energien und Kräfte zukommen lassen, die sie im Jenseits brauchen. So kann man, besonders in den mittwinterlichen Monaten, wenn der Totenfürst Samain herrscht, die Verstorbenen mit Speise versorgen. Dazu sind wiederum Haselnüsse bestens geeignet. Seit dem Neolithikum wurden sie als Totenspeise den Gestorbenen in die Hand oder zwischen die Zähne gedrückt. Überall im keltischen Raum – etwa im Grab des keltischen Fürsten von Hochdorf – wurden Nüsse als Grabbeigaben in die Totenkammer gelegt oder man bettete die Toten auf Haselruten. Die Alemannen steckten Haselruten auf die Gräber ihrer Verstorbenen.

Die Beziehung dieses Nussbäumchens zu den Toten kommt deutlich in verschiedenen Märchen zum Ausdruck, etwa in der älteren Fassung

92 Enkel, von althochdeutsch *enikel*, bedeutet »kleiner Ahne, Ähnchen« und enthält den Hinweis auf den Glauben der alten Germanen und Kelten, dass sie innerhalb ihrer Sippe wiederverkörpert werden.

des Märchens von Aschenputtel oder Aschenbrödel.[93] Seit die Mutter gestorben ist, musste das Mädchen unter der hartherzigen Stiefmutter und ihren stolzen Töchtern viel erdulden. Anstelle von schönen Kleidern und Schmuck wie ihre Schwestern wünscht sie sich vom Vater nichts als eine Haselrute. Diese pflanzt sie auf das Grab der Mutter. Sie begießt das Reis mit ihren Tränen; ein wunderschöner Haselbaum wächst aus dem Grab hervor. Dreimal am Tag geht sie unter den Haselstrauch und immer kommt ein weißer Vogel – der Geist der Mutter – geflogen und lässt sich in den Zweigen nieder. Wenn das Mädchen einen Wunsch ausspricht, wirft das Vöglein herab, was es sich gewünscht hat.

Eines Tages gibt der König ein dreitägiges Fest, zu dem alle Jungfrauen des Landes geladen sind. Er sucht die richtige Braut für seinen Sohn. Die hochmütigen Stiefschwestern gehen in ihrem Putz zum Fest. Aschenputtel aber muss in der Küche bleiben und Erbsen aus der Asche lesen. Täublein – die hilfreichen Geister, die jeder Schamane kennt – helfen ihr dabei. Als sie fertig ist, geht sie zum Baum und ruft: »Bäumlein, rüttel dich und schüttel dich, wirf Gold und Silber über mich!« Der weiße Vogel wirft ihr ein goldenes Kleid und goldene Schuhe herab. Sie geht zum Festball. Keiner erkennt sie, so strahlend schön ist sie. Zur Geisterstunde Mitternacht muss sie aber das Königsschloss wieder verlassen. In ihrer Eile verliert sie einen ihrer Schuhe. Der Königssohn, der ihr sein Herz geschenkt hat, sucht daraufhin im ganzen Land nach derjenigen, der der Schuh passt. Die ehrgeizigen Stiefschwestern stutzen mit dem Messer ihre zu großen, groben Füße zurecht, um sie in den Schuh zu zwängen. Aber das Täubchen im Haselbaum – die Stimme der Ahnin – ruft: »Rucke di guck, rucke di guck, Blut ist im Schuck, der Schuck ist zu klein, die rechte Braut sitzt noch daheim ...« Schließlich wird Aschenputtel, die man in die Küche gesteckt hatte, in die Stube gerufen. Ihr passt der Schuh tadellos. Der Königssohn hat die rechte Braut gefunden. Als Hochzeit gehalten werden sollte, kamen die falschen Schwestern mit, aber die Täubchen pickten ihnen die Augen aus, so dass sie für ihre Bosheit auf ihr Lebtag gestraft waren.

Die Geschichte spricht von der Heilwerdung, der Ganzwerdung, der Vermählung der *anima* mit dem *animus*, der menschlichen Seele mit

93 Eine wunderbare Haselnuss-Geschichte ist das schottische Märchen von *Kate Nussknacker*. Das tapfere Mädchen rettet einen Königssohn, der von den Elfen (Toten) in der Anderswelt gefangen gehalten wird, indem sie den Elfen Haselnüsse mitbringt (*Schottische Volksmärchen*, hrsg. von Christiane Agricola, Frankfurt a.M., Zweitausendeins 1991).

dem Geist. Da helfen die Ahnen, die in der Form von Vögeln erscheinen; da hilft auch die Hasel als Brücke zwischen den Welten der Verstorbenen und Lebenden. Dass es der Schuh ist, den der Königssohn prüft, hat einen tiefen Sinn. Es spricht von dem Verhältnis der Menschenseele zur Erde. Die eine Schwester hatte eine zu lange Zehe, die andere eine zu große Ferse, das heißt, sie vermochten nicht in Gleichmaß und natürlichem Rhythmus auf der Erde zu wandeln. Geistig waren sie blind (Meyer 1985: 180).

Nach keltischer Auffassung liegt es im Wesen der Haselstaude, dem Menschen beim Finden des richtigen Lebenspartners behilflich zu sein. Liebesorakel mit Haselnüssen sind besonders auf den Britischen Inseln beliebt. Wenn ein Mann und eine Frau in den Winternächten zusammen Haselnüsse knacken und sie finden eine mit zwei Kernen in der Schale – ein so genanntes Vielliebchen –, dann ist das ein gutes Omen. Ebenfalls auf den Britischen Inseln werfen beim Halloweenfest – in der so genannten Nussknackernacht (31. Oktober) – Liebespaare zwei Haselnüsse in die Glut des Samainfeuers. Bleiben diese still liegen und verbrennen zusammen, sagt man dem Paar eine glückliche Ehe voraus, fallen sie aber krachend auseinander, eine unglückliche (Aigremont 1997: 42). Es ist die unsichtbare Hand der Toten, der verstorbenen Vorfahren selbst, die das Brennen oder Platzen der Nüsse führt.

Wenn man sich nicht für eine Geliebte oder einen Geliebten entscheiden kann, kann man ebenfalls das Orakel befragen. Der englische Dichter Thomas Grey (1716–1771) schreibt:

»Zwei Haseln warf ich in die Flammen,
und jeder gab ich eines Liebchens Namen.
Mit lautem Knall zersprang die erste schnell,
im Feuer leuchtete die zweite still und hell.
Ach, wenn doch deine Liebe so erblühte,
wie deine Nuss im Feuer glühte.«

Kontakt mit den Gottheiten: Kräfte der Weisheit

Nicht nur die Fruchtbarkeit ist ein Geschenk der anderen Welt, sondern auch jene Weisheit, die den gewöhnlichen Menschenverstand übersteigt. Die Haselnuss macht diese Weisheit den Lebenden zugänglich, lässt sie die härtesten »Nüsse« – die Lebensrätsel – knacken. Keltische Richter trugen Haselstäbe, damit ihre Richtsprüche weise waren und damit die Jenseitigen, deren Wissen nicht so begrenzt ist wie das unsere, ihnen die richtigen Eingebungen geben würden. Richt- und

Der weise, alte König beim Verspeisen der weißen Schlange.

Thingplätze wurden mit Haselpfosten umsteckt. Ebenso die Schlachtfelder oder die Plätze, die für einen Zweikampf vorbestimmt waren – der Ausgang des Kampfes galt als »Gottesurteil.« Der Herausgeforderte musste innerhalb von zwei Wochen erscheinen, oder er verlor seine Ehre. Geschälte, weiße Haselruten galten als Zeichen der Aufgabe, der Kapitulation; darauf ist die »weiße Fahne« als Zeichen des Sichergebens zurückzuführen. Vor nicht allzu langer Zeit wurden die Vögte in Graubünden noch mittels zweier Haselstäbe gewählt. Herolde und Botschafter trugen ebenfalls Haselstäbe.

Auch in der klassischen Antike war das so. Die astrologische Pflanzenkunde sah in der Hasel die Signatur des Merkur oder Hermes. Das ist der kluge Schamanengott, der ungestraft Grenzen überschreiten kann, auch die Grenze zum Hades, dem Land der Schatten. Der von Schlangen umwundene Stab des Götterboten, der *Kerykeion* oder *Caduceus*, ist aus Haselholz geschnitten. Die Sage erzählt, dass in ganz frühen Zeiten die Menschen in Streit und Zwietracht miteinander lebten. Apollo, den das sehr störte, gab dem Götterboten Hermes eine Leier und einen Haselstab und schickte ihn hinab zu den Menschen. Als Hermes sie mit dem Haselstab berührte, entdeckten sie die Sprache und wurden klug. Zugleich wanden sich zwei Schlangen um den Stab, der dann zum Symbol des Handelns, des Heilens, des klugen Redens und der Diplomatie wurde.

Rutenzauber und Heilkunde

Auch wenn die Kirche anfänglich die Hasel als »bösen Strauch« verdammte und den Haselrutenzauber ausdrücklich verbot (Ripuarische Gesetze),[94] wurde in ländlichen Gebieten munter damit weiter gezau-

94 Noch im Jahre 1482 heißt es in der Waldverordnung der Bischöfe von Speyer, die Hasel sei ein wertloses »Unholz«.

bert. Jeder Dorfzauberer, der oft zugleich Rutengänger war, hatte seinen mit magischen Zeichen versehenen Haselstab – das konnte ich sogar noch vor einigen Jahren in Schwanden im Emmental erfahren, wo der alte »Zürcher« mit dem Haselstab manchen Zauber trieb. Nicht nur zum »Faseln« oder »Brunnenschmecken«, zum Gewitterschutz und Fruchtbarkeitszauber wurde das Holz weiterhin verwendet, sondern auch um den wertvollsten Besitz des Bauern zu schützen, das Milchvieh. Verhextes Vieh wurde mit der Haselgerte geschlagen. Beim ersten Weidegang im Jahr wurde es mit der Haselrute getrieben. Gedörrte Haselkätzen wurden unter das Salz gemischt, damit die Kühe mehr Milch geben. Ein Ringlein aus Hasel wurde gegen elbische Milchdiebe am Kübel angebracht. Wenn sich die Milch nicht buttern ließ, gab man drei geweihte Nüsse aus dem Frauentagskräuterbündel ins Butterfass. In Frankreich und anderen keltischen Ländern wird zum Schutz gegen Hexenzauber im Stall ein zur Sonnenwende gepflückter Haselzweig angebracht.

Da die Kraft der Haselrute weit über das Unmittelbare hinausreicht, kann man, wenn nichts anderes nützt, Bösewichte und Milchdiebe damit durch »Fernbehandlung« strafen. Der Pfarrer zu Thalemit (Schweiz), J. Müller, lässt uns wissen, wie man eine so genannte Lachsnerin[95], eine Hexe, die Milch stiehlt, bestrafen kann (Perger 1864: 244). Er schreibt:

»So etwan einer Kuh der anken [Butterfett] wird entwandt,
da ist die gemeine weiß der sännen und viechbawren,
dass sie drei haselschoss vor sonnenaufgang brächen,
darnach die newe milch zur fewerstatt wird gesetzt,
und mit dem haselholtz geschwungen und verletzt,
der hexin weh zu tun, dass sich der Zauber löset ...«

Die Milchhexe wird also, auch wenn sie weit weg wohnt, mit dem Haselstock »per Fernbehandlung« regelrecht verdroschen. Wir haben es hier mit einer europäischen Variante des Voodoozaubers zu tun.

In der Volksheilkunde galt der Haselstrauch als Mittel gegen Impotenz. Ein Mann der nicht minnen kann, soll sein schlaffes Glied gegen die Haselrute schlagen und dabei sprechen: »Höre Nussbaum, wie du voller Blüten bist, möge auch mein Zumpt sein.« Die unfruchtbare Frau schüttelt den Haselstrauch, bepisst ihn und spricht: »Höre, du

95 *Lachsner* oder *Lachsnerin* ist die altgermanische Bezeichnung für einen Schamanen, Zauberer oder Besprecher (von *lachenie* = heilen, besprechen; *lachentoum* = Heilmittel).

Aschenputtel pflanzt eine Haselrute auf das Grab der Mutter.

Nussbaum, so wie du geraten bist, so möge ich auch mein Kind gebären.«

Haselnussöl wurde als Salbe bei schwerer Geburt eingerieben, um Hexenzauber fern zu halten. Das einfache Volk erwartete Heilung durch das bloße Berühren des mächtigen Strauches. Oder man rieb die erkrankten Glieder mit einem Haselstecken, vergrub ihn anschließend und sagte dabei den Spruch: »Meine Krankheit vergrab i; den Herrgott, den lob i.« Krankheiten konnten auf ihn übertragen werden. Es gab »Warzenstöcke«, in die man so viele Kerben schnitt, wie man Warzen hatte. Der Stock wurde dann, ohne dass man sich dabei umsah, über die Schulter geworfen. Wer den Stock unvorsichtigerweise aufhob, der bekam dann die Warzen.

Von den alten Kelten ist überliefert, dass sich die Frauen mit Haselnusszweigen die Zähne putzten und – das berichtet Marcellus Empiricus – dass eine Haselnussschale als ein Standardmaß für Heilmittelmengen galt (Höfler 1911: 27). Die Germanen kochten Haselnüsse in Honigmet als Lungenmittel.

Die modernere Phytotherapie kennt die Blütenkätzchen, die schon im frühsten Frühjahr blühen, als schweißtreibendes Mittel. Man kann sie als Schwitztee mit in den Holunderblütentee mischen. Das ätherische Öl hat gefäßverengende Eigenschaften und erhöht den Blutdruck. Eine Abkochung der Blätter (2 g auf 100 ml Wasser) wird innerlich bei Störungen des Gefäßsystems, Darmentzündung oder zur Reinigung des Organismus verwendet. Bei Entzündung der Haut, der Schleimhaut und bei Hämorrhoiden wird die Blätterabkochung (4 g auf 100 ml Wasser) äusserlich verwendet (*Grosse Enzyklopädie der Heilpflanzen* 1992: 192).

Holunder

(*Sambucus nigra*, kelt. *scobiém*)

Der Holunder sucht die Nähe der Menschen, ja, er drängt sich den Menschen regelrecht auf. Ungerufen und eigenwillig besiedelt er die stillen Ecken des Gartens oder setzt sich dicht an die Haus- oder Stallmauer. Niemals war der Holunder ein Strauch wie jeder andere. Er hat eine magische, manchmal richtig unheimliche Ausstrahlung, die den naturnahen Menschen früher nicht entgangen ist. Wir brauchen uns nur einmal in seinen Schatten zu setzen, und bald spüren wir, wie er uns in die Erde hinabzieht. Wer in den Mittsommernächten oder den Kreuz-Viertel-Tagen beim Holunder sitzt, der wird erkennen, dass sich hier eine geheime Tür zu dem unterirdischen Reich der Erdgöttin, der Frau Holle, befindet. Wer unter dem Baum einschläft oder in Tiefenmeditation gerät, der wird bald die Nähe von Gnomen, Kobolden und Zwergen spüren, die ihm entweder gut gelaunt oder mürrisch oder gar als böswillige Plagegeister begegnen. Ist das »dritte Auge« des Schlafenden jedoch verschlossen, wird er nur Kopf- und Gliederschmerzen verspüren, oder es wird ihm schwindlig und übel. Wenn man sich in der Abenddämmerung am Mittsommerabend unter den blühenden Busch setzt, kann es sein, dass man den Elfenkönig mitsamt seinem Hofstaat vorbeiziehen sieht. Im gallischen Frankreich hieß es, dass in jeder Blütendolde eine Fee sitzt. Als die Welt schlecht wurde, seien sie in den Hollerbaum geflüchtet (Höfler 1911: 24). Frau Holle, die große Göttin des Lebens und des Todes, ist bekanntlich auch die Herrin der Geister, Elfen und Elementarwesen.

Die Sprachkundler bezweifeln zwar, dass der Name »Holunder«, »Holler« oder »Holder« auf die archaische Göttin Holle zurückzuführen ist. Das wäre ja auch für unsere nüchterne, fantasielose Zeit viel zu romantisch. Die Bezeichnung für den Baum stamme lediglich von *huln* (**kln*, verwandt mit griech. *kelainós* und ind. *kali* = schwarz) und dem Suffix *der* (indogerm. *tro*, germ. *trewa* = Baum). Somit wäre er lediglich der »schwarze Baum«. Und dennoch wird der Baum in ganz Nordeuropa mit Hochachtung als »Frau Holler«, »Frau Else«, »Frau Ellhorn«, Holdermutter (dän. *Hillemoer;* engl. *Mother elder)* und so weiter angesprochen. Vielleicht ist er also nicht bloß der »schwarze Baum«, sondern der »Baum der schwarzen Göttin«, denn Frau Holle, als Erdgöttin, ist die Schwarze Göttin, die Mutter der Nacht – sie offenbart sich in den verschiedenen schwarzen Jungfrauen und Göttinnen der Kelten, die in den zahllosen schwarzen Madonnen des Christentums weiterleben (Begg 1985: 76). Wie das Licht aus der Dunkelheit hervorgeht, so geht aus der schwarzen Erdgöttin – der Morrigan, der schwarzen Ana – die weiße Lichtjungfrau, die strahlende Brigid hervor. Die Holle – die germanische **Hel** – ist eine archaische Göttin, die jedes Volk unter einem anderen Namen kennt. Die aus Elfenbein oder Speckstein geschnitzten »Venusfiguren«, die die Urgeschichtler in altsteinzeitlichen Höhlen fanden, stellen wahrscheinlich keine andere dar als sie. Sie ist es, die die Seelen der toten Tiere und Menschen ebenso wie die Samen der Pflanzen in ihr unterirdisches Reich hinabnimmt und diese dann wieder in einen neuen Zyklus, in eine neue Verkörperung entlässt. Und genauso zweideutig wie die Göttin ist auch ihr Bäumchen: Es blüht weiß, aber die Beeren reifen schwarz; es ist giftig, aber auch heilend, lichthaft, aber zugleich düster; der Baum ist »schwer«, er zieht hinab in die Tiefe, aber sein Holz ist luftig und leicht. Wie die große Göttin, die in ihrer dreifachen Gestalt alle Gegensätze in sich vereint, so verbindet der Baum in seinem Wesen diese Gegensätze.[96]

Die kulturelle Symbolik des Baumes umspannt diese Polarität: Die Geburt, das Ins-Leben-Kommen, und den Tod, das Aus-dem-Leben-Gehen. Auch die Liebe, die Erotik, die eine mittlere, Leben und Tod verbindende Stelle einnimmt, ist in der Symbolik des Baumes der dreifachen Göttin enthalten. Diese drei Aspekte wollen wir nun im Einzelnen betrachten.

Baum des Todes

Das grüne, lichthafte Reich der Frau Holle ist, wie wir aus dem gleichnamigen Märchen der Gebrüder Grimm erfahren, zugleich das Totenreich. In dieses Reich jenseits von Zeit und Raum gelangen diejenigen, die ihren »Lebensfaden« verloren haben. Selbstverständlich spielte der Holunder als Baum der Totengöttin eine zentrale Rolle in den alten keltischen, germanischen und slawischen Totenkulten. Schon der römische Schriftsteller Tacitus berichtet von den keltisch-germanischen Stämmen, dass diese ihre Toten mit dem Holz von Eiche, Linde, Wacholder und Holunder bestatteten (Weustenfeld 1996: 77). Noch

96 Dieses Thema des Holunders – Vereinigung von Gegensätzen – taucht heute interessanterweise in ganz anderem Zusammenhang wieder auf: Es ist die Heilwirkung der deutschen Holunder-Blütenessenz, die Peter Eckel für den negativen Seelenzustand »Denken in Schwarz-Weiß-Kategorien« hergestellt hat. (Persönliche Mitteilung von Irmgard Lohmann, Bad Oeynhausen.)

immer gilt der Holunder als Friedhofsbaum. Schon in der Steinzeit scheint die Assoziation mit dem Tod bestanden zu haben, denn die Form des Holunderblattes – ebenso wie die des Weidenblattes – wurde als Muster für die todbringenden Pfeilspitzen benutzt (Ranke-Graves 1984: 60).

Die heidnischen Friesen begruben ihre Toten unter dem Ellhorn beim Haus. Vielerorts war es Brauch, die Verstorbenen auf Holunderreisig zu betten. Der Sargschreiner musste den Sarg mit einer Holundergerte ausmessen und der Kutscher des Leichenwagens sollte eine Holunderrute als Peitsche für die Pferde nehmen. In England trugen Leichenbestatter ein Stückchen Holunderholz bei sich, um sich vor zweifelhaften Geistern zu schützen. Ein Kreuz aus Holunder wurde am Niederrhein und anderswo mit in den Sarg gelegt. In Tirol trug man vor dem Leichenzug ein Kreuz aus Holunderholz daher und steckte es auf das frische Grab. Man sah es als ein gutes Omen an, wenn die Zweige grün ausschlugen und wurzelten: Der Gestorbene war selig geworden. Bei der Totenwache trinkt die Vorbeterin Holunderblütentee, »damit sie nicht einschläft«.

Überall finden wir ähnliche Assoziationen mit dem Tod oder den Toten: Auf der Insel Sanday (Orkneys) wird von einem Baumstumpf eines abgestorbenen Holunders erzählt, der sich auf dem Kirchhof einer alten Kapelle befand: Wer über diesen hinwegging, starb im Laufe des Jahres (Seligmann 1996: 132). Die Friesen glaubten, dass die verstorbenen Verwandten, wenn sie »Urlaub« auf der Erde machen, sich auf dem Hofholunder niederlassen.

Der Holunder, der als Sippenbaum neben dem Haus wächst, ist ein Schwellenbaum, ein Zugang zu den verstorbenen Ahnen. Bei den meisten Naturvölkern wurden die Toten eben nicht einfach »entsorgt« und vergessen, sondern sie blieben Teil der Familie und Sippe. Man konnte sie zu magischen Zeiten um Rat fragen, und auch sonst wirkten sie von der anderen Seite her weiter am Verderb oder Gedeihen der Hinterbliebenen. Da ist es selbstverständlich, dass man ihnen unter dem Hofholunder Schälchen mit Milch, Brei, Brot oder Bier hinstellte. Unter den Wurzeln des Strauchs begruben die Hofbewohner auch ihre abgeschnittenen Nägel, Haare und ihre ausgebrochenen Zähne. Kulturanthropologen, die diesen Brauch auch von anderen Völkern kennen, sehen darin ein stellvertretendes Opfer, bei dem ein Teil für das Ganze steht. Zugleich verhindert das Begraben der Nägel, Haare und Zähne auch, dass sich ein Hexer diese einstmals mit dem Körper ver-

Frau Holle schüttelt ihre Federbetten.

bundenen Teile aneignet und damit Schadenzauber treibt. Auf ähnliche Weise wurde auch die Nachgeburt einer Kuh unter dem Holunder begraben oder das Badewasser der Säuglinge und Kleinkinder darunter ausgeschüttet. Wenn ein Kind krank war und Gefahr bestand, dass es stirbt, legten die gallischen Mütter Puppen als stellvertretendes Opfer unter den Baum. Wenn das Kind wieder gesund wurde, gab man dem Holunder zum Dank Geschenke.

Ein schlechtes Omen ist es, wenn der Hofholunder zwei Mal im Jahr blüht oder wenn er gar verdorrt; dann wird jemand im Haus sterben.

Baum des Lebens

Wie wir in dem Märchen »Frau Holle« lesen, werden die Verstorbenen in der Anderswelt von Frau Holle empfangen.[97] Dort haben sie notwendige Arbeiten zu verrichten. Sie sollen reife, rote Äpfel vom Baum pflücken und fertig gebackene Brote aus dem Ofen holen. Das sind imaginative Bilder von Fruchtbarkeits- und Geburtsvorgängen. Die kurz vor der Wiedergeburt stehenden Seelen sind wie reife Äpfel, die sich bald von den Zweigen des Weltenbaumes lösen und wieder hinab auf den Boden einer neuen Verkörperung fallen. Sie müssen sorgfältig behandelt werden, damit sie keinen Schaden erleiden. Der Ofen mit

97 Die Anderswelt, in der Frau Holle die Königin ist, lässt sich nicht nach irdischen Maßstäben lokalisieren. Sie ist unter der Erde ebenso wie im Himmel über den Wolken, sie ist in unmittelbarer Nähe und zugleich weit entfernt.

den Brotlaiben ist ein Bild des warmen Mutterschoßes, in dem die Leibesfrüchte heranreifen. Auch hier bedarf es der Hilfe der Toten, der Ahnengeister, damit die Kinder nicht »verbrannt« oder angeschlagen in die Welt geschickt werden. Zugleich helfen die Verstorbenen der Frau Holle ihre Federbetten schütteln, so dass die Daunen im Winter als schöne weiße Flocken auf die Erde herabschneien. Die Schneeflocken bringen dem Feld und den Wiesen für das kommende Jahr frische Lebenskräfte aus kosmischen Sphären. Wie wir schon gesehen haben, waren die Kelten und Germanen davon überzeugt, dass Fruchtbarkeit und Wachstumskräfte von den Ahnen aus dem Jenseits ins Diesseits geschickt werden. Wenn es dann an der Zeit ist, wiedergeboren zu werden, schickt die Göttin die Menschenseelen in eine neue Geburt. Der Storch Adebar oder ein anderer weißer Seelenvogel trägt die Kinderkeime zu Geburtsbrunnen – etwa dem Titisee, wo sich einst die Schwarzwälderinnen ihre Kinder holten –, zu Felsenschluchten, Tümpeln, in Apfel- und andere Obstbäume, durch den Rauchfang zum Herd hinab oder eben in die Äste des Hofholunders. Da sitzen sie dann und warten, bis die zukünftige Mutter das Wasser der Quelle schöpft, das Herdfeuer schürt, in den Apfel beisst oder den Holunder berührt, um in ihren Schoß huschen und darin ihre Wohnung nehmen zu können. In dem alten Kinderlied, dem Reigentanz um den Holunder, sind es eigentlich die Geister der kommenden Kinder, die da singen:

»Ringel, Ringel, Reihe
Wir sind der Kinder dreie,
Sitzen unter'm Holderbusch
Rufen alle Husch, Husch, Husch.«

Wie wir im Märchen der Frau Holle erfahren, bringen die Kinder ihr Schicksal mit. Durch ihre Taten oder Untaten prägen sie ihre Veranlagung selbst mit. Am Hollentor wird der oder die Wiedergeborene mit Gold oder Pech überhäuft. Traditionell sahen die Kelten in der Hebamme, der *femme sage*, die das Kind begutachtete, segnete und ihm die Zukunft voraussagte, eine Erscheinung der Göttin oder zumindest eine das Schicksal verkündende Fee.

Vater und Mutter erschaffen das Kind nicht – es ist als Geistwesen schon da. Die Wonne ihrer geschlechtlichen Vereinigung ist die notwendige Voraussetzung, dass der sich wiederverkörpernde Ahnengeist einen physischen Körper bekommen kann. So verwundert es nicht, dass der Volksglaube den Holunderbusch auch mit Erotik und Sex in Verbindung bringt. Das kommt – wie wir schon gesehen haben – in einem anderen Ringelreihenlied zum Ausdruck, in dem es heißt: »Hinter einem Holderbusch gab sie ihrem Schatz 'nen Kuss. Roter Wein, weißer Wein, morgen soll die Hochzeit sein.« Unkeuschen oder »gefallenen« Mädchen steckte man zu Pfingsten oder zum Maienfest Holunderzweige vor die Tür (Aigremont 1997: 43). Und im Thüringer Wald heißt es noch: »Auf Johanni blüht der Holler – da wird die Liebe noch toller« (Bächtold-Stäubli IV 1987: 266). Wollte das heiratswillige Mädchen wissen, aus welcher Richtung ihr Bräutigam kommen würde, musste sie am Tag der Wintersonnenwende (Thomastag, 21. Dezember) während des Abendläutens – eine typische keltische »Zwischenzeit«! – den Holunderbusch heftig schütteln. Falls dann ein Hund aus irgendeiner Richtung zu bellen begann, war das die Antwort auf die gestellte Frage. Wie aus dem Goslarer Hexenprozess hervorgeht, konnte die Holundergöttin ebenfalls beschworen werden, um eines Mannes Liebe zu gewinnen.

In den ländlichen Gebieten des nördlichen Europa, vor allem in Dänemark, wird der Holunder noch immer als Geburtsbaum verehrt. Mutter Ellhorn hilft den Schwangeren und den gebärenden Frauen. Die Schwangere, die die Zweige des Hofholunders berührt, versichert sich der Nähe und Güte der Holle und der Ahnen. Dieser Glaube muss im keltisch-germanischen Heidentum überall verbreitet gewesen sein. Die Kirche, die ein ziemlich zwiespältiges Verhältnis zu diesem Walpurgisbaum hat, musste dem Rechnung tragen. So wird erzählt, dass die Rinde des Baumes blass und voller Schrunden sei, da der Heiland mit Holunderzweigen gegeißelt wurde; und eine andere, süßliche Mär berichtet davon, wie die Gottesmutter Maria die Windeln des Christkindleins wusch und an den Ästen eines Holunderbaums zum Trocknen aufhängte. Seither gilt er als gesegneter Baum.

Ein Neugeborenes in eine Kinderwiege aus Holunderholz zu legen käme aber niemandem in den Sinn. Die Hollen würden das Kind wieder ins jenseitige Reich mitnehmen oder – wie es auf den Britischen Inseln heißt – die Feen würden das arme Würmlein quälen und kneifen, bis es blau und schwarz ist. Auch sollte man unartige Kleinkinder niemals mit einer Holundergerte züchtigen, denn dann würden sie weder wachsen noch gedeihen.

Ehrfurchtsvoll verneigten sich einst die Bauern vor dem blühenden Hofholunder oder zogen den Hut vor ihm. Dass dieser Brauch noch nicht vollkommen ausgestorben ist, erlebte ich bei Arthur Hermes, dem Bauernmystiker, auf seinem Hof im Jura. »Schon in der cimbri-

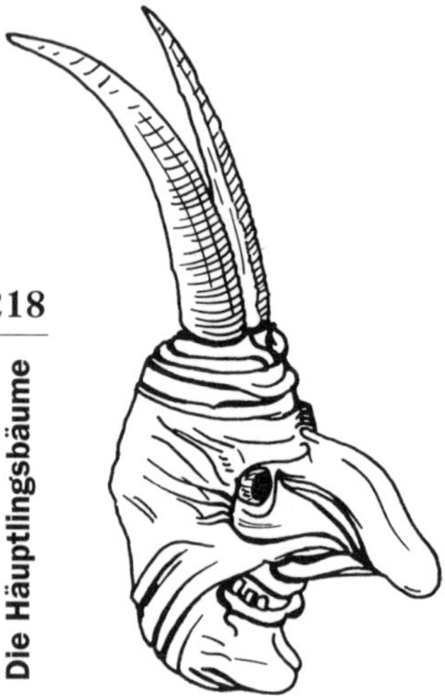

Fasnachtsmaske eines Waldteufels.

schen[98] Heidenreligion«, schreibt Trogill Arnkiel 1703, »hat niemand es gewagt, einen Holunderbaum umzuhauen oder zu beschneiden« (Laudert 1998: 145). Noch immer getraut sich kein naturverbundener Mensch, den Holunder achtlos zu stutzen oder sein Holz zu verbrennen.[99] Das nicht nur aus Respekt vor der Göttin oder den Geistern, die unter dem Holunder ein und aus gehen, sondern weil man wusste, dass der Busch negative Kräfte und Ausstrahlungen, Krankheit und Unglück anzieht und an sich bindet. Wer also das Holz schlägt oder es gar verbrennt, der würde diese unguten Energien freisetzen, sie würden auf ihn oder die ganze Hausgemeinschaft übergehen. Allein Witwen oder Waisen war es vergönnt, das Holz zu sammeln oder zu verfeuern, denn sie waren ja schon von schwerem Leid und vom Tod berührt worden. In Dänemark hieß es, wer den Baum der Hollenmutter beschädigt, der bekommt die »Hollenkrankheit«, es sei denn, er versöhne sich mit ihr, indem er ihr als Speiseopfer Milch auf die Wurzeln gießt.

In England sagte man, wer Holunderholz verbrennt, zu dem kommt der Teufel. Insofern der Holunder der Frau Holle (engl. *Mother Holda*) gehört, ist er ja auch ein »teuflischer Baum«. Das hat nichts mit dem Satan der Manichäer, Katharer, Muslime oder spätmittelalterlichen christlichen Theologen zu tun, nichts mit dem Archetypus des absoluten Bösen, sondern mit den »Waldteufeln«, dem »grünen Junker«, dem »Hans-spring-ins-Feld« und anderen pferdefüßigen, gehörnten und oft geprellten Naturgeistern, die als Verkörperung der chaotischen Kräfte der Fruchtbarkeit, des natürlichen Werdens und Vergehens im Wald und auf der Wiese ihr Wesen treiben und die der Frau Holle ergeben sind. Die Höhlengöttin Frau Holle erscheint in den späteren Märchen ja auch als des »Teufels Großmutter«. *Hölderlin* und *Hollabirbou* sind andere Namen des Teufels, die sich von »Holunder« ableiten lassen.

98 Cimbrisch wird heute kymrisch (*cymraeg*) geschrieben und bezieht sich auf die Waliser, die Kymrer, die keltische Bevölkerung von Wales.
99 Nicht einmal pflanzen soll man den Holunder. Die Holundergöttin selbst soll sich den Ort aussuchen, an dem sie ihr Bäumchen wachsen lassen will.

War es dennoch unumgänglich, einen kräftig wuchernden Holunder zu stutzen, dann galt es, ein sorgfältiges Ritual durchzuführen. Man musste in der Vollmondnacht mit entblößtem Haupt zur Holunderfrau gehen und sie um Erlaubnis bitten. Im angelsächsischen England, Friesland und Norddeutschland sagte man ihr einen Spruch auf, ähnlich diesem aus Holstein: »Frau Elhorn, gib mir von deinem Holz, so will ich dir von meinem auch was geben, wenn es wächst im Wald.« Zugleich versprach man ihr eine Opferspende. Vierzehn Tage später, am folgenden Neumond, musste man das Versprechen einlösen, etwas an die Zweige hängen oder unter der Wurzel vergraben. Nun durfte man das Geäst beschneiden. Das geschnittene Holz durfte nicht irgendwie genutzt werden, sondern musste der Erde wieder zurückgegeben werden.

Holunder im keltischen Jahreskreis

Fragmente der kultischen Verehrung des Holunders, die den keltischen Jahreskreis mit einbeziehen, gibt es überall in Europa. Der Volkskundler Aigremont berichtet von einem Brauch, der in Westfalen noch Anfang des 20. Jahrhunderts gepflegt wurde: »Am Lichtmesstage tanzen die Weiber im Freien und tragen Holundergerten in den Händen, mit denen sie auf die Männer, die sich dem Tanze näherten, losschlagen« (Aigremont 1997: 42). Vom Ringelreihen um den Holunderbusch im Mai haben wir schon gehört. Auch vom »Palm«, der im Allgäu aus neun Hölzern besteht, haben wir gesprochen, vom Haselstock, auf dem ein Kreuz aus Holunderhölzern zusammen mit sieben anderen grünen Zweigen befestigt ist. Der Palmbuschen gehört zu den vielen Lebensbaumbräuchen, die im ganzen keltisch-germanisch-slawischen Kulturkreis in jeder Region etwas anders gefeiert werden und die durch die Synode von Liftinae (743 n. u. Z.) von Bonifatius, dem »Apostel der Deutschen« – dem Baumfrevler, der überall die heiligen Eichen fällen ließ –, prinzipiell verboten wurden. Aber schon im 9. Jahrhundert setzte sich der heidnische Brauch erneut durch, und zwar unter kirchlicher Schirmherrschaft: Der Lebensbaum, das Grün des Waldes, wurde nun im Namen des Christengottes bei Flurumgängen um die Äcker getragen, um ihnen frische Lebenskraft und Segen zu vermitteln. Auch beim Richtfest eines neu erbauten Hauses wurde ein grünes, mit bunten Bändern geschmücktes Bäumchen auf den Dachstuhl gesetzt. In der Basse-Bretagne, wo sich die keltische Kultur lange hielt, trug der Priester beim Fronleichnamsumzug ein mit Blumen geschmücktes Holunderkreuz – das *Santec*-Kreuz –, das er dann in die Menge warf. Jeder versuchte das Kreuz zu erhaschen, denn es sicherte eine besonders gute Ernte (Seligmann 1996: 123).

In der Sommersonnwendzeit, wenn der Holunder in Blüte steht, schenkt man ihm besondere Aufmerksamkeit. Im ganzen Alpenraum isst man zu Johanni die in Bierteig frittierten Blütendolden. Derjenige, der am meisten von den süßen »Holderküchle« hinunterkriegt, wird auch am höchsten über das Sonnenwendfeuer springen können. Die Allgäuerinnen bewahrten das Backfett von den Holunderküchlein auf und verwendeten es als Heilsalbe. Im Lechrain wurde an Johanni mittags ein ganzer blühender Zweig gebrochen und als Heilmittel »gegen alle Krankheiten« aufbewahrt. In Sardinien holte man sich einen solchen Zweig vor Sonnenaufgang, um damit jene Tiere zu heilen, die der böse Blick getroffen hatte.

In der magischen Sonnenwendnacht, der Johannisnacht, setzen die Strukturen des Alltags aus, und es öffnet sich ein Blick in die Zukunft. Es ist Losnacht. Der Baum der Holle leistet dabei besonders den Mädchen, die sich nach einen Mann sehnen, gute Dienste. In Kärnten schütteln sie den Baum und sprechen dazu den Vers:

»Hollerbam, i schüttl di,
Heiliger Johannis, i bitt di,
Lass mir den im Tram erschein,
Welcher dass mein Mon wird sein.«

Erst sechs Monate später, in der Thomasnacht (Wintersonnwendnacht), war es den jungen Frauen wieder möglich, das Orakel des Holunders zu befragen. In England tauchte man zur Wintersonnenwende, zur Heiligen Nacht, getrocknetes Holundermark in Öl, zündete die Stückchen an und ließ sie im Wasser treiben: Die Lichtlein würden versteckte unholde astrale Wesenheiten (»Hexen«) anzeigen. Hier und da steckte man zu Walpurgis Holunderzweige in die Fenster, damit es den Hexen nicht einfiel, jemandem im Haus ein Leid anzutun. Wer aber die astralen Entitäten, die in diesen chaotischen Nächten umherschwirren, sehen will, der sollte seine Augenlider mit dem grünen Saft des Holunders einstreichen.

Im Bauernkalender der Briten galt der Holunder als ein wichtiger Anzeiger. »Wenn die Holunderbeeren schwarz sind, säe den Winterweizen« (*When the elder is black, sow the winter wheat*) – so lautet der praktische Rat an den Bauern. Was das Brauen und Backen betraf, so hieß es: »When the elder is white, brew and bake a peck, when the elder is black, brew and bake a sack.« (Das heißt: Nur wenig soll man brauen und backen, wenn der Holunder blüht, dagegen aber viel, wenn die Beeren reif sind.) Solche Regeln und Bräuche gibt es viele. Wenn da ein Oxford-Professor behauptet, dass der Baum für die Kelten lediglich im »Holundermonat« (*Ruis*), vom 25. November bis zum 22. Dezember, von Bedeutung war, dann ist er sicherlich in einem Irrtum verfangen.

Des Bauern Apotheke

Für das Landvolk, das sich kaum die Medizin der Doktoren der *great tradition* leisten konnte, war der nahe am Haus wachsende Holunder die wichtigste Heilpflanze. Der geflügelte Spruch sagt es noch immer:

»Rinde, Beere, Blatt und Blüte,
Jeder Teil ist Kraft und Güte,
Jeder segensvoll.«

Aus den zur Sommersonnenwende gesammelten **Blüten** brauten die Großmütter einen das Immunsystem stärkenden, schweiß- und harntreibenden Tee, der bei Grippe, Erkältung, Rheuma, Masern und Scharlach getrunken wurde.[100] Die moderne Phytotherapie hat diese Heilwirkung bestätigt und setzt die Infusion zudem erfolgreich bei Heuschnupfen und Stirnhöhlenentzündung ein (Weiss 1991: 294).

Aus den purpurschwarzen **Beeren** kochten die Hausfrauen ein darmreinigendes und die Peristaltik anregendes Mus. Eine heiße, gesüßte Holunderbeerensuppe war eine Kultspeise, die den Menschen auf die kalte Jahreszeit vorbereiten sollte. Holundermus und Holunderlatwerge waren in der vitaminarmen Winterzeit eine willkommene Beigabe zum täglichen Brot. Neuste Forschungen belegen inzwischen eine immunsystemstimulierende und nervenstärkende Wirkung der Beeren. Sie kommen sogar als Begleittherapie bei der Krebsbehandlung in Betracht, da der blaue Farbstoff die Zellatmung allgemein günstig beeinflusst. Saft, Sirup oder Suppe helfen bei viralen Infektionen (Grippe), Herpes und Neuralgien. »Hollerrötzel« – durch Rösten getrocknete Holunderbeeren, eine beliebte Speise des Sennen in den österreichisch-bayrischen Alpen – sind schon seit der Keltenzeit belegt (Höfler 1911: 29).

100 Olaf Rippe, der Heilpraktiker und Mitbegründer der Schule für traditionelle Kräuterheilkunde in München, *Natura naturans*, erklärt: »Durch seine schweißtreibende Wirkung schützt er gegen astrale Wesenheiten, die sich in der Aura festsetzen wollen.«

Die im Sommer gesammelten **Blätter** wurden in Schweineschmalz zu einer Salbe gekocht, die bei Prellungen, Quetschungen, Geschwülsten und Frostbeulen aufgetragen wurde. Gekochte Blätter wurden auf geschwollene, entzündete Brustwarzen gelegt.

Später im Herbst wurde die **Rinde** beziehungsweise die Innenrinde (*medius cortex sambuci*, Spint, Rindenbast, Schelfe) als drastisch wirkendes Abführmittel (Laxans) oder Brechreiz erzeugendes Mittel (Vomitorium) gesammelt. Auf diese Anwendung bezieht sich der alte keltische Name für den schwarzen Holunder, *skobiém* (von *scô* = schaben, *scobina* = Raspel). Die Kelten schabten den Rindenbast nach oben weg, wenn sie Erbrechen, und nach unten, wenn sie Durchfall bewirken wollten. Dieser »Aberglaube« war nicht nur auf die Kelten und später auf die europäische Volksmedizin beschränkt. Auch die Naturvölker Sibiriens und die nordamerikanischen Indianer verfuhren ebenso: Wenn sie ihren Körper ausputzen und reinigen wollten, schabten auch sie die Innenrinde entweder nach unten oder nach oben. Die Handlung hat eine wichtige psychosomatisch suggestive Wirkung: Die Abkochung der Holunderrinde ist giftig genug, um neben Schweißausbrüchen eine generelle Abwehrreaktion auszulösen, die sich dann entweder als Erbrechen oder als Darmkatarrh entlädt. Das Aufwärts- oder Abwärtsschaben gibt der Psyche die Richtung an, in welcher die Entladung stattfinden soll. Für die Naturvölker ist das Purgieren wichtig, denn es werden nicht nur stoffliche Substanzen ausgeschieden, sondern die Krankheitsgeister, die sich einnisten wollen, werden mit ausge-

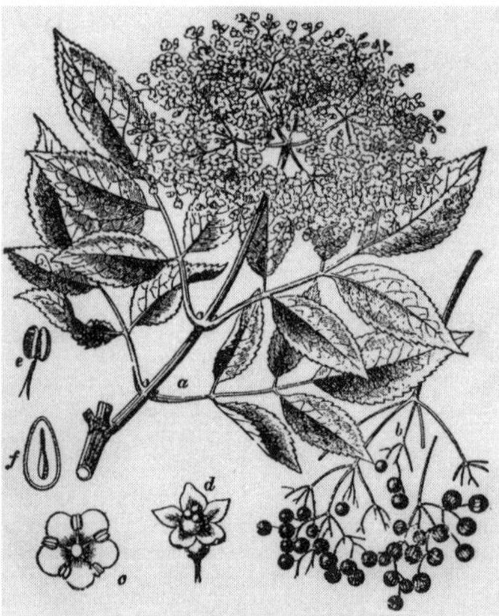

Holunder.

schwemmt (Storl 1996: 133). Von Marcellus Empiricus wissen wir auch das Standardmaß für die abgeschabte Rinde: Es ist nicht mehr und nicht weniger als die Menge, die in eine Walnussschale passt. Das ist ein typisches altes Maß. In der Bretagne und im süddeutschen Raum musste die Rinde bei Neumond gesammelt werden. Die Abkochung wurde auf nüchternen Magen getrunken (Höfler 1911: 25).

Nicht nur der pharmakologisch »vernünftige« Einsatz des Holunders diente der Gesundheit, sondern auch der magische. Dieser beruht vor allem darauf, dass der Baum die negativen Energien, die »fliegenden Gifte«, die »bösen Geister« und das Unglück anzieht und festhält oder hinunter in die Unterwelt ableitet. Als Bild dieser Anziehungskraft diente im Mittelalter die Geschichte von Judas, der sich, nachdem er den Heiland für eine Hand voll Silber verraten hatte, zum Holunder hingezogen fühlte und sich dort an einem Ast erhängte.[101] Man kann dem Holunder also alles Mögliche an Leiden und Siechtum anhängen. Schon die Kelten legten eitrige Verbände, die Lappen und Kleider der Kranken in seine Zweige. Krankheitsstoffe und Ausscheidungen wurden unter den Wurzeln vergraben, damit die Krankheitsgeister sterben und zum »Recycling« zur Hölle – in den Kochtopf der Frau Holle – fahren. In Polen kann man sogar seine Sünden unter dem Busch vergraben. Auch die Hemden »beschriener« Kinder wurden dem Strauch anheimgegeben oder ihr Badewasser darunter ausgeschüttet. Bei Fieber ging man in der Nacht bei abnehmenden Mond zum Hollerbusch – am besten zu einem, der an einer Grenze oder Wegscheide steht –, band einen Bindfaden um den Stamm und sprach: »Guten Tag, Flieder, ich bring dir mein Fieber, ich binde es an, nun geh ich in Gottes Namen davon.« Oder der Kranke bog einen Zweig herab und sprach:

»Zweig, ich biege dich,
Fieber, nun lass mich.
Hollerast, hebe dich auf.
Rotlauf, setze dich drauf.
Ich hab dich einen Tag.
Hab du's nun Jahr und Tag.«

101 Ein ohrmuschelförmiger, rötlicher, gallertartiger Pilz, der als Saprophyt alte, geschwächte Holunder befällt, wird als »Judasohr« (*Auricularia auricula-judae*) bezeichnet. Schon wegen der Assoziation mit dem bösen Judas hielt man in Europa nicht viel von dem essbaren Pilz. In früheren Apotheken wurde er als »Fungus Sambuci« geführt und zu Umschlägen bei Augenentzündungen verwendet. In China jedoch ist das Judasohr (*Mu-Err* = Waldohr, Baumohr) einer der ältesten und beliebtesten Speisepilze. In den chinesischen Restaurants wird er als »chinesische Morchel« mit süß-saurem Schweinefleisch serviert. Das Judasohr wirkt als immunsystemstabilisierendes Tonikum und hemmt Entzündungen der Haut und der Schleimhäute (Lelley 1997: 103).

Das Fieber oder die Krankheit blieb am Gehölz haften, es sei denn, ein Narr käme vorbei und böge den Zweig wieder hoch oder schlüge den Holunder ab, dann ging das Siechtum auf ihn über.

Die Kirche, die anfänglich den ganzen Kräuterzauber verbot und als Heilung vor allem das Gebet, das Weihwasser und die Wallfahrt anpries, musste sich auch diesem Brauch der »Transplantierung« beugen. Bald hieß es, dass der Heiland ihn selbst eingesetzt hatte. So die schwäbische Legende: »Als Gott, der Herr, eines Tages über das Land ging, da begegneten ihm siebzigerlei Gichter und Gichtinnen. Da sprach der Herr: ›Ihr siebzigerlei Gichter und Gichtinnen, wo wollt ihr hin?‹ Da sprachen die siebzigerlei Gichter und Gichtinnen: ›Wir gehen über das Land und bringen die Menschen um ihre Gesundheit und geraden Glieder.‹ Da sprach der Herr: ›Ihr sollt zur Hollerstaude gehen, da sollt ihr alle Ästlein abbrechen; lasst nur den Menschen ihre geraden Glieder‹« (Perger 1864: 258).

Auch Zahnweh konnte man dem Baum anhängen, und zwar am besten am Tag des bitteren, verzweifelten Leidens des Gottessohnes, nämlich am Karfreitag. Dazu soll man in einen Holunderzweig beißen, den mittleren Wipfel herunterbiegen und sprechen:

»Meine Zähne tun mir weh.
Ein schwarzer, ein roter, ein weißer Wurm,
Ich wollte, dass sie sich verbluten, im Namen Gottes ...«

Oder man geht, wenn einen der Zahnschmerz plagt, mit einem Messer rückwärts von der Stube aus auf den Holunder zu und spricht drei Mal: »Liebe Frau Hölter, leit mir ein Spälter, den bring ich wieder.« Nun löst man die Rinde, schnitzt einen Span heraus und geht damit wieder ins Haus. Dort stochert man mit dem Holzsplitter im Zahnfleisch, bis er blutig ist. Ein anderer geht dann, ebenfalls rückwärts, zum Holunderbaum, setzt den Span wieder in den Stamm und verbindet die Rinde (Perger 1864: 259).

Botanik und verwandte Pflanzen

Der Holunder ist ein Geißblattgewächs (*Caprifoliaceae*), verwandt mit der Schneebeere (»weiße Knallerbse«, *Symphoricarpos rivularis*), die aus Nordamerika stammt, mit dem Schneeball (*Viburnum*), der roten Heckenkirsche (*Lonicera xylosteum*) und dem Geißblatt, dem »Jelängerjelieber« (*Lonicera caprifolium*), einer Liane, deren Blüten betäubend süß, ähnlich dem Jasmin, duften und die in der keltischen Mythologie als Verkörperung der Liebesgöttin eine wichtige Rolle spielt. Die

Geißblattgewächse sind alle mehr oder weniger giftig. Sie sind – wie Rudolf Steiner sagt – stark »astralisiert«, stark beseelt. Das gilt ebenso für die drei Holunderarten, die bei uns wachsen. Der schwarze Holunder (*Sambucus nigra*) ist am wenigsten giftig, der Zwergholunder oder Attich (*S. ebulus*) ist am giftigsten, und der Hirschholunder (*S. racemonus*) mit seinen roten Beeren nimmt eine mittlere Stellung ein. Alle drei Holunderarten waren den Kelten heilig und wurden als Heilmittel benutzt. Den Zwergholunder und den roten Holunder, die im Gegensatz zum schwarzen Holunder am liebsten nicht in der Nähe menschlicher Siedlungen, sondern in der Wildnis und im Wald wachsen, wollen wir hier noch etwas näher betrachten.

Attich (*Sambucus ebulus*)

Der krautige **Zwergholunder** oder **Attich** genoss bei den Galliern genauso viel Verehrung wie der schwarze Holunder. Im Gebiet der Garonne wird der kleine Busch mit »Mossu l'aoûssier« (Herr Attich) angesprochen. Das Wort Attich ist keltischen Ursprungs (kelt. *odocos*). So wichtig scheint der Zwergholunder für die Kelten gewesen zu sein, dass die Angelsachsen den Busch *walh wyrt* (welsche Wurz oder Keltenwurz) nannten. Die Waliser nennen ihn »Blut-eines-Mannes«, da die magische Pflanze aus dem Blut erschlagener keltischer Helden entsprossen sein soll. Die modernen Engländer kennen den Attich als *death wort* (Todeswurz), *blood hilder* oder als »Dänenblut«. Selbstverständlich braucht ein dermaßen angesehenes Gewächs sein Sammelritual. Marcellus Empiricus beschreibt es: Nach dreitägigem Fasten soll er, ohne Eisen zu verwenden und mit dem Gesicht nach Osten gerichtet, gesammelt werden. Er berichtet, dass die Kelten die Pflanze als Purgans und als Milzmittel verwendeten; Kranke sollen Attichwurzeln tragen, aber diese nie Eisen oder Erde berühren lassen, sonst würden sie an Kraft verlieren. Mit dem Saft färbten die Kelten ihre Haare schwarz. Apuleius, ein Zeitgenosse von Marcellus, lässt uns wissen, dass die Attichwurzel im August bei abnehmenden Mond gegraben werden soll. Sie wurde Kindern mit Geschwüren um den Hals gehängt. In ehemals keltischen Gebieten, vor allem in Frankreich, heißt es, die Pflanze soll am Abend vor der Sonnenwende oder vor Sonnenaufgang am Sonnenwendtag oder zwischen den beiden Frauentagen (Maria Himmelfahrt am 15. August und Maria Geburt am 8. September) gesammelt werden.

Der Ethnobotaniker Max Höfler vermutet, dass der Attich schon von den alpenländischen, keltischen Sennen zu einer reinigenden, wind-, harn-, und schweißtreibenden »Salse«, einem gesalzenen Mus, gekocht wurde (Höfler 1990: 28). Für den Kräuterpfarrer Kneipp, der so viele alte Heilpflanzen für die moderne Zeit wiederentdeckte, galt die gedörrte, zu Pulver zerstoßene Wurzel als eines der besten Mittel zur Anregung der Nierentätigkeit (Kaiser 1975: 265).

Den Bauern diente dieser giftige, übel riechende »Stinkholunder« vor allem zum Abwehrzauber. Zur Sommersonnenwende warf das französische Landvolk Attichzweige ins Johannisfeuer, um »Hexen« zu vertreiben. Überall im ehemals keltischen Westeuropa wurde der Attich gegen Schlangen, Würmer und Ungeziefer beim Vieh beschworen. Dabei sagten die Schwaben den Spruch: »Jetzt leg ich dir den Attich, er ist gut vor Käfer, Würm, Schmerz und vor Brand.« Als bester Tag zum Graben der Wurzel oder zum Schneiden der Blätter galt der Christinatag (24. Juli). Diese Märtyrerin wurde zur Patronin gegen Ungeziefer auserkoren, da sie die Giftschlangen, welche heidnische Zauberer einst auf sie hetzten, verjagte. Am Abend ihres Namenstages kann man das ohne Eisen geschnittene »Rattechrut« in alle Winkel des Hauses oder in die Wühlmauslöcher im Garten stecken, um Ratten und Mäusen die Abschiedsbotschaft zu schicken. Bei Schlangenbissen ging der Heilkundige zum Attich, sagte siebenundsiebzig Mal: »Alle bösen Tiere beschwöre ich«, wobci cr beim Schneiden den Blick vom Kraut abwandte und intensiv an den Kranken dachte, der von der Viper gestochen worden war (Schöpf 1986: 57). Die Rossknechte haben früher einen stinkenden Ziegenbock mit in den Pferdestall gesteckt, denn wenn der Teufel in den Stall käme, würde er in diesen und nicht in die Pferde fahren. Ein ähnliches Resultat erreichten sie aber auch, wenn sie den übel riechenden Zwergholunder in die Nähe der Stallungen pflanzten. Dieser würde bestimmte Pferdekrankheiten abwehren oder eher aufsaugen.

Hirschholunder (*Sambucus racemosa*)

Der **rote Holunder** oder Hirschholunder hatte ähnliche Funktionen wie die anderen beiden Holunderarten. Auch für ihn galten besondere Ausgrabe- und Sammelrituale. Seine medizinische Wirkung wird als erwärmend, reinigend und »öffnend« beschrieben. Die Blüten sind wie beim schwarzen Holunder harn- und schweißtreibend, die Beeren stark abführend – man muss jedoch die Samen herauspassieren, denn sonst bewirkt das Mus Brechreiz. Hildegard von Bingen machte zur Behandlung von Kopfschmerzen Umschläge aus den Blättern und ließ diese bei Nagelfäule zerstampft auftragen. Eine besonders kräftige, gute Konfitüre, die zu Hirschbraten und anderem Wildbret passt, kann man – wie mir ihre Hoheit, die Fürstin von Quadt, versicherte – ebenfalls aus dem wilden roten Holunder herstellen.

Weide, Felber

(*Salix* spp., kelt. *sal*, *saliks*)

Den Weiden ist es zu verdanken, dass die gallischen Druiden in den Augen der Römer als barbarische Menschenschlächter gebrandmarkt wurden. Caesar schreibt: »Sie haben große aus Weidenruten geflochtene Puppen, in die sie lebende Menschen stecken und das Ganze dann anzünden, so dass die von den Flammen Eingeschlossenen darin den Tod erleiden« (*De bello gallico*, IV, 16). Auch andere klassische Schriftsteller wie Lucanus und Strabo berichten von »riesenhaften Kolossen aus Holz und Heu, in denen sie Menschen einsperren und als Opfer für Tanaris und andere Götter verbrennen«. Außer diesen gibt es keine weiteren Berichte über diese abscheuliche Opferpraxis. Archäologen haben auch nichts dergleichen zutage gefördert. Vermutlich haben wir es wieder einmal mit Kriegspropaganda zu tun, mit der die römischen Imperialisten ihr räuberisches Vorgehen gegen die Barbaren rechtfertigen wollten. Aber irgendetwas muss an diesen Berichten doch stimmen. Es muss rauchschwelende Korbriesen und brennende Käfige aus Wei-

Kopfweide.

denruten gegeben haben. Jean Markale, einer der bedeutendsten Keltologen unserer Zeit, bezweifelt, dass Menschen wirklich als Opfer verbrannt wurden (Markale 1985: 161). Vielleicht handelt es sich einfach um die mit Stroh und Heu ausgestopften Weidenpuppen, die man im Frühling als »Winterriesen« verbrannte. Noch immer übergibt man in ehemals von Kelten besiedelten Ländern am Funkensonntag oder zu Lätare die »Winterhexe« oder den »Alten Mann Winter« oder gar den »Tod« in einem heiteren Fest den Flammen eines mächtigen Feuerstoßes. In der Schweiz rannten Buben mit lodernden Fackeln über die Felder und riefen, »der böse Sämann wird vertrieben«. Wer kann dieser »Tod« oder »Sämann« sein, wenn nicht der Wintergott (Samain), den die gallischen Kelten *Samon* nannten. Die »Winterhexe«, sein düsteres Weib, ist die Todesgöttin (Morrigan), die sich in den Flammen zur lichthaften Brigit verwandelt.

Eine weitere Möglichkeit, die Jean Markale erwägt, ist, dass diese Gebilde aus Weidenruten so etwas wie »Initiationsöfen oder -hütten« (*cabanes*) darstellten, die Hohlräume enthielten, in denen die Einzuweihenden unversehrt bleiben konnten. Aus den irischen Beschreibungen des Druidenfeuers geht hervor, dass der Holzstoß drei Seiten und sieben Öffnungen besaß. Was da als dichter Rauch aus den Gebilden hervorquoll, könnte sehr gut schwelendes Hanfkraut gewesen sein. Sicher ist, dass die Skythen, denen die Kelten so viel verdankten – Kunstmotive, Schmuck, Sattelform, Pferdegeschirr, Reittechniken, Kleidungsform usw. –, ähnliche Hütten bauten, nämlich Weidengerüste, die mit Decken bespannt wurden. Wenn diese Steppenreiter ihre Toten eine Wegstrecke in die jenseitige Welt begleiten wollten oder auf schamanische Reise gehen wollten, legten sie in den Hütten harzreiche Hanfrispen auf glühende Steine. Die Hütten rauchten und qualmten und die Teilnehmer, denen der Hanfrausch Seelenflügel verlieh, heulten und johlten, so dass ein unsorgfältiger Beobachter meinen könnte, hier würden Menschen in einer barbarischen Kulthandlung lebendigen Leibes verbrannt.[102] Hanf, aus dem die Kelten Stricke, Säcke und Stoffe herstellten, war wie andere Textilpflanzen der Großen Göttin, der Spinnerin, geweiht. Hanfsamen wie auch Hirse, Erbsen oder Haselnüsse galten als geeignete Opferspeise für die Toten und Anderweltlichen. Zwar

102 Ähnlich sind die indianischen Schwitzhütten aus einem Rahmen von biegsamen Weidenzweigen konstruiert, die dann mit Fellen und Decken abgedichtet werden. Die Weidenzweige, die den Rahmen bilden, stellen die Rippen der Großmutter Erde dar; die Teilnehmer, die da nackt im Dunkeln sitzen und schwitzen, sind die Embryonen, die dann neu geboren werden.

haben wir keine konkreten Belege für die Verwendung des Hanfs als Narkotikum bei den Kelten, aber auszuschliessen wäre das keinesfalls. Zwar hat der Faserhanf nicht dieselbe starke psychotrope Wirkung wie der indische Hanf, aber wenn er in großen Mengen verbrannt und eingeatmet wird, vermag er durchaus vorübergehend zur »Reise« befähigen. In alten Märchen sowie in den Sagen der Inselkelten kommt das Motiv von unterirdischen oder eisernen Initiationshütten oder -räumen, über denen ein Feuer entzündet wird, immer wieder vor. Auch archäologisch sind irisch-keltische Schwitzhütten belegt (Weir 1989). Wie bei den indianischen Schwitzhütten handelt es sich dabei eindeutig um initiatorische Todes- und Wiedergeburtsrituale, um Mutproben und Begegnungen mit der Göttin.

Wie auch immer, es ist nicht zufällig, dass die Weide in solchen Übergangsriten Verwendung fand. Echte Symbolik ist niemals willkürlich, sondern passt genau. Das Verbrennen des alten Winters fällt mit dem Erscheinen der weißen Lichtjungfrau Brigit zusammen, und sie ist auch mit der kühlen Weide verbunden. Als Zeichen ihrer Wiederkehr schwellen die »Kätzchen« (Maizeln, Büseli, Palmudeln) der Weiden an, zuerst silbrig-weiß, dann mit goldenem Staub bedeckt. Es ist die erste ergiebige Blütenweide für das aus der Winterruhe erwachende summende Völkchen der Bienen, Fliegen und Käfer. Es scheint, als singe und summe das Weidenbäumchen selbst. Das Blühen dauert von Anfang März bis Anfang Mai, wenn die Göttin sich einer weiteren Metamorphose hingibt.

Die Weide ist wie der Holunder ein Schwellenbaum. Die mit ihr verbundenen Mythen und Zauberpraktiken ähneln jenen um den Holunder, und doch sind sie anders. Nicht nur steht die Weide an der Schwelle zwischen dem Reich des Samain und dem der Brigit, sie steht auch an der Schwelle zwischen dem festen Land und dem Wasser, an der Pforte der Unterwelt. Sie steht zwischen dem aufkeimenden und dem vergehenden Leben. Der schnellwüchsige Baum strotzt nur so vor Lebenkraft. Immer wieder, egal wie oft man sie stutzt, treibt die Weide wieder aus – man denke nur an die »Köpfe« der Korbweiden. Abgebrochene Ruten braucht man nur in den feuchten Boden zu stecken und schon wurzeln sie wieder an. Aber ebenso schnell, wie sie wächst, stirbt sie auch wieder ab; rasch verrottet und fault ihr weiches, weißes Holz. Noch während des Wachsens sterben immer wieder Äste, das Holz fault weg und hinterlässt hohle Stämme, in denen sich eine vielfältige Fauna einnistet.

Die schnell wachsende und schnell wieder vergehende Weide assoziierte man mit dem ständig zu- und abnehmenden Mond. Auch Nicholas Culpeper und die Herbalastrologie entdeckt in der Weide eine eindeutige lunare Signatur. Dem Mond, der Mondgöttin, gehört alles schnell Wachsende und wieder Vergehende, alles Weiche, Faulige, Biegsame, Wässrige und Empfängliche. »Mondhaft« sind die morastigen Niederungen, Bachufer und Quellgebiete, in denen die Gattung *Salix* (von kelt. *sal* = nahe, *lis* = Wasser) gedeiht.[103] Mondhaft sind auch die biegsamen, zum Korbflechten vorzüglich geeigneten Ruten. Das Wort »Weide« (vom indogerm. Wortstamm **uei*) bedeutet so viel wie »biegen, winden, flechten«. Von demselben Wortstamm kommen auch »weich«, »Weib«, »weichen«, »winden« oder »Wand«. Die Wände der keltischen Häuser bestanden aus Weidenflechtwerk: Wie beim Korbflechten wurden die biegsamen Weidenruten um aufrecht gestellte Haselstäbe gewunden und dann mit Lehm verschmiert.

Darauf, dass dieser früh blühende Baum zum Vollmond der weißen Lichtjungfrau Brigit gehörte, gibt es viele Hinweise.[104] Er verkörpert wie sie das Feuchte, Weiche, Kühle. Die Zeit der Weidenblüte steht im Jahreskreis den trockenen, heißen Hundstagen im August diametral gegenüber. In diesem Zusammenhang wird es verständlich, dass die Germanen es als erniedrigende Strafe ansahen, einen Missetäter zu zwingen, während der heißen Hundstage, Weidenruten zu tragen. Es zeigte an, dass er nicht in Harmonie mit seiner Mitwelt lebte.

Hexenbaum

Brigit ist die Muse der Heiler, Dichter und Zauberer, also jener schamanisch begabten Individuen, die dann später im christlichen Mittelalter allzu leicht in Verdacht gerieten, Hexen zu sein. In diesem Zusammenhang wurde die Weide auch zum Hexenbaum. Hohle Weidenstämme sind heimliche Pforten zur Anderswelt. Hier an der Grenze zwischen dem werdenden, wachsenden und dem abnehmenden Leben halten sich Geister und Gespenster mit Vorliebe auf. Hexen – Schamaninnen – gehen hier ein und aus, um den »Teufel« oder die Hexengöttin zu besuchen. Es soll beobachtet worden sein, wie junge Hexen in ei-

103 Viele Orte und Städte sind nach dem keltischen *Saliks* benannt worden, darunter Solothurn (*Salo-durum*), Salen, Sahlenbach, Seeligstadt. Es sind »Weidenorte«.
104 In diesem Aspekt scheint sie verwandt zu sein mit der griechischen Europa, der jungfräulichen Göttin, die Zeus in der Gestalt eines Stiers entjungfert. Europa, »die mit dem breiten Gesicht« (Vollmond) oder »die von den weißen Weidenblüten«, wird auf einem Weidenzweig sitzend und mit einem Weidenkorb in der Hand abgebildet (Ranke-Graves 1985: 200).

nem hohlen Weidenstamm verschwanden und als fauchende Katzen wieder zum Vorschein kamen. Im Weidengestrüpp nistet auch der Wendehals, der Vogel der Hexengöttin. Im Saterland[105], einer »Insel« im großen friesischen Moor, hieß es, wer Hexe werden will, der setze sich unter einen Weidenbaum, halte sich an einem Zweig fest und sage feierlich folgende Worte: »Hier sitte ich unnerm Willgen un verswere Gott un alle Hillgen.« (Hier sitze ich unter der Weide und schwöre Gott und allen Heiligen ab.) Alsbald erscheint der Hinkefuss oder auch die Hexenkönigin, die einen Weidenstab als Zepter tragen. Sie prüfen die Gesinnung des Anwärters und lassen ihn mit dem eigenen Blut unterschreiben. Dann ist er oder sie Hexe und hat die Fähigkeit, Wetter zu machen, Schadenzauber zu betreiben, aber auch zu heilen. Vielerorts glaubte man, dass die Hexen früh am Morgen den Tau von den Weidenzweigen streifen, um Frost und Raureif zu machen. Mit Flöten aus Weidenholz können diese Unholde zerstörerische Winde heraufbeschwören.[106] Auch rächen sie sich für das vermeintliche Unrecht, welches die Gesellschaft ihnen zufügt, indem sie Weidenzweige verknoten und dadurch den Menschen und dem Vieh Krankheit und Seuche anhexen. Eine Beschwörungsformel aus dem Fingeralphabet des irischen Hexenkultes lautet:

»Weidenstab, Ohrfinger
Durch die Kraft des Wahrsagens
Presse Geständnisse aus dem Mund
Eines modernden Leichnams.«

Robert Graves versucht einen Zusammenhang zwischen den englischen Worten *wicker* (= Weidenzeug, Flechtwerk, Weidenkorb), *wicked* (= böse) und *witch* (= Hexe) herzustellen. Das ist verlockend und vielleicht auch sinngemäß richtig, aber nicht unbedingt etymologisch korrekt. *Witch* (angelsächs. m. *wicca*, f. *wicce*) sowie *wicked* entstammen einem altgermanischen Begriff, der sich entweder von *witega* (Seher, Wissender, Zauberer) ableitet oder von einem alten Wort, das weitläu-

105 Das schwer zugängliche Saterland, eine Sprachinsel übrigens, wo noch Altfriesisch gesprochen wird, war einer der letzten Hexentanzplätze Mitteleuropas. Noch lange kamen die letzten Hexen an den Hexenfeiertagen hierher, um im verborgenen Erlenbruch den Hexenreigen zu tanzen.

106 Auch anderswo wird Wetterzauber mit Weiden getrieben. Beim jüdischen Laubhüttenfest (*Sukkoth*) wird mit Weidenruten so lange auf den Boden geschlagen, bis sie entblättert sind. Es handelt sich um Regenzauber. Auch die Christen betreiben mit den Weidenkätzchen, die ein Hauptbestandteil des Palms sind, Wetterzauber. So lesen wir bei dem Straßburger Prediger Geiler von Kaisersberg (1510): »Darum so soll man die Palmen, die geweiht sind, ehrlich halten, in den Hüssern [Häusern] uffstecken, und ist recht, dass man sie verbrennt, wenn es wyttert oder hagelt oder dunnert.«

fig mit dem deutschen »weihen« (auch mit lat. *victima* = »geweihter Mensch oder Tier, das in einer religiösen Zeremonie getötet wird«) zusammenhängt. *Wicker* dagegen entstammt dem angelsächsischen *wic-en* (= biegsam, beweglich). Aber, wie gesagt, die Verbindung besteht trotzdem. Hexen sind – wie mir eine neulich versicherte – biegsam und anpassungsfähig – wie die Weide. Zwar brechen die Zweige leicht und das Holz fault schnell, aber dennoch treibt sie immer wieder aus. Die Weide ist nur scheinbar schwach; sie versinnbildlicht die Stärke in der Schwäche. (Diese Weidensymbolik kennt übrigens auch der Taoismus.) Mit Weidenzauber kann man jemanden ebenso fest binden, wie man seine Hände und Füsse mit Streifen der abgeschälten jungen Rinde fesseln kann. Weidenrinde ist ein starkes Bindemittel: Winzer banden ihre Reben damit an und, wenn sie keine eisernen Fassbänder hatten, hielt Weidenrinde die Dauben der Fässer zusammen. Auch das Birkenreisig des Kultbesens (Hexenbesen) wurde mit Weidenrinde am Stiel (aus Eschen- oder Haselholz) festgebunden.

Die lichthafte Birgit, die aus den Tiefen hervorkommt, ist eine jungfräuliche Göttin. Als jungfräulich galt auch der Baum, denn »er blüht, aber er trägt keine Frucht« (Konrad von Megenberg). Der Baum galt als kühlend, als Dämpfer der Lust. Er dämpft die Hitze der männlichen Begierde sowie die »Brunst« des weiblichen Schoßes. Er lässt die Hitze der Leidenschaft nicht aufkommen. Daher galt die Weide als Mittel, das den männlichen Samen schädigt und die Empfängnis verhütet. In England heißt es, wer Weidenblätter als Tee trinkt, der wird keine Söhne, sondern nur »nutzlose, unfruchtbare« Töchter zeugen. Im Mittelalter dienten die Weidenkätzchen und -blätter als Anaphrodisiaka. Für die frommen Christen wurde der einstige Hexenbaum zum Baum der keuschen, reinen, unbefleckten Maria. Mönche und Nonnen pflanzten den Baum in die Klostergärten. Noch zu Beginn der Neuzeit verschrieben die Kräuterärzte, wie etwa Matthiolus, einen Absud von Weidenblättern zur Minderung der Lust und Unkeuschheit.

Ohne Libido tut sich die Lebensfreude schwer. So wurde die Weide auch Symbol der Traurigkeit, der Trauer und Einsamkeit. Die ursprünglich keltische Blumensprache bestätigt den freudlosen Aspekt der Weide: »Wer Weidenblätter trägt, der zeigt an, dass er einsam und verlassen ist«, so die Augsburger Nonne Hätzerlin. Zum Abschied wurden Weidenzweige gereicht (Zacharias 1982: 165). Ein in den Hut gesteckter Weidenzweig bedeutet abgewiesene Liebe (Laudert 1998: 210).

Wetterzaubernde Hexen.

Zauberpfeifen

Zu den Zeremonien der Naturvölker gehören auch Musikinstrumente, in deren Tönen und Klängen sich die Götter und Geister kundtun. Trommeln, Hörner, Schwirrhölzer – ähnlich den *churingas* der australischen Ureinwohner – und Flöten aus Knochen, Rohr und Weidenrinden kannten auch die alten Europäer. Vermutlich spielten Pfeifen und Flöten aus Weidenzweigen bei keltischen Totenzeremonien und beim Wetterzauber eine wichtige Rolle. Dies ergibt sich aus den vielen Ritualen und Sprüchen, die sich beim Schneiden von Flöten, Piepen, Hupen, Felberpfeiferl oder wie auch immer sie genannt werden, in der Kinderkultur bis heute erhalten haben. Die Kinder haben sorgfältig bestimmte Bräuche und Techniken, die einst Teil der Erwachsenenkultur waren, von einer Generation an die nächste weitergegeben: sakrale Reigentänze, Hüpfspiele, Pfeil-und-Bogen-Spiele, Sprüche und sogar Heilmethoden, wie etwa die Anwendung des Wegerichblatts, um Blut zu stillen. Im Frühjahr, wenn der Saft in die Bäume steigt, schnitten die Buben ein Zweigstückchen und klopften so lange darauf, bis sich die Rinde wie eine Röhre vom Holz ziehen lässt. Dabei wurden tradierte »Bastlösereime« gesungen. Jede Gegend hatte ihre eigenen. Hier einige Beispiele von vielen (Marzell 1936: 177):
In Schwaben sang man:

»Pfeifchen, willst du nicht geraten,
Werf ich dich in Nachbars Garten!
Kommt die Kuh, frisst dich zu,
Kommt das Kalb, frisst dich halb,
Kommt der Storch, frisst dich dorch,
Kommt die Maus, frisst dich aus,
Kommt das Schwein, frisst dich klein,

Frisst dich über und über nein
Jetzt wird das Pfeifchen fertig sein.«

In Südtirol sangen die Buben:
»Pfloite, Pfloite mai' dih,
Oder ih derschnei dih,
Wirf dih auf'n Melcha-Dachl,
Fallste achen ins Plumperbachl,
Eard'n drauf, Stoan drauf
Katzenhäutl oben drauf.«

In Schleswig singt man:
»Sipp, sapp, summ!
Gif' 'ne gode Brumm.
Sipp, sapp, soit!
Gif' 'ne gode Floit.«

Im Riesengebirge sangen einst die Kinder:
»Fengrpfeifla, gib mir Saft,
Weil der Bauer Hauer ruft!
Gibst' mir keinen, schmeiß ich dich in ein Graben
Fressen dich die Raben,
Kommt der große Fleischerhund,
Zieht's Fell vom Buckel rund.«

Eine Sage aus Böhmen erzählt von einem Mann, der eine schöne Frau heiratete. Jede Nacht jedoch, wenn der Mann eingeschlafen war, schlich sich die Frau an den Bach und setzte sich unter einen alten, hohlen Weidebaum. Eines Nachts folgte der Mann ihr, weil er wissen wollte, was sie treibe. Am nächsten Tag ging er mit einer Axt zu dem Baum und fällte ihn. In dem Augenblick, als der Baum stürzte, fiel auch die Frau tot zu Boden. Nun erkannte der Mann, dass er eine Baumfee geheiratet hatte. Ihre Kinder aber schnitten aus den Zweigen Flöten, und jedesmal wenn sie darauf bliesen, hörten sie die Stimme ihrer Mutter.

Wir können vermuten, dass Kultflöten aus Weidenrinde einst dazu benutzt wurden, den Verstorbenen oder Geistern eine Stimme zu verleihen. Das ergibt sich schon aus dem ethnologischen Vergleich.

Tod und Trauer

Die Weide, die oft an unheimlichen Sumpf- und Moderorten wächst, ist also auch ein Baum der Göttin in ihrem Todesaspekt. Immer wieder wird der Baum mit Trauer, Tod, Trennung und Schwermut in Verbindung gebracht. Die Symbolik ist uralt, sie geht bis in die Steinzeit zurück, als die Jäger ihre Pfeilspitzen den lanzettenförmigen Blättern der Weide nachempfanden. Mit diesen töteten sie die Beute und schickten die Tierseelen zu der die Seelen hütenden Göttin in die Unterwelt zurück. Urgeschichtler haben sogar aus Weidenstämmen geschnitzte, paläolithische Kultpfähle entdeckt, auf die die Köpfe getöteter Jagdtiere gesteckt wurden (Duerr 1990: 314). Auch die Germanen kannten den Todesaspekt der Weide: **Widar,** der schweigende Ase, der nach dem Feuersturm der Götterdämmerung aus den feuchten Wurzelgründen wieder hervorkommt und eine neue Welt erschafft, lebt wartend in einem Weidenbruch, im Reich der Toten.[107] Tatsächlich wurden im keltisch-germanischen Raum, wie Tacitus berichtet, »Feiglinge und Perverse« in Weidengeflechten im Morast versenkt. Vermutlich hat Widar seine Entsprechung im keltischen **Esus** (Aes, Hu Hesus), der Herr der Bäume ist, ebenso wie Widar Herr des Waldes ist. Als der kymrische **Hu Hesus** ist er der Geist des Wachstums, das Samenkorn, aus dem ein Riese wird. Er ist derjenige, der die Welt erneuert (Nichols 1998: 179). Esus, der sich schwer von Cernunnos unterscheiden lässt und eventuell mit ihm identisch ist, wird in einer Stele (Nautenpfeiler von Paris, Musée de Cluny) beim Fällen einer Weide dargestellt.[108]

Weidenzweige galten als Zeichen der Trauer. In Shakespeares *Hamlet* (IV, 7) ertrinkt die schöne Ophelia, als der Weidenzweig, an dem sie einen Kranz aufhängen wollte, bricht und sie in den Bach stürzt.

»Es neigt ein Weidenbaum sich übern Bach
Und zeigt im klaren Strom sein graues Laub,
Mit welchem sie phantastisch Kränze wand
Von Hahnfuß, Nesseln, Maßlieb, Kuckucksblumen.
Dort als sie aufklomm, um ihr Laubgewinde
An den gesenkten Ast aufzuhängen,
Zerbrach ein falscher Zweig, und nieder fielen
Die rankenden Trophäen und sie selbst
ins weinende Gewässer.«

107 »Mit Gesträuch begrünt sich / Und hohem Gras / Widars Land Widi.« (Ältere Edda, Grimnirlied.)

108 Esus, dessen Opfer – nach römischen Quellen – an Bäumen aufgeknüpft wurden, wurde später mit dem Jesus am Kreuz identifiziert.

Auch Desdemona singt, ihren Tod erahnend, in Shakespeares *Othello* IV, 3 ein Weidenlied:

»Meine Mutter hatt ein Mädchen – Bärbel hieß sie –
Die war verliebt, und treulos ward ihr Schatz
Und lief davon. Sie hatt ein Lied von Weiden,
Ein altes Ding, doch passt es für ihr Leid;
Sie starb indem sie's sang. Das Lied heut Nacht
Kommt mir nicht aus dem Sinn ...
(...)
Sing Weide, Weide, Weide!
Das Bächlein, es murmelt und stimmet mit ein;
Sing Weide, grüne Weide!«

Die Weiden ziehen Lebensmüde und Selbstmörder an. Rutengänger behaupten, das sei so, weil die Bäume auf geomantischen »Reizstreifen« wachsen. Auch Judas habe sich an einem Weidenbaum erhängt, und seither seien die Weiden hohl. Und der Unschuldige, den er verraten hatte, wurde, ehe man ihn ans Kreuz nagelte, mit Weidenruten so furchtbar gegeißelt, dass der Baum – der einst ein Obstbaum war – nie wieder Früchte trug, die Zweige hängen ließ und zur Trauerweide wurde. Diese mittelalterliche Legende lässt den blühenden Weidenzweig zum wichtigsten Bestandteil des Palms werden. Kaum ein anderer Baum symbolisiert so sehr das Leiden – die Passion –, die dem Tod und der Wiederauferstehung vorangeht.

An diese Symbolik knüpft der englische Arzt Edward Bach an, der die Blüten der Dotterweide zur Essenz für jene einsamen und verbitterten Persönlichkeiten machte, die sich selbst als »Opfer des Schicksals« ansehen. Die *Willow*-Essenz soll der Seele den Anstoß geben, sich aus der Opferrolle zu befreien und sich allmählich als Meister des eigenen Schicksals zu begreifen (Scheffer/Storl 1995: 150).

Die kalte Medizin

Die Volksmedizin wie auch die galenische Humoralpathologie kennen die Weide als »kühlen« Baum. Ebenso wie die Abkochung der bitteren Rinde das Feuer der Leidenschaft zu löschen vermag, kann sie hohes Fieber senken. Weidenrinde wurde bei »kalten« Siechtümern verwendet, bei Erkältungen, Grippe, Kopfweh, Rheuma, Hexenschuss, Gicht, Arthritis und auch als Mittel zum Gurgeln bei Mandelschwellung. Die Signatur ist eindeutig: Die Weide, die wie die Waschfrauen

Esus mit Weidenbaum (gallo-römische Darstellung).

ihre Füße im kalten Wasser hat, kriegt keine steifen Gelenke, sondern bleibt biegsam und schmerzfrei.

Tatsächlich gilt die Weide in der modernen Phytotherapie als schmerzstillend, fiebersenkend, entzündungshemmend, blutverdünnend, desinfizierend sowie entwässernd (schweiß- und harntreibend). Die anthroposophische Heilkunde gibt dafür folgende Erklärung: Die Weide leitet starke Vitalkräfte aus dem feuchten Untergrund nach oben. Ebenso mächtig saugt sie das astralische Feuer aus kosmischen Höhen und trägt es in einem überstürzten, überschwänglichen Blühvorgang in das nasskalte Frühjahr hinein. Sie wartet mit dem Blühen nicht einmal, bis sich die grünen Blätter voll entfalten. In diesem Baum ringen also die oberen und unteren Elemente, Feuer und Wasser, miteinander. Im Spannungsfeld zwischen der wässrigen Kühle und dem entzündlichen Blühprozess entsteht auf biochemischer Ebene **Salicin** (Pelikan II 1977: 95).

Salicin, ein wasserlösliches Glykosid, wird von verschiedenen Pflanzen – etwa auch Mädesuß, Primeln oder der Sumpfbirke – gebildet, in denen sich ein starkes, luftiges Blühen mit kühler Nässe verbindet. Das Salicin – benannt nach *Salix* (= Weide) – fängt die kosmische Feuerkraft ab, die sich im Blühen oder in Fruchtbarkeitsprozessen kundtut. Im menschlichen Mikrokosmos, wo Salicin zu **Salicylsäure** (natürliches

Aspirin) verstoffwechselt wird, spielt es eine ähnliche Rolle wie in der Pflanze: Es fängt Hitze ab und treibt das Wasser heraus. Der englische Geistliche Edward Stone entdeckte 1763 die bitter schmeckende Weidenrinde als Ersatz für die teuer importierte Chinarinde, die zur Bekämpfung des Sumpffiebers (Malaria) verwendet wurde. Malaria schüttelt den Patienten zwischen Hitze- und Kälteschüben hin und her.

Die europäische Volksmedizin kannte natürlich auch magische Anwendungen der Weide. Hellsichtige sahen »Gichter« und andere ungute Wesenheiten, die sich wie Larven unter der Rinde oder im morschen Holz alter Bäume aufhalten.[109] Gelegentlich verlassen sie die Weiden im Sumpf, halten Einzug in die Menschenleiber und machen diese krank. Man kann sie mit Gesang, Spruch oder Räuchern auf schamanische Weise wieder aus dem Körper herauslocken oder -treiben. Da sie Geistwesen sind, kann man sie nicht töten. Man kann sie aber »entsorgen«, indem man sie sorgfältig in einen Felber »verkeilt«. Das geschieht, indem man ein Loch in einen alten knotigen Weidenstamm bohrt, die Gichter hineinsteckt und dann das Loch zupfropft. Man kann auch Krankheiten, besonders Kinderkrankheiten, an der Weide »abstreifen«, indem man den Patienten noch vor Sonnenaufgang durch einen gespaltenen Weidenstamm zieht. Der aufgeschlitzte Baum wird dann wieder verbunden. Indem dieser verwächst, heilt auch der Schaden des Kindes (Marzell 1936: 176). Ein Fieber lässt sich in die Weidenzweige verknoten. Selbstverständlich bedarf es des richtigen Spruches dazu; etwa dieser aus Oberfranken:

»Weide! ich winde,
Fieber! ich binde
Meine siebenundsiebzig Fieber ein.«

In Mecklenburg ging der Kranke, der das »kalte Fieber« hatte, in aller Frühe vor Sonnenaufgang zur Weide und sprach, indem er drei Zweige zusammenknotete:

»Go'n Morgen, Olde,
Ik gev di de kolde,
Go'n Morgen, Olde.«

Diese heute belächelten Zauberpraktiken waren nicht unbedingt wirkungslos. Nicht nur, dass sie durch starke Suggestivkraft als »Placebo« wirkten, nicht nur, dass sie der Erwartungshaltung der ganzen Gemeinschaft entgegenkamen, sie nahmen Rücksicht auf die seelische

109 Dem hellsichtigen Blick offenbaren sich die »Gichter« in Gestalten, die den »Falschen Gesichtern« der Irokesen oder den »schiachen« Perchten ähneln.

Dimension, die sehr vielen Leiden zugrunde liegt. Gicht und Rheuma können auch mit mangelnder seelischer Wärme zu tun haben, Hexenschüsse mit negativen Gedanken. Der Baum mit der bitteren Rinde kann Bitterkeit und Kälte besser verkraften als der schwache Mensch. Man gibt der unheimlichen Göttin das Ihrige zurück.

Auch kranker Tiere nimmt sich die Weide an. Der Bauer, dem ein Rindvieh erkrankt ist, »verkeilt« drei Tropfen Blut des Tieres mit den Worten: »Jetzt verwahr's wie der Tot' im Grab.« Oder ein gelber Weidenzweig wird durch die kranke Klaue gezogen und dann zum Verdorren in den Kamin oder an die Sonne gehängt (Bächtold-Stäubli IX 1987: 249). Wenn einem wiederholt ein Fohlen oder Kalb stirbt, begräbt man es und pflanzt eine Weidenrute in sein Maul. Der daraus wachsende Baum darf nie geköpft oder seiner Zweige beraubt werden. Dann wird kein Tier mehr zugrunde gehen (Seligmann 1996: 282).

Eiche

(Quercus robor, gall. *cassanu*, gäl. *duir)*

Die tausendjährigen Eichen, die in den Urwäldern des alten Europa wuchsen, waren nicht nur ihrer Größe wegen imposant. Sie überdauerten viele Menschengenerationen. Noch gibt es hier und da alte knorrige Baumriesen, die schon ihren Platz behaupteten, als es hierzulande noch Heiden gab. So verbindet die Eiche mit den Vorfahren und – wenn wir genau in sie hineinmeditieren – mit den alten Göttern.

Die Eiche wurzelt tief, oft dort, wo sich Wasseradern kreuzen, so dass der Blitz öfter in sie einschlägt als in andere Bäume. Deshalb auch der allgemein bekannte gute Rat zum Verhalten bei Gewitter:

»Eichen sollst du weichen,
Buchen sollst du suchen,
Kannst die Linden nicht grad finden.«

Als Blitzbaum vermittelt die Eiche der Erde das kosmische Feuer, den fruchtbar machenden Himmelssegen. Folglich wurden auch die heiligen Feuer der Indogermanen auf den Hügeln und Weihestätten ebenso wie die Opferfeuer fast ausschließlich mit Eichenholz gespeist. So war es auch im Heiligtum der **Vesta,** das als Herz Roms galt: In dem »ewigen« Feuer, das die jungfräulichen Vestalinnen hüteten, brannnten Eichenscheite. Sogar noch heute besteht vielerorts das Mittsommerfeuer aus Eichenholz.

Thingbaum

Es ist nicht schwer zu verstehen, warum die alten Völker überall, wo Eichen wachsen, diese dem blitztragenden Götterkönig weihten: Die Preußen und Balten ihrem **Perkunos,** die Slawen **Perun,** die Griechen **Zeus,** die Römer dem **Jupiter**, die Germanen dem Bezwinger der Midgardschlage, **Donar** (Thor), und die Kelten dem Donnerer und Himmelsherrscher **Tanaris,** den die Iren als **Dagda** kannten. Der blitztragende Gott wird überall als der König der Götter bezeichnet. Als Himmelsherrscher tut er sich in der äußeren Natur im Wüten des Gewittersturms kund, in der Menschenseele aber lässt er inspirierte Gedanken aufblitzen und den Geist erleuchten.

Bei den Kelten und anderen Indogermanen hielt jeder Volksstamm seine Ratsversammlung oder *Thing (Ding)* unter einer heiligen Eiche. So wird etwa von den Galatern, den keltischen Eroberern Kleinasiens aus dem 3. Jahrhundert v. u. Z. berichtet, dass ihr Ältestenrat (Senat) in einem *drynemetum*, einem heiligen Eichenhain, zusammenkam, um sich zu beraten. Der Häuptling oder König als irdischer Repräsentant des Himmelsherrschers nahm seinen Sitz unmittelbar unter der Eiche. Er saß mit dem Gesicht dem Osten, der aufgehenden Sonne zugewandt. So würde er die richtigen Eingebungen empfangen und Unrecht wieder richten. Das Thing wurde bei Vollmond oder Neumond einberufen. Der Platz um den heiligen Baum wurde mit geschälten Haselruten abgesteckt. (Wie wir schon gesehen haben, vermitteln die Haselruten zwischen der diesseitigen und der jenseitigen Welt.)

Wenn nach mehrtägiger Anreise alle anwesend waren, wurde zuerst den Göttern geopfert. Das war die Angelegenheit der weisen Druiden. Unter den ausladenden Ästen des Baumriesen, der eine Art Himmelsleiter darstellte, opferten sie heilige, mit Blumen bekränzte weiße Stiere oder auch Pferde, um die Götter zum Beistand zu verpflichten. Von den Germanen ist überliefert, dass sie die Schädel geopferter Pferde in die Äste der Eiche hängten.

Auch ein Trankopfer aus Bier oder Met wurde dem Eichengott dargebracht. Das mit starken Kräutern – vor allem dem heiligen Bilsenkraut – versetzte Getränk kreiste dann im Horn eines Auerochsen sonnenläufig unter den Versammelten von Hand zu Hand. Jeder trank einen oder mehrere tiefe Züge, bis ein »heiliger Zustand« erreicht wurde, bis jeder sich selbst als »göttlich« erlebte. Man trank, bis die profane Zeit aufgehoben war und die Ewigkeit hindurchschimmerte. Wenn es um die überlebenswichtigen Angelegenheiten des Stammes

ging, sollten sich die Götter beraten, nicht die sich ständig irrenden, in ihre persönlichen Angelegenheiten verstrickten Sterblichen. Nicht der oberflächliche, rangelnde Verstand, nicht das ausgeklügelte Verfechten von Parteipositionen, sondern übermenschliche göttliche Weisheit war gefragt, wenn es galt, Nöte zu wenden. Da war der Thingplatz unter der alten Eiche, die die Generationen miteinander und mit den Göttern verband, der richtige Ort.

Man könnte vermuten, dass das psychedelische Kreisritual mit dem gefährlichen Bilsenbier zu einem wilden Sauf- und Raufgelage entartete. Das war aber sicherlich nicht der Fall, denn hier waren die freien, wehrhaften Männer des Stammes versammelt, die für die Großfamilien Verantwortung trugen und von den Frauen delegiert worden waren, sich bei diesem urdemokratischen Ritual zu beraten. Gefangene, denen alles andere als das Wohl des Stammes am Herzen lag, oder Narren, Verbrecher und Wortbrüchige waren nicht geladen, sondern nur Initiierte[110], die sich im Angesicht von Gefahr und Tod bewährt hatten, nahmen am Thing teil (Storl 2000b: 39). Auch hellsichtige weise Frauen, *Veledas*, durch welche die Götter reden konnten, waren beim Thing anwesend.

Den Druiden oblag es, als erste, noch vor dem König, zu sprechen. Dann machte – ähnlich dem *talking stick* der Indianer – ein Haselstab oder ein zeremonieller Faustkeil aus Feuerstein, ein Symbol des Blitz-

110 Initiation oder Reifeweihe, die aus den Knaben junge Männer macht und sie auf gesellschaftliche Verantwortung vorbereitet, kennen alle Stammesgesellschaften. Die Buschschulen der Afrikaner, das *Walkabout* der jungen australischen Ureinwohner, die Visionssuche der Indianer haben ihre Entsprechung in den »Wildschweinrudeln«, zu denen sich die jungen keltischen Krieger (»Frischlinge«) zusammenschlossen, um unter der Anleitung von erfahrenen Älteren (Druiden, Schamanen) ihre psychische und körperliche Belastbarkeit zu prüfen. Langer Aufenthalt in der Wildnis, Mutproben, Tätowierung, Erfahrung mit starken Psychedelika, Eberjagd, Kämpfe und dergleichen gehörten dazu, die Bande der Kindheit und Mutterfixierungen zu lösen. Zugleich wurden sie in den Einzelheiten des magisch-symbolischen Universums des Stammes unterrichtet. Bei den germanischen Stämmen gab es den entsprechenden »Berserkergang« oder »Wolfsgang«, in dem die Initianden, nur mit dem Pelz eines Wolfes oder Bären bekleidet, längere Zeit in der Wildnis verbrachten, um dabei ihre Stärken und Schwächen zu erfahren.
Die Initiation ist ein Mysteriendrama, die den Tod (der alten Persönlichkeit), die Verwandlung und die Wiedergeburt signalisiert. Bei den Kelten spielte der Kessel als Symbol der Metamorphose – er symbolisiert den Geburtsschoß der Göttin – eine wichtige Rolle. In ihn wurden die »Frischlinge« zu starken Ebern verwandelt. Der große Gott Teutatis (auch Cernunnos, Esus), dessen Symbol das Wildschwein ist, ist der Initiator: Wir sehen den Initiationsvorgang im *Kessel von Gundestrup* (1. Jh. v. u. Z.) abgebildet.

keils des Donnergottes, die Runde und gab jedem die Möglichkeit zu sprechen und die Dinge aus seiner Sicht darzustellen. Keine Unwahrheit durfte unter der heiligen Eiche ausgesprochen werden. Zum Schluss sprach der König oder Stammeshäuptling und verkündete das Urteil. Einmal gesprochen, hatte dieses unerbittliche Daseinsgewalt. So wurden die festen Umrisse der Wirklichkeit dieser Völker geschaffen, die währenden Wahrheiten ihres Daseins. So wurde mit Hilfe göttlicher Inspiration bestimmt, was Recht und Unrecht ist, was Sein von Schein trennt.

Es heißt in der Sage, dass die runde Tafel, um die König Artus, der legendäre Herrscher der Inselkelten, seine Ritter versammelte, aus dem Stamm einer einzigen Eiche geschnitten war. Dieser Eichentisch ist sozusagen das Urbild des Stammtisches, an dem sich noch immer die gewichtigen Persönlichkeiten des Dorfes oder die Ratsherren der Stadt zusammensetzen, um im – heutzutage bürgerlich abgemilderten – Rausch die wichtigsten Angelegenheiten zu besprechen.

Noch im Mittelalter hielt man unter Eichen Gericht.[111] Noch lange nach der Einführung des Christentums legte man unter der Eiche Gelübde ab. (Schon Sokrates pflegte »bei der Eiche« zu schwören.) Wird dabei ein Meineid gesprochen, trägt die Eiche – deren Früchte in Notzeiten zu Mehl gemahlen und sonst von den Schweinen zu saftigen Schinken verwandelt wurden – keine Eicheln mehr. Auch sonst würde Unglück über die Gemeinde kommen und Unfruchtbarkeit über die Wiesen und Felder. Denn obwohl man inzwischen dem Gewittergott Donar, Tanaris oder Dagda abgeschworen hatte, glaubte man noch immer, dass der Baum solche Kräfte ausstrahlt. Noch immer pflanzte der englische König bei seiner Krönung eine Eiche. Und noch heute gibt es auf den Britischen Inseln die *gospel oaks*, unter denen keine Unwahrheit gesagt werden darf, unter denen der Pfarrer die Wahrheiten des Evangeliums vorträgt und den Segen des Höchsten für seine Gemeinde erbittet.

Orakelbaum, Opferbaum

Der hoch wachsende, tief wurzelnde Baum, der als Himmelsleiter, als Schamanenbaum, die obere Welt mit der unteren verbindet, war zugleich ein Orakelbaum. Eines der berühmtesten Orakel der Antike war

111 Wie Susanne Fischer schreibt, wurden die Gerichtsbäume während der Bauernkriege zu traurigen Zwecken missbraucht: An ihren unteren Ästen sollen scharenweise die geschlagenen Bauern aufgeknüpft worden sein (Fischer 1980: 59).

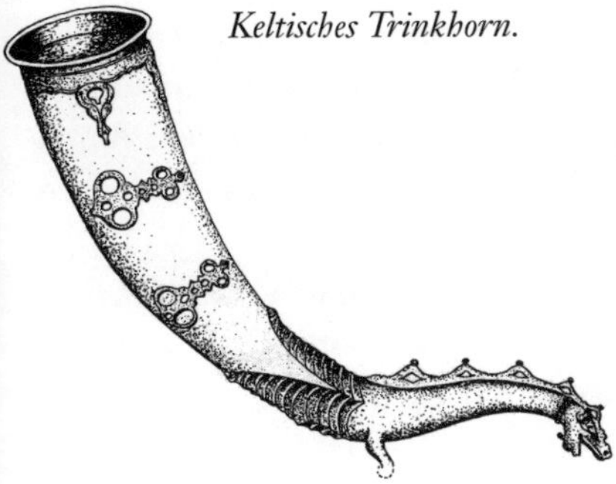
Keltisches Trinkhorn.

das dem Götterkönig Zeus geweihte Eichenorakel, das sich in Dodona bei Epirus befand. Unter der Eiche von Dodona saßen drei Frauen, »Tauben«[112] genannt, die im ekstatischen Zustand aus dem Rauschen der Blätter die göttliche Stimme vernahmen. Der Dichter Homer legt einem »göttlichen Sauhirten« folgende Worte in den Mund: »Jener ging gen Dodona, erzählte er, dort aus des Gottes hochbewipfelter Eiche von Zeus zu vernehmen den Ratschluss.«

Von Lukan, dem römischen Dichter aus dem 1. Jahrhundert n. u. Z., erfahren wir von einem heiligen Wald bei Marseille, einer *silva Dodonae*, in welcher neben Eschen, Steineichen, Erlen, Zypressen und Eiben vor allem Eichen wuchsen und in der auch die Druiden die Offenbarungen der Götter aus dem Rauschen der Blätter empfingen. Von Lukan erfahren wir auch, dass man in Gallien glaubte, das Kauen von Eicheln fördere die Fähigkeit der Hellsicht (Brosse 1990: 84). Sicherlich enthalten die Eicheln keinen psychedelischen Wirkstoff. Wenn die Druiden die Früchte kauten, dann wohl, um sich besser auf den Geist des mächtigen Baumes einzustimmen.

Konrad von Megenberg (1476) weiß noch davon zu berichten, wie die Eichen den Menschen einst zuhörten und ihnen weissagten: »Die alten Heiden haben ihre Abgötter in der Eiche gehabt und wenn sie ihnen ihren Kummer klagten, so antworteten ihnen aus den Klagebäumen ihre Abgötter.«

Dass für die Kelten die Eiche einer der wichtigsten Bäume war, dass die Heiligtümer vor allem Eichenhaine (*drunemeton*) und die Priester »Eichenweise« waren, ist Gemeinplatz. Auch das Zitat von Plinius, dass die Druiden keine Kulthandlung ohne Eichenlaub vollziehen, ist bekannt.

Die Eiche war der Weltenbaum der indogermanischen Völker, auch der vedischen Inder, ehe sie nach Indien zogen und dort die Verehrung der Eiche (sanskr. *aigla)* auf den großen Feigenbaum, den Bo-Baum (*Ficus religiosa;* hind. *Pipal*) übertrugen. Der Weltenbaum ist die Weltensäule, die den Himmel stützt, dass er nicht auf die Erde herabfällt.

112 Die »Tauben« oder *Peleiaden* waren Priesterinnen der Dione, die sich dort mit dem Zeus vermählt hatte.

Der Sturz des Weltenbaumes würde, so die Überzeugung der Kelten, die Welt ins Chaos stürzen. Vor diesem Hintergrund können wir den Psychoterror verstehen, den das Fällen heiliger Eichen, zuerst durch Caesar und später durch fanatische Missionare, bei den heidnischen Völkern auslöste.[113]

Schon die Kelten der Hallstattzeit benutzten massive Eichenbalken zum Bau der fürstlichen Grabkammern, etwa in Hochdorf und auf dem Magdalenenberg. Oft wurden die Toten auf Eichenlaub und Eichenzweige gebettet.

Die Eiche war für die Kelten der Archetypus des Baumes an sich. Wie schon anfangs erwähnt, bedeutet **Duir** (*der*, wie in Holun-der oder Wachol-der, oder engl. *tree*) schlicht Baum, auch »Treue«. Das Wort findet sich aber auch wieder im »Tor« oder der »Tür« (sanskr. *dwr*), denn die Tore der Gehöfte, die Torpfosten und die Türschwellen wurden aus dem harten, dauerhaften Holz der Eiche gezimmert. Taliesin, der größte kymrische Barde, singt in seinem Gedicht »Die Schlacht der Bäume und Sträucher« (*Cad Goddeu*):

»Unter den stampfenden Füßen der schnellen Eiche
Dröhnten Himmel und Erde;
›Mannhafter Wächter der Pforte‹
Heißt ihr Name in allen Sprachen.«

Für die Kelten symbolisierte die Eiche, *duir*, die Sonnenwenden, jene beiden Schwellen, an denen das zunehmende Sonnenjahr mit dem abnehmenden auf Leben und Tod ringt. Der Baum galt als Tor, als Übergang zwischen den zwei Jahreshälften. Zu Mittsommer wurde im »pelasgischen«, vorindogermanischen Europa ein »Eichenkönig« der Grossen Göttin geopfert und zu ihr in die jenseitigen Gefilde geschickt.

113 Die Eichen, als Bäume des Donnergottes, Donar-Thor bei den Germanen, Tanaris bei den Kelten, waren den Missionaren ein Dorn im Auge. Der Donnergott war für das gemeine Volk und für die Bauern die beliebteste Gottheit, denn sie war für das Wetter, für die Fruchtbarkeit von Acker, Mensch und Vieh, für die männliche Sexualität und für die Gerechtigkeit zuständig. Sie war stark und bot Schutz gegen die Kräfte des Chaos, symbolisiert durch die Weltenschlange oder (in Irland) durch die bösartigen einarmigen, einbeinigen, einäugigen Fomorier. In Island, wo keine Eichen wachsen, wurden für den Tempel Thors extra Eichenpfosten importiert. Es gehörte zur kirchlichen Machtpolitik, die heiligen Eichen zu fällen. Am bekanntesten ist das Fällen der Donareiche bei Geismar. Der angelsächsische Missionar Winfried, der als »Apostel der Deutschen« unter dem Namen Bonifatius auftritt, ließ die Baumriesen im Schutze fränkischer Truppen fällen. Es heißt, dass das Holz der Donareiche zu einem dem Petrus geweihten Bethaus verarbeitet wurde. Die Kirche setzte nämlich Petrus als Wetterherr an die Stelle des beliebten Donnergottes. (Auch in Rom wurde der Petrus geweihte Petersdom auf dem Mons Caelius, in einem Jupiter geweihten Eichenwald, errichtet.) Im Jahre 755 erschlugen aufgebrachte Friesen den Baumfreveler Bonifatius, als er dort ein Baumheiligtum auslöschen wollte. Herman de Vries schreibt dazu: »Jetzt würde ich sagen, sie verdienten dafür ein Denkmal!« (Vries 1989: XXIV.)

Der schottische Kulturanthropologe Sir James Frazer (1854–1941) hat diese archaische, jede rationelle Logik übersteigende bäuerliche Opferzeremonie in seinem zwölfbändigen Werk *Der goldene Zweig* sorgfältig aus den Mythen und alten Volksbräuchen herausgeschält. Der König, der unter der Eiche thronte, galt nicht als gewöhnlicher Mensch, sondern als eine Inkarnation des Sonnengottes und als solcher als Bürge der kosmischen Ordnung auf Erden und Spender der Fruchtbarkeit. Verlor er an Kraft und Potenz, war der nächste Anwärter des heiligen Amtes zur Stelle, forderte ihn heraus und tötete ihn im rituellen Kampf. In entsprechender Weise wurde am Tag, an dem die Sonne ihren Höhepunkt überschritt, der alte »Eichenkönig« geopfert und im Sommersonnenwendfeuer eingeäschert. Seine Seele leuchtete dann als *Corona Borealis* am nördlichen Horizont. Robert Graves geht in seiner Schilderung des Mittsommerrituals bis ins grausame Detail: Zur Sommersonnenwende, am Ende seiner halbjährigen Herrschaftsperiode, wird der Sakralkönig mit psychedelischem Met trunken gemacht und »in die Mitte eines Kreises von zwölf Steinen geführt; diese stehen um eine Eiche, vor der sich der Steinaltar befindet. Die Eiche ist so behauen, dass ihre restlichen Äste eine T-Form bilden. An diese Eiche wird er mit Weidenruten in fünffachen Banden gefesselt; (...) sie schlagen ihn bewusstlos, dann wird er gehäutet, geblendet, kastriert, mit einem Mistelast durchbohrt und zuletzt auf dem Altarstein zerstückelt. Sein Blut wird in einem Becken aufgefangen und dann über die ganze Stammesgemeinschaft verspritzt, damit sie teilhaben können an seiner Stärke und Fruchtbarkeit. Die Glieder werden über einem Zwillingsfeuer aus Eichenscheitern geröstet, und diese wurden mit einem heiligen Feuer entzündet, das von einer vom Blitz getroffenen Eiche bewahrt oder durch das Drillen eines Erlen- oder Kornelkirschenstabes in einem Eichenscheit angefacht worden war. Dann wird der Stamm entwurzelt und zu Reisern gespalten, die den Flammen übergeben werden. Zwölf berauschte Männer rasen in einem wilden Achtertanz um die Feuer, singen ekstatisch und zerreißen mit den Zähnen das Fleisch. Die blutigen Reste werden im Feuer verbrannt – außer den Genitalien und dem Kopf. Diese werden in ein Boot aus Erlenholz gelegt und auf einem Fluss zu einer Insel überführt, auch wird das Haupt manchmal mit Rauch gebeizt und für Orakelzwecke verwahrt« (Ranke-Graves 1985: 143). Da der Eichenkönig als inkarnierte Gottheit galt, stirbt er eigentlich nicht, sondern geht, nun, da seine Seele befreit ist, durch das Tor, welches die Eiche darstellt. Er entweicht in den Urgrund; fällt als kos-

Die Eiche als »Tor« zu verborgenen Welten.

mischer Spermatropfen in den Schoß der Erde und wird zur Wintersonnenwende neu geboren; dann tritt er erneut und verjüngt in Erscheinung.

Diese fantasievolle Schilderung ähnelt den »Reiseberichten« aus vergangenen Jahrhunderten zu den Menschenfressern, Kopffüßlern und Götzenanbetern auf neu entdeckten Kontinenten. Die Verunglimpfung der Stammesvölker und »Primitiven« gehörte zur Ideologie des Fortschritts und der rationellen Aufklärung. Je weiter die anderen zeitlich oder geografisch von dem intelligenten, willensstarken, »hochwertigen« europoiden Menschen entfernt waren, umso tierischer, schmutziger, abergläubischer und minderwertiger wurden sie von der rassistischen, ethnozentrischen Wissenschaft dargestellt. Es ist daher sehr fraglich, ob dieses neolithische Ritual genau so stattfand, wie oben geschildert. Eher scheinen die grausamen Details vor allem der sadistischen Fantasie der bürgerlichen *arm-chair-anthropologists* des viktorianischen 19. Jahrhunderts entsprungen zu sein.[114] Sicherlich aber fanden die proto-keltischen Einwanderer, die Steppenhirten, ähnliche agrikulturelle Rituale vor und funktionierten sie nach ihren Bedürfnissen um, genauso, wie sie die heiligen Kultstätten und die Lokalgottheiten übernahmen. Auf jeden Fall ersetzten die Zuwanderer das Königsopfer durch das sakrale Stieropfer. Nun wurden, wie bei den Indoeuropäern überall, weiße Stiere unter dem Eichenbaum geopfert und das Schneiden der Mistel mit der goldenen Sichel stellte die »Entmannung« der Eichen und die Aneignung ihrer Heilkraft und Fruchtbarkeit spendenden Potenz dar.

114 Diese ethno- und tempozentrischen, rassistischen Vorurteile der westlichen Gelehrten, die in der jüngsten Geschichte so viel Unheil angerichtet haben, existieren noch immer. Stichwort: »Dritte Welt«, Computer-Analphabeten usw. Noch immer spricht man – etwa im *Spiegel*, Nr. 13, vom 20.3.2000 – von schwachsinnigen primitiven Neandertalern, die im gnadenlosen Kampf ums Überleben von dem intelligenteren Cromagnon-»Herrenmenschen« verdrängt und ausgerottet wurden. Auch das ist Ideologie, denn die Neandertaler stellen lediglich eine moderne Menschenrasse dar, die vorzüglich an die grimmigen Wetterverhältnisse der Eiszeit angepasst waren.

Die Mistel

Von Plinius wissen wir, dass »die Druiden nichts Heiligeres kennen als die Mistel und den Baum, auf dem sie wächst; sie glauben, dass es sich dabei um Eichen handelt« (Plinius, *Hist. nat.* XVI, 249). Jean Markale glaubt daraus lesen zu können, dass es nicht unbedingt Eichen gewesen sein müssen, zumal die Mistel nur auf wenigen Eichenarten zu finden ist (Markale 1985: 137). Angesichts der wichtigen Rolle, welche die auf alten Pappeln, Obstbäumen, Tannen und Föhren schmarotzende eigentliche Mistel (*Viscum album*) in der Volksmedizin und im Sonnenwendbrauchtum in den ehemaligen keltischen Ländern spielt, braucht man sich nicht auf die äußerst seltene Eichenmistel, die so genannte Riemenblume (*Loranthus europaeus*), die vor allem im wärmeren südländischen Klima auf Eichen und Kastanien wächst, festzulegen. Meines Erachtens ist die Druidenmistel, die in allen keltischen Sprachen als »Allesheiler« (kymr. *oll-iach*, ir. *uil-ic eadh*, altkelt. *oljo-liagi*) bezeichnet wird, vor allem das bekannte *Viscum*.

Die Mistel ist alles andere als eine »normale« Pflanze. Die gelbgrüne Kugel mit den weißen, klebrigen, perlenartigen Beeren könnte genauso gut ein kleines pflanzliches Ufo sein, das sich da im kahlen Wintergeäst verfangen hat. Das Gewächs, das trotz winterlicher Kälte und Dunkelheit sein ledriges, grünes Blattgewand behält, hat sich weitgehend vom jährlichen Rhythmus der Sonne emanzipiert. Es verhält sich so, als gingen es die Jahreszeiten nichts an. Auch für denjenigen, der sich sonst kaum um Pflanzen kümmert, hat die Mistel etwas Unheimliches an sich. Das spiegelt sich schon in den Namen, die ihr der Volksmund verliehen hat: Hexennest, Hexenbuschen, Teufelssaat, Teufelsbesen, Trudennest, Gespensterrute, Mahrtake (Mahr = Nachgeist, Take = Zweig) oder auch Alpranke (Alp = elfisches Wesen).

Selbstverständlich wird eine derart ungewöhnliche Pflanze von zahlreichen abergläubischen Bräuchen umrankt: Hier und da gilt sie als giftig und böse; meistens aber wird sie als Glücksbringer, als Allesheiler angesehen. Bauern kochten Mistelzweige in Bier und gaben das Getränk »verzaubertem« Vieh zu saufen. Sie hängten Mistelzweige gegen unsichtbare fliegende Astralwesen oder gegen Blitzschlag in den Stall oder unters Dach. Und mit einer um den

Hals getragenen, in Silber gefassten Mistelbeere versicherte man sich des Glücks. In Wales heißt es sogar sprichwörtlich: »No mistel-toe, no luck!« (Ohne Mistel kein Glück.) Seit Urzeiten kochte man Salben und braute Getränke aus der Mistel, um die Fruchtbarkeit zu fördern, harte Geschwülste zu vertreiben oder der Fallsucht (Epilepsie) vorzubeugen. Nach Schweizer Volksglauben heilt die Mistel Kröpfe, Geschwüre, Fallsucht, Ohrenkrankheiten, Milzleiden, Rotlauf, Gicht, Gift, Pest, Würmer und Frostbeulen (Höfler 1911: 35).

Eine solchermaßen mit magischer Potenz aufgeladene Pflanze durfte natürlich nicht einfach so gepflückt werden wie eine gewöhnliche Wiesenblume. Die zauberische Macht konnte nur durch die Beachtung der richtigen Sammelzeit – entweder am Johannistag oder zur Wintersonnenwende – und des richtigen Rituals sichergestellt werden. Man durfte sie auch nicht abbrechen oder gar mit einem Messer abschneiden – das Eisen hätte den Mistelgeist vertrieben. Man musste die grüngoldenen Zweige mit einem Pfeilschuss oder Steinwurf herunterholen. Im Aargau musste sie, wenn die Sonne im Schützen steht und der Mond abnimmt – drei oder vier Tage vor dem Neumond –, heruntergeschossen und mit der linken Hand (der Zauberhand) aufgefangen werden. Auf keinen Fall durfte sie den Erdboden berühren. Das würde die in ihr enthaltenen Kräfte »erden«; die Mistel mag keine Erde, sie kann nicht einmal im Erdboden wurzeln, sondern nur auf einem lebendigen Ast, und dann erst, wenn sie durch einen Vogelmagen hindurchgegangen ist.

All diese so genannten abergläubischen Praktiken haben ihre Wurzeln in den Kulturen der jungsteinzeitlichen und megalithischen Ureinwohner unseres Halbkontinents. Die Kelten übernahmen den Mistelzauber und trugen ihn weiter. Die Druiden sahen die Misteln, insbesondere jene, die auf »Eichen« wachsen, als vom Himmel gesandt an, als Zeichen, dass der Baum vom Gott selbst gewählt ist. Das von Plinius aufgezeichnete aufwendige druidische Ritual – das Schneiden mit einer goldenen Sichel, das Auffangen auf einem weißen Tuch, das Opfer von zwei blumenbekränzten Jungstieren – haben wir schon beschrieben. Andere Quellen ebenso wie der volksmedizinische Gebrauch deuten an, dass es bei dem Mistelkult vor allem um die Fruchtbarkeit ging. Die weißen, schleimig-klebrigen Beeren, welche die Mistel im Winter hervorbringt, galten im bildhaften Denken der Kelten als die Spermatropfen des kosmischen Stiers, der die große, alles gebärende Göttin befruchtet. Der Stier galt in der gesamten archaischen Welt als Reittier oder als animalische Erscheinung des Blitzkeil tragenden Götterkönigs, des Herrn der Eiche und Gatten der großen Weißen Göttin. Das Schneiden der Mistel mit der goldenen Sichel kam einer Entmannung und gleichzeitigen Aneignung der kosmischen Zeugungskräfte des Gottes gleich.

Wie die Kelten kannten auch die Nordgermanen den Mistelzweig (*mistilteinn*) als blutgetränkten *»hlaut-teinn«* (Opferwedel, Opferreis). Man berührte Fallsüchtige und andere von bösen Geistern Besessene mit dem »alles heilenden Blutzweig«, um sie wieder gesund zu machen. Die skandinavische Sage des Sonnengottes Baldur (= Belenos), der mit einem Mistelzweig getötet wurde, ist Nachhall der Sonnenwendrituale der indigenen megalithischen Bauernkultur. Die Sage erzählt, wie die Göttermutter jedem Geschöpf den Eid abverlangte, dem schönen, vielgeliebten, gütigen Sonnengott kein Leid anzutun. Nur die Mistel, die westlich (= Richtung der Jahresneige und des Sonnenuntergangs) von Wallhall wuchs, schien ihr zu klein und unbedeutend, einen solchen Schwur zu leisten. Der eifersüchtige Loki (= Lugus) schnitzte aus ihr dann die Tod bringende Pfeilspitze.

Jedes Ritual ist ein Mysteriendrama. Ein übersinnliches, numinoses Geschehen wird dabei nicht nur sichtbar dargestellt, es wird auch das Erwünschte magisch bewirkt. Für das Ritual der Fruchtbarkeit ist kaum eine andere Pflanze so geeignet wie dieses zwischen Himmel und Erde angesiedelte, dem Jahresrhythmus enthobene elfische Gewächs. Wie der Tau, der weder vom Himmel herabregnet noch aus dem Boden hervorquillt, ist die Mistel ein »Zwischending«. Sie gehört ebenso zur Kategorie des Magischen wie der Moment zwischen Wachen und Schlafen, zwischen Tag und Nacht oder wie die chaotische Zeitspanne, in der eine Jahreszeit in die andere übergeht oder eine Herrschaftsordnung eine andere ablöst. Die Mistel ermöglicht das zauberische Handhaben des Zwischenraumes, des Chaos, in dem alles möglich, aber nichts fixiert ist.

An der Nahtstelle zwischen Leben und Tod, am Tor zwischen der einen und der anderen Jahreshälfte nimmt diese Pflanze, die »weder

Loki schießt einen Mistelpfeil …

Baum noch Kraut« ist, ihre Stelle als Todes- *und* Fruchtbarkeitsbringerin ein. Sie ist das magische Reis, das die Pforten der Unterwelt öffnet; sie ist der Gabelzweig, mit dem Hermes, der griechische Schamanengott, die Schwelle zum Jenseits überschreitet, der goldene Zweig, mit dem der trojanische Held Äneas das Reich der Persephone betrat. Persephone ist die Erdmutter (wie Frau Holle oder Morrigan), welche die Toten in ihren Schoß aufnimmt; sie ist die große Gebärerin, die die Seelen der Menschen, Tiere und Pflanzen hütet und dann wieder in die diesseitige Wiedergeburt entlässt. Die Mistel ist sozusagen der Schlüssel zu ihrem Reich.

Bis heute hat die Mistel wenig von ihrem Zauber eingebüßt. In Frankreich, dem Land der Gallier, ist der Neujahrstag die Hauptsammelzeit der Mistel. Kinder laufen an diesem Tag mit Mistelzweigen in der Hand durch die Straße und rufen: »Au gui l'an neuf.« (Mit Mistel ins neue Jahr.) In den angelsächsischen Ländern wird zu Weihnachten in Anklang an die keltische Tradition noch immer eine Mistel über der Türschwelle aufgehängt. Wer sich unter dieser Mistel befindet, ist – wie die Mistel selbst – frei von allen gesellschaftlichen Konventionen; er befindet sich an einem »Zwischenort«, wo Unmögliches möglich werden kann. Wenn sich ein Mann und eine Frau zufällig unter dem Mistelzweig begegnen, dürfen sie einander – egal wer sie sind – küssen und liebkosen. Aber Vorsicht! Die Verzauberung kann sieben Jahre anhalten.

Weil die Mistel als fruchtbar machend galt, trug die Braut in der welschen Schweiz bei der Hochzeit einen Kranz aus Weizenähren, Eisenkrautblüten und Mistelzweigen. Noch heutzutage gilt die

... und tötet Sonnengott Baldur.

Mistel als konzeptionsfördernd.[115] Die Volksmedizin rät: »Drei Mistelzweige in einem halben Liter süßen Weißweins drei Minuten gesotten, acht Tage vor dem Eintritt der Periode der Frau getrunken, bewirken Schwangerschaft.«

Gerne würde ich das als Aberglauben abtun, wäre da nicht jenes gut befreundete Künstlerehepaar, das fünfzehn Jahre lang vergeblich auf Kindersegen warten musste. Als Mitte der Achtzigerjahre in den Massenmedien ein vernichtender Angriff auf Maria Treben lanciert wurde, griff der Mann zur Feder und schrieb einen Artikel zur Verteidigung der begabten Kräuterfrau. Kurz darauf erhielt er einen Brief von einer Hebamme, die sich für diese Intervention herzlich bedankte und dem Schreiben einen Auszug aus einem Interview mit Maria Treben beifügte, in dem es zufällig hieß: »Der frische Mistelsaft kann die Unfruchtbarkeit einer Frau beheben.« Das Paar verstand den Fingerzeig der Göttin: Beide nahmen Misteltropfen. Die Frau trank, wie Maria Treben geraten hatte, zusätzlich noch Schafgarbentee. Neun Monate später war das Wunder geschehen.[116]

Klinisch erwiesen ist inzwischen die krampflösende, blutdrucksenkende Wirkung der Mistel. Misteltee oder Misteltropfen verlangsamen den Herzschlag und erweitern die Arterien. Hilfe bringen

115 Das scheint auch außerhalb des indoeuropäischen Kulturkreises der Fall zu sein. Aus Nordjapan wird berichtet, dass die Frauen der Ainu die eher giftigen Beeren naschen, um fruchtbar zu werden.

116 Auch Kräuterpfarrer Kneipp, der wie Maria Treben unbewusst ganz mit dem keltischen Volksgeist verbunden ist, empfahl den Frischsaft aus den jungen Zweigen gegen Unfruchtbarkeit, Gebärmutterstörungen, Gebärmutterblutungen, Gebärmuttergeschwülste und Weißfluss. Er schrieb, »den Müttern kann ich die Mistel nicht genug ans Herz legen, sie mögen recht gute Bekanntschaft mit ihr machen« (Willfort 1997: 363).

die Mistelpräparate auch bei Schwindelgefühl und, wie der Kneipp-Arzt Dr. Bohn aus seiner Praxis bestätigt, bei »chronischen Krämpfen und hysterischen Beschwerden«. Auf dieser Wirkung basiert wahrscheinlich die traditionelle Anwendung der Mistel bei Epilepsie. Rudolf Steiner, der – als sei er ein wiedergeborener Druide – intuitiv sehr viel altkeltische Weisheit in die neue Zeit hineinbrachte, hat die Mistel für die Krebstherapie wiederentdeckt. Nach der alten Signaturenlehre ist es durchaus schlüssig, dass diese schmarotzende Pflanze ihr Gegenbild in krebsigen Wucherungen hat. Oft befällt die Mistel knorrige, »verkrebste« Bäume, die auf geomantischen Strahlenkreuzungen wachsen. Viele Landwirte und Radiästheten glauben, dass die Mistel dem Baum hilft, indem sie die »bösartige Strahlung« mildert oder die »schlechten Säfte« neutralisiert. Tatsächlich wurde inzwischen in der Mistel nicht nur ein tumorhemmendes Protein entdeckt, sondern zugleich auch ihre das Immunsystem stimulierende Wirkung bestätigt. Eine höhere Lebenserwartung der mit Mistel behandelten Krebskranken ist statistisch erwiesen.[117]

117 Bekannt sind inzwischen die erfolgreichen Behandlungen von malignen Tumoren durch den Urologen und Arzt für Naturheilkunde Dr. Klaus Maar mittels hoch dosierter subkutaner Mistelinjektionen. Bei rund 1000 behandelten Krebspatienten pro Jahr erzielte er rund 75% Erfolge im Rückgang von Metastasen und Primärtumoren. (Siehe: MAAR, KLAUS, »Mistelinfusionstherapie als Hochdosis«, *Report Naturheilkunde* 4/97.)

Die Eiche als Weltenbaum ist die vertikale Achse, die die Sommersonnenwende mit der Wintersonnenwende, den lichthaften Himmel mit der feuchten Erde verbindet. Deshalb auch die Korrespondenzen zwischen dem Brauchtum der beiden zwölftägigen Sonnenwendfeiern. Zu beiden Zeiten brennt ein Feuer aus Eichenholz. Altgermanisch, vermutlich keltisch, ist der Brauch, ein so genanntes Schaarholz, einen Eichenholzblock, zu Weihnachten in den Herd einzumauern. Dieser kohlt zwar an und glimmt, aber verbrennt das ganze Jahr nicht. Er bringt Segen für das ganze Haus, denn auch die Herdstelle ist ein Tor: Es ist die Schwelle zur Geister- und Ahnenwelt. Die Ahnen, die durch den Rauchfang ein und aus gehen, können so ihren Segen vermitteln. An der nächsten Weihnacht wird das Holz erneuert, die Asche des alten zerrieben und in den Raunächten unters Saatgut gemischt oder aufs Feld gestreut. Auch die Asche vom Sommersonnwendfeuer gilt als heilkräftig und gut für den Acker.

Heldenbaum

Kaum ein indoeuropäisches Volk, das nicht Treue, Festigkeit, Kampfesmut, Gerechtigkeit und Willensstärke mit der Eiche verband. In patriotischer Überschwänglichkeit erklärt die bekannte britische Heilkräuterexpertin Mrs. Grieve die Eiche zum »englischsten Baum aller Bäume« (Grieve 1971: 594). Und was ließe sich nicht alles über die »deutsche Eiche« sagen, die vor allem in den Befreiungskriegen gegen Napoleon bejubelt wurde. Noch 1914, als die Soldaten an die Front ausrückten, schmückten sie ihre Helme mit Eichenlaub. Die Offiziere tragen noch immer Eichenlaub als Rangabzeichen auf den Mützen und Orden. Nach geglücktem Schuss stecken sich die Jäger gerne einen Eichenzweig (»Bruch«) an den Hut. Der heroische Charakter der Eiche offenbart sich in der Blumensprache: »Einen Eichenkranz dem Sieger!« Wer Eichenlaub trägt – und sei es nur die mit Eichenlaubmuster bestickte friesische Mütze – zeigt Festigkeit und Treue. Wenn Edward Bach die *Oak*-Blütenessenz für jene erschöpften Kämpfer verordnet, die trotz aller Widrigkeiten tapfer weiterkämpfen und nie aufgeben, dann hat er den Charakter dieses Baumen genau getroffen.

Diese Assoziationen hätten die keltischen Krieger ohne weiteres verstanden. Die Eiche galt auch ihnen als der Baum standhafter Kämpfer, wie wir dem Gesang Taliesins, »Die Schlacht der Bäume und Sträucher«, entnehmen. Er symbolisiert maskuline Härte. Willensstarke Überwinder zahlreicher Schwierigkeiten, wie der größte irische Sagenheld **Cuchulainn,** tragen ihre Kämpfe mit Eichenkeulen aus.

In der britischen Sage begegnen wir immer wieder dem Motiv der Eichen, die wie Krieger in die Schlacht schreiten. Auch der walisische Zauberer **Gwydion** rettet die keltischen Briten, indem er sie in kämpfende Bäume verwandelt. In der irischen Sage vom Tod des Cuchulainn zaubern Hexen das Trugbild einer Schlacht zwischen zwei Heeren prachtvoller, dicht belaubter, sich bewegender Eichen. Der kämpfende Eichenwald, der die Britischen Inseln schützt, wurde in der mächtigen Kriegs- und Handelsflotte, deren Schiffe aus dem starken, fäulniswidrigen Eichenholz gezimmert wurden, zur Wirklichkeit. Im 18. Jahrhundert wurden im Vereinigten Königreich um die 500000 Eichen für den Schiffbau gefällt. Die Zerstörung der englischen Eichenwälder war der Preis, der für den Weltmachtstatus gezahlt wurde. Der unersättliche Holzbedarf der Royal Navy führte zu einer verheerenden Holzknappheit. Die Engländer waren daher gezwungen, Steinkohle abzubauen, um zu heizen, und taten damit unwillkürlich den ersten Schritt in Richtung industrielle Revolution. Auch hier wurde die Eiche zum Tor, zur Schwelle eines neuen Zeitalters.

Baum der göttlichen Sau

Wenn die Eiche aber nur ein männlicher Baum wäre, dann würde sie nicht zum Weltenbaum taugen, denn es fehlte ihr die Ganzheit. Die Eiche ist genauso sehr ein weiblicher Baum, ein Baum der Großen Göttin, insbesondere in ihrem nährenden, schützenden, mütterlichen Aspekt. Im Gegensatz zu den Buchen oder Tannen, die sich anderen Lebewesen gegenüber eher unduldsam geben, stellt jede Eiche eine belebte Welt dar. Käfer und Gallwespen, Eichhörnchen und Siebenschläfer, Eichelhäher und Spechte schwirren, krabbeln und flattern im Geäst. Im Summen der Wildbienen, die ihre Honigwaben in den Asthöhlen bauen, und im Zirpen der Zikaden hörte man einst das Singen der Göttin. Im Herbst kommen die Wildschweine und mästen sich an den Eicheln.

Aber auch die Menschen ernährten sich von den Früchten der Eiche. Die steinzeitlichen Jäger und Sammler Europas sammelten die Eicheln ebenso eifrig wie die Indianer in der Neuen Welt. Für die Jungsteinzeit ist es belegt, dass die Mittelmeervölker ebenso wie die Germanen und Slawen Eichelmehl mit ins Brot buken. Die Eicheln wurden gemahlen und in Netzen einige Tage lang in fließendes Wasser gelegt, um Gerbsäure und Bitterstoffe auszulaugen. Vor nicht allzu langer Zeit noch hat man sich in Hungerjahren, wenn die Getreideernte mager ausfiel, dieser Nahrungsquelle bedient.

Vor allem aber wurden die Schweine im Herbst in die Wälder getrieben, damit sie sich mit Eicheln mästeten. (Das Wort »Mast,« »mästen« scheint keltisch zu sein: kelt. *messu* = Eichel; zu *maz* = Speise; altind. *medana* = mästen, fett machen.) Der Waldwert wurde einst nicht nach dem Holz bewertet, sondern nach der Zahl der Schweine, die darin gemästet werden konnten. Erst als die Kartoffel aus Amerika eingeführt wurde, war die Eichelmast als Schweinefutter nicht mehr gefragt (Laudert 1998: 103). Die Bauern hatten »Eckernrecht« in den Wäldern. Das alte Sprichwort besagt: »Auf den Eichen wachsen die besten Schinken.« Feinschmecker können das nur bestätigen: Der berühmte Schinken von Bayonne (Südfrankreich) verdankt seinen feinen Geschmack den Eicheln der Korkeiche. Die Kelten, die begeisterte Schweinefleischesser waren, verhängten die Todesstrafe für das Fällen von Eichen. Bei den britischen Kelten hieß es: »Drei Wesen ohne Atem sind nur mit atmenden Wesen zu zahlen: ein Apfelbaum, ein Haselbusch oder ein Eichenhain« (*Triads of Ireland*).

Die mütterliche Gottheit, die sich – neben dem Himmelsherrscher Tanaris oder Dagda – den Kelten in dem Brotbaum[118] offenbarte, war vor allem die Göttin **Ana** (Dea Anu, Danu, walis. Don). Sie ist die indogermanische Urmutter, die »Ahnin«. Die Iren nannten sie die Mutter ihres Geschlechts. Eines der größten Heiligtümer des keltischen Irlands sind die zwei sanften Hügel *Dá Chich Annan*, »zwei Brüste der Ana«, in der Grafschaft Kerry.[119]

Die große Ernährerin wird von anderen weiblichen Wesenheiten begleitet. Aus der Antike überliefert sind die Baumfeen, die Dryaden, die in Griechenland mit einem Ritual beschwichtigt werden mussten, damit sie den Baum verlassen, wenn dieser gefällt wurde. Auch Hamadryaden lebten in den Eichen. Diese sind vollkommen mit dem Baum verbunden und geben Klagelaute von sich, wenn der Baum stirbt. Jeanne d'Arc, die Jungfrau von Orleans und Retterin Frankreichs, soll ihr Schwert und Banner von einer solchen Eichenfee erhalten haben.

Die lebensfrohen, überaus fruchtbaren, klugen Rüsseltiere, die sich an den Eicheln mästen und den Waldboden verjüngen, indem sie ihn aufpflügen, waren im alten Europa der großen Muttergöttin geweiht. Oft nahm sie selbst die Gestalt einer Wildsau an, um sich, vom Blitzkeil des Himmels- und Eichengottes (Tanaris, Dagda, Donar) unter den Eichen begatten zu lassen. Keridwen (Cariadwen) wurde von den Inselkelten als Muttersau mit Frischlingen dargestellt. Die Frischlinge sind die Anhänger ihres Kultes (Nichols 1998: 218).

Aus dem mütterlichen Baum, dem Weltenbaum, wurden – so etliche antike Legenden – die ersten Menschen geboren. Auch die Himmelsgötter, die Träger des Blitzzepters, werden durch den Baum wiedergeboren. Zeus und Jupiter fanden als Säuglinge Schutz unter der Eiche.

118 Die Eiche gehört zu den *Fagaceen*, den Buchengewächsen. Der Name bedeutet »essbar« (lat. *fagus;* griech. *phegos*). Zur selben Familie gehören die essbaren Kastanien und die Buchen, mit ihren köstlichen Bucheckern.

119 Die Dea Ana tritt überall als die große Ernährerin auf: Sie ist die Diana von Ephesus mit ihren unzähligen Milch spendenden Brüsten; sie ist die Anapurna der Inder und Nepalesen, die sich als ein Reisberg verkörpert und den höchsten Gott, den bekifften, arbeitsscheuen Shiva, füttert; im alten Rom erschien sie als Anna Perenna, die den Bewohnern der Ewigen Stadt während einer Hungersnot erschien und sie mit Kuchen am Leben hielt. Die Christen machten die Muttergöttin zur heiligen Anna, der Mutter Marias, also der Mutter der Gottesmutter, die zur Patronin der Schwangeren und der Bergleute wurde. Anstelle von Nahrung erwartete man in Europa von dieser Heiligen, die für Silbererze und Bergbau zuständig ist, vor allem reichlichen Geldsegen (Storl 1988: 157).

Der Fruchtbarkeitsglaube, der an diesem Baum haftet, hat sich lange gehalten. Aus Westfalen wird von einer großen Eiche berichtet, zu der Brautpaare hinauszogen und sie dreimal umtanzten. In Holstein gibt es noch immer eine bekannte »Bräutigams-Eiche«: Wenn ein Mädchen drei Mal um sie herumläuft, bekommt es einen Mann (Bächtold-Stäubli II 1987: 648). Die christlichen Missionare versuchten aus dem Baum der Göttin einen »bösen« Baum, einen »Hexenbaum«, zu machen. Hexen würden sich hier aufhalten und schlechtes Wetter zaubern. Auch sagten sie, es spuke unter alten Eichen, da der Teufel sich ärgere, dass man ihn nicht mehr anbete. Aber es dauerte nicht lange, bis so genannte Marieneichen auftauchten, bis Hirten oder Bauern ein Bild der Gottesmutter im Stamm alter Eichen fanden, Kapellen und Wallfahrtsorte im ganzen deutschen Sprachgebiet entstanden. Auch in Frankreich kennt man solche *Chênes de Nôtre-Dame.*

Heilige Schweine

Für die Kelten war das Schwein ein göttliches Wundertier. Es galt als dermaßen lebensfroh, dass man annahm, dass sich sogar die Götter gerne als Eber und Sauen verkörpern.[120] Selbst der Himmelsherrscher Teutates nahm öfter Ebergestalt an. **Esus,** eine Erscheinung des Teutates, ist ein mit Mistellaub gekrönter Waldgott, der oft mit einer Axt beim Baumfällen dargestellt wird. Auch er ist ein Eber; seine Axt sind seine Wildschweinhauer (Lengyel 1985: 224). Er ist Gott über Leben und Tod: Wie der gefällte Baum, der wieder austreibt, wird der gefallene Krieger im großen Kessel des Teutates (bzw. der Göttin) wiedergeboren. Eine andere Gottheit, **Cian,** Vater des Lug, verwandelt sich, als er von Feinden verfolgt wird, mit Hilfe seines Druidenstabes in ein Wildschwein. Arduinna, die Göttin des Ardenner Waldes, wurde als Wildsau oder auf einem Eber reitend dargestellt. **Henwen,** »die alte Weiße«, ist eine walisische Fassung der Großen Göttin in Schweinegestalt, die den Menschen Weizen und Bienen schenkt, aber auch Ausgeburten des Chaos – eine Monsterkatze, einen Wolf und einen gefährlichen Adler – zur Welt bringt.

120 Sicherlich ist es der Kelte in seiner Seele, der den anthroposophischen Neo-Druiden Rudolf Steiner voller Begeisterung sagen lässt: »Ach die Schweine, die fetten, sind ja so himmlische Tiere! Denn in ihrem fetten Leibe, da haben sie ja, insofern es nicht ihr Nerven-Sinnes-System ist, ganz kosmische Substanz, nicht irdische« (Steiner 1975: 212).

Die Eiche ist Baum der Lieblingstiere der Göttin, der Schweine.

Henwen wird von drei »göttlichen Schweinehirten« gehütet, darunter **Coll,** dem Gott der Haselnussstaude.

In den Vogesen erschien **Vosegus**[121] – nach ihm ist der elsässische Bergzug benannt – als Waldgott mit Pfeil und Bogen; er hält einen Frischling schützend im Arm. Er ist sozusagen »der gute Schweinehirt«. Überhaupt hatten Schweinehirten in der keltischen Gesellschaft höchsten Rang inne. Fürsten, Königssöhne und Druiden betätigten sich als Schweinehirten (Botheroyd 1995: 291). Sogar der heilige Patrick war in jungen Jahren Schweinehirt. Das Hüten der Schweine symbolisierte wahrscheinlich eine Art Yoga, nämlich die Beherrschung und Kontrolle über das eigene Triebleben, die Meisterschaft über die Instinkte.

Merlin, heißt es, pflegte in den Wäldern vertrauten Umgang mit Wolf und Schwein. Sein »kleines Schwein« vermittelte ihm hellseherische Eingebungen (Tolstoy 1989: 232). Das Schwarzwild ist ein Meister der Heilkunde: Instinktsicher, von makrokosmischer Weisheit geführt, wühlt die Wildsau im Erdboden und findet die heilkräftigsten Wurzeln, die das Reich der Erdmutter zu bieten hat. Der Geist des Ebers oder der Wildsau ist ein guter Familiar und Verbündeter des schamanisch arbeitenden Heilfplanzenkundigen. Neben dem Hirsch und dem Bären sind die Schweine Totemtiere der keltischen Heiler. Wie ich schon anderswo zeigen konnte, glaub-

121 Auch Vosegus ist eine Erscheinung des Teutates/Tanaris/Esus.

ten die archaischen Völker, dass die Heilkraft einer Pflanze vor allem in der Wurzel zu finden ist (Storl 1993: 15). Heilkundige wurden deshalb »Wurzelkundige« oder »Wurzelschneider« (angelsächs. *wortcunner*, griech. *rhizotomos*) genannt und die allerbesten Heilpflanzen als »Wurz« (indogerm. **uert*, kelt. *vrdajo*, germ. *wurt*, *wyrt*, kymbr. *gwraidd*) bezeichnet.[122] Der Kräutergarten mag bei den Kelten vor allem ein Wurzgarten gewesen sein (Höfler 1911: 30). Ebenso wie sie in die dunklen Schichten des Erdbodens hinabdringen, strahlen die Pflanzenwurzeln ihre gebündelte Heilkraft auch bis in die verborgensten, innersten Gewebe des menschlichen Körpers hinein. Denn dort, ganz tief drinnen, verstecken sich die Gebresten erzeugenden, giftigen oder die Lebenskräfte absaugenden Krankheitsgeister, die »Würmer« und »Gichter«. Bei vielen schamanischen Völkern in Asien und Afrika, aber auch bei den alten Europäern half der Wildschweingeist dem Schamanen, die versteckten Krankheitsdämonen herauszuschnüffeln. Zugleich zeigte er ihm die heilende Wurzel, die dem Kranken das Leben retten würde.

Überhaupt galt das Schwein als sicherer Führer in die Unter- oder Anderswelt. Immer wieder erzählt die keltische Sage von jungen Helden oder Königssöhnen, die einem Keiler oder einer Wildsau folgen und dabei in die Anderswelt gelangen. In einer walisischen Legende (*Manawyddan, der Sohn des Llyr – Dritter Zweig*) wird erzählt, wie sich der edle **Manawyddan**, seine Frau **Rhiannon** und deren Sohn, der goldlockige Held **Pryderi** sowie dessen Frau auf ihrer Durchreise durch ein fruchtbares, grünes Land auf einem Hügel ausruhen. Plötzlich aber senkte sich ein kalter Nebel herab. Als sich der Nebel verzog, war das Land grau; nirgendwo mehr sah man Rinderherden auf den Weiden noch Häuser, Menschen oder Tiere. Irgendein Zauber hatte sich über das schöne Land gelegt. Es blieb den Reisenden nichts anderes übrig, als wilde Tiere zu jagen, zu fischen und Wildhonig zu suchen. Eines Tages gelangen Manawyddan und Pryderi beim Jagen in einen tiefen Wald. Plötzlich bricht ein weißer Eber aus dem Dickicht hervor. Bellend hetzen ihm die Hunde nach. Der Eber stellt sich den Hunden, doch immer,

122 Die Bezeichnung »Wurz« ist noch in den Namen der stärksten Heilkräuter enthalten: etwa Eberwurz, Haselwurz, Goldwurz, Magenwurz, Mannswurz, Meisterwurz, Schwalbenwurz, Süßwurz usw.

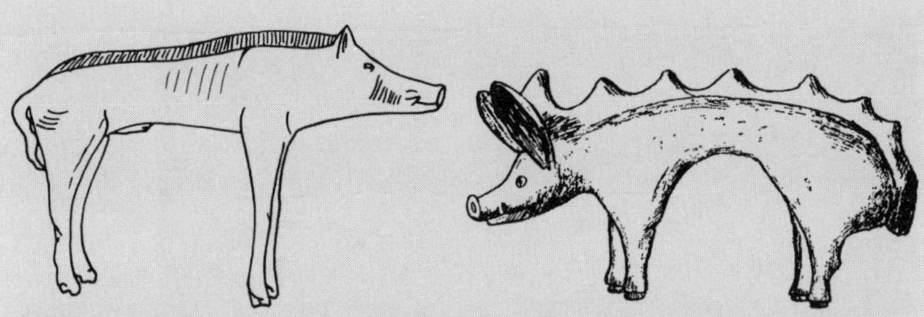

Keltische Darstellungen des heiligen Ebers, links aus der La-Tène-Zeit, Böhmen, rechts aus römischer Zeit, England.

wenn die Jäger sich nähern, rast er wieder davon. Es geht immer tiefer in den Wald hinein. Auf einmal erscheint vor ihnen ein Zauberschloss, das sie vorher noch nie gesehen hatten. Die Hundemeute folgt dem Wildschwein durch das Tor. Dann verstummt ihr Gekläff. Pryderi, der als typisch keltischer Held nicht auf seine treuen Hunde verzichten will, folgt ihnen. In der menschenleeren, riesigen Halle sieht er einen leuchtenden goldenen Kessel an feinen silbernen Ketten, die sich im Himmelsgewölbe verlieren und mit den funkelnden Sternen verbunden sind, über einem Brunnen hängen. Als er die goldene Schale berührt, bleibt Pryderi bewegungslos und sprachlos an ihr hängen. Manawyddan, der vorsichtiger war, geht zurück und erzählt den aufgebrachten Frauen, was geschehen ist. Sofort eilt die Mutter Rhiannon fort, um ihren Sohn zu suchen. Sie findet das Zauberschloss, aber auch sie bleibt an dem goldenen Kessel hängen. Wie Manawyddan sie schließlich befreite, wollen wir kurz erzählen: Als die Mäuse noch seine letzten Getreidevorräte auffressen, fängt er eine der Mäuse und will sie töten. Da erscheint der Zauberer, der für den *spell* verantwortlich ist, denn die Maus ist eigentlich seine Frau. Sie ist eine Hexe, die Mausgestalt angenommen hatte. Gegen die Erlösung von Pryderi und Rhiannon lässt Manawyddan die Maus wieder frei.

Die im Mittelalter aufgezeichnete Geschichte war einst eine Göttersage. Manawyddan war einst einer der Schöpfergötter der Waliser, Rhiannon war die Große Muttergöttin in Pferdegestalt – bei den Galliern hieß sie Epona –, und Pryderi ist der junge Sonnenheld. Der Keltologe Ward Rutherford sieht in der Geschichte einen weiteren Ausdruck einer typisch keltischen Kosmologie: »Die Vegetation

Die keltischen Gallier liebten Schweinebraten. (Darstellung aus einem Astrix-Comic.)

wächst, blüht und gedeiht während der Sommerhälfte des Jahres. Der schwarze Zauberer, die *Sid*-Gottheit (Samain), jedoch entwendet den goldenen Sonnenkessel, der alle Pflanzen am Leben hält, und versteckt ihn im Zauberschloss (Sid = Totenkammer, Anderswelt). Da stirbt alles ab, alles grüne Leben verschwindet, nur Samen bleiben. Und so würde es auch ewig bleiben, wäre da nicht der mutige Sonnenheld, der sich in das Winterschloss wagt. Der weiße Eber zeigt ihm den Weg dorthin. Zwar bleibt er, wie auch die Große Göttin, darin einige Zeit gefangen, aber mit Hilfe der zauberkundigen Druiden (dargestellt durch den klugen, geschickten Manawyddan) gelingt es ihnen schließlich, die goldene Sonnenschale zu befreien, so dass die Samen erneut keimen und die Vegetation ergünt. Ebenso – das sagt die Geschichte aus – ist es mit dem Menschen. Auch zu ihm kommt der Tod, auch er muss in der Sid-Welt bleiben. Aber auch er hat Samen hinterlassen, die irgendwann in die Schale eines weiblichen Schoßes gelangen, so dass er in der diesseitigen Welt wiedergeboren wird« (Rutherford 1983: 113).[123]

Wie uns Asterix und vor allem Obelix zu Genüge vorführen, war der Schweinebraten die Lieblingsspeise der Kelten. Auch die Toten bekamen – seit der Hallstattzeit belegt – Gefäße mit saftigen Braten

123 Die Geschichte erzählt aber auch, welche Rolle den Druiden in der keltischen Gesellschaft zugedacht war. Wie die Brahmanen in Indien sind sie es, die die Rituale und die Machtworte beherrschen, die es den Göttern ermöglichen, ihres Amtes zu walten. Ohne die Macht der druidischen Zeremonien würde die Sonne nicht mehr aufgehen, der Winter nicht vom Land weichen. Fast alle traditionellen Völker sind davon überzeugt, dass das Universum den Weisen oder Schamanen braucht, um weiter existieren zu können. Überall werden »Welterhaltungs-« oder »Welterneuerungsrituale« gefeiert, die das bewerkstelligen.

oder ganze Schweine in ihre Grabgemächer gelegt (James 1998: 100).

Schweinebraten symbolisierte Gastfreundschaft, Glück und ein angenehmes Leben ohne Alter, Kummer und Tod. »Schwein haben« ist noch immer Synonym für Glück. Selbstverständlich mochten auch die keltischen Götter Schweinefleisch. Der mächtige Dagda, der Göttervater mit der Blitzkeule, hatte einen Kessel, in dem ständig wunderbare Schweine siedeten. Am Abend verspeist, waren sie am nächsten Tag wieder lebendig und quietschvergnügt.[124] Gwydion, der Zauberer, der für den Sonnenhelden Llew die Blütenfrau erschaffen hatte, war so begierig auf die Schweine des Pryderi, dass er mittels seiner Zauberkraft zwölf edle Rosse und dazu Windhunde hervorzauberte und diese gegen die Schweine tauschte. Da der *spell* aber nur einen Tag lang hielt und sich die Pferde wieder in Blätter und Tau verwandelten, kam es zur bösen Auseinandersetzung.[125]

Schweinefleisch galt auch als Symbol für Heldenmut. In jeder Häuptlingshalle war es Sitte, dem tapfersten Recken der Runde das beste Stück (*curad-mir*, die »Heldenportion«) zuzuerkennen. Ihm oblag es, das Fleisch – meist war es die Schweinekeule – zu zerlegen und unter den anderen aufzuteilen. Es handelte sich dabei um ein Ritual zur sozialen Anerkennung der kulturell definierten Heldenrolle. Wer nicht einverstanden war, forderte ihn zum Kampf heraus.[126]

124 Der mächtige Allvater Dagda hatte selbst so etwas wie eine »schweinische« Natur. Er war gefräßig und fett – so fett, dass sein dicker Hintern ihm aus der Hose platzte. Sein sexueller Appetit war ebenso groß wie seine Gefräßigkeit, sogar mit der schrecklichen Morrigan trieb er es mit Vergnügen. Der Gott mit dem Blitzkeil ist eben der Begatter der Erdgöttinnen und so der Garant des Lebens. Der Blitz galt als der Hauer (die Stoßzähne) des kosmischen Ebers.

125 Aus: *Math, Sohn des Mathonwy, Vierter Zweig.*

126 Mit Fleisch wird Politik gemacht. In den größeren Stammesverbänden der Hirtennomaden wie auch bei sesshaften Bauernvölkern wird Fleisch im Rahmen von »Umverteilungsfesten« von den »großen Männern« an Freunde und Verbündete, je nach ihrem Rang und ihrer Würde, verteilt. Nur wer Fleisch und andere Wertsachen großzügig zu verteilen hat, kann ein Häuptling sein. Solange der *Mumi*, der »big man« auf den Salomoninseln, seine Gefährten im Männerhaus mit Schweinefleisch und Freudenmädchen versorgte, war er seiner Gefolgschaft gewiss. Ethnologisch betrachtet unterscheidet sich der Mumi kaum vom keltischen Fürsten, der seine Macht sicherte, indem er seine Krieger durch üppige Gelage mit Schweinebraten, Wildbret, reichlich fließendem Met und dem Gesang der Barden bei Laune hielt. Auch wenn er sonst im Haus kaum etwas zu sagen hat, ist es noch immer die besondere Aufgabe des amerikanischen Familienvaters und Versorgers, zum Anlass des Thanksgiving-Dinners (am 3. Donnerstag im November) den Truthahn zu zerlegen und wie ein keltischer Häuptling das Fleisch an die festlich versammelte Familie zu verteilen (Storl 1997b: 34).

Der Eber – noch immer eines der gefährlichsten Tiere für den Jäger (Zeichnung von WILHELM BUSCH*).*

Truppen keltischer Krieger verglichen sich gern mit einem Rudel Wildschweine, die die Äcker der Feinde durchpflügen. Der Eber war neben dem Bären Totem der Krieger. Eber schmückten Helme und Feldstandarten. Des Königs Schwert wurde mit den rasierklingenscharfen Hauern des kämpfenden Ebers verglichen. Kaum ein Tier ist so schwer zu jagen wie der vor Wildheit strotzende Eber mit seinen blitzgefährlichen, scharfen Hauern. Sogar Wölfe lassen die Eber in Ruhe. Um sich vor Wölfen zu schützen, ließen die Kelten ihre kleinen schwarzen Schweine in den Siedlungen frei umherlaufen.

Der Eber ist Retter der Erde. Mit seinen Hauern hebt er sie aus dem Schlamm des universellen Chaos empor.[127] Zur Mittwintersonnenwende stößt der goldborstige Sonneneber – die Nordgermanen identifizierten ihn mit **Freyr,** dem Bruder der Freya – das Tor zum neuen Jahr auf; mit seiner gewaltigen Kraft schiebt er das stehen gebliebene achtspeichige kosmische Rad wieder an. Er gibt der gefallenen und wiedergeborenen Sonne Kraft für einen neuen Zyklus. Dieser Wintersonnenwend-Eber wird noch immer – inoffiziell – gefeiert: mit dem Marzipanglücksschweinchen, mit der Weihnachtssülze, die vielerorts noch zum weihnachtlichen Festessen gehört, mit dem *Boar's Head* (Schweinskopf), der fester Bestandteil der britischen Weihnacht ist.

127 Auch der große Gott Vishnu, der Erhalter des Universums in der indischen Mythe, nahm die Gestalt eines Wildebers (*Varaha*) an, um die Erde, die ein mächtiger Dämon im Meer versenkt hatte, wieder aus dem Schlamm und Urwasser heraufzustossen.

Heilkunde

Aus Eichenholz wurden Tore, Türschwellen und Fassdauben hergestellt, aus den Galläpfeln Tinte und Farbe, um die Haare schwarz zu färben, aus der Rinde Gerberlohe für Leder und Lohfarbe für Textilien. Aber nicht nur das. Die Blätter und die Rinde, die aus 7% bis 20% Gerbstoff besteht, wirken zusammenziehend, entwässernd, antiseptisch und fiebersenkend. Gerbstoffe haben etwas Konservatives, Bewahrendes an sich. Als Heilmittel bergen sie die vom Urbild ausgehenden Gestaltungskräfte, sie beherrschen die Tendenz zur Auflösung oder zu formlosen Wucherungen und entziehen den Fäulnisbakterien ihren wässrigen, »mondhaften« Nährboden. Äußerlich als Bäder oder Umschläge appliziert, helfen sie bei chronischen Ekzemen, Ausschlägen, Frostbeulen, Brandblasen, Insektenstichen, als Sitzbad bei Hämorrhoiden, Weißfluss und Gebärmutterentzündungen, als Tee – kurz aufgekocht – zum Gurgeln bei Halsweh und Zahnfleischentzündungen. Innerlich wirkt der Tee bei Durchfall, Darmblutungen, Blutharnen und Magengeschwüren. Schon die *Edda* empfahl Eichenrinde gegen Ruhr. Eichelkaffee, aus gerösteten Eicheln, gilt als Kräftigungsmittel. Die Homöopathie empfiehlt eine *Quercus-robor*-Dilution bis zu D6 bei Milzleiden und Alkoholismus. (Diese Anwendung trägt den Gewittergöttern Tanaris, Donar, Jupiter, denen die Eiche geweiht ist, Rechnung, denn diese sind bekanntlich mächtige Zecher, die, wenn sie im menschlichen Mikrokosmos negativ aspektiert sind, die Leber zerrütten können. Zu dieser Assoziation gehört sicherlich auch, dass die Brauer einst die Bierhefe, ehe sie in die Maische getan wurde, mit einem belaubten Eichenzweig bestrichen.)

Die anthroposophische Medizin Rudolf Steiners sieht in der Eiche ein Heilmittel, mit dem man das »Ich« (Geist) und den Astralleib (Seele) unterstützen kann, damit sie das Physische formend ergreifen und durchdringen und das wuchernde, in allen Flüssigkeiten wirksame plastisch-ätherische Prinzip dämpfen, wo sich dieses als zu stark erweist (Pelikan II 1977: 92). Dasselbe Prinzip wirkt auch – so Rudolf Steiner – im »landwirtschaftlichen Organismus«. Biodynamische Landwirte stopfen Eichenrinde in einen Haustierschädel (Rind, Schaf, Ziege), begraben diesen über den Winter an einer Stelle – an einer Quelle oder Dachtraufe –, wo Wasser durch die Erde rieselt, und behandeln ihre Komposte damit. Das Präparat hilft gegen parasitäre Pilzkrankheiten, Schimmel und Brand in den Kulturpflanzen (Storl 1992: 324).

Der kraftvolle Baum kam, wie wir es schon bei anderen Bäumen gesehen haben, auch in der magischen Medizin zum Einsatz. Verschiedene Krankheiten, »Gichter«, Kopfweh, Zahnweh und dergleichen konnten – vorausgesetzt, man wusste den richtigen Spruch – auf die Eiche übertragen oder in sie verbohrt werden.

JEDER BAUM EINE GOTTHEIT

Für die Kelten war der sichtbare Baum der Körper der transzendenten Baumgottheit, die sich dem »inneren Auge«, dem Auge der Seele des Druiden offenbaren konnte. Jeder Baum verkörperte ein spirituelles Prinzip. Es würde den Rahmen dieses Buches sprengen, jede Baumart, die in keltischen Ländern wächst, in allen Einzelheiten zu besprechen. Dennoch wollen wir einige der wichtigsten Bäume kurz betrachten.

Der Apfelbaum

(walis. *afal*, breton. *aval)*

Für die Kelten war der Apfel, auch wenn es sich um den herben Holzapfel handelte – die kultivierten Gartensorten kannten sie noch nicht –, das wichtigste Obst. Sie kochten die Äpfel zu Mus, pressten sie zu erfrischendem Most, stellten aus ihnen Essig her und trockneten die zu Scheiben geschnipselten Äpfel (»Apfelschnitz«) am Herd, wo sie durch das Trocknen süßer und haltbarer wurden. Der Apfel ist eine Frucht des Herbstes, die sich in den nordischen Ländern am besten über den Winter einlagern lässt. Ansonsten hatten die Kelten in der düsteren Jahreszeit fast kein Obst. Er war die Speise, die während der toten Jahreszeit gesund erhielt und zugleich als Totenspeise geeignet war. Das vitaminreiche, Lebenskraft spendende Obst galt als eines der gesündesten Nahrungsmittel. Noch immer sagt man in England: »An apple a day, keeps the doctor away.« (Wenn man jeden Tag einen Apfel isst, bleibt der Arzt fern.)

Der reife Apfel, rund und rotgelb, wie die im Westen untergehende Sonne, symbolisierte wie kein anderes Gewächs den Gang in die Tiefe, in die Anderswelt, in die Welt der Elfen, der Ahnen und der Götter. **Avalon,** das Apfelland, war eine der keltischen Bezeichnungen für die Anderswelt. Und diese war keine Welt der trostlosen Schatten und schon gar nicht eine Hölle, sondern ein Paradies, ein Schlaraffenland.

Ein geheimnisvoller Besucher, prächtig gekleidet in purpurrotem Mantel und goldbesticktem Rock, bringt dem großen König Irlands, Cormac, einen Apfelzweig aus Silber mit drei goldenen Äpfeln aus der Anderswelt mit. Liebliche Musik, die Kranke, schwer Verletzte und Wöchnerinnen einschläfern konnte, ging von dem Apfelzweig aus,

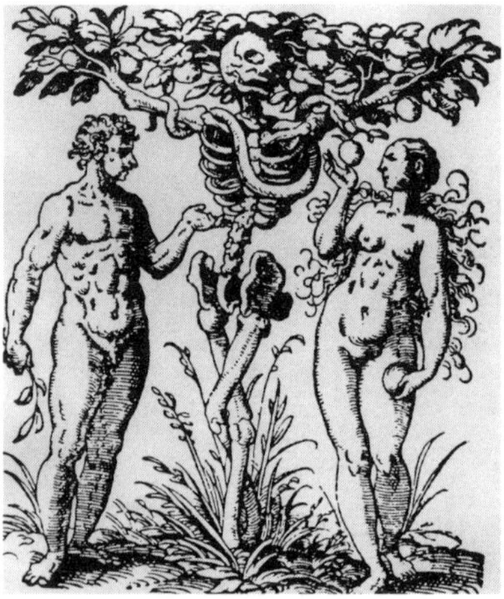

Im Gegensatz zur christlichen Mythe bringt der Apfel die Unsterblichkeit.

wenn man ihn schüttelte. König Cormac will wissen, woher der Fremde kommt. Dieser – er ist kein anderer als der Gott Lug selbst – antwortete: »Aus einem Land, in dem es nur die Wahrheit gibt und wo weder Alter, Verfall und Dunkelheit, weder Eifersucht, noch Hass oder Bosheit herrschen.«

Diese Äpfel symbolisierten – wie der »Reichsapfel« der deutschen Kaiser später – die legitime Herrschaft des Königs, der ja auch der Garant des Wohlstandes seines Volkes ist.

Immer wieder erscheinen die magischen goldenen Äpfel in der keltischen Sage. Meist werden sie mit Lug, der für Reife und Vollkommenheit zuständig ist, oder mit »seligen Inseln« im Westen assoziiert. So fordert Lug als Strafzahlung für den Mord an seinem Vater Cian drei Äpfel aus dem westlichen Paradies. Diese Äpfel, groß wie der Kopf eines Säuglings und von der Farbe polierten Goldes, schmecken nach Honig, sie stillen blutende Wunden und bringen jede Krankheit zum Verschwinden; wenn man von ihnen isst, werden sie nicht kleiner.

Der Apfel ist in der keltischen Mythologie also Symbol der Vollendung und der Weisheit. Er ist die Frucht der Unsterblichkeit. Im Gegensatz zum »Apfel« der biblischen Geschichte ist er nicht Symbol der Sünde, die Adam und Eva aus dem göttlichen Paradies vertrieb.[128] Im Gegenteil, der Apfel führt in das Paradies. Typisch für die keltische Auffassung in Bezug auf die Frucht ist die Geschichte des jungen Condla, des Sohnes von König Conn. Dem jungen Krieger erschien eines Tages ein wunderschönes Mädchen, das ihn bat, ihm zum *Sid* (Grabhügel) zu folgen. Er verliebte sich in sie und wollte mitgehen. Der Vater versuchte ihn zurückzuhalten, vermochte es aber nicht. Da rief der Vater den Oberdruiden und bat ihn, mit seinen Zauberkräften die Andersweltli-

128 Es war nicht leicht für die keltischen Neubekehrten, die Parole der Kirche »*Malum ex malo*« (Alles Unheil kommt vom Apfel) nachzuvollziehen, da die Äpfel in der keltischen Mythologie ewige Jugend und Glückseligkeit verheißen (Beuchert 1995: 23).

che zu bannen. Da sang der Druide seinen Bannspruch, so dass niemand mehr ihre Stimme vernahm und niemand sie mehr sehen konnte. Doch bevor sie vor dem Druiden zurückwich, warf sie dem jungen Condla einen Apfel zu. »Einen Monat lang nahm Condla daraufhin weder Speise noch Trank zu sich. Es schien ihm, dass nichts außer dem Apfel des Genusses wert sei. Der Apfel wurde hingegen dabei nicht weniger und blieb als Ganzes erhalten, obwohl er ihn aß« (Le Roux/Guyonvarc'h 1996: 197). Condla aber konnte die schöne Botin aus dem Jenseits nicht vergessen. Von Sehnsucht gepackt, sprang er in das Kristallboot und fuhr mit, als das Mädchen noch einmal auftauchte. Er wurde nie wieder gesehen.

Die Buche

(altfranz. *fau*)

Buchenwälder bedeckten seit der keltischen Eisenzeit große Flächen Nordwesteuropas. Die Buche liebt das kühle, feucht-neblige atlantische Klima, so dass die Wälder, in denen die Kelten und Germanen lebten, vor allem Buchenwälder waren. Nicht nur unter den Eichen, sondern auch im Rauschen des Buchenwaldes vernahmen die Seher und Weisen das Raunen des Großen Geistes. Und was die Götter ihnen zuraunten, das ritzten sie als Runen in Buchenstäbe – daher unser Wort »Buchstabe« – und, wie es Verliebte noch heute tun, wenn sie ihren Gefühlswallungen Ausdruck verleihen wollen, in die Buchenrinde. Der römische »Völkerkundler« Tacitus, der die germanisch-keltischen Barbarenstämme ausspionierte, schreibt über das Orakeln mit Buchenstäben: »Auf Vorzeichen und Loswerfen achten sie wie nur irgendein Volk. Die übliche Art des Loswerfens ist einfach. Einen Zweig, den sie von dem fruchtbringenden Baum abgeschnitten haben, zerteilen sie in Stäblein, diese unterscheiden sie durch gewisse Zeichen und streuen sie, aufs Geratewohl und wie der Zufall es will, über eine weiße Decke. Dann betet der Priester, wenn öffentlich, der Familienvater, wenn von einzelnen um Rat gefragt wird, zu den Göttern, indem er zum Himmel aufblickt und drei Stäbe nacheinander aufhebt. Diese deutet er dann nach dem Zeichen, das vorher auf jedes eingeritzt war ...« Das Wurfergebnis wurde als *raedelse* (daher engl. *riddle*, deutsch *Rätsel*) bezeichnet und musste richtig geraten (angelsächs. *geræd*, engl. *read*) oder ausgelegt werden (Laudert 1988: 73). Die Inselkelten scheinen ihre

Losstäbe weniger aus Buchen-, sondern vor allem aus Eibenholz geschnitzt und mit Ogam-Zeichen versehen zu haben. Im Keltischen bedeutet das Los (*chrannchur*) ursprünglich »das Werfen des Holzes«.

Die Buchen offenbaren also tief Verborgenes und Jenseitiges. Den Respekt, den man den Buchen als Verkünder des göttlichen Willens entgegenbrachte, übertrugen die heidnischen Völker auf die Bibel. Nicht mit dem lateinischen Fremdwort *liber* bezeichneten sie die Heilige Schrift, sondern mit dem Namen des ihnen bekannten Baumes: Das Buch ist die transformierte Buche.

Mit den düsteren, steinernen romanischen Kirchengebäuden konnten sich die bekehrten Völker nördlich der Alpen nicht so richtig anfreunden. Dieser Ort des Gottesdienstes war der kühlen Grotte nachempfunden, in welcher die mediterranen und nordafrikanischen Völker seit Jahrtausenden ihre Götter vereehrt hatten. Erst mit der gotischen Kathedrale, von französischen Baumeistern im 12. Jahrhundert perfektioniert, fand die keltisch-germanische Volksfrömmigkeit einen angemessenen Wohnort. Es war der Buchenwald mit seinen gewölbten Kronen, seiner Stille und seinem abgedämpften Licht, der das architektonische Vorbild dafür lieferte. Die Kirchenschiffe mit ihren hohen Säulen, verzweigten Spitzbogengewölben und den großen vielfarbenen Glasfenstern sind ein metamorphosierter, versteinerter Buchenwald. Die Akustik der Kathedralen lässt – in gregorianischen Gesängen und später in den Klangkaskaden großer Orgeln – das inspirierende Waldrauschen von neuem ertönen.[129]

Der Buchenwald wurde von den keltisch-germanischen Stämmen vor allem als mütterliches Wesen empfunden. Entsprechend diesem Wesen ist die Buche ein nährender Baum. Ihr lateinischer Name *Fagus* (vom griech. *phagein* = »essen«) deutet darauf hin. Bucheckern enthalten bis zu 45% Öl. Sie sind nahrhaft, schmackhaft und leicht zu sammeln. Nicht nur Menschen erfreuen sich der Buchenmast, sondern auch die Schweine, die Lieblingstiere der Erdgöttin. Auch die jungen hellgelben, säuerlich schmeckenden Blätter lassen sich im Frühling gut als Salat oder Suppengemüse verwenden. Es ist noch nicht allzu lange

129 Was ist es am sommerlichen Buchenwald, was unsere Seele so tief berührt? Psychologen nehmen an, das milde Dämmerlicht und das Rauschen des Blätterdoms rufe in uns Reminiszenzen wach. Es berührt die im Unterbewusstsein getragene Erinnerung an die vorgeburtliche Geborgenheit im mütterlichen Schoß. Der Klangteppich vermittelt das Rauschen des Blutes im mütterlichen Organismus, das Sichheben und Senken des Atems und das Brummen der Gedärme. Es ist eine Ursymphonie, die uns mit unseren Ursprüngen verbindet, die uns an das Sein erinnert, in das unser vergängliches Dasein eingebettet ist.

her, da wurden zur Allerseelenzeit (Samain) schwarzmehlige Seelenbrote gebacken. Die Brote, deutsch »Bücheln« genannt, da sie Bucheckern enthielten, galten als Speise für die Verstorbenen.

Der altkeltische Name für die Buche ist uns nicht erhalten. Wir wissen nur, dass die Kelten aus Buchenaschenlauge, zusammen mit den fettreichen Bucheckern und Bockstalg, Seife herstellten. Seife ist eine keltische Erfindung und wurde unter anderem zur Haaraufhellung und Haarpflege verwendet, wie wir auch von Marcellus Empiricus erfahren. Die alten Gallier opferten auch aus Buchenholz gefertigte Kinderpuppen in den Bäderquellen, damit die Übersinnlichen ihre Kinder in Ruhe ließen (Höfler 1911: 17).

Edward Bach, der unbewusst fast ausschließlich aus der keltisch-walisischen Pflanzenkunde schöpfte, entwickelte eine Essenz (*Beech*) aus den Blüten der Buche, um der Seele einen sanften Anstoß zu geben, sich wieder den kosmischen Urbildern zu öffnen, so dass die positiven saturnischen Eigenschaften, Weisheit und Abgeklärtheit, die negativen ersetzen.

Eberesche oder Vogelbeere

(*Sorbus aucupera*, altir. *luis*, *gäl. caerthainn*)

Kaum ein Baum war bei den alten Zauberern, Hexen und Druiden so beliebt wie die Eberesche. Das war schon in der Bronzezeit so und vermutlich auch vorher in der Steinzeit. In einem bronzezeitlichen Grab, das Urgeschichtler im Seeland aushoben, fand man ein Gefäß, dessen Inhalt dem Zauberkram eines indianischen Medizinbeutels nicht nachsteht: Pferdezähne, Wieselknochen, Schwefelkiesstücke, die Klauen eines Luchses, die Wirbelknochen einer Natter, die Luftröhre eines Vogels – und eben, einen Ebereschenzweig. Volkskundler haben schon lange gerätselt, warum die Eberesche bei fast allen Völkern als besonders zauberkräftig gilt. Ist es wegen ihrer korallenroten Beeren? Dieses Rot ist die Farbe der Feuerglut, der aufgehenden und untergehenden Sonne, des frischen Blutes – Saft des Lebens und der Fruchtbarkeit (Menstruation); es ist das Rot des Blutsteins, des Ockers, mit dem die Magier seit der Altsteinzeit zauberten, mit dem sie die Knochen der Toten und die Runen röteten. Oder liegt es daran, dass die Vogelbeerschösslinge überall, wie von Geisterhand gesät, keimen und wachsen? Sie sind Kinder der Luft, die sich auf Felsüberhängen, in den Astgabelungen anderer Bäume, auf Mauern und in Dachrinnen niederlassen. Wer sich die Zeit nimmt und die Ausstrahlung der Eberesche auf sich wirken lässt, wird in ihr eine belebende Kraft spüren. Er wird erkennen, dass das lebendige Rot ihrer Beeren und ihr Drang, überall Wurzeln zu schlagen, die Signatur ihres Wesens ist.

Dass die Druiden mit der Eberesche allerlei Zaubereien anstellten, ist bekannt. Für sie verkörperte der Baum das siegreiche Lebensprinzip. Er ist der Baum der Erweckung. Sie berührten andere damit, um Lebenskraft auf sie zu übertragen. Sie pflanzten ihn an Orakel- und Thingstätten. Will man Robert Graves glauben, so steht der Vogelbeerbaum (Luis) im Kalender der Inselkelten für den Monat im Vorfrühling, in dem das neu erwachte Leben den Sieg über die lebensfeindlichen Winterkräfte erringt. Gemäß seiner Lebenskraft benutzten die Kelten die getrockneten, herben Früchte – der Gattungsname *Sorbus* kommt aus dem Keltischen und bedeutet »herb« –, um »Winterkrankheiten«, wie Rheuma, Gicht, Skorbut und Erkältungen, zu vertreiben. Im Lichte heutiger Erkenntnisse macht das durchaus Sinn: Vogelbeeren enthalten mehr Vitamin C als Orangen und Zitronen. Die Beeren wurden als Stärkungsmittel hoch geschätzt. In der irischen Erzählung von Fraoth wird von einer Eberesche gesprochen, die von einem Drachen bewacht wird und deren Beeren die Nährkraft von neun Mahlzeiten hatten. Die Beeren konnten Verwundete heilen und einen Mann über Jahre hinweg am Leben halten (Graves 1961: 167). In der irischen Sage *Die Verfolgung von Diarmed und Grainne* werden die Vogelbeeren, zusammen mit Äpfeln und Eicheln, als »Speisen der Götter« bezeichnet.

Die keltischen Magier bedienten sich der Eberesche, wenn es galt, lebensfeindliche Dämonen zu bezwingen oder zu bannen. Wenn die Geister sich weigerten, beim Orakel zu antworten, bespannten die Druiden Ebereschenruten mit blutigen, frisch gehäuteten Stierfellen und erzwangen eine Antwort – daher der irische Ausdruck, »to go to the wattles of knowledge«, was etwa bedeutet, die größte Anstrengung zu unternehmen, um an Wissen zu gelangen. Mit Ebereschenruten zwangen sie die Erdgeister preiszugeben, wo verborgene Erzadern liegen. Während kriegerischer Auseinandersetzungen entzündeten die Druiden »südlich des Schlachtfeldes« mächtige Feuer aus Ebereschenholz und beschworen Dämonen mit Zaubergesang, sich in der Schlacht zu ihren Gunsten einzusetzen.

Auch die einfachen Bauern wussten die numinose Kraft der Eberesche zu schätzen. Vor allem an jenen Zaubertagen, die die »Hexenszene« heutzutage als »Kreuz-Viertel-Tage« bezeichnet, wollte man nicht auf Ebereschenruten verzichten. Das Lichtmessnotfeuer bestand oft aus Ebereschenholz; auf jeden Fall gehörte das Holz mit zu den neun dafür erforderlichen Hölzern. In der Walpurgisnacht steckte das Landvolk in Irland und anderen keltischen Ländern Ebereschenzweige über Scheunen- und Stalltore, über Haustür und Rauchfang. Gegen Verhexung wurde das Vieh in der Maienzeit mit Ebereschenlaub bekränzt oder ihm die Zweige an die Hörner gebunden. Noch heute gibt es Iren, die vorsichtshalber ein Umhängsel aus Vogelbeerholz am Leib tragen, um sich gegen die Andersweltlichen zu schützen. Und bei Nachtwanderungen nimmt man lieber einen Ebereschenstock zur Hand, damit einen die Feen nicht angreifen oder in die Irre führen. Damit ein Schiff hohe Wellen brechen kann und damit die Stürme abflauen, die die »Meereshexen« aufpeitschen, wurde etwas Ebereschenholz im Bug mit verarbeitet. Und die *Highlanders* nehmen noch immer etwas Eberesche in ihrem Kutter mit, um Glück beim Fischfang zu haben. Die roten Beeren wurden in Britannien auf einem roten Faden aufgefädelt, um vor Unglück zu bewahren.

Es konnte aber ebenso dunkle Magie mit dem Ebereschenholz getrieben werden. Im altkeltischen Irland konnte man die Seele eines Verstorbenen im Leichnam gefangen halten oder bannen, indem man einen Ebereschenpflock in den leblosen Körper hineintrieb; und die Sage von Cuchulain erzählt, wie drei alte Hexen einen Hund – das Totemtier des großen irischen Helden – mit Ebereschenhölzern aufspießen, um so den Tod des Kriegers zu bewirken (Graves 1961: 167).

Bei den germanischen Völkern wurde die Eberesche nicht minder verehrt. Das anspruchslose und vollkommen frostharte Pioniergehölz wächst im Norden bis über den Polarkreis hinaus und in den Alpen bis an die Baumgrenze. In Island ist das Vogelbeergesträuch der einzige echte »Baum«. Es ist verständlich, dass er auf dieser Insel und anderswo in Nordskandinavien als »heiliger Baum« galt. Seine Zweige wurden zur Wintersonnenwende geschmückt und mit Lichtern versehen.

Nicht nur der Mensch, so glaubten die alten Skandinavier, findet Schutz und Hilfe durch die Eberesche – sogar der mächtige Gewittergott Thor verdankt dem Baum sein Leben. Als der Bauerngott einmal beim Angeln ausrutschte, rettete er sich aus dem reißenden Strom, indem er einen Ebereschenast ergriff. Seither nennen die Skandinavier den Baum *Thorsbjörg* (Donars Schutz). Sie weihten die Eberesche – wie auch viele andere Pflanzen, deren Blüten oder Beeren rot wie Feuer sind – dem Donnergott. Mit Vogelbeerlaub füttert dieser die Ziegenböcke, die seinen Wagen ziehen. Die Bauern machten es ihm nach, indem auch sie die Zweige als Laubfutter für ihr Hornvieh schnitten. Als Schutz gegen Blitzschlag steckten sie Vogelbeerzweige und -kränze in die Dachbalken und in die Rauchöffnungen. Auch die Säuglinge legte man gerne in Wiegen, die aus dem Holz getischlert waren.

Besonders begehrt waren die Ebereschenruten, die als »Aufsitzer« in den Astgabeln anderer Bäume, insbesondere der Hoflinde, wachsen. Wie etwa der Tau oder die Mistel galten die Aufsitzer als »Zwischenwesen«; sie können zwischen Himmel und Erde, zwischen der diesseitigen und der jenseitigen Welt vermitteln. Nach sieben oder neun Jahren an einem besonderen Feiertag – im Mittelalter wurde der Himmelfahrtstag bevorzugt – schnitt man feierlich diese Rute, ritzte Runen oder andere magische Zeichen hinein und rötete diese mit Blut oder Ocker. Mit den Stöcken konnte man durch Berühren Verzaubertes entzaubern, Gesundheit und Kindersegen bewirken.

Im ganzen germanisch-keltischen Raum wurde der Butterquirl mit Vorliebe aus Ebereschenholz hergestellt. So verlor jeder böse Milchzauber seine Kraft und die Milch ließ sich gut buttern. Waren Arme und Beine durch Zauberei »gebunden« und deshalb unbeweglich, zog man sie durch einen Ebereschenkranz, um den Zauber zu brechen. Wünschelruten konnte man ebensogut aus Eberesche wie aus Haselruten anfertigen. Der Donnergott, der ja der Hüter der Erde und ihrer Schätze ist, würde dann eher geneigt sein, den Rutengänger vor der Rache der Erddrachen zu schützen.

Vor allem aber wurde die Eberesche als »Quickreis«, als Lebensrute, geschätzt. Die Bezeichnung Quiecke, Quickenbaum oder Quickbeere ist älter als der Name Eberesche, der erst im 16. Jahrhundert auftauchte. Die Eberesche ist lediglich die »Aberesche«, also die »falsche Esche« – ebenso wie der Aberglaube den falschen Glauben bezeichnet –, mit dem Eber hat sie jedenfalls nichts zu tun.[130] Das altgermanische Wort »quick« (*kwikwa*), das sich auch in Quecksilber, Quecke oder quaken erhalten hat, bedeutet »lebendig, lebhaft«. Mit dem Schlag der Ebereschenrute (oder Haselrute) wurde das Jungvieh beim ersten

130 Es könnte aber sehr gut sein, dass der Name Eberesche, der mundartlich auch als Ebresche und Ebrich erscheint, aus dem keltischen *ivo* (altir. *ibar*), »Eibe«, entstanden ist. Mit *ibar* bezeichneten die Kelten nicht nur den düsteren Nadelbaum, sondern auch mehrere Baumarten, aus denen sie Speere herstellten (Marzell IV 1979: 407).

Weideaustrieb oder am 1. Mai »gequickt«. Das heißt, man übertrug die Kraft der sprießenden, schnell wachsenden Frühlingsvegetation auf die Tiere. Schon die alten Heiden kannten das Ritual des Kälberquickens. Ihre Nachfahren in Nordwesteuropa praktizierten diese »Kälbertaufe« bis ins 20. Jahrhundert hinein. Vor Sonnenaufgang geht der Hirte in den Wald. Wenn dann die ersten Sonnenstrahlen den Vogelbeerbaum berühren, schneidet er, das Gesicht der Sonne zugewendet, die Rute mit einem einzigen schnellen Schnitt. Die versammelten Dorfbewohner, Freunde und Nachbarn nehmen das junge Rind in ihre Mitte, derweil der Hirte es drei Mal schlägt und dabei sagt:

»Quick, quick, quick,
Bringt Milch wohl in den Strick [Strich des Euters].
Der Saft kommt in die Birken,
Einen Namen geb ich den Stirken.
Der Saft kommt in die Buchen,
Das Laub kommt in die Eichen,
… sollst du heißen!
Quick, quick, quick.«

Danach bekommt der Hirte ein Eiergericht zu essen. Mit den ausgeblasenen Eierschalen, bunten Bändern und farbigem Papier schmückt er dann das Quickreis und hängt es über die Stalltür.

Die christlichen Missionare konnten sich mit der Eberesche nicht anfreunden. Im Gegenteil, sie empfanden den Kultbaum der Heiden als eher bedrohlich. Im Zuge der Umwertung der heidnischen Werte deuteten sie die Vogelbeere als »bösen« Baum um, als Hexenbaum. Verflucht sei der Baum, denn er sei aus den Knochen des Verräters Judas Ischariot herausgewachsen. Nun galten die roten Beeren, aus denen einst Mus, Most und Essig gemacht wurden, vielerorts als giftig. Zur Johanniszeit, so erzählte man sich in Friesland, treffen sich die Hexenzünfte und essen die Kronspitzen des Queckenbaumes. In Irland glaubt man, dass das Holz Streit zwischen den Menschen verursachen würde, wenn man es als Brennholz gebraucht; im Schiffbau verwendet, würde das Schiff bald versinken. Noch Hildegard von Bingen, deren Verdienst es ist, viele »heidnische« Pflanzen für die Heilkunde rehabili-

Durch Zauber gebundene Glieder.

tiert zu haben, misstraut dem Hexenbaum. Sie verkündet: »Der Baum ist unnütz, ein Zeichen der Heuchelei; er schadet den Menschen mehr als er nutzt.«

Nun aber, wie wir beim Kälberquickritual sahen, fiel nicht alles, was die Missionare predigten, auf fruchtbaren Boden. Als Blitzschutz wurden weiterhin Zweige gesteckt, verhexte Felder wurden nach wie vor mit Ebereschenpflöcken enthext. Auch blieb man dabei, aus den reifen Beeren ein vitaminreiches Mus zu kochen. Vor allem aber bediente sich die Volksheilkunde unbeirrt weiter der Heilkraft des Baumes. Der Tee aus getrockneten Beeren ist ein hervorragendes Mittel bei Lymphflussstörungen. Dazu Heinz Knieriemen: »Das wichtigste Heilmittel bei Lymphflussstörungen, Lymphödemen und lymphatischen Anschwellungen, häufige Begleiterscheinungen verschiedener Grunderkrankungen, die das Immunsystem herausfordern, ist jedoch die Vogelbeertinktur«[131] (Knieriemen 1998: 12).

Die Eibe

(kelt. *eboros*, *ivo*, gall. *ivos*, ir. *ibar*)

Wir kennen die Eibe (*Taxus baccata*), einen Baum mit eher düsterer Ausstrahlung, vor allem als Friedhofsbaum. Die Wurzeln des langlebigen Nadelgehölzes sollen – nach bretonischem Aberglauben – ihre Ausläufer bis in die Münder der Toten wachsen lassen. Die Assoziation mit dem Tod ist sehr alt, denn schon seit der Steinzeit wurden Speere sowie Pfeil und Bogen aus Eibenholz gefertigt. Eibenspeere wurden, zwischen den Rippen steckend, in den Überresten von Mammutelefanten gefunden. Der älteste bekannte Speer eines Neandertalers aus Südengland besteht aus Eibe (Laudert 1998: 97). Der lateinische Gattungsname *Taxus* ist vom griechischen *toxon* (= Bogen) übernommen worden, und unter einem Toxikum (griech. *toxikon)* versteht man Gift, ursprünglich ein Pfeilgift.

Die keltischen Krieger präparierten die todbringenden Pfeile mit Eibensaft, aber nicht mit dem Saft der roten Beeren[132], die entkernt ge-

131 Zur Herstellung werden die frisch gesammelten oder getrockneten Vogelbeeren mit 70% Trinkalkohol bedeckt und nach etwa 3 Wochen abgepresst und filtriert. Der Blütentee wirkt im Frühjahr reinigend und aufbauend.

132 Botanisch hat man es nicht mit echten Beeren zu tun, sondern mit umgewandelten Samenmänteln, *Arillus* genannt. Diese schleimigen roten »Beeren« schmecken angenehm süß und können ohne weiteres verzehrt werden, nur muss man Acht geben, nicht die schwarzen Kerne mit zu essen, da diese das tödlich giftige Alkaloid Taxin enthalten.

nießbar sind, sondern mit einem Eibenblätterabsud. Die Iren mischten dem Absud noch Nieswurz und Akonit (Eisenhut) bei. Das Gift, das stärker ist als Fingerhutgift (*Digitalis*), führt zu schnellem Herzstillstand.

Die Kelten weihten die Eibe der Totengöttin in ihrem dunkelsten Aspekt. Im keltischen Jahresrad steht der Baum für den Tod der Sonne, für den letzten kurzen Tag vor der Wintersonnenwende.[133] Der düstere giftige Baum symbolisiert sozusagen das Ende des Zeitenkreislaufs, der sich dann mit der Wiedergeburt des Sonnenkindes erneut zu drehen beginnt. Der Baum steht sozusagen an der Pforte zur Ewigkeit. Er stellt die Bruchstelle oder das Schlupfloch dar, durch das man dem sich endlos drehenden Zeitenkreis entkommen und von der Zeit in die Ewigkeit gelangen kann. Es wird sprachwissenschaftlich sogar vermutet, dass der keltische Name der Eibe, *ivo* oder *ibar*, mit dem alten Wort »ewa« oder »ewig« verwandt ist. Aus diesem Zusammenhang ist zu verstehen, warum die Eibe zu den allerheiligsten Druidenbäumen gehörte und warum aus Eibenholz ebenso gerne Wahrsage- und Zauberstäbe geschnitten wurden wie aus Hasel oder Eberesche. Die Tatsache, dass der Baum rote Beeren trägt und das Holz rötlich ist, unterstrich die magische Potenz, die mit ihm assoziiert wurde. Wahrscheinlich wurde das Eibenholz unter aufwendigen Ritualen bei Neumond oder gar bei einer Mondfinsternis geschnitten. Auf jeden Fall hören wir in Shakespeares *Macbeth*, wie die Hexen die Eibensplitter, die sie für ihr Zaubergebräu brauchen, »in der Mondfinsternis schneiden«. Noch stärker wäre die Zauberkraft dieser Stäbe, wenn man sie bei einer Sonnenfinsternis schneiden würde.

Da die Eibe Anteil an der Ewigkeit hat, glaubten die Kelten, sie sei das langlebigste Geschöpf der Erde und lebe noch länger als die Eiche. Noch nach der Bekehrung zum Christentum setzten die walisischen Kleriker die Lebensdauer der Eibe auf 19683 Jahre fest. Und ebenso wenig wie Lug und Trug vor der Ewigkeit bestehen können, kann böser Zauber oder ein *spell*, und sei er noch so gut gewoben, vor der Macht der Eibe bestehen. Deshalb sagt man noch heute: »Vor den Eiben kann kein Zauber bleiben.« Auch kannten die heidnischen Germanen eine Eiben-Rune (Ywaz-Rune, Z), die als die stärkste der Schutzrunen galt.

Diese Zusammenhänge waren bis zum Anfang der Neuzeit dem Landvolk in der Erinnerung. Gerne trug man ein Stückchen Eibenholz

133 Auch bei den Skandinaviern wohnte der Gott der toten Jahreszeit, der Wintergott Ullr, in einem Eibenwald (Ydalir).

auf dem nackten Körper, um sich vor Verhexung zu schützen. Bösartige Zwerge konnte man vertreiben, indem man Eibenzweige vor die Eingänge ihrer Höhlen legte (Bächtold-Stäubli II 1987: 645).

Der keltisch-germanische Stamm der »Eburonen« (»Männer der Eibe«), der an der Maas lebte, brachte sich, nachdem die römischen Legionen ihr Land systematisch verwüstet hatten, mit Eibenabsud um, um Gefangenschaft und Sklaverei zu entgehen. Von den Galliern ist ein Eibengott namens **Ivavos** überliefert; nach ihm sind die Thermalquellen von Evaux benannt.

Die Erle

(kelt. *verno*, altir. *fearn*)

Die Erle (*Alnus glutinosa*) wächst an recht unheimlichen Sumpforten. Wenn man sich in einen Erlenbruch setzt und dort die Seele meditativ öffnet, sind die schaurigen Märchen vom Erlkönig, von Irrlichtern und unerlösten Geistern keine bloße Vorstellung mehr. Der Meditierende befindet sich in einem seltsamen kühlen, wässrig-nebligen Bereich, voller sich ständig wandelnder Nixen, Moosmännlein und Kobolde. Vielleicht sieht er auch ein dunkelrotes Licht durch die unheimliche Landschaft schweben, oder gar die Erlenkönigin, die ein blutrotes Kleid trägt. Unter der Erle ist es leichter als anderswo, in diese Feenwelt, die schon die Druiden kannten, einzusteigen. Noch lange wusste das einfache Landvolk um die Erlenfrau oder Tochter des Erlkönigs. Sie sei es, die blutet und klagt, wenn man die Axt an den Stamm legt. Im Erlenbruch bei Tegernfelden sieht man gelegentlich noch, wie sie sich bei Mondlicht kämmt und den Scheitel mit Honig salbt, den sie von den feuchten Blättern streift.

Die dänische Volkssage kennt sie als Ellerkongs liebliche Tochter, die im Nebel mit den Elfen tanzt. Dem Reiter Olaf, der auf dem Weg zu seiner Hochzeit zufällig vorbeireitet, reicht sie die Hand und lädt ihn zum Mittanzen ein. Er wehrt ab:

»Ich darf nicht tanzen, nicht tanzen ich mag.
Früh morgen ist mein Hochzeitstag.«

Drei Mal bittet sie ihn, verspricht ihm gar einen Haufen Gold und ein weißes Seidenhemd; als er sich weiter verweigert, spricht die Elfe:

»Und wollt Herr Oloff nicht tanzen mit mir,
Soll Seuch und Krankheit folgen Dir!«

Sie gibt ihm einen Schlag auf sein Herz.
»›O weh, wie wird mir vor Angst und Schmerz!‹
Da hob sie ihn bleichend wohl auf sein Pferd:
›Reit hin und grüße dein Bräutlein wert!‹«

Der Bräutigam schafft es gerade noch nach Hause. Seine Mutter erschrickt, als sie ihn sieht, und auf die Frage, was ihm zugestossen sei, antwortet er, ehe er tot hinsinkt:

»O Mutter, o Mutter, ich kam in das Reich Erlkönigs,
Drum bin ich so blass und bleich.«[134]

Anders erging es dem Ritter Wolfdieterich. Auch ihn will die Erlenfrau, die raue Ilse, betören. Wild und struppig, moosbewachsen steht sie vor ihm. Er verweigert sich ihr, worauf sie ihn in ein Tier verzaubert. Am nächsten Tag will er immer noch nicht, da belegt sie ihn mit einem Schlafzauber. Ein halbes Jahr muss er durch den Wald streifen und sich von Kräutern und Wurzeln ernähren. Als sie ihm daraufhin ein drittes Mal erscheint, gibt er ihrem Drängen nach. Nun führt sie ihn in ein Zauberland, dessen Königin sie ist. Nachdem sie in einem Jungbrunnen gebadet hat, erscheint sie vor ihm als »Siegesminne«, die schönste aller Frauen.

Hinter den Gestalten der rauen Ilse und Erlkönigs Tochter verbirgt sich die archaische Göttin, dieselbe Große Göttin, die sich in ihrer strahlenden Jugend in der hellen Birke und als Braut des Sonnengottes im blühenden Weißdorn offenbart. In der Erle ist sie die Totengöttin, die Rabengöttin Morrigane. Erlengründe waren schon im vorkeltischen Neolithikum Orte der Toten. Erlengründe waren Opferstätten, an denen ihr ein junger Mann, der als ihr Bräutigam auserwählt wurde, geopfert wurde.

Bei den keltischen Völkern, die in das mutterrechtliche megalithische Europa einfielen, wird der Erlengeist nicht mehr unmittelbar mit der Totengöttin identifiziert, sondern mit **Bran.** Im walisischen Gedicht »Der Kampf der Bäume«(*Cad Goddeu*) heißt es:

»Die langen Reiser der Erle an deinem Schild,
Bran bist du genannt, nach den schimmernden Zweigen ...
Die langen Reiser der Erle in deiner Hand,
Bran bist du, nach dem Zweig den du trägst.«

134 »Erlkönigs Tochter«, ein dänisches Lied, wurde von Johann Gottfried Herder übersetzt und von Brentano und Arnim in die Liedersammlung »Des Knaben Wunderhorn« aufgenommen.

Wolfdietrich (Heldenbuch 1480).

Bran (Brennus), dessen Kopf angeblich in London begraben liegt und Orakel spricht, ist ein todbringender Krieger. Er ist der Erlkönig und Totengeleiter. Aasfressende Raben sind seine Vögel. Ihm gehört der Westen, wo der Sonnenheld blutrot in der Unterwelt versinkt, wo die »Inseln der Seligen« liegen. Bran ist wie Teutates ein Gott mit dem Kessel, der die Vergangenheit in die Zukunft umwandelt. Ein Erschlagener, abends hineingeworfen, wird am nächsten Tag wieder lebendig – als Jenseitiger.

Wie wir schon gesehen haben, war der Kessel einst Attribut der Göttin. Das Gefäß ist eigentlich ihr Schoß, der alle Lebewesen gebiert und wieder zu sich nimmt. In diesem magischen Kessel werden Schamanen und Helden zerkocht und zerstückelt. Dann setzt sie die Knochen wieder zusammen und belebt sie erneut. Der Kessel ist ein Jungbrunnen. Auch das Moor, der morastige Erlenbruch, ist der Kessel der Göttin, in dem das Leben vergeht und sich wieder erneuert. Bran und Teutates haben die Göttin nicht verdrängt, sie sind nur ihre Stellvertreter, ihre Opferpriester.

Dieser Hintergrund erklärt manchen Brauch und Aberglauben. Es ist nun verständlicher, warum die Iren es als Frevel ansahen, eine Erle zu fällen. Oder warum die Erle Weggehen, Entsagen, aber auch Erneuerung bedeutet: Bei der Aufgabe (Wüstung) eines Gehöfts zerbrachen die Germanen vier Erlenstäbe und warfen sie auseinander. Zum Zeichen, dass man der Verwandtschaft gänzlich entsagte, zerbrach man im Mittelalter vor Gericht Erlenholz über dem Kopf. Missliebigen Mädchen, mit denen man nichts zu tun haben wollte, steckte man in ganz Westeuropa Erlenzweige vor die Tür. Und in Mecklenburg sagt man von Verstorbenen: »Hei ist bie'n leiwen Herrgott, in't Ellenbrauk (Erlenbruch).«

Als Opferbaum geriet die Erle nicht ganz in Vergessenheit. Fromme Gemüter sahen in der Rotfärbung des Holzes einen Hinweis darauf, dass dies der Baum war, an dem der Heiland für unsere Sünden blutete. Der Bauernhumor dagegen erzählt, dass sich das Holz rot färbte, als der Teufel seine Großmutter – das ist Frau Holle – mit einem Erlenknüppel schlug, bis sie blutete. Das Unbehagen der Erle gegenüber drückt sich auch in Sprüchen aus wie:

»Erlenholz und fuchsig [rotes] Haar
Sind aus gutem Grunde rar.«

Im Zuge der Christianisierung verkümmerte das Bild der Erlengöttin zur gemeinen Hexe, der Baum wurde zum Hexenbaum. Die Allgäuer glauben, es entstehe ein Gewitter, wenn rothaarige Hexen am Elderboschen rütteln. Aber auch dieser Aberglaube ist eine entstellte Erinnerung an die Fähigkeit derer, die im Kessel der Göttin Wiedergeburt fanden: Wie alle Schamanen hatten sie die Kraft, das Wetter zu beschwören.

Ein Märchen aus Südtirol enthält eine derartige Urerinnerung: Tief im Wald stößt ein Bursche zufällig auf ein Hexentreffen. Er verbirgt sich und schaut zu, wie die Zauberinnen eine ältere Gefährtin zerstückeln und im großen Topf kochen. Als sie die Knochen wieder zusammensetzen wollen, fehlt eine Rippe. Die hatte der verwegene junge Mann gestohlen. Da setzen sie als Ersatz ein Stück Erlenholz ein und machen die Hexe wieder lebendig, jung und schön. Sie warnen ihre Schwester aber, dass sie sterben müsse, falls sie jemand eine »erlene Hexe« schimpfe. Am nächsten Tag wollte die schöne Hexe den Jüngling verzaubern und verführen; als er sie daraufhin eine erlene Hexe nannte, stürzte sie tot zu Boden.

In der Volksmedizin wurde die Erle wenig genutzt. Für Hildegard von Bingen ist der Baum geradezu das Sinnbild der Nutzlosigkeit. Mit seiner Hilfe hat man sich jedoch – *similia similibus curantur* – gegen Hexerei geschützt. Die zerriebenen Blätter streute man gegen Flöhe, Wanzen, Mäuse und anderes angehextes, »elbisches« Getier aus und die Zweige steckte man in der Walpurgisnacht fleißig um das Gehöft. Hausväter schnitzten Holzschuhe aus Erlenholz. Mit der Rinde wurde Leder schwarz gegerbt, aus den Zapfen Tinte hergestellt. Zum Abstillen taten Mütter einen Blätterumschlag auf die Brust und sagten, Hexen hätten ihnen die Milch gestohlen.

Die Esche

(kelt. *onna*, *onnestu*)

Das Holz der schnellwüchsigen Esche (*Fraxinus exelsior*) ist zäh, elastisch und strapazierfähig. Die Kelten drechselten daraus Stiele für Äxte, Spaten und andere Werkzeuge. Vor allem aber machten sie daraus handliche Speere und Lanzen. Das indogermanische Wort für Esche, **osk*, bedeutet Speer. So wurde die Esche zum Symbol männlicher Stärke und der Eschenspeer zum Attribut des voll initiierten Kriegers, der imstande ist, die Gemeinschaft zu schützen. Besonders bei den frühkeltischen und kurganischen Stämmen, die im 2. Jahrtausend v. u. Z. über die sesshaften Ackerbaukulturen herfielen, war die Esche heilig. Mit Plan- und Streitwagen, deren Kufen und Deichseln aus Eschenholz waren, zogen die Hirtennomaden der Steppen in alle Himmelsrichtungen. Die Götter, die diese Völker anführten, waren solare, lichtvolle Wesen, deren Attribut der Eschenspeer und das Ross waren. Bis zum heutigen Tag hat man sie nicht vergessen: den thrakischen Ares, den griechischen Zeus, den keltischen Lug, den skandinavischen Odin.

Die Überlieferungen dieser Völker verraten etwas über das Wesen der Esche. Hesiod (7. Jh. v. u. Z.) erzählt, dass Zeus das dritte, eherne, mit Eschenlanzen bewaffnete Menschengeschlecht aus der Esche schuf, eine »hitzige«, feurige Rasse, dem Ares geweiht. Der blinde Seher Homer lässt sie vor seinem geistigen Auge auferstehen (*Ilias*, 2. Gesang): »Rasch ihm folgte sein Volk mit rückwärts fliegendem Haupthaar, Schwinger des Speeres, und begierig mit ausgestreckter Esche krachend des Panzers Erz an feindlicher Brust zu zerschmettern.« Sogar die Bibel (Genesis 10, 3) erwähnt die Eschenmänner, die »Aschkenasim«, vermutlich ein Kurganenstamm, der als Teil der indogermanischen Expansion bis nach Kleinasien vordrang. (Als Aschkenasim bezeichnen sich später die ost- und mitteleuropäischen Juden.) Im keltisch-kymrischen Epos »Die Schlacht der Bäume und Sträucher« heißt es:

»Grausam der Eschenbaum
Weicht keinen Fussbreit zur Seite
Direkt aufs Herz zielt er.«

Die Esche ist ein Licht- und Sonnenbaum. Die durchlichtete Krone lässt die Sonnenstrahlen bis zur feuchten Erde hindurch. Das weiße Holz brennt heiß und hinterlässt reine weiße Asche. Die Esche kündet das Sonnenjahr: »Grünt die Esche vor der Eiche, bringt der Sommer große Bleiche« (das heißt ein heißes, trockenes Jahr).

Keltische Krieger trugen Eschenspeere (Detail, Gundestrup-Kessel).

Der Besenstiel, das »Pferd der Hexe«, besteht aus Eschenholz.

Vor nicht allzu langer Zeit glaubte man noch, dass Hexen mit Eschenlaub einen Trockenheitszauber ausüben. Wennn sie die Blätter in ein Männerhemd stopfen und an einen Baum hängen, dann treibe der Wind die Regenwolken weg, und heiße, trockene Witterung setze ein.

Als Sonnenbaum hat die Esche – die gerne auf feuchten Böden wächst – Macht über das Wasser. Dieser Gedanke war in der keltischen Tradition besonders ausgeprägt. So trugen die Druiden Stäbe aus Eschenholz, mit denen sie das Wetter beherrschen und Ertrinkende retten konnten. Keltische Fischer fertigten Ruder und Bootsrippen aus Eschenholz, damit die Fluten sie nicht verschlangen. In Irland war dieser Glaube noch im 19. Jahrhundert lebendig. Als der Phytopthora-Virus die Kartoffelernte völlig vernichtete (1845/46), zwang die Hungersnot einen großen Teil der Bevölkerung, nach Amerika auszuwandern. Um sich bei der Überfahrt vor Schiffbruch und Ertrinken zu schützen, trugen die meisten Auswanderer einen Splitter Eschenholz bei sich. Auf diese Weise wurde die heilige Esche von Creevna, die in der Nähe von Killura stand, Stück für Stück abgetragen.

Die Esche ist – nach der Birke und der Eberesche – der dritte Buchstabe (*Nion*) im druidischen Baumalphabet der Iren. Nion symbolisiert das sonnendurchlichtete Wasser und die Wiedergeburt, die durch die Vereinigung des kosmischen Lichts mit dem Lebenswasser möglich wird. Im alten Irland waren drei der fünf magischen Bäume Eschen. Obwohl sie im Jahre 664 n.u.Z. als Zeichen des Sieges des Christentums über das Heidentum gefällt wurden, spielte die Esche indirekt weiterhin eine wichtige Rolle im keltischen Glauben – und zwar im

Mythos vom Heiligen Gral und der Lanze. Im ursprünglichen Mythos symbolisierte der Eschenspeer den Sonnenstrahl, der das Wasser der Erde befruchtet. Wenn die Speerspitze in den Gral taucht, werden das Land und seine Bewohner mit Fruchtbarkeit und Heilung gesegnet; wenn sie aber getrennt sind, dann wird es zum »wüsten Land« (*waste land*), trocken, freud- und leblos. Der heilige Gralsspeer wurde mit dem Speer des Longius, des römischen Hauptmanns, der damit die Seite des gekreuzigten Heilands durchbohrte, identifiziert.[135]

Da die Esche ein Baum des himmlischen Feuers ist, diente der Eschenholzstab als Feuerquirl, mit dem die Kelten und Germanen ihre Notfeuer hervorquirlten. Das Feuerquirlen wurde, wie wir schon gesehen haben, im archaisch bildhaften Denken dieser Völker als ein ein Feuerkind zeugender Koitus aufgefasst. So ist die Esche auch ein Baum der Zeugung. Nicht nur Zeus, sondern auch Odin und Gwydion zauberten Menschen aus der Esche hervor. In diesem Zusammenhang erinnert Hildebrand seinen allzu stolzen Herrn, den König Dietrich von Bern, an seine Herkunft: »Du hast schon recht vernommen, nur sei nicht ahnenstolz, uns schnitzte Wotan alle, zuletzt aus Eschenholz.«

Speertragende Sonnengötter galten im imaginativen Denken der alten Völker immer als Gegenspieler der im Dunklen hausenden Drachen und giftigen Schlangen. Mit ihren Sonnenspeeren töten die solaren Götter diese unheilträchtige Brut. Noch in der christlichen Folklore führt der Erzengel Michael einen Lichtspeer. Wir wissen, dass für die Kelten Michael an die Stelle des feurigen Lug getreten ist, der ebenfalls einen Eschenspeer führte.[136] Plinius behauptet in diesem Sinne, dass sich die Schlangen lieber ins Feuer stürzen, als Eschenlaub auch nur zu berühren. Folgerichtig behandelten die Kräuterkundigen Schlangenbisse mit Eschensaft oder kochten Eschenlaub in Bier als Mittel gegen Schlangengift.

Das Holz der Esche, das so arg verletzen kann, vermag auch Wunden zu heilen und Blutungen zu stillen. Man nähte sich Eschensplitter ins Hemd, um einer Verwundung zu entgehen. Eschenholz, am Johan-

135 Der Speer war im frühen Mittelalter eine begehrte Reliquie. Der Schaft ist inzwischen verloren gegangen, aber die Speerspitze befindet sich in der Wiener Hofburg als Teil der sakralen Kleinode des »Heiligen Römischen Reiches Deutscher Nation«.

136 Der Speer des Lug, der furchtbare *gai bulga*, der sein Ziel nie verfehlt und stets zum Schleuderer zurückkehrt, gehörte in Irland zu den Schätzen, die die Götter aus der Tiefe der Unterwelt hervorholten. Die Waffe ist so heiß, dass sie in einer magischen Flüssigkeit aufbewahrt werden muss, sonst würden Flammen aus ihrem Holz hervorbrechen (Wolff-Windegg 1981: 218).

Odin, der skandinavische Gott der Esche.

nistag geschnitten, stillt Blutungen, weil an diesem Tag »die Sonne still steht« – das glaubte man noch lange im ländlichen Tirol.

Die indogermanischen Stämme – die Ersten, die Pferde zähmten, anstatt sie zu jagen – weihten das Pferd dem Sonnengott. Die Sonne galt ihnen als Rosslenker, der jeden Tag mit seinem Streitwagen den Himmel durchmisst. Die Esche wurde in diesen Symbolkomplex mit einbezogen. Sie galt als Pferd in Pflanzengestalt.

Die Hellenen weihten die Esche der Sonne und dem Meeresgott Poseidon. Dieser Sturmgott hat Macht über das Wasser, zugleich ist er Schirmherr der Pferde. Die brandenden Wellen wurden als seine schäumenden Rösser aufgefasst. Im vedischen Mythos reiten die »Ashwins« (Dioskuren), die aus dem Meer geborenen Söhne der Sonne, auf weißen Pferden – ob nicht ihr Name wie auch jener der Pferde (*ashva*) letztlich mit der Esche verbunden ist?

Die Nordvölker assoziierten die Esche eindeutig mit Odin, dem Speergott und Reiter des Zauberschimmels. Das altwalisische Gedicht des Taliesin spricht das aus:

»Auf sicherem Huf schreitet dein Ross am Tag der Schlacht.
Die hohen Reiser der Esche führst du in der Hand
Woden [angelsächs. für Odin] bist du genannt
nach dem Zweig den du trägst.«

Askr Yggdrasil (»die Esche, die der Träger des Yggr ist«) – so heißt das Zauberpferd, auf dem Odin, »der Schreckliche« (Yggr), reitet. Dieses »Reiten« umschreibt die schamanische Reise ins Jenseits. Neun Nächte »ritt« er, indem er kopfüber am Eschenbaum, dem Initiationsbaum germanischer Schamanen, hing. So erfuhr der Schamanengott das Geheimnis der Runen und der inspirierten Sprache. Odins qualvolles Hängen an der Esche ist das Vorbild der nordgermanischen Visionssuche. Aber auch dem walisischen Zauber- und Schamanengott

Gwydion war die Esche heilig und diente wohlmöglich auch der schamanischen Einweihung.

Vor diesem Hintergrund wird verständlich, dass der Besenstiel als »Reittier« oder »Pferd« der Hexen – der letzten Schamanen Europas – aus Eschenholz sein musste. Verständlich auch, dass die bayrische Volksmedizin Eschenholz unter die Zunge legt, um Sprachlosigkeit zu behandeln. Odin so wie Gwydion ist Gott der Sprache. Dass die Esche der germanische Weltenbaum war, wie viele meinen, trifft jedoch nicht zu.

Die Kiefer

(kelt. *padi*)

Die Waldkiefer oder Föhre (*Pinus sylvestris*) ist eine lichtliebende Konifere mit aufgelockerter Krone. Sie ist ein Lichtbaum, ein »Lichtkeimer«, dessen Samen nicht unter der Erde, sondern nur im Licht keimen. Die Kiefer ist die »Kien-Föhre«, aus deren harzigem Holz man die besonders hell brennenden Kienspane oder Kienfackeln schnitt, ehe es Glühbirnen oder Paraffinkerzen gab. Mit Harz getränkte Kienspäne dienten noch zu Anfang des 20. Jahrhunderts in ländlichen Regionen als abendliche Lichtquelle.

Die kurzlebigen männlichen Stabblüten, die zusammen mit den duft- und nektarlosen weiblichen Blüten im Mai oder Juni erscheinen, sondern riesige Mengen gelben Blütenstaubs ab, so dass man von einem »Schwefelregen« spricht. Der Staub, der alles bedeckt und die Tümpel und Pfützen gelb färbt, ist ebenfalls voller Licht- und Feuerkraft. Er ist entzündlich wie das »Hexenmehl« vom Bärlapp und wurde wie dieser von Schamanen gesammelt, um Feuerzauber zu bewirken. Er wurde bei Schamanenseancen oder druidischen Ritualen in die Glut geworfen, wo er mit einer dramatischen Stichflamme emporschoss oder den Raum mit seinem Funkenregen erhellte.

In der alteuropäischen Bauernkultur war der anspruchslose, harzreiche Baum ein wichtiger Rohstofflieferant: Die Bäume wurden von Harzsammlern und Pechsiedern angeritzt und der zähflüssige, klebrige, aromatische Baumsaft eingesammelt. Pech wurde zum Schmieren der Wagenräder verwendet und um Fässer abzudichten; Gerber benutzten es zum Schwellen der Häute, Schlachter zum »Bacheln« (Enthaaren der frisch geschlachteten Schweine); aus dem Ruß wurde schwarze Far-

Schmücken des Wintermaiens.

be hergestellt, und Holzfäller rieben sich mit dem Harz die Hände ein, damit ihnen die Äxte nicht aus dem Griff glitten.

Für die keltischen Gallier waren dieser Baum wie auch andere Koniferen so wichtig, dass sie die Göttin **Druantia** als Tannen- und Kiefergöttin auserkoren. In der Volksüberlieferung wird oft nicht genau zwischen den Nadelbäumen unterschieden, und das Brauchtum, das sich auf Tanne, Fichte und Föhre bezieht, überlappt sich häufig. Robert Graves nimmt an, die Göttin sei die Braut des Winterkönigs gewesen. Dass der Baum wichtig war, zeigt sich auch darin, dass die Germanen eine Kiefer-Rune (<) besassen, und im altirischen Baumalphabet (Beth-Luis-Nion) steht die Kiefer oder Tanne für den Buchstaben A (Ailm). Die Föhre war der Baum der Herbsttagnachtgleiche, wenn die Lichter in den Stuben wieder angesteckt wurden. Die Kiefer oder die Tanne war aber auch der Baum der Wintersonnenwende. So wie die Eibe den letzten Tag vor der Sonnenwende darstellte, war dieser Lichtbaum der erste Baum des neuen Lichtes. Er war dem neugeborenen Sonnenkind der Großen Mutter geweiht. In unbewusster Reminiszenz stellen wir noch immer die Krippe mit dem Christkind unter dem Weihnachtsbaum, einer duftenden Konifere, auf.

Die immergrünen Koniferen, die als »Wintermaien« in den Wintermysterien ein wichtige Rolle spielten, galten als »Geburtsbäume«, als Baum der Mutter und ihres neugeborenen Kindes. Auf den Orkney-Inseln werden Mutter und Kind noch immer nach der Geburt mit einer brennenden Tannenfackel umwirbelt. Viele alte Tannen wurden der Mutter Maria geweiht, und Tannenwallfahrtsorte gibt es überall. Sehr alt ist der Brauch, dass sich Frauen ihre Kinder von heiligen Tannen holen. So gibt es im Kreis Lörrach eine »Tititanne«, aus der die Hebamme die kleinen Kinderseelen holt. In Solothurn sagt man den Kindern, wenn sie fragen, woher sie kommen: »Die Hebamme schüttelt sie vom Tannenbaum.«

Zurück aber zur Kiefer, dem Baum, den Taliesin in seinem Gedicht wie folgt preist:

»Die Kiefer im Hof, stark in der Schlacht
Von mir sehr gepriesen
In Gegenwart von Königen ...«

Dass der Baum der Göttin Druantia besonders heilig war, erfahren wir aus der Heiligenlegende des Sankt Martin (315–397). Dieser zerstörte auf seiner Durchreise in Autun einen sehr alten Tempel und schickte sich an, eine in der Nähe des Heiligtums stehende Kiefer zu fällen. Einer der Heidenpriester stellte sich dem Missionar in den Weg und sprach: »Wenn du wirklich Vertrauen hast in den Gott, den du verehrst, werden wir diesen Baum selbst umhauen, und du wirst ihn im Fall auffangen; wenn dein Herr, wie du sagst, mit dir ist, kommst du mit dem Leben davon.« Martin stellte sich darauf dort hin, wo der Baum fallen würde. Im Augenblick, als der Baumriese niederkrachte, machte er ein Kreuzzeichen und der fallende Baum machte einen Bogen um ihn und hätte fast die Heiden erschlagen, die sich sicher wähnten. Die Götzenanbeter, »besiegt durch dieses Wunder, bekehrten sich auf der Stelle« (Bosse 1990: 158).[137]

Nach der Kiefer benannten die cisalpinen Kelten den norditalienischen Fluss Po – er ist der »Kiefernfluss«; und die Stadt Padua ist die »Kieferstadt«.

Die Linde

(kelt. *leimâ*, gall. *pisgen*)

Die Linde (*Tilia*) ist ein menschenfreundlicher Baum, der in der Dorfmitte oder auf dem Hofplatz besser gedeiht als im Wald. Die alte mäch-

137 Ein Schüler Martins, der heilige Maurille, ging sogar noch weiter. Er ließ einen ganzen Wald in Brand stecken, um ein wildes Fest der gallischen Heiden abzubrechen. Der niedergebrannte heilige Wald wurde darauf St. Peter geweiht.

Siegel der Stadt Lindau.

tige Dorflinde verkörperte für die keltische und germanische Dorfgemeinschaft die Mitte des gesellschaftlichen Lebens. Unter ihrem Schutz fanden die großen Dorffeste, die Hochzeiten und Jahrmärkte statt. Im milden Schatten der freundlichen hellgrünen Laubkrone lässt es sich gut spielen, tanzen und trinken. Einige dieser Tänze, wie der Kärntner »Lindentanz«, bewahren bis heute alte sakrale Formen: Die Mädchen bilden einen Kreis um die am Lindenstamm versammelten Burschen. Jeder ruft seine Liebste herbei; sie bringt ihm als Minnetrunk einen Krug voll Wein, und dann führt er sie zum Tanz.

Auch die Alten trafen sich unter der Dorflinde, um zu plaudern, sich zu beraten und – wenn notwendig – Dorfgericht zu halten. Die Linde verhält sich zur Eiche wie die Frau zum Mann oder, wie die Chinesen sagen würden, wie Yin zu Yang. In der griechischen Mythe von Baucis und Philemon verwandelt sich die Frau nach ihrem Tod in eine Linde, der Mann in eine Eiche. Bei den Balten opferten die Frauen unter der Linde, die Männer unter der Eiche. Die Linde steht für Schutz und Frieden, die Eiche für Recht und Krieg. Beim Gericht unter der Dorflinde erwartete das Volk »lindere« Urteile als unter der Eiche.

In weiten Teilen Europas, vor allem im deutschsprachigen Raum, ist die Linde zum Inbegriff der Heimat geworden. Kein Baum, der so oft besungen wurde wie dieser. Die beliebtesten Volksweisen sind Lindenlieder: »Am Brunnen vor dem Tore«, »Kein schöner Land« oder »Vor meines Vaters Haus steht eine Linde«. Da wundert es nicht, dass es überall Lindenorte gibt – in Deutschland allein über tausend. Lindau, Linz, Lindenberg und Leipzig (slawisch *lipa* = Linde) gehören dazu.[138]

Linden wurden beim Dorfbrunnen gepflanzt – dort wo sich die Frauen mit Nachbarinnen trafen und tratschten und wo sie das lebenserhaltende Wasser schöpften –, später auch bei Kapellen und Bild-

138 Leipzig war wahrscheinlich eine Kultstätte der slawischen Lindengöttin *Libussa*, die im Orakel vor allem in Liebes- und Rechtsdingen befragt wurde.

stöcken. Jeder Hof hatte seine Linde als Schutz für Haus und Familie. Vermutlich galt bei den Kelten ebenso wie bei den Germanen und Slawen die Hoflinde als Schicksalsbaum, der mit dem Gedeihen und Verderben ganzer Geschlechter verbunden war. Wenn eine solche Linde sterbe, glaubte man, gehe die Sippe ein.[139] Ehe es Kirchen gab, erlebten die Menschen in diesem Baum das schützende Walten der Großen Göttin. In der Linde erscheint sie in ihrer vollen, sinnlichen, freundlichen Gestalt – nicht wie in der Erle als finstere, Schrecken einflößende Hexe und auch nicht wie in der Birke als keusche Lichtjungfrau.

Alles was mit Spinnen und Weben, mit der Herstellung von Textilien, Netzen und Garnen zu tun hat, war einst Frauenangelegenheit und stand unter der Obhut jener Göttin, die – auf einer anderen Ebene – die Lebensfäden spann und auf dem Webstuhl der Zeit das Schicksal wob. Alle Faserpflanzen – Lein, Nessel, Hanf – waren ihr unterstellt. Auch die Linde, gelegentlich noch Bastholz – *Bast* (St. Gallen), *basswood* (USA), angelsächsisch *baste-tre*, schwedisch *bastlind* – genannt, gehörte dazu. Schon die neolithischen Pfahlbauern – ebenso wie die WaldlandIndianer Nordamerikas – kochten und stampften Lindenrinde und machten aus dem Bast Seile, Matten, Betten, Kleidung und Taschen. Der Name des Baumes geht auf das indogermanische **lento* (= biegsam) zurück und bedeutet »Baum mit biegsamem, weichem Bast«. Auch der keltische Name *leima* hat ähnliche Bedeutung. Der römische Geograf Pomponius Mela berichtet aus dem 1. Jahrhundert n. u. Z., dass die germanischen und gallischen Barbaren sich noch in Baumbast hüllten.

Auch die herzförmigen, zarten, hell gelbgrünen Blätter offenbaren die Anwesenheit der holden Göttin, welche die Germanen mit Freya, der Göttin der Liebe und des Friedens, verbanden. Die Linde lädt zur liebenden Begegnung ein: »Unter der Linden, an der Heide, da unser beider Betten was«, singt der Minnesänger Walther von der Vogelweide (12. Jh.). Nicht nur tanzten und verliebten sich die jungen Leute unter der Linde, auch Ehen wurden hier geschlossen. Der Baum, aus dessen Bast sich feste Schnüre und Stricke machen lassen, vermag auch Mann und Frau im Liebesband aneinander zu binden.

139 Als Beispiel wird oft die dreistämmige Linde in Jonsboda (Schweden) erwähnt, nach der sich die drei Gelehrtenfamilien *Lindelius*, *Tiliander* (von lat. *tilia* = Linde) und *Linnaeus* benannten. Als die Familie Lindelius ausstarb, vertrocknete einer der Hauptäste des alten Baumes. Nach dem Tod der Tochter des berühmten Botanikers Karl Linnaeus hörte der zweite Ast auf, Blätter zu treiben; und als der letzte Tiliander starb, war die Kraft des Baumes erschöpft.

Dem hellseherischen Blick zeigt sich die Linde als Tor ins Reich der Göttin. Auf der Bank unter den ausladenden Ästen der alten Linde träumten die jungen Paare ihrer Zukunft entgegen und empfingen die Geistkeime der Kinder. Die Alten dagegen träumten dem Jenseits, der Welt ihrer Ahnen, entgegen. Ebenso wie die slawischen Wahrsagerinnen wandten sich die Schamanen des wilden Reitervolks der Skythen an die Linde, wenn sie Zukünftiges erfahren wollten. Sie nahmen Platz unter dem Baum, den sie der »Aphrodite« weihten, wickelten drei Lindenblätter um die Finger und verfielen in prophetische Trance. Ob die Kelten ähnlich verfuhren, wissen wir nicht mehr.

Eine Pflanze beginnt zu blühen, wenn sie von ihrer makrokosmischen Seele berührt wird. Nur im Moment des Blühens offenbart sich das Seelenhafte des Pflanzengeistes, des *Devas*, ansonsten west der Pflanzengeist unverkörpert in andersweltlichen Dimensionen. Wenn die Linde im Hochsommer erblüht – die Winterlinde um Mittsommer, die Sommerlinde im Juli –, offenbart sich eine mächtige devaische Seele, die nicht nur den Menschen in ihren Bann zieht. Auch die Bienen, die Lieblinge der Liebesgöttin, werden von dem betörenden, süßen Duft angelockt. Es ist der Duft des Linden-Devas, der Freya, den man da wahrnimmt. Im melodischen Summen und Surren der Bienenschwärme und Hummeln hörten die Heiden einst, wie die Göttin ihr Mittsommerlied summt. Der aromatische Lindenblütenhonig, den die Bienen den Blüten abgewinnen, labt nicht nur die Menschen, sondern auch die Götter, die den Honigmet trinken, und die Ahnen, die ihn gerne als Opfergabe entgegennehmen.

Die Frauen pflückten eifrig die Blüten und bewahrten diese in Leinsäckchen auf. Im Winter, wenn es unbarmherzig kalt war und die Grippe umging, wurden sie als Tee aufgebrüht. Womöglich noch mit Lindenblütenhonig gesüßt, vermittelt der Tee dem erkälteten Organismus eine heilsame Erinnerung an die Wärme des vergangenen Sommers. Neben dem Holundertee ist der Lindenblütentee einer der besten Schwitztees. Er stärkt die Abwehrkräfte und lässt einen die Krankheit herausschwitzen.

Das Holz der Linde eignet sich weder als Bauholz noch als Brennholz. Es ist weich, nachgiebig, weiblich, es lässt sich leicht schnitzen und weist eine glatte Oberfläche mit schönem Glanz auf. Es ist das Holz für Bildhauer und Statuenschnitzer. Die von besonderer Innigkeit getragenen Marien- und Heiligenbildnisse alter Meister, wie Riemenschneider, Stoß oder Gibbons, wurden aus Lindenholz geschnitten.

Ihre Ausstrahlungskraft verdanken sie nicht nur der Begabung der Künstler: Allein schon das Holz trägt zu der sanften lieblichen – wahrhaft »linden« – Schwingung bei.[140]

Die germanischen und wahrscheinlich auch die keltischen Krieger schnitzten ihre Schilde aus Lindenholz und verstärkten diese mit mehreren Schichten des geschmeidigen Bastes. Sie schnitzten ihre Totemtiere, ihre Hilfsgeister und auch abschreckende Motive in das Holz und bemalten die Schilde mit grellen Farben. Auf diesem Vorgang beruht auch der Begriff »etwas schildern« (= etwas »bunt ausmalen, in lebhaften Farben darstellen«).

Die Pappel
(altir. *eadha*)

Die Pappel (*Populus* spp.), vor allem die Zitterpappel oder Espe mit ihren ständig bewegten, »flüsternden« Blättern, ist ein magischer, »weiblicher« Baum. Ihr walisischer Name bedeutet »Baum der Mistel«, denn häufiger als auf anderen Bäumen siedelt sich in der Pappel diese Schmarotzerpflanze an. Zusammen mit der Weide, Erle und dem Holunder ist dic Pappel einer der Hexen- und Totenbäume. Die Knospen dieses als besonders magisch geltenden Baumes kamen auf jeden Fall mit in die Hexensalben.

Die Kelten kannten wahrscheinlich auch die schmerzlindernd wirkende Pappelsalbe und benutzten die getrocknete, gestampfte innere Rinde als Wundverband. Aus dem weichen Holz machten sie Schilde.

Im *Cad Goddeu* des Taliesin heißt es:

»Die ausdauernden Pappeln
brachen oft in der Schlacht.
Etliche wurden verworfen
Auf dem Feld der Schlacht
Wegen der Lücken, die ihnen schlug
Des Feindes große Macht.«

140 Auch die Indianer verwenden das Lindenholz für ihre sakrale Holzschnitzkunst. Bei den Irokesen werden noch immer die »False Faces«, die Götter- und Geistergesichter, in den noch lebenden Lindenstamm geschnitzt. Erst wenn der Künstler von dem abgebildeten Geistwesen einen Traum empfängt, wird die halbfertige Maske herausgeschnitten, vollendet und bemalt. Die Mitglieder der »Falschgesichtergesellschaft« tragen die Masken bei Heilzeremonien. Die Geister selbst sind es, die sich in den Maskierten manifestieren, die da tanzen, zaubern, singen, mit Schildkrötenpanzerklappern rasseln und die Kranken heilen.

Edward Bach entdeckte in den Blüten der Zitterpappel ein Mittel für jene dünnhäutigen Persönlichkeiten, die an vagen, unerklärlichen Gefühlen der Angst und an unbegründeten Vorahnungen leiden (Scheffer/Storl 1995: 153).

Schlehe oder Schwarzdorn

(kelt. *arjanio*, *dragino*)

Der Schlehenbusch (*Prunus spinosa*) ist ein schwarzes, dorniges Heckengehölz. Die matschigen, bläulichen Pfläumchen, die erst im Spätherbst, nach dem Frost genießbar sind, wurden zu Mus gekocht und aufs Brot gestrichen oder zu einem Schlehenwein, einem Getränk der Armen, vergoren.

Wie ein Wunder erscheint es, wenn im März – oder je nach geografischer Lage auch später – plötzlich über Nacht aus dem sparrigen, schwarzen winterlichen Dornengeäst eine weiße Blütenpracht hervorlodert und es überall weißen Blütenblätterschnee schneit. Später, wenn das grüne Laub zum Vorschein kommt, sind die Blüten längst verblüht. In diesem Hexenbaum offenbart sich also zuerst die schwarze Winter- und Todesgöttin und verwandelt sich auf einmal in die weiße jungfräuliche Göttin. Beim Aufflammen der weißen Blüten, die die schwarzen Zweige bedecken, stoßen zwei polar entgegengesetzte Prinzipien aufeinander: die kosmischen Lichtkräfte und die lebensschwangeren Erdkräfte. Der Baum steht also zwischen Leben und Tod, zwischen Winter und Sommer, zwischen der Göttin in ihrem freundlichen, ernährenden Aspekt und ihrem Aspekt als schwarze Hexengöttin.

Der Schwarzdorn war für die Kelten vor allem ein Feenbaum. Die Inselkelten, wenigstens die der neueren Zeit, fürchteten den Baum eher. Auf den Britischen Inseln verliert kaum jemand ein gutes Wort über den Schwarzdorn. Das Holz des Unglück verheißenden Baumes diene den (unfreundlichen) Hexen als Wanderstab und verursache Fehlgeburten. Bereits die wilden irischen Krieger stellten ihre gefürchteten *shillelagh* (Totschläger) aus dem zähen Holz her – so wurde das Schlehenholz bei den Inselkelten zum Symbol des Streits. Mit fluchbeladenen Schwarzdornstacheln druchbohren Hexer Wachsfiguren, um ihren Feinden stechende Schmerzen zuzufügen.[141]

141 Ließen sich die Hexer dabei durch den Neuntöter inspirieren? Dieser kräftige Vogel spießt seinen Fang – Mäuse, Insekten – für den späteren Verzehr auf die langen Dornen auf.

Das Blühen des Schlehdorns fällt in England in die Tage des letzten Wintereinbruchs: Es ist *blackthorn winter*, wenn eisige Nordwinde die Mühen der Gärtner zunichte machen. Selbstverständlich würde niemand es wagen, einen blühenden Schlehdornzweig mit ins Haus zu bringen. Hieß es nicht schon in der Blumensprache der englischen Troubadoure, dass die Blüte von Widerständen und nahenden Problemen spricht? Und – so im christlichen Mittelalter – blüht sie nicht am Karfreitag, in der Todesstunde des Herrn? Eine Schmerzenskrone aus schwarzem Schlehdorn hatte man ihm auf das unschuldige Haupt gedrückt. Ja, böse ist der Schwarzdorn!

Ganz anders dagegen die Einstellung der Osteuropäer. Für die Slawen ist die Schlehe ein Freund. Nicht nur nimmt es der stachelbewährte Baum mit dem alten Winter auf, sondern auch mit Hexen, Vampiren und anderen unsichtbaren Bösewichtern. Slawische Mädchen nähten sich Schwarzdornsplitter ins Kleid, um sich zu schützen. In der Walpurgisnacht steckte manch ein Bauer Schlehdornzweige auf den Misthaufen oder nagelte sie vorsorglich über die Stalltür. Und damit eutersaugende Hexen das Milchvieh in Ruhe ließen, sammelten die böhmischen Bauern am Walpurgismorgen vor Sonnenaufgang eine Hand voll Dornen. Diese wurden mit etwas gelabter Milch von jeder Kuh in ein Säckchen getan und in den Rauchfang gehängt. Die Schwarzmagierin, die es wagte, sich dem Stall zu nähern, würde sich vor stechenden Schmerzen krümmen.

In Mitteleuropa hat man der Schlehe gegenüber eine eher zwiespältige Gesinnung. Es wurde mit dem Dorn gehext und gezaubert, im Guten wie im Bösen. In der Haupttrudennacht – das ist der 13. Dezember, Tag der schwarz gekleideten heiligen Odilia, der Schutzpatronin des Elsass und Hüterin eines ehemals altkeltischen Heiligtums (Odilienberg) – räucherte man in Bayern mit Schlehenholz, Wacholder und Raute, damit einem in der Nacht die Truden (Druckgeister) nicht so schwer auf der Brust lägen. Die ersten drei Schlehenblüten, die man sah, aß man mit dem Spruch: »Jetzt ess' ich die ersten drei, damit ich das Fieber nicht kriege.« Hier und da im westlichen Deutschland steckten die Burschen einem verachteten Mädchen einen Schlehenzweig als Maien zu. Holte sich jedoch in Baden ein junger Mann einen »Korb«, so wurde ihm der Schlehenzweig auf den Misthaufen gesetzt. Es gibt auch Sagen, die von bösen Frauen berichten, die ins Schlehengestrüpp verbannt wurden.

Hildegard von Bingen warnt vor dem »Spinis« – so nennt sie den

Schwarzdorn –, denn er rufe die »Frebelkeit« (Frevel und Verwegenheit). Hatte sie dabei die alten heidnischen Frühlingsorgien im Sinn? Heißt es doch: »Blühen die Schlehen reichlich, so gibt es wenige Jungfrauen und viele uneheliche Geburten.«[142] Oder dachte sie vielleicht an die Wirkung des Schlehenweins? Oder lag der Grund darin, dass die Schlehe wie auch die mit ihr verwandte Pflaume im Mittelalter Sinnbild der Unkeuschheit war? Immerhin servierten Hurenwirte ihren Gästen Pflaumen als Aphrodisiaka.

Stechpalme oder Hülsen

(kelt. *kolenno*)

Die Stechpalme (*Ilex aquifolium*) mit ihren glänzenden, dornig gezähnten, ledrigen Blättern und ihren blutroten Beeren ist eine Verwandte des Matétees und gehört zur Familie der Stechhülsengewächse, zu der vor allem subtropische Gewächse zählen. Die kleinen, leicht duftenden weißen Blüten mit ihren vier Blütenblättern sind doldig gebündelt und schmücken die grünen Zweige von Mai bis Juni. Nur die Hälfte der so blühenden Bäumchen trägt dann im Winter die roten Beeren, denn die männlichen Staubblüten und die weiblichen Stempelblüten leben auf getrennten Büschen. Während Amseln und Drosseln die Beeren mögen, verursachen sie beim Menschen starken Brechreiz und heftige Druchfälle. Wie Nieswurz, Efeu und andere Gewächse, die ohne Winterruhe auskommen, bevorzugt die Stechpalme die milden feuchten Winter und kühleren Sommer des atlantischen Klimas. Die Ostgrenze ihres Ausbreitungsgebietes stimmt mit der 0°-Januar-Isotherme überein –, weswegen sie in Osteuropa kaum anzutreffen ist und dementsprechend im Brauchtum wenig Beachtung findet. Weiter im Westen jedoch gedeiht der Strauch als Untergehölz in Eichen- und Buchenwäldern. Bei den Externsteinen, dem alten Kultort im Teutoburger Wald, ist einer der besten Stechpalmenbestände anzutreffen.

Überall wo sie in keltischen Landen wuchs, galt die Stechpalme als heilige Druidenpflanze. Noch heute wäre das britische Weihnachtsfest ohne *holly* kaum denkbar. Man könnte meinen, dass das Wort »holly« (auch engl. *hulven*, *hulm*) mit *holy* (heilig) zu tun hat, da die Pflanze so

142 Die Schlehenbeeren sollen, an einem Freitag im Frauendreißiger gesammelt, die so genannte Dreißigst Schleh geben, welche zu essen als etwas Sündhaftes galt, was man früher beichten musste (Höfler 1990: 32).

sehr verehrt wird – britische Einwanderer in Amerika haben sogar Holly-Plantagen angelegt, damit ihnen der *Christmas Spirit* (Weihnachtsgeist) nicht verloren gehe. Mit *holy* hat es dennoch nichts zu tun: Das Wort bedeutet schlicht »Hülsenholz«, denn dieses harte, feinfaserige Holz eignet sich bestens für feine Drechslerarbeiten. Hulst, Hülsen oder Stechhülse sind die entsprechenden norddeutschen Bezeichnungen für die Stachelpflanze. Dennoch lässt sich der Beiklang *holy* nicht einfach beiseite schieben. Der Henkel der Teekanne, einer der – aus ethnologischer Sicht – heiligsten Ritualgegenstände des britischen Haushalts, muss unbedingt aus dem Holz der Stechhülsen gedrechselt sein.

Im bayrisch-österreichischen Raum heißt das Bäumchen Schradllaub oder Schrattlbaum, denn es ist den Nachtteufeln, den Schratten, und anderen üblen Gesellen unangenehm. Man pflanzt es deswegen auch gerne auf Friedhöfen. Im Rheinland nennt man es Schürrüten- oder Schornsteinholz, denn mit ihren derben, kratzigen Laubzweigen kehrte man Kamine und Herdstellen. Der Brauch entstand nicht nur aus praktischen Erwägungen. In alten Zeiten galt der Herd als Herz des Hauses, als Mittelpunkt der Hausgemeinschaft. Der Rauchfang galt als der Ein- und Ausgang der Geister und Ahnen. Um diese Pforte sauber zu halten und auch um die bösen Geister, die im Dunklen am Ruß haften, zu vertreiben, bedurfte es eines zauberkräftigen Besens. Noch heute wird in den englisch sprechenden Ländern zu Weihnachten der Kamin mit Stechpalmenzweigen geschmückt, damit der Weihnachtsgeist, der »Christmas Spirit« oder »Old Saint Nick«, zur Mitternachtsstunde hereinfahren kann, um die Bewohner zu segnen. Es gilt aber als Unglück bringend, wenn man den *holly* vor dem Heiligen Abend ins Haus bringt.

Schon die alten Kelten schmückten ihre Häuser zur Wintersonnenwende mit Efeu, Mistel und Stechpalme. Der trunkene Winterkönig, der »Grüne Mann«, der als Gefährte der Göttin das Lebensgrün durch die kalte Jahreszeit hindurch rettet, trug eine Krone aus Stechpalmenblättern. Im Jahreskreis stand ihm der Eichenkönig, der Sommerherrscher, gegenüber.[143]

143 Der jungianische Psychologe Alan Bleakley, der aus Cornwall stammt, glaubt in der Symbolik des Eichenkönigs und seines Rivalen, des Stechpalmenkönigs, den prämenstruellen und den fruchtbaren postmenstruellen Animus der Frau zu erkennen, wobei die roten Beeren das menstruelle Blut symbolisiern (Bleakley 1987: 149).

Der grüne Mann.

Im britischen Sagenkreis um König Arthur sind viele mythologische Elemente dieses sehr alten Kults in säkularisierter Einkleidung erhalten geblieben (Markale 1985: 142). Eine der Sagen erzählt, wie unter dem Vorsitz des weisen Herrschers der Tafelrunde entschieden werden soll, wann die schöne Ysolde mit ihrem rechtmässigen Ehegatten Mark und wann sie mit Tristan, ihrem Liebhaber, zusammenleben soll. Zur Wahl steht die Jahreszeit, in der die Bäume grüne Blätter tragen, und die Zeit, in der sie entlaubt sind. Mark, dem als Ehemann das Recht zusteht, zuerst zu wählen, entscheidet sich für die laublosen Wintertage, denn da sind die Nächte länger. Da frohlockt die schöne Frau und singt:

»Drei Bäume gibt es von edler Art,
Die Stechpalme, das Efeu und die Eibe.
Solange sie leben, tragen sie Blätter.
Tristan gehöre ich, solange er lebt!«

Die goldhaarige Ysolde ist eine Göttin, eine archaische Sonnengöttin, und ihr Buhle ist der mit Stechhülsenlaub geschmückte Vegetationsgott als Winterkönig. Es ist ein präindogermanischer Mythos, den die Inselkelten in ihre Mythologie einbauten.

Auf jeden Fall spielte das immergrüne Gewächs eine nicht wegzudenkende Rolle in den Wintermysterien der atlantischen Kelten. Da die christliche Missionierung der Britischen Inseln nicht wie anderswo einen radikalen Bruch mit den alten Traditionen nach sich zog – viele Priester stammten aus druidischem Geschlecht –, wurde viel druidisches Brauchtum von der Kirche übernommen. So konnte der Eichenkönig, der zur Sommersonnenwende seinen Kopf verliert, mit Johannes dem Täufer gleichgestellt werden, der da, auf Christus zeigend, sagte: »Er muss wachsen, ich aber muss abnehmen!« So wurde es der kollektiven Volksseele der Briten möglich, in Jesus ihren ehemaligen Stechpalmenkönig wiederzuentdecken. So erstaunt es nicht, wenn in den englischen Weihnachtsliedern die Stechpalme immer wieder besungen wird. In dem Lied »The Holly and the Ivy« heißt es: »Von allen Bäumen im Wald ist es die Stechpalme, die die Krone trägt!« In den folgenden Strophen wird die Stechpalme mit »Marias süßem Sohn« verglichen, denn sie trägt Blüten, »weiß wie die Lilie«, Beeren, »rot wie des Erlösers Blut«, Stacheln, »scharf wie die Dornen seiner

Dornenkrone«, und hat eine Rinde, »bitter wie die Galle« (Dearmer/Williams/Shaw 1964: 74). Ein weiteres Weihnachtslied, »The Praise of Christmas«, besingt die Weihnachtszeit, die wie eine »mit Stechpalmen und Efeu geschmückte Braut« daherkommt. Und wohl das beliebteste Lied, »Green grow'th the Holly«, lobt den grünen Busch, der unverzagt dem Winter standhält:

»Green grow'th the Holly
So doth the Ivy,
The God of Life can never die.
Hope! saith the Holly.«

(Grün wächst die Stechpalme / wie auch das Efeu. / Der Gott des Lebens kann nie sterben! / Hoffnung! sagt die Stechpalme.)

Der Stechhülsen spielt in Großbritannien zur heiligsten Jahreszeit also eine ähnliche Rolle wie anderswo der Tannenbaum. Er symbolisiert Liebe und Hoffnung. Im altirischen Baumalphabet steht die Stechpalme für den Buchstaben T (*Tinne*), das übrigens mit dem deutschen »Tanne« verwandt ist und ursprünglich ein keltisches Wort für »heiliger Baum« gewesen sein soll (Ranke-Graves 1985: 209). Diese Deutung ist jedoch umstritten.

Ein derartig heiliges Gewächs wurde selbstverständlich auch im walisischen *Cad Goddeu* besungen:

»Die Stechhülse dunkelgrün
Hielt entschlossen stand.
Sie ist bewaffnet mit vielen Speerspitzen
Die verwundeten die Hand.«

In den römischen Saturnalien wurde die Pflanze ebenso gefeiert wie bei den Kelten Westeuropas. Plinius schreibt diesem »Nadelblatt« (*aquifolius*) alle möglichen Zauberkräfte zu. Er behauptet, mit den weißen Blüten könne man Wasser zu Eis verwandeln, und wenn man mit Hülsenholz wilde Tiere bewerfe, würden sie zahm. Zudem schütze die Pflanze, auf dem Gehöft gepflanzt, vor Zauberei und Blitzschlag. Zuerst konnten sich die Christen mit dem Heidengehölz gar nicht anfreunden. Im Konzil zu Baraca (Portugal) wurden Stechpalmen als Weihnachtsschmuck ausdrücklich verboten (Grieve 1982: 405). Aber wie wir sahen, hielten sich die Briten nicht daran. Auf dem Festland wurde unter kirchlichem Einfluss im 16. Jahrhundert aus dem Hülsen die Stech*palme*. Sie wurde in Südwestdeutschland und Frankreich Teil des »Palms«, mit dem man zu Palmsonntag den Einzug des Heilands in Jerusalem feiert. Die fromme Legende erzählte nun, dass die Stechpalme in dem Augenblick entstand, als das aufgebrachte Volk, welches eben den Heiland mit Palmenzweigen bejubelt hatte, ihm nun ein hasserfülltes »Kreuzige ihn!« entgegenschrie. Da bekamen die Palmzweige plötzlich Stacheln als Zeichen seiner Pein und rote Beeren als Zeichen seines unschuldig vergossenen Blutes.

Als Heilpflanze war das eher giftige, harn- und schweißtreibende Gewächs im Mittelalter »offizinell«. Culpeper, der in der Pflanze die Signatur des Saturn sah, benutzte sie, »um den Körper von Ansammlungen übler, feuchter Schleime (Phlegma) zu befreien«. Über die Anwendung als Heilmittel bei den alten Kelten haben wir keine Auskunft.

DIE BLÜTENFRAU

Blodeuwedd, »die Blütengeborene« (walis. *blodeu* = Blume), hieß die schöne junge Frau, die der Zauberer **Gwydion** – der walisische Odin – zusammen mit seinem Onkel **Math,** dem »Bären«, aus vielen verschiedenen Blumen für den jungen **Lleu** hervorzauberte. Der junge Lleu, der »Helle, Scheinende«, brachte, als er geboren wurde, seine Mutter Arianrod in arge Verlegenheit. Er war die Frucht einer Liaison, die sie lieber vergessen hätte. Sie weigerte sich, dem Sohn einen Namen zu geben, und verfluchte ihn dazu, keine Frau, wie es sie auf Erden gibt, als Gefährtin zu finden. Da hatte sein Onkel, der Zauberer Gwydion, Mitleid. Er nahm sich des Kindes an. Als der Junge größer war, segelten sie als Schuhmacher verkleidet in die Bucht, in deren Nähe sich die Festung der Arianrod befand. Sie schickten Exemplare ihrer Arbeit. Die Königin, entzückt über die Qualität der Ware, wurde neugierig und kam an Bord, wo sie sich neue feine Schuhe anpassen und herstellen ließ. Sie wusste nicht, dass es der von ihr verfluchte Sohn war, der da das Maß nahm und die Schuhe aus feinstem Leder kunstvoll anfertigte. Als ein Zaunkönig daherflog und sich auf ihren Fuß setzte, nahm der Junge einen Stein und traf das Tier haargenau. Entzückt sprach sie dem »Hellhaarigen mit der geschickten Hand« ihren Beifall aus. Nun hatte er von ihr unwillkürlich seinen Namen bekommen, Llew Lleu Gyffes.

Nun, da der Junge seinen Namen hatte, machte sich der Zauberer daran, ihm eine Ehefrau aus Blüten und Kräutern zu zaubern. Llew verlebte glückliche Tage mit dem Blumenmädchen. Eines Tages aber – es war im November bei der Hirschjagd – sah die Blütenfrau einen dunklen Jäger namens Gronw mit an der Tafel sitzen. »Blodeuwedd blickte ihn an, und von diesem Augenblick an gab es keinen Winkel in ihrem Wesen mehr, der nicht von ihrer Liebe zu ihm durchdrungen gewesen wäre; auch er wandte seinen Blick nach ihr und sofort wurde er von den gleichen Gefühlen übermannt.« Sie verbringen die Nacht miteinander. Zugleich nehmen sie sich vor, Lleu umzubringen. Sie wissen aber, dass er magisch geschützt ist.

Blodeuwedd täuscht Sorge um sein Leben vor. »Der Himmel lohne eure Sorge«, sagt er, »aber ich werde nicht so leicht erschlagen werden, als bis mich der Himmel zu sich ruft. Ich kann weder in einem Haus noch im Freien, weder zu Pferde noch zu Fuß erschlagen werden.« Mit List entlockt sie ihm sein Geheimnis: Sie erfährt, dass Lleu sich an einem Flussufer befinden muss, mit einem Fuß auf dem Rücken eines Bocks stehen, mit dem anderen auf dem Rand eines überdachten Bottichs, in dem man ihm ein Bad bereitet hat. An der Waffe, die ihn tödlich verwunden kann, muss ein ganzes Jahr lang gearbeitet worden sein, und zwar nur am Sonntag während des Lesens der Messe.

Sobald Blodeuwedd das Geheimnis erfahren hatte, eilte sie zu ihrem dunklen Liebhaber, der sich daran machte, den Speer herzustellen. Nach Ablauf des Jahres fragt Blodeuwedd ihren Gemahl wie aus reiner Neugier, ob er ihr nicht einmal zeigen könne, wie er mit einem Bein auf einem Bock und mit dem anderen auf dem Rand der Badewanne stehen könne. Als er einwilligt, schleudert Gronw den Speer. Llew, tödlich getroffen, stößt einen markerschütternden, grässlichen Schrei aus, schwingt sich als Adler in die Lüfte empor und ward nicht mehr gesehen. Nach dem Verschwinden Lleus übernimmt Gronw die Herrschaft über das Land, während ihm Blodeuwedd herrliche Liebesnächte schenkt.

Derweil durchstreift der zauberkundige Gwydion das Land auf Suche nach Llew. Er findet ihn nirgends. Eines Tages erfährt er von einem Schweinehirten von dem ungewöhnlichen Verhalten einer Sau. »Jeden Tag, wenn der Koben geöffnet wird, rennt die Sau eiligst davon, und noch niemand hat gesehen wohin«, berichtet der Hirt. An dem Tag folgte Gwydion der Sau. Sie rannte mit großer Schnelligkeit, bis sie zu einer alten Eiche kam. Dort unter dem Baum fraß sie Maden und verrottetes Fleisch, das von einem erbarmenswürdigen Adler, der im Geäst saß, herabfiel. Gwydion erkannte, dass der halb tote Adler kein anderer als Llew war. Mit Zauberworten sang er den Vogel herunter. Gwydion berührte ihn mit seinem Druidenstab: Da nahm er wieder menschliche Gestalt an.

Nun suchte Llew seinen dunklen Nebenbuhler auf. An demselben Ort, wo er sein Leben hatte lassen müssen, tötete er seinen Widersacher Gronw mit einem mächtigen Speerwurf. Gwydion verzauberte derweil die Blütenfrau in eine Eule.[144] Er sprach zu ihr: »Ich werde dich

[144] Für die Kelten stellte die Eule die Göttin in ihrem dunklen, chtonischen Aspekt dar; sie ist die »Nachthexe«, der »Leichenvogel« – sozusagen die negative Anima. Der scharfschnabelige, großäugige Raubvogel ist mit der Anderswelt verbunden und vermittelt beides, Weisheit oder auch den Tod. Blodeuwedd hat als Eulengöttin auf dem Festland ihr Gegenstück in *Rigani*. Diese verlässt zur Wintersonnenwende den Himmelsgott Teutates und begattet sich tief in der Erde mit dem geweihtragenden Cernunnos. Auch bei anderen indogermanischen Völkern verwandelt sich die Große Göttin – Athena oder Minerva in der klassischen Antike, Parvati im hinduistischen Kulturraum – in eine Eule. Bei den Indianern gilt die Eule als Vogel der Nacht und des Todes – wenn sie ruft, eilen alle in ihr Wigwam oder Tipi.

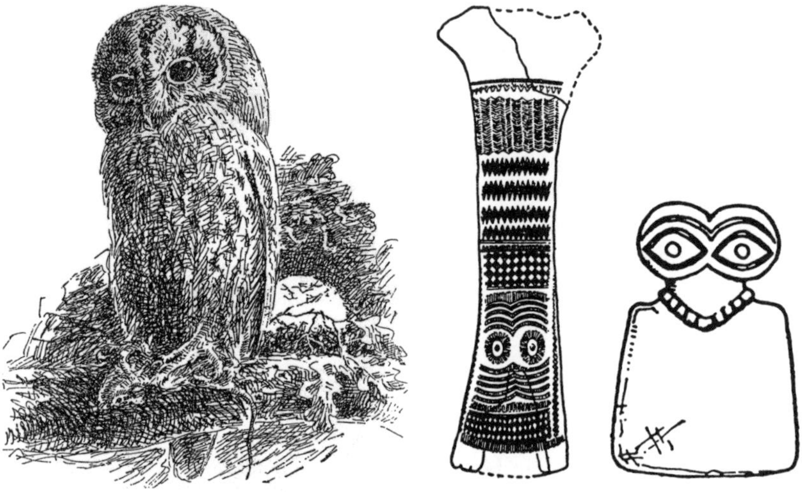

Die Eule, Symbol des Winters, des Todes, aber auch der Weisheit. Rechts archaische Darstellungen der Eulengöttin.

nicht erschlagen. Dir soll Schlimmeres widerfahren. Ich werde dich in einen Nachtvogel verwandeln, den all die anderen Vögel fürchten.«

Diese hier kurz gefasste Geschichte aus der mittelalterlichen walisischen Sagensammlung *Mabinogion* ist eine alte entstellte Göttersage. Es geht dabei weniger um die Auflehnung einer jungen Frau gegen die Vorschriften einer patriarchalischen Herrschaftsordnung, wie Jean Markale (1986: 209) glaubt, sondern um eine keltisch-walisische Personifizierung des Götterwebens in der Natur. Der hell strahlende Junge mit der geschickten Hand lässt sich leicht als der Sonnengott identifizieren, dessen Attribute der Hirsch und der Adler sind. Blodeuwedd ist die Maibraut, die Göttin in ihrer sommerlichen Gestalt. Im Winter ist sie mit dem dunklen Jäger (Samain) vermählt und ist identisch mit der Eulengöttin. Die Eiche, unter der die Sau frisst und auf deren Wipfel der Sonnenadler sitzt, ist der Weltenbaum, die kosmische Achse. Dargestellt wird ein alljährliches kosmisches Drama, in das die gesamte Schöpfung mit einbezogen ist.

Die Frage stellt sich für uns, aus welchen Blüten und Kräutern wurde die Blütenfrau geschaffen? Im *Mabinogion* heißt es: »Sie vereinigten die Blüten von **Eiche, Ginster** und **Wiesenkönigin (Mädesüß)** und erschufen mit Hilfe ihrer Magie die schönste und vollkommenste Jungfrau der Welt.« Andere Erzähler fügen nach Belieben weitere Pflanzen – Weißdorn, Gänseblümchen, Klee – hinzu. Robert Graves glaubte, es müssten neun Blumen sein. Er stellte aus verschiedenen Textteilen und Fassungen des *Cad Goddeu*, des enigmatischen Gedichts des Barden Taliesin, eine Liste zusammen und ergänzte diese mit drei weiteren Pflanzen (Ranke-Graves 1985: 45):

»Ich ward verzaubert von Gwydion,
Dem ersten Magier der Briten,
Als er mich aus neun Blüten schuf,
Neun Knospen verschiedner Art:
Aus der **Primel** der Berge
Besenginster, Mädesüß und **Kornrade,**
Miteinander verflochten,
Aus der **Bohne,** die in ihrem Schatten
Ein Heer von weißen Geistern birgt,
Aus der Erde, von irdischer Art,
Aus Blüten von **Nessel,**
Eiche, Stechapfel und der scheuen **Kastanie –**
Neun Kräfte, in mir vereint,
Neun Knospen von Pflanze und Baum.«

Diese künstliche Rekonstruktion ist ebenso fragwürdig wie willkürlich. Auch kann der Stechapfel (*Datura*) auf keinen Fall eine der Blüten gewesen sein, denn dieses Nachtschattengewächs kam frühestens im 15. Jahrhundert aus Asien oder im 16. Jahrhundert aus Mittelamerika nach Europa. Wenn es schon ein psychotropes Nachtschattengewächs sein muss, dann war es sicherlich das dem Sonnengott Belenos geweihte Bilsenkraut.

Da es sich bei der Blumenfrau um die Große Göttin in ihrer sommerlichen Erscheinung handelt, können wir getrost sagen, Blodeuwedd ist die mit der Sonne – dem Sonnenhirsch – vermählte Sommervegetation. Sie besteht aus allen und sämtlichen blühenden Kräutern, Sträuchern und Bäumen, die in keltischen Landen wachsen. Einigen der wichtigsten, die in den Fassungen der verschiedenen Erzähler häufig vorkommen, wollen wir uns nun kurz zuwenden.

Schlüsselblume, Himmelsschlüssel, Primel, Maginke

Bei den Kelten und Germanem waren Schlüssel das Kennzeichen der Hausherrin. Die Göttin ist sozusagen die Herrin des Weltgebäudes. Mit einen Bund aus blühenden Schlüsselblumen schließt sie das Himmelstor auf und lässt den Frühling herein. Die schöne gelbe Blume war Symbol der Brigit. Petrus, als neuer Himmelsherr und Wettermacher, nahm den Schlüsselbund an sich. Mit dem Petersschlüssel (engl. *St. Peter's Herb*, franz. *herbe Saint-Pierre*) lässt er aber weniger die Sonne auf die Erde scheinen oder Regen fallen, vielmehr öffnet er damit frommen Seelen die Himmelstür. Zum Glück – so eine Volkssage – erschrak Petrus einmal, als sich der Teufel in den Himmel schleichen wollte. Dabei ließ er den Schlüsselbund fallen. Dieser fiel von Stern zu Stern immer tiefer, bis er auf die Erde fiel und sich in Blumen verwandelte.

Die Schlüsselblume (*Primula veris*), gelegentlich Marienschlüssel oder Frauenschlüssel genannt, wird von vielen Sagen und Legenden umwoben. Eine typische erzählt von einem schwäbischen Kuhhirten, der bei einer Ruine eine spät blühende Schlüsselblume entdeckte und sie in seinen Hut steckte. Da merkte er, dass sein Hut schwer wurde. Als er ihn abnahm, sah er, dass sie sich in einen silbernen Schlüssel verwandelt hatte. In dem Moment stand eine Jungfrau vor ihm und sagte, er könne damit eine verborgene Tür in einem Hünengrab aufschließen. Er könne dort nehmen, was er finde, aber das Beste solle er nicht vergessen. Tatsächlich waren edelsteinbesetzte Ringe und Becher aus lauterem Gold darin. Er füllte sich Sack und Taschen, aber das Beste, nämlich die Schlüsselbume, ließ er achtlos liegen. Nie wieder gelang es ihm, in das Innere des Hügels zu gelangen.

Eine ganz ähnliche Sage aus Baden, die ebenso starke keltische Züge trägt, erzählt von einem Schäfer, dem eine Fee eine Schlüsselblume gibt und ihn heißt, damit eine verborgene Tür in einem Hügel aufzuschließen. Drinnen findet er aber nur drei alte Kisten mit Schafszähnen, von denen er nur halb willig einige Hände voll in seine Tasche steckt und dann, ohne sich weiter um die Blume zu kümmern, wieder geht. Die Schafszähne aber wurden über Nacht zu Gold.

Diese Geschichten, die überall im ehemals keltischen Siedlungsraum in der einen oder anderen Fassung erzählt werden, wollen sagen, dass die Primel ein Schlüssel zur Anderswelt ist. Wurde die Pflanze etwa als Psychedelikum eingenommen, um so in die Anderswelt zu gelangen? Christian Rätsch hat dazu nichts weiter zu sagen, außer dass sie vielleicht das *Donax* oder *Dodecatheum* (Zwölfgötterkraut) sein könnte, von dem Marcellus Empiricus spricht (Rätsch 1998: 606). Ritter von Perger schreibt: »Die Primel wurde von den Druiden zu dem Saft der Begeisterung genützt, sie musste vor dem Neumond gepflückt und mit Isenkraut, Heidelbeeren, Moos, Waizen, Klee und Honig gemischt

Petrus nahm der Göttin ihre Schlüssel.

werden. Neun junge Priesterinnen erhitzten den Trank durch ihren Hauch, bis er zu qualmen anfing« (Perger 1864: 174). Wie wir das zu verstehen haben, weiß der Kuckuck oder eventuell ein experimentierfreudiger Ethnobotaniker. Aber irgendetwas muss schon daran sein, denn es ist das »Schwindelkraut«, das Geheimmittel, dessen sich Seiltänzer bedienen. Das Kauen der Wurzel oder auch das bloße Tragen der Blume macht sie schwindelfrei.

Als Heilpflanze kommt die saponinhaltige Wurzel bei Keuchhusten, Bronchitis, aber auch zur Behandlung von Arthritis in Betracht. Am meisten ätherisches Öl, als Primelkampher bekannt, enthalten die Blüten. Sie sind ein einfaches Mittel gegen Schlaflosigkeit und nervöse Spannung – vielleicht nehmen es deswegen die Seilkünstler. Schlüsselblumensirup galt in der Volksmedizin als Heilmittel gegen Lähmungen, der Tee galt als Kopfschmerz- und der Schlüsselblumenwein als Nervenstärkungsmittel.

Die Zigeuner nennen die Blütenpflanze »Kuckucksblume«; der Kuckuck ist ein Vogel ihres Liebesgottes Kama, der die Menschen liebestrunken und närrisch macht. Sie trinken einen »Kuckucksblumenwein« zur Stärkung der männlichen Sexualität. In der traditionellen walisischen Blumensprache bedeutet die Blume »neue, zarte Liebe« oder »der Schlüssel zum Herzen«. Das Überreichen einer solchen Blüte will besagen: »Ich mag dich, vielleicht liebe ich dich, aber es ist zu früh, es zu sagen.«

Besenginster, Basom

Der Besenginster (*Sarothamnus scoparius*) bringt im Mai eine eindrucksvolle goldgelbe Blütenpracht hervor. Für die Kelten war die Ginsterblüte überall das Zeichen des Sieges des Sonnengottes Belenos über die dunklen Mächte des Winters.

Auch lange nach dem Ende der heidnischen Stammesgesellschaft blieb der blühende Ginsterzweig Symbol des siegreichen Sonnenhelden. Ritter und Könige ehemals keltischer Länder in Westeuropa schmückten sich damit. Der französische Graf Gottfried von Anjou

(1113–1151) pflückte den Ginster (lat. *planta ginestra*) und steckte ihn anstelle des stolzen Federbusches an seinen Helm, wenn er seine Ritter (zumeist siegreich) in die Schlacht führte. Er heiratete die Tochter des englischen Königs. Sein Sohn nahm den Ginster ins Wappen auf und gründete so das britisch-französisch-normannische Königshaus der **Plantagenets,** dessen Reich sich von den Pyrenäen bis nach Schottland erstreckte. Der Ginster war das heraldische Siegel des erfolgreichen Kreuzfahrers Richard I. Löwenherz. In Schottland wurde der Ginster das Abzeichen des Forbes-Clans.

In Frankreich gründete König Ludwig IX. (1226–1270) einen Ginsterorden. Die Ritter des Ordens trugen weiße Damastmäntel mit einer purpurfarbenen Kapuze. Die Ordenskette war in Form blühender Ginsterrispen gestaltet und trug die Inschrift »Deus exaltat humilis« (Gott erhöht das Niedrige) (Beuchert 1995: 119). Das musste der Kirche gut passen, denn sie hatte viel daran gesetzt, das Zeichen des heidnischen Kriegerstolzes zu einem Symbol der Demut und Unterwürfigkeit, der »wahren geistigen Sonne« gegenüber, umzudeuten.[145] Im frühmittelalterlichen walisischen Gesang »Schlacht der Bäume und Sträucher« heißt es: »Der Besenginster und seine Kinder: Der Stechginster benahm sich wüst, bis er gezähmt ward.«

Auch die Fürsten der keltischen Bretagne schmückten sich mit Ginster. Einer der bretonischen Prinzen geißelte sich auf einer Wallfahrt ins Heilige Land mit Ginsterruten.

Ginster heißt im Altkeltischen *Banatlo*, im Walisischen *Banadl*, im Bretonischen *Balan*. In den alten *Chansons de Geste*, in denen viele der so genannten Sarazenen-Helden in Wirklichkeit keltische Helden sind, taucht der heidnische Held **Balan** auf. Obwohl Balan Sarazene (= Muselman) ist, hat er blonde Haare, blaue Augen und ein weißes Pferd. Er ist also, wie Jean Markale erkennt, der vollkommene Sonnenheld. Sein Herrschaftsgebiet wird so beschrieben wie die Anderswelt: Man muss ein Gebirge durchqueren und eine Zauberbrücke überschreiten. Seine Tochter heißt **Floripar** (die Blütengeborene) und erinnert an Blodeuwedd. Offensichtlich haben wir es mit einer verhohlenen Version des Belenos-Mythos zu tun (Markale 1985: 137). In Wales gilt die Pflanze als eine der neun Elfen- oder Zauberkräuter (*fairy herbs*).

145 Eine christliche Legende lässt Maria den Besenginster verfluchen. Wenn die Samen reifen, dann explodieren sie mit einem kleinen Knall. Dieses Knallen hätte die Aufmerksamkeit der Soldaten, die die Heilige Familie verfolgten, auf sie gezogen.

Der Besenginster wird dort, wo er wächst, im ländlichen Brauchtum zum Auskehren des Hauses zu Pfingsten verwendet. Er wurde nämlich einst als Kultbesen beim Belenos-Fest verwendet. Man glaubte, dort, wo man mit einem Besen aus Ginsterruten fege, könne sich kein Ungeziefer halten. In ganz Westeuropa galt der Besenginster auch als zauberverscheuchend. Im angelsächsischen England war man jedoch mit diesem Zauberbesen eher vorsichtig. Beim pfingstlichen Auskehren des Hauses durften niemals blühende Ginsterzweige verwendet werden:

»If you sweep the house with blossomed broom in May,
You are sure to sweep the head of the house away.«

(Wenn du im Mai mit dem Ginsterbesen das Haus auskehrst, dann wirst du das Oberhaupt des Hauses mit hinwegfegen.) Auch durften die Kinder nicht mit dem Besenginster geschlagen werden – es ist kein Quickreis wie die Birken- oder Haselrute –, sie würden sonst mager und dünn werden wie die Ginsterruten. Ansonsten glaubte man, wenn der Ginster besonders stark blühe, werde es im nächsten Jahr viele Kinder geben.

Marcellus Empiricus schreibt, dass die gallischen Volksheiler nachts kurz vor Mitternacht bei abnehmendem Mond so viele Knoten in den Ginsterstrauch knüpfen, wie der Betroffene Warzen hat. Auch als Sympathiemittel gegen Gelbsucht und Wassersucht wurde der Strauch gebraucht.

Medizinisch wird der Besenginster (*herba sarothamni*) als ein bitter schmeckendes, narkotisch wirkendes Kraut beschrieben, das den Blutdruck erhöht, purgierend und harntreibend wirkt. Kundige Phytotherapeuten setzen es zusammen mit Maiglöckchen (*Convallaria*) bei Herzschwäche ein. Es ist recht giftig, zu viel davon kann zu einem Kreislaufkollaps führen (Bown 1995: 271). Die Blüten werden wegen ihrer diuretischen Wirkung auch in »Blutreinigungstees« gemischt. Hippies scheinen die Pflanze für ihre Zwecke entdeckt zu haben: Getrocknete Besenginsterblüten werden in Rauchmischungen, meist mit Cannabis, verwendet, um ein besseres High zu bekommen (Rätsch 1998: 191).

In der keltischen Blumensprache besagte der Ginster, den man dem oder der Verehrten schenkt: »Ich werde dich immer lieben.«

Der **Stechginster** (*Ulex europaeus*), dieses »Kind« des Besenginsters, wie er im *Cad Godeu* beschrieben wird, war ebenfalls Symbol des siegreichen Belenos. Im *Cad Godeu* heißt es über den stacheligen Busch: »Groß ist der Stechginster in der Schlacht.« Für die Christen aber war dieser ungezähmte Ginster ein Sinnbild für die Sünde Adams und Evas, derentwegen die Menschheit verdammt wurde, die Äcker »voller Disteln und Dornen« zu bestellen und derentwegen der Erlöser bitter leiden musste. In den Passions- und Kreuzigungsdarstellungen werden Stechginsterzweige zu den Marterwerkzeugen gesellt. Der Busch versinnblildlicht also schweres Schicksal, aber auch dessen Überwindung. Es ist eine Auferstehungspflanze, passend für die Osterstimmung. Edward Bach verschreibt die Stechginster-Essenz (*Gorse*) für den Zustand der Hoffnungslosigkeit, der völligen Verzweifelung und das Gefühl: »Es hat doch keinen Zweck mehr.«

Mädesüß, Geißbart, Spierblume

Es ist bekannt, dass das Mädesüß (*Filipendula ulmaria*, früher *Spirea ulmaria*) eine der wichtigsten Pflanzen der Druiden war. Das zur Sommersonnenwende cremeweiß und »schaumig« blühende Kraut, das sich in Sümpfen, Feuchtwiesen, an Bächen und Flussufern ansiedelt, gehörte sicherlich mit zu den Mittsommerfeiern. Das Kraut schmeckt stark nach Wintergrün (*Gaultheria*), mit dem das Mundspülwasser der Zahnärzte heutzutage oft aromatisiert wird. Die luftigen Blüten, die eine ergiebige Bienenweide sind, duften herrlich nach Honig oder Vanille oder wie immer man den einmaligen Duft beschreiben will. Vor allem in England war es deswegen eine Streublume. Elisabeth I. ließ ihre Gemächer damit einstreuen.

Vermutlich wurden während der keltischen Mittsommerfeiern die Tanzplätze, Liebeslager und Minneburgen damit ausgelegt. Schon wegen ihrem Duft und ihrer weiß-gelben Farbe wurde die Sumpfpflanze der Weißen Göttin geweiht. Auch weil sie eine echte Bienenpflanze ist – im Aargau heißt es Beieli-Chrut, anderswo Immenkraut, Honigkraut, franz. *herbe aux abeilles*, engl. *honey sweet* –, gehörte sie der Sommergöttin, denn die »Honigvögelchen« sind süß wie sie, haben aber auch ihren Stachel.[146] Mit Mädesüß haben die Imker ihre Bienenstöcke ausgerieben, damit die neuen Bienen in dem Korb bleiben.

In Frankreich und anderen romanischen Ländern ist die Pflanze vor allem als Wiesenkönigin (*reine des prés*) oder Kraut der Königin (*herbe à*

146 Wichtige Ereignisse, wie einen Todesfall im Haus, teilte man einst dem Bienenstock mit. Alt ist der Brauch, den Bienen zu sagen, wenn Lichtmess ist bzw. wenn ihre Göttin wiedererscheint. In Baden sagte man noch im 20. Jahrhundert den Bienen: »Bieneli freuedich [euch], Lichtmess isch do!«

la reine) bekannt. Man könnte sich fragen, ob sich das auf die keltische Göttin bezieht, ist eher fraglich. In den germanischen Ländern heißt sie vor allem Mädesüß, *meadow sweet* und dergleichen. Obwohl sie hier und da auch Mädchensüß oder *maid of the meadow* genannt wird, hat das weniger mit Mädchen oder Maiden zu tun, auch nicht mit Mahd oder *meadow* (Wiese), sondern vor allem mit dem Met, dem Honigwein, den die Kelten und Germanen über alles liebten. Das blühende, duftende Kraut wurde dem Met (engl. *mead*) zugesetzt, um dem Getränk einen angenehmeren Geschmack zu verleihen. Das geht aus sprachlichen Vergleichen hervor: schwed. *mjödört* (Metwurz), *älgräs* (Bierkraut), angelsächs. *meduwyrt*, engl. *meadwort*. John Gerard, ein Zeitgenosse von Königin Elisabeth I., berichtet, dass zu seiner Zeit (16. Jh.) zu Mittsommer nicht nur die Festhallen mit blühendem Mädesüß bestreut und geschmückt wurden, »da sie die Sinne erfreuen und das Herz glücklich machen«, sondern dass man die Blüten auch in Wein kochte und trank, um das Herz fröhlich zu machen[147] (Gerard 1994: 245). Auch ins Bier kamen im elisabethanischen England noch allerlei Kräuter – Schafgarbe, Eichenrinde, Gundermann, Rauschbeere, Dost, Heidekraut und eben auch Mädesüß –, derweil der Hopfen, den die Benediktiner auf dem Kontinent schon sehr früh als Anaphrodisiakum ins Bier taten, in England noch verpönt oder gar gesetzlich verboten war.

Mädesüß ist eine wichtige einheimische Heilpflanze. Der Aufguss des blühenden Krautes wirkt schweißtreibend, harntreibend, fiebersenkend, antirheumatisch und »stimmt die Gesinnung freundlich«. Der Duft des Krautes rührt vom Salicylaldehyd her, welches im Körper zu natürlichem Aspirin aufgespalten wird. Insofern ähnelt es der Weide, die sich ebenfalls an feucht-kühlen Standorten mit Hilfe von Salicylverbindungen behauptet. Nur ist die Wirkung des Mädesüß noch etwas stärker. Es kann alles, was Aspirin kann – das Blut verdünnnen, Gliederschmerzen lindern, Erkältungen herausschwitzen, hohes Fieber senken –, greift aber wegen des Gehalts an Gerbsäuren nicht den Magen an wie das synthetische Aspirin. Das Kunstwort Aspirin wurde zum Teil nach dieser *Spier*blume (*Spirea*) benannt. *Spirea* selbst kommt vom lateinischen *spira* (= Spirale), da sich die Samen wie kleine Spiralen drehen.

Die Gallier kannten die Pflanze als *rodarum* (kelt. *roudos = rot)*, so benannt, weil sich die Stängel an sonnigeren Standorten blutrot färben.

147 »The floures boiled in wine and drunke, do make the heart merrie.« (John Gerard 1597.)

Wie Plinius berichtet, scheinen sie aus dieser »Honigblume« unter anderem eine Salbe für verschiedene Geschwüre hergestellt zu haben; der Patient wurde von neun Heilern damit eingerieben und musste drei Mal ausspucken (Höfler 1911: 251). Wie die Schotten noch heute benutzten die Kelten die Pflanze als Färbemittel für ihre Tartans, ihre karierten Mantelstoffe. Je nach Beize kann man mit der Pflanze gelbe, grüne, rosa oder auch schwarze Farben erzielen.

Kornrade, Rade, rote Kornblume

Ebenso wie die Primel zum Frühling und das Mädesüß zur Mittsommerzeit gehört, so ist die Kornrade eindeutig Lammas, dem Fest des Lug und der Kornmutter im August, zugeordnet. Dem Bauern zeigt das Aufblühen ihrer wunderschönen roten Blüten (»Teufelsaugen«) an, dass die Getreideernte unmittelbar bevorsteht. In Franken heißt es: »Raden, Raden rot, in vier Wochen gibt's neu's Brot!«

Die Kornrade (*Agrostemma githago*) ist eine der schönsten Feldwildblumen. Zusammen mit der blauen Kornblume, der Hundskamille und dem roten Klatschmohn machte sie die Felder zu einer Augenweide. Heute ist sie durch neue Agrartechniken, moderne Saatgutreinigung und Herbizideinsatz sehr selten geworden, ja praktisch ausgestorben.

Eigentlich ist sie gar keine wilde, sondern eine »kultivierte« Pflanze. Schon sehr früh in der Jungsteinzeit hat sie sich im Mittelmeerraum an den Lebenszyklus des Korngetreides angepasst. Sie reift mit dem Korn; sie hat einen fast vollständigen Schluss der Fruchtkapseln angenommen, so dass sie beim Getreidedreschen unbeschadet mitgedroschen werden kann; sie hat dermaßen große Samen entwickelt, dass sie beim Worfeln nicht verloren geht, sondern im Getreide und im Saatgut erhalten bleibt. Wäre der große schwarze Samen nicht leicht giftig, hätte sie sich zu einer eigenständigen Feldfrucht gemausert.[148] Die Kornrade ist eine Nelkenart, daher auch ihr Name Kornnägele (Nägel = Nelken). Wie alle Nelkengewächse enthält sie viele Saponine, in diesem Fall Githagni, ein eher ätzendes Sapotoxin, das, wenn ins Brot gebacken oder in den Schweinetrog geworfen, bei Mensch und Vieh Magenreizungen und leichte Nervenstörungen hervorrufen kann. Vor allem aber die Verwechslung mit Bruchstücken des hochgiftigen Mut-

148 Vor dem Ersten Weltkrieg wurde sie sogar wegen ihrer Großsamigkeit in Kultur genommen und als Rohstoff für die Alkoholherstellung angebaut (Schwanitz 1957: 106).

terkorns, das ebenfalls schwarz gefärbt ist, hat den schlechten Ruf der Kornrade begründet (Fukarek 1993: 518).

Die Kelten verehrten diese Pflanze und weihten sie der Kornmutter. Der Name Rade könnte vom Keltischen, von *ruodos* (= rot), übernommen worden sein, oder er hat mit »Rad« beziehungsweise Kranz zu tun. Die lateinische Bezeichnung *Agrostemma* bedeutet Feldkranz. Diese rote Kornblume kam mit in die Erntekränze, die einst der Korngöttin, der Kornmutter, geweiht waren. Noch im 20. Jahrhundert (in Braunschweig) sagte man den Kindern, die im Roggenfeld Kornraden pflücken wollten: »Das dürft ihr nicht, da ärgert sich die Kornmutter (Kornwif).« Andererseits hieß es, man könne Hexen erkennen, wenn man, rückwärts im Feld schreitend, Kornraden pflücke, sie zu einem Kranz winde und diesen aufsetze.

Die rote, feurige Farbe war für die Kelten auch die Signatur des feurigen Erntegottes Lugus. Die Blume gehörte zur Feier des Augustfeuers. Vielerorts wurde ein Kranz von Kornraden um die Obstbäume gelegt, damit das Obst nicht grün abfalle, sondern viel von der Feuerkraft bekomme und schön rot und reif werde.

Die Germanen brachten sie mit Donar, dem Gewittergott, und den heftigen Augustgewittern in Verbindung. Die rote Blume hat Teil an der gefährlichen Feuerkraft. Sie hat so viel Kraft, dass man sie nicht mit ins Haus nehmen durfte, denn sie würde den Blitz anziehen oder gar ein Feuer verursachen.

Als Heilpflanze wurde die Kornrade wenig verwendet. Die Benediktineräbtissin Hildegard von Bingen rät, gegen »beyn crympet virgicht« – womit irgendeine der siebenundsiebzig »Gichter« gemeint ist – Kraut und Samen der Kornrade, mit Wein und Honig angesetzt, zu kochen und zu trinken. Auch könne aus diesem Kraut mit Baumöl und Bärenfett eine Gichtsalbe gekocht werden (Ludwig 1995: 16).

In der Blumensprache heißt es:

»Dein Auge sieht mich freundlich an,
Ist dir mein Herz auch zugetan?«

Das klingt nicht sehr ermutigend. Tatsächlich taten die jungen Frauen die Kornrade mit in den Schabab. Schabab entstammt dem mittelhochdeutschen Ausdruck »schab ab« und bezieht sich auf das Streichen des Zeigefingers, um jemanden zu beschämen. »Tschaabgsi« sind auch in der älteren schweizerdeutschen Mundart die alten Jungfern und Junggesellen, die auf diese Weise beschämt worden sind (Beuchert 1995: 295). Ein Schabab ist der »Korb«, den die Mädchen jenem Verehrer zukommen lassen, den sie abweisen. In einem Kölner Liederbuch (1580) heißt es:

»Gut Gesell, du musst wandern
Das Mäglein liebt einen andern
Welches ich geliebet hab,
Bey der bin ich schabab.«

In dem Korb, der dem Verschmähten verpasst wird, sind »nutzlose« oder ausdrucksreiche Kräuter, die ihm zu verstehen geben, dass er nichts weiter zu suchen hat. Die Kornrade, die – da sie brandgefährlich ist – nicht mit ins Haus kommen darf und deren Samen das Mehl fürs tägliche Brot verderben, passt gut in den Schabab-Korb[149] (Beuchert 1995: 297).

Brennnessel

Auch die Brennnessel (*Urtica dioica*) war für die Kelten eine besondere Pflanze. Sie wächst mit Vorliebe in der Nähe menschlicher Siedlungen und umstellt praktisch das Gehöft. Für Arthur Hermes, den Bauernphilosophen, der noch ganz und gar aus der Weisheit der alten Kelten und Germanen schöpfte, galt sie als Beschützerin des Gehöfts. Wie das Kettenhemd, das der eisengewappnete Ritter trägt, fängt es die Pfeile der schlechten Gedanken, des Neids und der Missgunst, welche seine Bewohner treffen sollen, ab. Auch negative Strahlungen aller Art würde dieser Krieger unter den Pflanzen abfangen und umwandeln. Der Wiedehopf, ein Zaubervogel, den der mittelalterliche Aberglaube in die Nähe von Hexen und Dämonen stellte, soll aus diesem Grund sein Nest mit Brennnesseln ausstopfen.

149 Andere Blumen, die in den Korb kommen, sind die Jungfer im Grünen (*Nigella damascena*), deren Blütenkapsel nur von den kräftigeren Insekten besucht werden kann, nicht aber von schwachen wie den Ameisen. Auch die Schafgarbe (*Achillea millefolium*) kommt erstaunlicherweise mit hinein. Sie ist ein »Jungfernkraut« und im Volkslied heißt es: »Weiß mir ein Blümlein weiße, stad mit im grünen Gras, gewachsen ganz mit Fleiße, das heißt nun gar Schabab. Dasselbe muss ich tragen, wohl diesen Sommer lang, viel lieber wöllt ich haben, meins Buhlen Arm umbgang.« Weitere Pflanzen im Korb sind die Kornblume (*Centaurea cyanus*), die angeblich die Sensen der Schnitter stumpf macht, die Wegwarte (*Cichorium intybus*), die ein einsames, verlassenes Mädchen symbolisiert, das vergeblich am Wegrand auf ihren Geliebten wartet, das Kreuzkraut oder Greiskraut (*Senecio vulgaris*), dessen weißer Samenstand das vorzeitige Altern darstellt, der Augentrost (*Euphrasia rostkoviana*), welcher weinende Augen andeutet, und – in der Welschschweiz – der Muskateller-Salbei, dessen Duft angeblich an alten Schweiß oder Hundekot erinnern soll (Beuchert 1995: 295).

Rutengänger haben mir bestätigt, dass die Brennnessel auch gerne an Strahlungsorten wächst, etwa dort, wo sich Wasseradern kreuzen. Für solche Orte, an denen sich Andersweltliche, Verstorbene und sonst unsichtbare Entitäten gerne offenbaren, waren die Kelten besonders sensibel. Auch sie erlebten Pucken, die sich in den Brennnesseln aufhalten. In Ungarn heißt es, dass sich *Puchuvuschen*, kleine Männlein mit drei goldenen Haaren auf dem sonst kahlem Haupt, in den Nesseln aufhalten. Sie sind stark behaart, hässlich und äußerst geil. Gerne bespringen sie Frauen, die sich in der Nähe der Nesselkolonie aufhalten, um sich fortzupflanzen. Den Bäuerinnen, denen so etwas widerfährt, wissen gar nicht, was mit ihnen geschieht. Die unsichtbaren Puchuvuschen, die sie gebären, erscheinen ihnen höchstens im Traumgesicht. Wer übrigens das Glück hat, eines ihrer Haare zu erwischen und es ihnen auszureißen, der wird Steine in Gold verwandeln können (Storl 2000a: 30).

Die Geschichte deutet darauf hin, dass die Nesseln etwas mit dem Geschlechtstrieb zu tun haben. Vor allem die Samen sollen ein gutes Sexualtonikum abgeben. Diese wurden traditionell während der »Frauendreissiger«, der ursprünglichen Festzeit des Lugus, gesammelt und bei Bedarf als Kräftigungsmittel gegessen. Sie haben eine dermaßen vitalisierende Wirkung, dass es im Mittelalter den Mönchen und Nonnen verboten war, Brennnesselsamen einzunehmen.[150] Otto Brunfels (1489–1534) weiß noch, dass der Same, in süßem Wein getrunken, »eine Begierde zu Unkeuschheit macht und die verstopfte Gebärmutter öffnet«. Und wenn das müde Glied dennoch »hanget«, dann hilft vielleicht eine »Urtikation«, das Schlagen der Genitalien mit frischen Brennnesselruten, um die Liebe wieder feurig heiß zu machen. Die Bauern verpassten diese Behandlung auch den Stieren und anderen Haustieren, wenn sie beim Bespringen der brünstigen Weibchen Antriebsschwäche zeigten. Und wenn die Vorsteherdrüse anschwillt und nicht mehr richtig mitspielt, hilft die Brennnessel ebenfalls: Eine Tinktur aus der gelben Wurzel ist, neben Kürbiskernen, eines der besten Phytotherapeutika für Prostataleiden.

Die Germanen – vermutlich auch die Kelten – weihten die Pflanze ihrem Donnergott Donar, der für Fruchtbarkeit und männliche Potenz

150 Die Samen enthalten tatsächlich hormonähnliche Substanzen, Sitosterin und Vitamin E, die Fruchtbarkeitsvitamine, die zur Anregung der Körperfunktionen, bei chronischer Müdigkeit, Leistungsschwäche und Potenzschwäche hilfreich sind. Bei stillenden Müttern regen sie die Milchbildung, bei Männern die Samenproduktion an.

ebenso wie für das Bierbrauen zuständig war. Uralt ist der Brauch, bei drohendem Gewitter Brennnesselruten auf den Bierbottich zu legen, damit das Gebräu nicht »umschlägt« und sauer wird. In England ist noch heutzutage das aus Nesseln gebraute *nettle beer* zum Ausspülen von Schlacken aus dem Blut beliebt.

Die Volksheilkunde weiß vieles mit der brennenden Pflanze anzufangen. Als Tee wirkt sie harntreibend und entschlackend, gut für alle Ekzeme und Hautprobleme, für Nierenstein und Harngrieß, für Rheuma und Gicht. Der Tee eignet sich auch als Zusatzbehandlung bei Zuckerkrankheit, da er die Funktion der Bauchspeicheldrüse günstig beeinflusst. Ebenso soll man die Samen essen und den Tee bei Milzleiden und Abgeschlagenheit (Immunschwäche) trinken.

Wie genau die Kelten das Kraut einsetzten, wissen wir nicht mehr. Vermutlich nicht viel anders, als es die Volksmedizin noch immer tut. Marcellus Empiricus schreibt, dass die Volksheilkunde seiner Zeit den Samen als Magenmittel und die Wurzel gegen Nasenbluten verwendete. Auch wurden im Frühjahr Nesselwecken gegessen. Dabei handelt es sich um eine Kultspeise. Auch wir kennen noch die Nesselküchele und Nesselkrapfen, die uns nach dem langen Winter einen Vitaminstoß geben und die Frühjahrsmüdigkeit vertreiben. Auf jeden Fall kennt man noch den köstlichen Brennnesselspinat. Mittels dieser Speisen verbanden sich die Kelten mit dem aufstrebenden Geist der wachsenden Vegetation.

Das gallische Wort für Nessel war *ne-nadi*. Es bezieht sich auf die Nessel als wichtige Faser- und Gespinstpflanze, die wichtigste nach Lein und Hanf. Als solche war sie der Göttin geweiht, denn diese war zuständig für das Weben und vor allem das Spinnen. Die Bezeichnung *ne-nadi* geht auf **né*, eine alte indogermanische Wurzel, zurück, die sich in Worten wie »Netz«, »nähen«, »Naht«, »Nadel« oder »nesteln« (knüpfen, schnüren) wiederfindet. Die Kelten stellten aus Nesselfasern Stricke, Säcke, aber auch feine Hemdenstoffe her. Schon in der Altsteinzeit wurden aus der Pflanze Netze, Reusen, Tragtaschen und Fallstricke gemacht. Die Angelsachsen nannten die Nessel *wergulu*, verwandt mit Werg (Gespinst).

Das uralte (keltische) Märchen »Die sechs Schwäne« erzählt von sechs Königssöhnen, die von ihrer bösen Stiefmutter in Schwäne verwandelt worden waren. Schwäne sind, wie wir gesehen haben, »Zwischenwesen«; sie sind nicht ganz hier, sondern auch Teil der Anderswelt. Die Königssöhne können nur erlöst werden, wenn ihre Schwester,

Die sechs Schwäne.

ohne ein Wort zu sprechen, einem jeden von ihnen ein Hemd aus Nesselstoff (Sternenblumen) näht. Diese Hemden würden sie wieder ganz ins Dasein zurückbringen und aus dem zauberischen, traumhaften Zustand, in dem sie gefangen waren, befreien. Die Brennnessel hat es nämlich in sich: Sie ist eine bewusstseinsverändernde Pflanze, aber nicht eine, die einen hinauskatapultiert und in geisterhaften Dimensionen schweben lässt, sondern die ganz im Gegenteil durch ihr Stechen das Bewusstsein ganz und gar ins unmittelbare Hier-und-Jetzt versetzt. So ist sie auch eine Pflanze der Krieger, denn diese müssen ganz und gar geistesgegenwärtig agieren. Nesselhemden wurden als magischer Schutz gegen Täuschungen und Illusionen, als geistiger Panzer, getragen. Sie wirkten auf diese Weise unter der Voraussetzung, dass eine Schwester oder eine andere Frau, die dem Mann wohlgesonnen war, sie gepfückt, gehechelt, gesponnen, gewoben und zusammengenäht hatte. Eigentlich hätte Llew Llaw Gyffes ein solches Hemd nötig gehabt; aber schließlich ist er eine Gottheit, und es stand ihm nicht zu, seinem vorbestimmten göttlichen Schicksal zu entgehen. Auch Totenhemden wurden aus Nesselstoff gewoben.

Klee

Es gibt unzählig viele Kleearten, darunter den duftenden Schabzigerklee (*Trigonella caerulea*), mit dem die Glarner, wie ihre keltischen Vorfahren, ihren harten Käse würzen, den Bockhornsklee (*Trigonella foenum-graecum*), die Luzerne (*Medicago sativa*), den kumarinhaltigen Steinklee (*Meliolotus*), der mit in die Duftkissen und das Bettstroh kam, und vor allem die *Trifolium*-Arten (*Trifolium pratense, T. repens*), zu denen der normale Rot- und Weißklee gehören. Von der letzteren Gattung zählen die Botaniker etwa 250 Arten, allesamt eiweißreiche Futterpflanzen und Bienenweiden. Für die Kelten waren sie alle der Göttin geweiht. Die Gallier nannten den Klee *uisu marus*, »das herrlichgute, edle Kraut«, das noch immer im französischen Volksglauben als ein *œuvre de Dieu* und im Deutschen als »Himmelsbrot« oder »Herrgottsbrot« bezeichnet wird (Höfler 1911: 253).

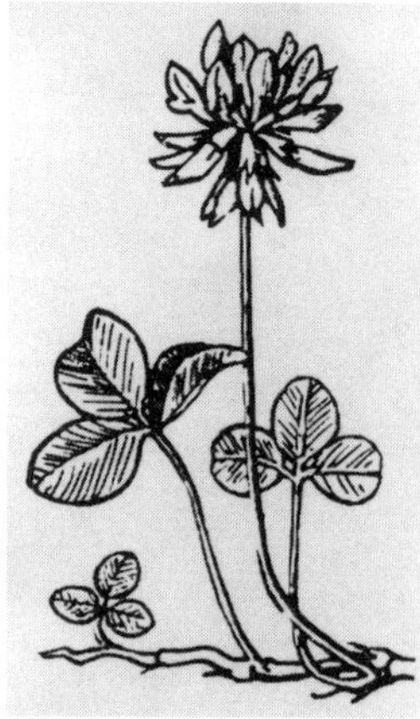
Klee.

Wie die Volksheilkunde noch heute unterschieden die Kelten den Klee vor allem nach seinen Blütenfarben. Der blühende Klee, insbesondere der weiße, galt als die Fußstapfen der Göttin, der jugendlichen Keridwen oder der schönen Olwen[151], und schon deswegen galt er als segensreich (Nichols 1998: 225). Der Klee war für die Kelten ein Glückssymbol wie das Schwein. Wenn einem der grüne Klee im Traum erscheint, dann bedeutet das – so die Briten – glückliche Ehe und Wohlstand. Die Redewendung »to live in clover« lässt sich etwa übersetzen als »wie Gott in Frankreich leben«, also in Luxus und Reichtum. Sogar die Elfen wissen, wie gut der Klee ist: Nach französischem Volksglauben holen sie sich am Vorabend der Maifesttage die Samen des Klees.

Wie das dreiblättrige Bel-Blatt (*Aegle marmelos*) bei den Hindus, so symbolisierte der dreiblättrige Klee bei den Kelten die höchsten Mysterien: die Gottheiten, die immer dreigestaltig erscheinen, die Gesellschaft, die sich in einfaches Volk, Helden und Druiden aufteilte, oder auch der Druidenstand selbst, der sich in Philosophen (Druiden als solche), Barden (Sänger) und Vaten (Schamanen) aufteilte. Die Legende erzählt, dass der heilige Patrick anhand des Kleeblattes den schwer zu bekehrenden Iren die Dreifaltigkeit – Vater, Sohn und Heiliger Geist – erklärt habe. Er sagte ihnen: »So wie hier die Blätter an einer Stelle entspringen und zusammen doch nur ein Blatt sind, so gehen von Gott drei Teile aus, untereinander gleichberechtigt, aber dennoch ein Ganzes bildend« (Beuchert 1995: 168). Seither ist der Klee das Nationalsymbol der Iren. Am 17. März, dem Tag des Sankt Patrick, veranstalten sie Umzüge, wobei sie sich grün kleiden und jeder ein Kleesträuschen trägt.

151 Olwen bedeutet »weiße Spur«. Wo sie ging, sprossen weiße Dreiblätter. Die schöne Frau, angetan mit einer flammend roten Seidenrobe, hatte Haare, »gelber als Ginster, und Augen, heller als von einem einmal gemauserten Habicht«. Sie scheint einst eine Sonnengöttin gewesen zu sein.

Es muss bei den Kelten eine ganze »Trifoliologie« gegeben haben. Das Blatt, das gewöhnlich dreiteilig ist, zeigt gelegentlich Mutationen, es kann auch zwei-, vier-, fünf-, sechs- oder sogar siebenblättrig wachsen. Jede Zahl hat eine besondere Bedeutung:

Der vierblättrige Klee ist der Inbegriff des Glücks. Er versinnbildlicht die perfekte Ausgeglichenheit. Wenn man ihn unverhofft, ungesucht findet – besonders wenn dies zu einer magischen Zeit geschieht, wie beim Sonnenaufgang an einem besonderen Tag, etwa zu Johanni oder am Maitag –, dann ist man sich der Liebesfülle und Wunscherfüllung sicher. Oder man kann damit – wie es in Tirol heißt – die Saligen Frauen in ihren versteckten Wohnungen besuchen. Mit einem vierblättrigen Kleeblatt lassen sich alle *spells* lösen, auch die der Elfen und Schratten, die uns immer wieder mit Trugbildern betören. Im »Lied der Amelungen« gibt der Zwergenkönig Laurin den zwei verzauberten Gotenkriegern, Wolfhart und Wittich, einen geheimnisvollen Trunk mit den Worten:

»Hier geb ich jedwedem zum Lohne grünen Klee;
Wer solch ein Vierblatt hat, dem tut kein Zauber mehr weh.«

Dann ist da noch der Volksschwank von einem Gaukler, der den Dorfbewohnern vorgaukelte, er trage einen riesigen Baumstamm auf der Nase. Ein Hirtenmädchen, dem zufällig ein vierblättriges Kleeblatt in den Haaren haften geblieben war, sieht aber, dass es nur ein Strohhalm ist, den er auf der Nasenspitze balanciert, und erzählt es den anderen. Um sich zu rächen, zauberte er, als er sah, dass sie das Blatt verloren hatte, ein tiefes Wasser. Sie hob ihren Rock in die Höhe, bis über die Hüften, damit dieser nicht nass wurde, und so gab er sie dem Gelächter und Spott der anderen preis. Ein vierteiliges Kleeblatt, am Sonntag vor Sonnenaufgang in den Schuh gelegt, lässt einen in der Kirche alle Hexen erkennen. Sie – beziehungsweise ihre Astralleiber – sitzen mit dem Rücken zum Altar gekehrt.

Reisenden wurde ohne ihr Wissen ein vierblättriges Kleeblatt in den Rock genäht, damit ihnen kein Ungemach zustosse. Ein vierblättriges Kleeblatt, das man dem oder der Allerliebsten schenkt, will besagen:

»Ich liebe dich immer,
Ich liebe dich heut,
Und werde dich lieben
In Ewigkeit.«

Wenn man dem Geistlichen ein vierblättriges Kleeblatt in sein Messbuch legt, dann wird er beim Lesen der Messe ganz verwirrt und spricht die Worte nicht mehr richtig aus. Wenn man dieses heimlich hineingelegte Blatt wiederbekommen kann, hat man damit Glück im Spiel. In der Basse-Bretagne versuchen die Ringer nachts bei Mondschein einen vierblättrigen Klee mit den Zähnen zu pflücken, denn dann sind sie unbesiegbar.

Selbstverständlich eignet sich die Pflanze der jugendlichen Weißen Göttin zum Liebeszauber. Wenn ein Mädchen sich ein vierblättriges Kleeblatt unters Kissen legt, wird sie von ihrem künftigen Liebhaber träumen. Sie kann aber auch einen heimlich geliebten Mann damit fangen. Steckt sie ein solches Blatt in seinen Schuh, dann wird er gezwungen, ihr vier Tage lang nachzugehen. Diese Zeit soll sie dann nutzen, um seine Liebe zu gewinnen.

In Tirol verhilft einem ein zweiblättriges Kleeblatt, das während des Ave-Maria-Läutens am Sonnenwendabend gepflückt wird, zu einer baldigen Verheiratung (Seligmann 1996: 152). In England heißt es, wenn sich ein Mädchen ein zweiblättriges Kleeblatt in den Schuh steckt, dann wird ihr der erste Mann, dem sie begegnet, gehören. Dazu gehört aber der Spruch:

»A clover, a clover of two
Put it in your right shoe.
The first young man you meet
In field, street or lane
you'll get him or one of his name.« (Dyer 1994: 92.)

Hier und da heißt es, dass Kleeblätter, die mehr als vier Blätter haben, Unglück bringen. Bei den Inselkelten jedoch ist das nicht der Fall: Wenn man ein fünfblättriges Kleeblatt findet, verhilft es einem zu Ruhm, ein sechsblättriges lässt einen zu einem Bill Gates oder Dagobert Duck werden, und ein siebenblättriges garantiert lebenslanges Wohlergehen. Wer in Schwaben siebenblättrigen Klee findet, kann alle Verblendungen durchschauen.

Die Gallier schätzten den Klee als Heilmittel, da er »das Ungemach aus dem Kopfe der Weiber treibe«, so der römisch-gallische Gelehrte Marcellus Empiricus. Auch als ein Mittel bei Augenleiden scheinen die Kelten den Klee benutzt zu haben (Höfler 1911: 253). Aber genauere Angaben liegen nicht vor.

In der Volksheilkunde werden der rote und der weiße Klee, innerlich als Aufguss und äußerlich als Umschlag, vor allem als Krebsmittel eingesetzt. Nass-feuchte Umschläge gelten als »erweichend« bei Drüsenverhärtungen und Hauttumoren. Der Tee, der angeblich Galle und

Leber anregt, reinigt auch die Lymphe und das Blut (Willfort 1997: 276). Als Blutreiniger wird er in den Alpenländern oft mit dem Sanikel (*Sanicula europeans*) kombiniert. Auch bei Stuhlverstopfung hilft der Tee.

Die Anwendung des roten oder weißen Klees als entschlackender Blutreiniger und als Krebsmittel scheint alt zu sein und auf altkeltischem Heilwissen zu beruhen, denn auch die keltischstämmigen Einwohner des Appalachengebirges im östlichen Nordamerika, die »Hillbillies«, benutzen ihn so. Tommie Bass, ein bekannter volkstümlicher Kräuterheiler aus den südlichen Appalachen, verschreibt einen reinigenden Tee aus Sarsparilla (*Aralia nudicaulis*), Boneset-Wasserdost (*Eupatorium perfoliatum*), der Rinde wilder Kirschbäume und roten Kleeblüten. Der Kräuterheiler, der diese starken Heilpflanzen selbst sammelt und seinen Patienten persönlich zusammen mit einem guten Wort gibt, sagt, dass dieses Tonikum zwar den Krebs nicht heilt, aber den Körper reinigt und stärkt, so dass dieser eine größere Chance hat zu genesen (Crellin/Philpott 1997: 156). Ansonsten wurde der Klee überall bei Ekzemen und Psoriasis benutzt. Auch kamen Kleeblüten in den Hustentee und in die Asthmazigarette, denn sie entspannen die Bronchien.

Wenn ein Mädchen schön werden will, braucht es nicht den Tee zu trinken. Es genügt, in der ersten Mainacht im taunassen Kleefeld zu baden, so heißt es in Wales.

Sauerklee, Kuckucksbrot, Hasenbrot

Welcher Klee nun wirklich der **Shamrock** (ir., *seamrog*, »Kleechen«, von *seamar*, »Klee«), die viel verehrte Nationalpflanze der Iren, ist, darüber streiten sich die Gelehrten. Höchstwahrscheinlich war es der Sauerklee (*Oxalis acetosella*), der eigentlich keine echte Kleeart ist, sondern wegen seiner drei hellgrünen Blätter einfach so aussieht. In Wirklichkeit gehört er zu den Oxalidazeen, einer Familie, zu der auch die sauer schmeckende Karambole (*Averrhoa carambola*) – eine tropische Obstart, die es in der Spezialitätenabteilung der Gemüseläden gibt – und der vierblättrige mexikanische »Glücksklee« (*Oxalis tetraphylla*) gehörten, den man, zusammen mit Glücksschweinchen, Schornsteinfegern und Kupferpfennigen, im Gesteck zu Silvester kaufen kann. Der Sauerklee ist eine Waldpflanze, die im Frühling, zwischen Ostern und Pfingsten, in feucht-schattigen Wäldern, vor allem Buchenwäldern, blüht. Die Blüten sind zart weiß und von feinen violetten Adern durchzogen. Der Sauerklee zeigt eine starke Empfindlichkeit für kosmische Rhythmen, die nicht nur die Blüte, sondern auch das Blatt ergreifen. Der fleischige, rötlich geschuppte Wurzelstock steckt voller ätherischer Bildekraft und kann sich vegetativ fortpflanzen. Die zart hellgrünen, unten purpur angehauchten Blätter sind fast so sensibel wie Mimosen. Wenn es zu kalt und zu feucht wird, wenn eine Wolke den Himmel verdunkelt oder ein Gewitter heranzieht, dann klappen sie sofort zu, ebenso wenn sie gepflückt werden. Die dünnen Stiele bewegen die Blätter dorthin, wo sich das meiste Licht befindet. Licht ist kostbar im schattigen Wald. Die nach oben gewölbten Zellen der Blattepidermis bündeln wie geschliffene Linsen das Licht und werfen es auf die tiefer liegenden Chlorophyllschichten. Da im Wald kein Wind weht und wenig bestäubende Insekten vorhanden sind, wächst der Pollen aus den Staubbeuteln heraus und sucht – wie ein Tierchen – die Narben. Einige Blüten machen sich gar nicht einmal die Mühe, ihre Knospen zu öffnen. Die Samen werden in der windstillen Luft mit einem Druck von 17 atü (Atmosphärenüberdruck) explosiv aus den Kapseln geschleudert. Dann, wenn sie auf dem feuchten Boden landen, schwillt das Schwellgewebe im Samen noch einmal an, bis es platzt und ihn nochmals bis zu einem Meter weiter springen lässt. Wahrhaftig eine lebendige Pflanze! Rudolf Steiner würde sagen, in ihr hat sich viel Astralisch-Seelisches inkarniert.

So sahen es auch die Kelten. Sie assoziierten den Sauerklee mit den Heinzelmännchen. Kein Tourist in Irland wird die schelmischen, grün gekleideten **Leprechauns** übersehen können, die allesamt mit dem Sauerkleeblatt abgebildet sind. Leprechauns sind, wie unsere Wichteln, äußerst klug und als Handwerker nicht zu übertreffen. Sie hüten in der Erde Schätze – meistens Gold – in typisch keltischen Kesseln und spielen den Menschen gerne Streiche. Besonders dummen, geizigen oder boshaften Menschen machen sie das Leben schwer, lassen das Korn schrumpeln, das Obst grün abfallen, trinken das Bier im Keller weg, lassen die Computer abstürzen, die Autoreifen platt werden oder zünden gar das Haus an. Die Kelten haben diese Wesen immer ernst genommen und haben ihnen etwas Brot und ein Schüsselchen Milch oder Bier unter den Hofholunder gestellt. Wer sich gut mit ihnen versteht, dem helfen sie sogar beim Handwerk. So etwa einem irischen Müller: Die Bauern brauchten am Abend nur die Säcke mit dem Korn vor die Mühle zu stellen, um sie am nächsten Morgen voll fein gemahlenem

Mehl wieder abzuholen (Botheroyd 1995: 194). Dass sie auch tadellose Schuhmacher sind, verbindet sie mit Lug, dem Meister der Handwerker, dem »mit der geschickten Hand«. Tatsächlich waren sie einst seine Gehilfen. Einige Mythenforscher leiten den Namen Leprechaun von *Lug-chromain* ab, was so viel bedeutet wie »kleine geduckte Lugs«. Der Gedanke ist, dass der große Gott Lugus nach seiner Entmachtung durch die Missionare immer mehr schrumpfte und schließlich zu einem kleinen, buckligen Kobold wurde (Pennick 1997: 45). Andere Sprachforscher führen das Wort auf das mittelirische *luchorpan* (*lu* = klein, *corp* = Körper) zurück. Es sind also Wesen mit kleinen Körpern – passend zu der hübschen kleinen Waldblume.

Kuckuck und Hase

Der Sauerklee blüht am üppigsten in der Wonnezeit Mai, in jenen warmen Tagen der Frühjahrs, in denen der Kuckuck ruft und die Blumen- und Liebesgöttin wieder auf Erden erscheint. Der Kuckuck oder Gauch war der Vogel der Göttin, war ihr Bote und Herold. Manchmal galt er als ihr Buhle selbst – er konnte sich in einen schönen jungen Mann verwandeln. Für die Germanen war er eine Erscheinungsform von Freyr, dem Geliebten und Zwillingsbruder der Freya, der den Frühling bringt, die Sinneslust anregt und mit seinem Liebeszauber alle närrisch macht. (Gauch ist auch ein Wort für den Narr, und eine Gäuchin war einst eine närrisch Verliebte.) Der Kuckuck galt als ein »Freiersmann«, ein verliebter Vogel. Ein Volkslied nennt ihn einen Ehemann, der sich ein halbes Dutzend Weiber anschafft. Im Lateinischen ist der *cuculus* ein geiler, auf Abwege geratener Ehemann.

Man glaubte, dass der Vogel Sauerklee fressen müsse, um seine Stimme zu bekommen. Volkstümlich wird die Pflanze noch immer Kuckucksbrot oder Kuckuckskohl (franz. *pain de coucou*, engl. *cuckoo's meat*, schott. *gowke meat*) genannt.

Ein Vogel, der so plötzlich erscheint, der kein Nest baut und, wie man glaubte, nur ein Ei in fremde Nester legt – in der Schweiz hieß es sogar, der Gugger lege die Ostereier –, der zudem unsterblich ist (jahrein, jahraus soll es derselbe Kuckuck sein, der singt)[152], der muss

152 Für die Kelten und Germanen symbolisierte er auch die Wiederverkörperung. In dem Volkslied »Auf einem Baum ein Kuckuck« wird beschrieben, wie der junge Jäger den Kuckuck totschießt, aber »als ein Jahr vergangen war, simsalabimbamba saladu saladim, da war der Kuckuck wieder da«.

ein Zaubervogel sein, ein Geschöpf der Anderswelt. Der Tag und die Tageszeit, zu der der Kuckuck zum ersten Mal rief, die Richtung von der der Ruf ertönte und die Zahl der Kuckucksrufe war deswegen von höchster, orakelhafter Bedeutung. Jede Region, jede Volksgruppe hatte ihre Deutungen. In England glaubte man, dass es Glück und Fruchtbarkeit bringe, wenn der Frühlingsbote von rechts her ruft, Unglück jedoch, wenn er von links ruft. In Tschechien bedeutete der Ruf von Osten her Glück, der von Westen her Unglück. Beim ersten Ruf zieht man in Schottland Schuh und Strumpf aus und sagt: »May this to me, now lucky be!« (Möge dieses mir Glück bringen!)

Überall lauschten die Jungfern auf die Zahl der Rufe. Dabei sprachen sie:

»Kuckuck im Sonnenschein
Wie lang soll ich noch Jungfer sein?«

Oder:

»Kuckuck Knecht, sage mir recht,
Wie lange ich noch leben soll
Ohne Mann und ohne Kind,
Ohne Kuckucksfingerring?«

Hasen: Boten der Göttin.

Selbstverständlich hatte die Kirche wenig Freude an dem Gauchtreiben, dem Narrenwerk, das dem Vogel während der Maienzeit galt. Auch die »Gauchlieder«, die provokanten erotischen Lieder, die während des Maienfestes gesungen wurden, stießen auf wenig Gegenliebe. Der Kuckuck wurde vom Freier der Göttin zum Teufel degradiert. Er sei vom Teufel erschaffen worden, hieß es nun, und wenn man jemanden verwünschen wollte, dann sagte man: »Der Kuckuck soll ihn holen!«

Besorgte Geistliche entrissen den Sauerklee, der so schön zur

Osterzeit blüht, dem Teufelsvogel und nannten das Kräutlein »Hallelujah«, oder Allelujahkraut (niederl. *alleluia*, ital. *alleluja*, *lujula*, *erbalujula*, span. *aleluya*). John Gerard schreibt in seinem Kräuterbuch (*Herbal* 1596): »Der Kuckuck singt gerade dann am lautesten, wenn in den Kirchen Hallelujah gesungen wird.« In Frankreich heißt das Kuckucksbrot ebenfalls *houzane* oder auch *alleluia*. Aber das hilft alles nichts, denn wenn in der Kirche die Messe gelesen wird, ruft dieser »Küster des Teufels« besonders laut.

Auch unter dem Namen »Hasenbrot«, »Hasenklee« oder »Hasenampfer« ist der Sauerklee bekannt. Der Hase nahm eine ähnliche Stelle ein wie der Kuckuck. Während aber der Vogel mehr die männliche Sexualität versinnbildlichte, war der Hase ein Tier der weiblichen Geschlechtlichkeit, Sinnenlust und Fruchtbarkeit. Sein Trieb lässt ihn zur Rammelzeit oder bei Vollmond wahnsinnig – *mad as a hare* – werden. Die Assoziation gilt noch heute: Hugh Hefner, der Gründer der Playboy-Clubs, lässt die Bunnies («Häschen«) genannten Animiermädchen in Häschenoutfits kleiden. Der sanfte, fruchtbare, zauberisch flinke Hase ist in indogermanischer Mythologie immer ein Attribut der Göttin und des Mondes. Er streift mit der Holda, Diana oder Freya durch den nächtlichen Wald. Als Zeichen der wiederkehrenden Fruchtbarkeit legt der Spielgefährte der Frühlingsgöttin Ostara (Brigit) überall magische, bunte Ostereier, die die Kinder mit Freude suchen.

Die Kelten sahen Hasen als Tiere der Göttin der Wildnis, der Jagdgöttin oder der alten Hexengöttin Cailleach, die später mit Diana (Artemis) assoziiert wurde. Caesar schrieb, dass der Hase, der Hahn und die Gans die heiligsten Tiere der Kelten seien. Zweifellos keltisch ist der Glaube, dass in den Adern der Hasen Elfenblut kreist oder dass sich Feen gerne in Hasen verwandeln und auch dass die Hasen nur Tau – das Wasser der Zwischenwelt – trinken und das Geläute der Kirchenglocken nicht mögen. Wie der Kuckuck ist Meister Lampe also vor allem ein Wesen der Anderswelt. Deswegen gilt auch seine Pfote, insbesondere die linke Hinterpfote, als magisch und glücksbringend.

Wie der Kuckuck stieß auch der Hase bei den Missionaren auf Ablehnung. Wegen seiner wilden Rammelei wurde er zum unzüchtigen Teufels- und Hexentier. Bonifatius und der Papst Zacharias

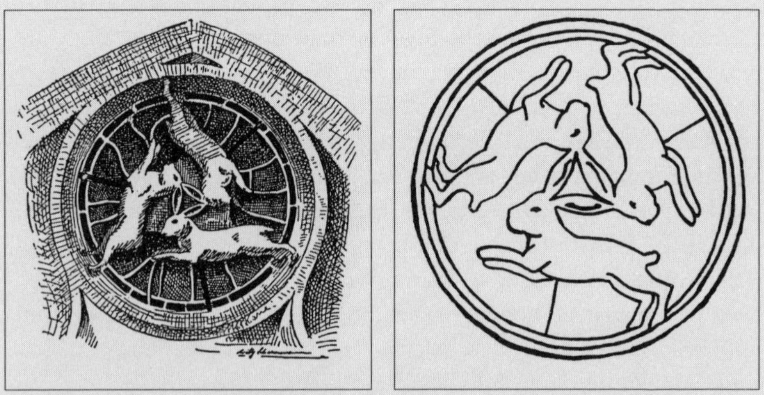

Der Hase als Sinnbild. Drei Hasen im Domfenster zu Paderborn.

verboten den Genuss von Hasenfleisch. An den keltischen Feenglauben anknüpfend, war man noch im christlichen Mittelalter überzeugt, dass sich Hexen in Hasen verwandeln: Sie schmieren sich mit Hexensalbe ein und nehmen daraufhin Hasengestalt an. In der Gestalt dieses Familiars ziehen sie aus, um nachts heimlich Kühe zu melken. Die Nebelhexen nehmen Hasengestalt an, um dichte Nebel hervorzuzaubern; im Allgäu sagt man noch immer, wenn der Nebel aufsteigt, »die Hasen kochen«.[153] Solche Hexenhasen führen Jäger in die Irre. Gelingt es einem Jäger den Hasen zu treffen, dann weist die Hexe, die derweil in ihrem Haus in Trance verharrt, dieselben Wunden auf, die ihrem tierischen Familiar zugefügt wurden. Eisen, so glaubte man, vertreibe elfischen Trug und zwinge die Hexe, ihre wahre Gestalt anzunehmen. Erst später wurde der Hase wieder zum Attribut der guten Göttin, der Gottesmutter Maria. Er liegt ihr zu Füßen und symbolisiert die zur Ruhe gekommene weibliche Sexualität. Sogar die heilige Trinität wurde später durch das ehemals verehrte Tier, durch drei Hasen, dargestellt (Hasenfenster in Paderborn und im Kloster Muotathal in der Schweiz).

153 Die Macht, Nebel zu erzeugen, war eine ausdrücklich druidische Kunst. Die Druiden erzeugten den »druidischen Nebel«, um andere zu hindern, sich frei fortzubewegen, oder um selbst darin zu verschwinden. Nebel galt bei den Kelten als ein Zwischenzustand, zwischen Wasser und Luft, zwischen sichtbarer Wirklichkeit und ungreifbarer Materie (Le Roux/Guyonvarc'h 1996: 212).

Als Heilmittel war der Hasenkohl oder das Kuckucksbrot in der keltischen Heilkunde sehr beliebt. Das Kräutlein galt als harntreibend, antiskorbutisch und kühlend. Der Saft wurde bei »hitzigen Erkrankungen«, Fieber und Gallenkolik löffelweise eingenommen. Die Iren behandelten damit die Skrofeln. Äußerlich machte man für Eiterbeulen und Krätze Umschläge mit dem zerstampften Kraut. Der englische Arzt Nicholas Culpeper nennt das Kräutlein ein ausgezeichnetes Mittel gegen ansteckendes oder pestilenzisches Fieber; es kühle und reinige das Blut und sei gut für den Magen. Auch gegen »stinkende Geschwüre und Tumore« setzte der Herbalastrologe es ein. In der Pflanze kühlt die Venus die Einflüsse eines negativ aspektierten, feurigen Mars (Culpeper 1999: 173).

Maria Treben behandelt mit dem Sauerklee Hautausschlag, Leber- und Verdauungsbeschwerden, Gelbsucht, Nierenentzündung (!) und Würmer. Dazu soll der Patient von dem aus frischen Blättern (1 Esslöffel pro halben Liter Wasser) hergestellten Tee zwei Tassen am Tag trinken. Den frisch gepressten Saft verwendet sie bei krebsigen Geschwüren und sogar bei der Schüttellähmung (Treben1986: 44).

In Pommern gehörte der Sauerklee mit zu den neun Kräutern, in deren Absud der Kranke sieben Abende hintereinander baden musste. Die anderen acht Kräuter waren: Brennnessel, Gundermann, Holunderblüten, Kamille, Löwenzahn, Salbei, Sauerampfer und Schwarzwurzel. In Ermangelung eines dieser Kräuter konnte man auch Beifuß nehmen (Bächtold-Stäubli VI 1987: 1064).

Nach einem langen licht- und vitaminarmen Winter hilft der Sauerklee, die Schlacken aus dem Körper zu treiben und die Tendenz zum Skorbut wieder rückgängig zu machen. Der säuerliche Geschmack, den vor allem die Kinder mögen, macht das Kraut zu einer guten Würze für Frühlingssalate und Suppen. (Es kommt mit in die *Schtschi*, die säuerlich schmeckenden Suppen, der russischen Küche.) Man muss nur Acht geben, dass man nicht zu viel des leckeren sauren Kräutleins verzehrt, denn es verdankt seinen säuerlichen Geschmack der Klee- oder Oxalsäure. Diese Säure kommt im Sauerklee entweder frei oder an Kalzium (Kalziumbioxalat) gebunden vor. Das Kleesalz, das in der Pflanze tagsüber zunimmt und nachts wieder abnimmt, fördert die Bildung von Nierensteinen, reizt die Nieren und erniedrigt den für Herz und Kreislauf so wichtigen Kalziumgehalt. Zu viel des Guten kann auch zu blutigem Durchfall oder Harn führen. Wie Paracelsus sagte: »Allein die Dosis macht es aus!« Das Sauerkleesalz ist so stark, dass die Drucker es früher zur Entfernung von Tinten- oder Rostflecken auf dem teuren Papier benutzten. Auch lassen sich damit Flecken von Kleidern und Wäsche entfernen oder, als Lab benutzt, die Milch zum Gerinnen bringen.

In der Blumensprache besagt der Sauerklee: »In Krankheit, in Unglück, in Verfolgung und Pein, werd ich immer zur Seite Dir sein!«

KERIDWENS KESSEL DER TRANSFORMATION

Der Kessel der Keridwen, der Zauberin und Göttin, ist, wie wir in der Geschichte des walisischen Barden Taliesin erfahren konnten, ein Gefäß der Initiation, der Transformation der Persönlichkeit. Ein zentrales keltisches Motiv! Der erste Kessel der Transformation ist der Bauch der leiblichen Mutter; in diesem wird ein andersweltliches Geistwesen, ein Ahnengeist, in einen Menschen aus Fleisch und Blut umgewandelt. Ein weiterer Kessel ist der der Jugendweihe, in dem ein Kind zum Erwachsenen gemacht wird; und der dritte ist der Kessel der Inspiration der Göttin, der aus dem normalen Erwachsenen entweder einen Helden oder einen weisheitsvollen Druiden macht. Das erste Gefäß kocht den physisch-ätherischen Leib des Menschen gar, das zweite die Seele und das dritte den Geist. Derjenige, der aus dem Kessel der Keridwen hervorgeht, ist ein »Dreimalgeborener.«

Oft wird die Frage nach den Zutaten gestellt, die zusammen mit den Urelementen Feuer und Wasser in den Kessel kommen. Vermutungen gibt es viele. Gelehrte haben die Sagen und Märchen durchforstet und Ausschau nach magischen Pflanzen gehalten, die in Frage kommen. Doch das ist alles nur Mutmaßung, denn die Druiden haben betreffs ihrer wichtigsten Mysterien geschwiegen. Robert Graves vermutet, der Kessel der Inspiration habe berauschende Dämpfe abgegeben, die der Initiand einatmete. Verantwortlich für diesen frühgeschichtlichen LSD-Trip sei ein Gemisch aus Gerste, Eicheln, Honig, Stierblut und heiligen Pflanzen wie **Efeu, Nieswurz** und **Lorbeer** gewesen (Ranke-Graves 1984: 529). Ebenso spekulativ ist die Liste der Zutaten, die der Pharmazieprofessor Rudolf Schmitz angibt. Neben der unentbehrlichen **Mistel** seien noch **»Selago«**, **»Samolus«**, **Klee** (*Trifolium*), **Schlüsselblume, Bilsenkraut** und **Eisenkraut** in das Gebräu gegkommen (Schmitz 1998: 91). Diese Pflanzen ergäben, in einem Druidenkessel zusammengemischt, schon eine recht giftige Brühe, die den Körper in eine gefährliche Stressituation führen würde und sehr leicht den Astralleib vom Ätherleib, die Seele vom Körper spalten könnte. Die Sage von Keridwens Kessel erzählt, dass die zu den richtigen Sternenzeiten gesammelten Zutaten ein

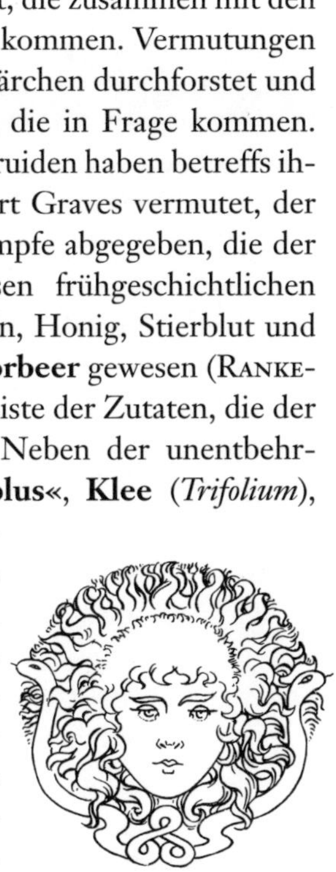

Die Zauberin Keridwen.

Keridwens Kessel ist ein Kessel der Initiation und Transformation.

Jahr und einen Tag kochen müssen. Das resultierende Gebräu sei eine äußerst giftige Mischung. Nur drei kleine Tropfen, die die Weisheitsessenz enthalten, werden dann herausdestilliert, der Rest ist eine Giftbrühe. Als der Junge Gwion Bach aufhörte, im Kessel zu rühren, und der Kessel zerbarst, drang das Gift in den Boden und in die Flüsse; die Tiere – etwa die Pferde des Prinzen Elphin – starben, als sie daraus tranken. Bei dem keltischen Inspirationstrunk muss es sich also wirklich um giftige pflanzliche Zutaten gehandelt haben, die aber – von den Druiden meisterhaft gehandhabt – eine erwünschte seelentransformierende Wirkung hatten. Die toxische Mischung ähnelte also jenen Zaubergetränken, die bei vielen indigenen Initiationsriten in den Buschschulen Afrikas oder Südamerikas den Neophyten verabreicht werden. Sicherlich sollte man damit nicht leichtfertig experimentieren.

Selago und Samolus sind heilige Pflanzen der gallischen Druiden, die mit viel Ritual und Aufwand gesammelt wurden. Ob sie sich im Kessel der walisischen Göttin befanden, bleibt im Dunkel der Geschichte. Auch weiß man nicht ganz sicher, um welche Pflanzen es sich bei ihnen handelte.

Efeu

(*Hedera helix*, gall. *bollusseron*, *suibitis* oder *p'edenno*)

Die Signatur des Efeus sagt schon viel aus. Wir haben es mit einer Liane zu tun, einem Wurzelkletterer, der mit seinen Haftwurzeln wie ein Tatzelwurm an Baumstämmen und Gemäuern emporkriecht. Die Haftwurzeln fliehen das Licht. Die Blätter haben keine einheitliche Form, sondern sind höchst wandelhaft; die Blätter der nichtblühenden Triebe sind fünf- oder dreilappig, die der blühenden Triebe eiförmig. Das

Laub hat keine lichthafte, sondern eher eine düstere Aura. Die Liane blüht von September bis Oktober mit grünlichgelben Dolden. Die Blüten sind hönigsüß, geben aber zugleich Fäulnisdüfte ab, so dass sie zugleich Bienen und Aasfliegen anziehen. Die Liane hat etwas Archaisches an sich. Nicht nur kann eine Efeupflanze bis zu vierhundert Jahre alt werden, sie ist selbst ein lebendes Fossil, ein Relikt aus der alten Kreidezeit. Es gab sie schon vor 100 Millionen Jahren, als sich die Alpen aus dem Meer erhoben, als es noch Riesenechsen und gerade erst die primitivsten Säugetiere gab.

Die Efeuliane klettert bis zu zwanzig Meter hoch und ist somit eine »Himmelsleiter«. Zugleich aber wurzelt sie fest in der Erde. Schon äußerlich betrachtet zeigt sie mit ihrem Gewirr von Haftwurzeln das chtonische Prinzip – Wurzeln gehören doch eigentlich in die Erde! Sie hebt, in anderen Worten, Archaisches, Uraltes, Atavistisches nach oben ins Lichthafte. Das Gewächs ähnelt einer sich windenden Schlange. Der Reptiliengeist ist in ihr und dieser ist mit der Erdmutter, mit dem Erddrachen, verbunden.

Begibt sich der Mensch in den Umkreis dieser Erdgöttin, verliert er seinen Verstand, er wird rasend. Und genau so wird von den klassischen Autoren die Wirkung des mit Efeusaft vermengten Weins beschrieben. Plutarch schreibt: »Efeu enthält gewalttätige Geister«, die wahnsinnige Ausbrüche und Krämpfe erzeugen. Er könne eine Art Besessenheit in denjenigen erzeugen, die einen natürlichen Hang zur Ekstase hätten. Dem Wein zugesetzt erzeuge dieses Gemisch ein Delirium, »eine Verwirrung, wie sie sonst nur durch Bilsenkraut hervorgerufen werden könne« (Rätsch 1998: 559).[154] Plinius schreibt: »Efeu verwirret den Sinn, reinigt, zu reichlich getrunken, den Kopf, innerlich genommen schadet er den Nerven, ist aber bei äußerlicher Anwendung eben diesen Nerven zuträglich.«

Der Efeu ist auf innigste Weise mit Dionysos, der Gottheit des Rausches, des Weines und der Vegetationskraft, verbunden. Dionysos, der »efeugeschmückte« (Knissos), ist Kind des das Blitzzepter tragenden Zeus und der thrakischen Erdgöttin Semele. Die griechische Mythe erzählt, dass sich Semele wünschte – von der eifersüchtigen Hera dazu überredet –, Zeus in seiner göttlichen Gestalt zu sehen. Als er strahlend

154 Christian Rätsch, der bedeutendste Kenner der psychedelischen Botanik, fragt zu Recht, ob es sich bei dieser Pflanze wirklich um den gewöhnlichen Efeu handelt, zumal keine eigentlich psychoaktiven Wirkstoffe in der Analyse gefunden wurden. Vielleicht ist Efeu ein Deckname für ein unbekanntes Psychedelikum, wie etwa »Gras« der euphemistische Ausdruck für *Cannabis* ist (Rätsch 1998: 560).

unter Donner und Blitz vor ihr erschien, verbrannte sie und fuhr in die Unterwelt. Zeus rettete das ungeborene Kind aus ihrem Leibe und trug es in seinem Schenkel aus (Gottschalk 1993: 227). Auf dem »Efeuberg« (Helikon) wurde das Kind großgezogen, und in der »Efeuquelle« (Kissusa) wurde es gebadet. Dionysos zog als Gott der Ekstase in orgiastischen Streifzügen durch das Land. Seine Anhänger und die Initianden in seinen Kult – die rasenden Weiber (Mänaden), die sexgeilen Satyrn und Silenen, Mischwesen aus Pferd und Mensch, die die Verbundenheit mit dem tierischen Trieb symbolisieren, sowie die trunkenen Bacchanten – warf er in den Zustand des Chaos, in die Ur-Wildheit, wo Ur-Schmerz und Ur-Seligkeit noch nicht getrennt sind, wo die Ordnung aufgehoben ist und das Neue beginnen kann. Rasend, Efeu kauend, trunken, Tiere und auch Menschen lebendigen Leibes zerreissend, so werden die von Dionysos Besessenen beschrieben: Ein Zustand, der typisch für bestimmte Phasen des Initiationsvorganges ist. Es ist der Zustand, in dem der Initiand von der Urschlange zerrissen und heruntergewürgt wird, und aus der er dann erneut, verjüngt oder erleuchtet wiedergeboren wird – falls er es überlebt! Die Schlange, als Erscheinungsform der Erdmutter, als Geschöpf des Erdchaos, war immer mit dabei. Nonnos von Panopolis schreibt: »Die Efeuruten, die die Mänaden auf einen Baumstumpf geworfen hatten, wanden sich um ihn und verwandelten sich in Schlangen.« Griechische Vasen zeigen dionysische Bacchanten und Mänaden als Motiv: Ekstatisch werfen sie den Kopf in den Nacken, in der rechten Hand tragen sie den efeuumrankten Thyrsosstab, zur Linken führen sie einen Leoparden, und das gelöste Kopfhaar formt sich zu Schlangen (Simonis 1991: 871). Von dem Rauschgott selbst wird erzählt, dass er einst von Piraten gefangen wurde; da verwandelte er den Mast in eine Riesenschlange, sich selbst in einen Löwen und wickelte das Schiff in Efeu ein, so dass die entsetzten Seeräuber ins Meer sprangen und ertranken.

Der Efeu ist eine vegetabile Schlange.[155] Er hat Teil an dem Wesen der Schlange. Das Reptil ist Symbol des Todes, seine Giftzähne betäu-

155 Mit einer »vegetabilen Schlange« kam ich in Berührung, als ich einmal mit dem Tsistsistas-Medizinmann Bill Tallbull in den Rockies wanderte. Plötzlich standen wir vor einer wunderschönen Smilax-Liane, die sich wie eine schuppige, grüne Riesenschlange die Bäume hinaufwand. Der Indianer trat einige Schritte zurück. Mein akademisches Botanisieren interessierte ihn nicht. Für ihn hatte das Gewächs den Astralkörper einer Schlange. Am selben Abend erschien die Pflanze meiner Frau im Traum und verwandelte sich tatsächlich in eine zischende Riesennatter. »Zieht aus der Blockhütte aus«, sagte sie, »hier ist alles mit Gift verseucht.« Das war tatsächlich so. Die Balken der Blockhütte waren, ohne dass wir es wussten, mit Holzschutzmittel und DDT gegen Termiten getränkt worden und gefährdeten unsere Gesundheit. Wir nahmen den guten Rat der Schlange an und zogen aus.

ben das Opfer und verschlingen es. Schlangen verwehren Unbefugten den Zutritt zur Anderswelt. Sie erscheinen warnend und bedrohlich in extremen psychedelischen Intoxikationen; sie sind Schwellenhüter zu Mysterien, die den Menschen töten oder verwandeln. Zugleich symbolisieren sie als sich häutende Wesen die Wiedergeburt, das ewige, sich ständig wandelnde Leben. Auch die Kelten kannten die Schlange in diesem Zusammenhang. Für die Kelten verbildlichte die Schlange den Gedanken, dass der Tod das Leben hervorbringt und das Leben den Tod. Die widderköpfige Schlange, die sich zu einem Ring formt, ist Symbol des sich ständig selbst verzehrenden, selbst wiedergebärenden Lebensstroms (Botheroyd 1995: 286). Das Motiv der Schlange, die sich wie der Uroboros in den Schwanz beißt und die kleine Insel unseres Daseins umschließt, kannten die Kelten gut.[156] Die Torques, die eine Schlange mit Widderhörnern darstellenden Halsreifen, welche die keltischen Helden trugen, waren vor allem mit dem Herrn der Höhle, Cernunnos, verbunden.

Die Hüter der Ordnung, die Priester des Jupiter und Apollo, hatten Mühe mit dem Kult des entfesselten Dionysos. Den römischen Flamen, den Jupiterpriestern, war es verboten, Efeu auch nur anzurühren – denn sie sollten der Ordnung walten und nicht dem Delirium verfallen. Noch tausend Jahre später bezeichnet die hellsichtige Hildegard von Bingen – als Äbtissin Hüterin der christlichen Ordnung – den Efeu (Ebich) als »Unkrut«, seinen Genuss als schädlich; aus ihm lasse sich höchstens eine äußerlich angewendete Salbe gegen Gelbsucht herstellen. Die Efeusalbe würde die schädlichen Gifte und Säfte aus dem Körper herausziehen (Müller 1993: 48).

Ob der Kult des Dionysos und des Efeus schon in keltischen Zeiten bis nach Gallien gedrungen war, ist ungewiss. Wir wissen jedoch, dass die Gallier wie versessen auf römischen Wein waren und ihn, zum Entsetzen der Romanen und Griechen, unverdünnt und in großen Mengen soffen. Da kann es gut sein, dass mit dem Wein auch ein entsprechender initiatorischer Kult und ein Mythos bis zu den Kelten vorgedrungen war. Wenn Jahre später Taliesin singt: »Ich habe den Efeuzweig besessen«, dann weist das womöglich auf einen Initiationsritus hin (Markale 1985: 141).

156 Diese Schlange erscheint in der keltischen Folklore häufig als *hoope-snake*, die ihren Schwanz ins Maul nimmt und einen Reif bildet und so die Berghänge herabrollt.

Bacchanten im Gefolge des Dionysos.

Volkskunde und Folklore können uns einige Hinweise geben, wie die einfache Landbevölkerung mit dem Efeu, der überall in den ehemals keltischen Ländern wächst, umging. Die Kletterpflanze mit ihren derben, ledrigen immergrünen Blättern kann selbst den kältesten Winter und die größte Trockenheit unbeschadet überstehen. So wurde sie in vielen Kulturen zum Zeichen der Vegetationsgottheit, die das Leben in einen neuen Zyklus hinüberträgt. In Ägypten war sie mit dem grünen Unterweltsherrscher und Vegetationsgott Osiris assoziiert. Bei den Kelten war sie, wie auch die Stechpalme und andere wintergrüne Pflanzen, dem »Grünen Mann«, der Wintergottheit, geweiht. Dieser ist der Geliebte der Erdgöttin, der Mutter Nacht, der Göttin, deren Symbol die Sau oder die Eule ist. Die Verbindung kommt auch in der englischen Redewendung »An owl in the ivy bush« zum Ausdruck.[157] Zu Ehren des Wintergottes (Samain) und der Wintergöttin, »der Alten«, schmückten die Inselkelten zur Wintersonnenwendzeit ihre Wohnungen und Heiligtümer mit Mistel, Stechpalme und Efeu. Die schleimigen weißen Beeren der Mistel und die blutroten Beeren der Stechpalme (*Ilex aquifolium*) versinnbildlichten das Fruchtbarkeitsgeschehen in den »Mutternächten« tief inmitten des Winters: die einen Beeren als das Sperma des Gottes, die anderen als das fruchtbare Menstrualblut der Göttin. Der Efeu, diese vegetabile Schlange, bildete das vermittelnde Dritte. Die Göttin selbst wurde manchmal als Efeuranke dargestellt, die die Gottheit fest umrankt und umklammert. Einige Zeit war das Schmücken mit diesen immergrünen Pflanzen zur Weihnachtszeit als »heidnisch« verboten, ist aber längst wieder Mode.

157 Die Redewendung verbindet die Weisheit (Eule) mit dem Rausch (Efeu). Ein Kranz oder Maien aus Efeublättern wurde von den Wirtsleuten über die Tür des Wirtshauses gesteckt, wenn es neuen Wein gab. Das Sprichwort bezieht sich also auf einen besonnenen Rausch.

Uroboros als zweiköpfiger Flügeldrache (britisch, 12. Jh.)

Bei der Getreideernte galt der Efeu als Ernte-Maien. Die Schnitter schmückten die zuletzt geerntete Garbe mit Efeukränzen und bezeichneten sie als das Efeumädchen, das *Ivy Girl*. Sie gehörte dem Bauern, der als Letzter mit dem Schneiden und Binden des Getreides fertig wurde. Dass er sie heimnehmen musste, war weniger eine Auszeichnung als vielmehr Spott und Schmach. Das *Ivy Girl* bedeutete nichts Gutes, denn es war eigentlich keine andere als die alte Cailleach, die düstere Wintergöttin selbst. Gelegentlich wurde dem *Ivy Girl* ein *Holly Boy* (ein Stechpalmenknabe) hinzugesellt.

Die Verbindung des Efeus mit der Erdgöttin kommt auch darin zum Ausdruck, dass die Jäger erzählen, dass sich die Wildschweine mit dem Kraut heilen, wenn sie verwundet sind, und dass die Bache, wenn sie Junge bekommt, Efeugrün verzehrt, um leichter zu gebären. Diesen Beobachtungen zufolge hängten die Bauern den Hausschweinen einen Efeuzweig um den Hals. Der Efeuzweig schütze die Tiere auch vor Verzauberung, weshalb man auch das Sankt-Antonius-Schwein mit einem Efeukranz um den Hals zum Metzger führte (Perger 1864: 25). Das gehört sicherlich in den Bereich ursprünglich keltischer Folklore.

Die mit Cailleach, der Winter- und Eulengöttin, assoziierte Kletterpflanze ist ein treffendes Symbol des Todes oder des Lebens jenseits des Todes. Und auch das blieb in Brauchtum und Überlieferung erhalten. Efeu ist eine Friedhofspflanze, die häufig auf Gräbern gepflanzt wird. Für die Christen wurde sie ein Symbol des Todes und der Auferstehung. Efeukränze werden noch zur Fronleichnamsprozession gebunden.

Die eher zwiespältige Haltung der Menschen gegenüber dieser Pflanze kommt auch darin zum Ausdruck, dass es heißt, man solle Efeu nicht mit ins Haus bringen. Es würde Unglück bringen, das Eheglück zerstören oder bewirken, dass die Tochter unverheiratet bleibe. Neben dem Haus gepflanzt, fordert der Efeu alle sieben Jahre ein Todesopfer.

Tod und Sexualität bedingen einander. So ist auch verständlich, dass der Efeu klammernde Liebe – im höheren Sinne Treue und Freundschaft – symbolisierte. Er wurde wegen seiner verstrickenden, festklammernden Wurzeln zum Liebeszauber benutzt. Wenn ein Mädchen während der Walpurgisnacht einen Kranz aus Efeu aufsetzt, lockt sie damit Liebhaber und Freier herbei (Aigremont 1997: 18). In der alten Blumensprache besagt der Efeu: »Ich halte dich fest; du entkommst mir nicht.«

Die Angaben, die Marcellus Empiricus zur heilkundlichen Anwendung in der gallischen Volksmedizin macht, unterscheiden sich nicht von jener der Römer. Wie die Römer benutzten die Gallier des 5. Jahrhunderts n. u. Z. Efeukränze als Kopfumgürtung, um die vom starken Weingenuss erhitzte Stirn zu kühlen. Hier kommt sozusagen das homöopathische Prinzip zum Zuge: Das Kraut des Dionysos wird gegen Dionysos verwendet. Marcellus berichtet, dass die Augenärzte aus Efeu Collyrien gegen Augenfluss herstellten.

Die mittelalterliche Volksmedizin benutzte die jungen Efeublätter als nicht unproblematisches Abtreibungsmittel. Die mit Honig bestrichenen Blätter sollen, in die Scheide eingeführt, den Abortus bewirken. Zerstoßene Fruchtdolden sollten, als Zäpfchen angewendet, die Menstruation beschleunigen. Man schrieb der Pflanze eine scharfe, reizende Kraft zu. Ein Absud aus den Dolden soll, nach der Regel getrunken, die Empfängnis verhüten (Aigremont 1997: 18). In der Provence legte man einer verstorbenen Jungfrau als Zeichen ihrer Jungfräulichkeit Efeublätter auf den Sarg. Und in Bayern benutzte man ein Pulver aus verbrannten Efeuwurzeln als Jungfernprobe. War das Mädchen keine Jungfrau mehr, dann konnte es seinen Urin nicht halten.

Heute hat man den Efeu analysiert und in ihm ein Saponin entdeckt – am stärksten ist es in den Beeren vorhanden –, das mit Cholesterin in der Zellmembran reagiert und die Zellen platzen lässt und dadurch Magen-Darm-Störungen, Übelkeit, Erbrechen und beschleunigten Puls auslöst. Neu ist der Gebrauch der jungen frischen Blätter als schleimlösendes, krampfstillendes Mittel bei Bronchitis und Keuchhusten. Äußerlich als Waschungen bei Fußpilz, Hautschuppen und Grind wirken die Saponine entzündungshemmend und pilztötend.

Werner C. Simonis, ein anthroposophischer Arzt, macht darauf aufmerksam, dass in homöopathischen Erprobungen des Efeus vor allem die Schleimhäute, das Gallen-Leber-System und die Schilddrüse – Efeu akkumuliert Jod – angesprochen wurden. Das sind Organe, die unserem Bewusstsein weitgehend entzogen sind und dabei besonders innige Beziehungen zu dumpfen Lebensprozessen haben. In anderen Worten, die Pflanze wirkt tief in archaische Lebensvorgänge, jenseits des entwicklungsgeschichtlich neueren neuralen Systems, hinein. Sie verbindet sozusagen mit dem Reptil in uns (Simonis 1991: 871).

Efeu gehört zu den Araliaceen, den Efeugewächsen, zu denen auch der Ginseng (*Panax ginseng*), der sibirische Ginseng (*Eleutherococcus*) und das Reispapier (*Tetrapan[e]x papyriferum*) zählen.

Nieswurz, Christrose

(*Helleborus niger*, gall. *limeum*)

Die schwarze Nieswurz ist ein Berserker unter den Pflanzen. Im Spätherbst, wenn die Bäume ihr Laub fallen lassen, die Blumen welken und sich versamen, schickt sich die Nieswurz an, Blütenknospen zu bilden. Und dann, zur Wintersonnenwende – wenn es nicht allzu kalt ist –, wenn die Sonne am Tiefstpunkt angelangt ist und die Tage am kürzesten sind, öffnet sie zögerlich ihre Blüten. Mit rosa angehauchten, grünlich-weißen Blütenblättern und Honigduft versucht sie die wenigen noch vorhandenen steifgliedrigen Insekten zu locken. Und wenn diese doch nicht kommen, bestäubt die »Schneerose« sich selbst.

Wie bei der Herbstzeitlose oder dem Efeu, die auch bis in den Winter hinein blühen, handelt es sich um eine Giftpflanze. Es ist oft so, dass Gewächse, die sich gegen den natürlichen Sonnenrhythmus auflehnen, stark toxisch wirken. Tatsächlich enthält die Nieswurz verschiedene Gifte. Sie enthält digitalisähnliche Herzglykoside, die auf den Rhythmus und die Schlagkraft des Herzens, auf die »mikrokosmische Sonne«, einwirken. Dazu kommen Saponine (Helleborin), die stark schleimhautreizend, Brechreiz erzeugend und drastisch abführend wirken. Das Vergiftungsbild ist beeindruckend. Es erstreckt sich von übermäßigem Speichelfluss, heftigem Schwitzen, Übelkeit und Erbrechen bis hin zu heftigen Magen-Darm-Schmerzen, Durchfall, Schwindel, Ohrensausen, Blindheit, Zuckungen, Atemnot, Pulsschwäche und endet schließlich bei der Krampfstarre und dem Tod. Aber gerade diese Giftwirkung ist es, diese unheimliche Kraft vor allem der schwarzen Wurzel, welche die Nieswurz einst zu einer der wichtigsten Heil- und Initiationspflanzen machte. Ob eine Pflanze Heilmittel oder Gift ist, kommt ja, wie Paracelsus bekanntlich lehrte, vor allem auf die Dosis an.

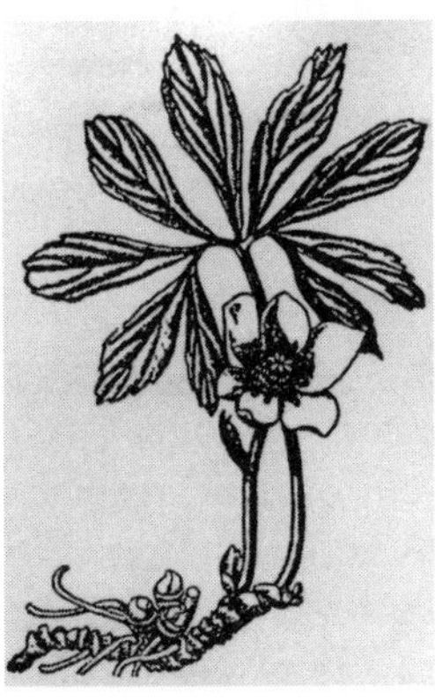

Nieswurz (Veratrum).

Für die Kelten war die schwarze Nieswurz, die überall im ehemaligen keltischen Siedlungsraum vor allem auf kalkigen Böden, besonders im Jura und in den Kalkalpen, wild wächst, eine wichtige Pflanze. Zum einen wurde sie als Pfeil- und Lanzengift bei der Hirschjagd verwendet. Plinius schreibt, dass die Gallier ihre Geschosse, mit denen sie die Jagdtiere erlegten, mit »Helleboro« vergifteten und dass das Fleisch durch dieses Lanzengift für den Genuss sogar zarter wurde. Um die Wunde schnitten sie das Fleisch aber ringsum aus. Wenn sie bei ihren Hirschjagden den Wurzelsaft in stärkerer Dosis in das seitliche Tüllenloch der Wurfspeere einbrachten, vergifteten sie das Tier nicht bis zur Ungenießbarkeit, sondern sie töteten es mit dem Herzgift durch Herzlähmung (Höfler 1911: 271). Ein Rabe – ein dem Lugus oder Brennus geweihter Vogel und Botschafter der Anderswelt – habe dieses Mittel den Kelten gezeigt. Auch, so erzählt Aristoteles von den Gallokelten, habe der schwarze Vogel ihnen ein Gegenmittel gegen die schwarze Giftwurzel gezeigt, nämlich die Eichenrinde. (Eichenrinde enthält Tannine, welche die Giftstoffe binden und ausflocken lassen.)[158]

Aber nicht nur als Hirschgift diente die Wurzel, sie war auch eines der wichtigsten tierheilkundlichen Mittel der Kelten. Plinius berichtet, dass die Gallier den seuchenkranken Rindern einen Bissen Nieswurz in den Schlund schoben, um diese durch den dadurch erzeugten Schweiß vom Giftstoff der Krankheit zu reinigen (Höfler 1911: 271). Der römisch-spanische Gutsbesitzer Columella (60 n. u. Z.) beschreibt, wie die Hirten Haarseile mit dem Helleborus-Gift tränkten und diese dem kranken Vieh durch das Maul zogen. Dieser Brauch hat sich überall auf ehemals keltischem Boden – in Süddeutschland, Österreich, Frankreich, Belgien, Britannien – erhalten. Besonders wenn die von den Kelten so geliebten Borstentiere am »Schelm« (Rotlauf, Drüsengeschwulst), »Hünsche«, »Gilbe« oder »Wrang« (Milzbrandbräune) litten, bohrte der Bauer ein Loch ins Ohr des kranken Schweins und steckte einen »Setter«, ein Stück Helleborus-Wurzel, hinein oder er zog ihnen ein giftgetränktes Seil durch das Loch. Neben Schweinekraut, Schweinewurz, Saubleaml, dänisch *svinurt*, französisch *herbe à porcs*, *herbe de Saint-Antoine* (der heilige Antonius, der »Säulitoni«, trat an die Stelle des keltischen Schweinegottes Moccus oder des »göttlichen Schweinehirts«) heißt die schwarze Nieswurz auch Sitterwurz

158 Teil des keltischen Jagdrituals war es, dem erlegten Hirsch Eichenlaub ins Maul zu stecken. Vielleicht ist auch der alte Glaube, dass der Hirsch eigentlich nicht stirbt, sondern eine Eichel in den Grund tritt und dann als Eiche weiterlebt, keltisch.

oder Setterwurz (engl. *settergras*, *setterwort*, franz. *herbe à sétons*, ital. *erba del mal sitòn*), Wrangkraut (wohl zu »wringen«, da der Milzbrand den Tieren den Hals zuschnürt und sie zum Würgen bringt), Schelmkraut, Schelmwurz und ähnlich (Marzell II 1972: 802). Die Franzosen hängen die Nieswurz noch immer gegen den bösen Blick, insbesondere den von Salamandern herrührenden, in den Schweinestall.

Auch bei Menschen konnte der »Schelm«, der Krankheitsgeist, der sich im Körper versteckt, mit der Nieswurz ausgetrieben – herausgeschwitzt, herausgebrochen, abgeführt, herausgeniest – werden. Nicht nur die Kelten, sondern auch die Völker im Mittelmeerraum erkannten in der schwarzen Nieswurz ein wertvolles Mittel zur Reinigung (Katharsis). Sie streuten das Wurzelpulver sogar in den Rauchfang und vor die Türen, um unerwünschten Astralwesen den Eintritt zu verwehren. Die Griechen nahmen das in Honigmet und Zedernöl eingelegte Wurzelpulver ein, um »schlechte Säfte«, Gift von Schlangenbissen oder Würmer – sichtbare wie unsichtbare – herauszupurgieren. Das Purgieren ist eine der ältesten Therapien überhaupt und wird von Naturvölkern überall praktiziert (Storl 1996: 133).

Der Name der Nieswurz bezieht sich darauf, dass das trockene Wurzelpulver geschnupft wurde.[159] Das darauf folgende explosive Niesen zwang die dämonischen bösartigen Entitäten, die sich in Mark und Bein eingenistet hatten, den Körper zu verlassen. Man gab es deswegen Besessenen, Wahnsinnigen und Fallsüchtigen. Im Mittelalter wurde das Niespulver gegen Schlaganfall angewendet: Wenn der Patient niest, dann sei er die folgenden 24 Stunden vor einem weiteren Anfall sicher. Der Augenblick des Niesens wie auch des Gähnens oder Rülpsens war für die Kelten ein magischer Moment, ein Moment des »Übergangs«, des Sichöffnens. Bei der schamanischen Trance deutet diese Reaktion des autonomen Nervensystems das Kommen oder Gehen eines Geistes an. Wer niest, ist nach keltischem Glauben der Gefahr ausgesetzt, von Feen verschleppt zu werden. Dieser Moment muss durch einen Segensspruch oder ein Machtwort, wie »Gesundheit«, »Gotthelf« oder »Bless you«, geschützt werden. Auch glaubten sie, wenn ein krankes Kind niese, treibe es die Geister aus, und der Zauber sei gebrochen. Auf jeden Fall galt es nicht als ratsam, das Niesen zu unterdrücken.

Wie die Nieswurz dazu verwendet wurde, Besessene zu heilen, illustriert eine Geschichte aus dem alten Griechenland. Als der ekstatische

159 Der berühmte Schneeberger Schnupftabak aus Lothringen enthielt Nieswurzpulver. Das Helleborin wirkt schleimhautreizend.

Kult des Dionysos von Asien her über das Land der Hellenen hinwegfegte, machten sich die Patriarchen der Stadtstaaten größte Sorgen. Der mit Efeu und zischenden Vipern geschmückte Weingott zog immer mehr Menschen, vor allem junge Frauen, in seinen Bann. Alle guten Sitten verachtend, zogen sie trunken und rasend durch die Wälder und feierten, von dem Weindämon besessen, wilde und oft blutige Orgien. Melampos, ein Hirte, der die Pflanzen wie kaum ein anderer kannte, und der Seher und Priester des Sonnengottes Apollo war, wurde beauftragt, die Auswüchse des Weindämonenkults einzudämmen. Er gab den verzückten Töchtern des Königs die Milch von Ziegen zu trinken, die vorher Helleborus-Blätter gefressen hatten. Augenblicklich wurden sie nüchtern. Seither wird das ätzende Hahnenfußgewächs auch »Pflanze des Melampos« genannt. »Adlerblut« und »Sonnenvogelkind« sind ebenfalls alte Benennungen, da der Adler als Vogel des Sonnengottes die Nüchternheit, Reinheit und Geistesklarheit symbolisiert. Auch der Held Herakles, so die griechische Sage, wurde durch diese Pflanze von einem Wahnsinnsanfall geheilt.

Die antiken Ärzte, von Hippokrates bis hin zu Dioskurides, formulierten die Dinge zwar eleganter, aber im Grunde genommen folgten sie dem alten magischen Volksbrauchtum, wenn sie ihren Patienten Helleborus verschrieben, um das wohltuende Erbrechen, Abführen und Harntreiben zu bewirken. Das theoretische Gerüst ihrer Medizinallehre war die »Vier-Säfte-Lehre«, mit der auch die keltischen Druiden später bekannt wurden. Demnach besteht der menschliche Körper aus vier Säften oder Humoren:[160]

1. **Gelbe Galle,** die bitter, warm und trocken ist und, wenn sie im Übermaß vorhanden ist, jähzorniges Aufbrausen und »cholerische« Wutanfälle erzeugt.

2. **Rotes Blut,** das als süß, warm und feucht beschrieben wird und im Übermaß Gereiztheit, Hyperaktivität und »sanguinische« Arroganz als seelische Begleiterscheinung erzeugt.

160 Die vier Kardinalsäfte wurden mit den Elementen, den Jahreszeiten (im mediterranen Raum), dem Lebensalter, einem Hauptorgan und den seelischen Temperamenten in Verbindung gebracht:

Gelbe Galle	**Blut**	**Schleim**	**Schwarze Galle**
Feuer	Luft	Wasser	Erde
Sommer	Frühling	Herbst	Winter
Jugend	Kindheit	Reife	Greisenalter
Leber	Herz	Gehirn	Milz
Choleriker	Sanguiniker	Phlegmatiker	Melancholiker

3. **Weißer Schleim** (Phlegma), der salzig, kalt und feucht ist und den Menschen träge und »phlegmatisch« macht.

4. **Schwarze Galle,** die scharf, trocken und kalt ist und, wenn im Übermaß vorhanden, eine »melancholische« Gemütsverfassung, Neigung zum Grübeln und Gehemmtheit bewirken kann.

Wenn diese vier Säfte oder »Humore« im Gleichgewicht sind, dann ist der Mensch gesund, dann hat er guten »Humor«. Wenn jedoch der eine oder andere der Säfte überwiegt, dann gilt es, diesen abzuleiten. Dazu ist die Nieswurz ein wahres Göttergeschenk! Sie zieht als Niespulver den Schleim (Phlegma) heraus, als Brechmittel die gelbe Galle. Bei der Frau zieht sie das Menstrualblut – die Wurzel oder das Pulver »in das Gemächt gethan«, wirkt als drastisches Emmenagogum, ja sogar als Abortivum. Vor allem aber leitet sie die schwarze Galle ab. Wenn diese sich im Körper ansammelt, insbesondere wenn sie bis ins Hirn aufsteigt, erzeugt sie tiefste Melancholie. Die Wurzel – schwarz, ätzend, warm zum dritten Grad und trocken zum dritten Grad – zieht nach dem Prinzip »Gleiches lockt Gleiches« diesen schädlichen Saft an und leitet ihn über die Milz in den Darm, von wo er schnell ausgeschieden wird (Müller 1993: 174).

Eine derartig wichtige Pflanze wie die Nieswurz durfte weder bei den Griechen noch bei den Kelten einfach so aus dem Boden gebuddelt werden. Es bedurfte eines aufwendigen Rituals, damit der Pflanzengeist, der bei den Griechen als Adler erschien, nicht zürnt. Der Wurzelschneider zog zuerst einen Kreis um die Pflanze. Mit dem Gesicht gegen Morgen (Osten) gekehrt, betete er zuerst zu Apollo und dann zu Asklepios, dem großen Heiler. Er sollte auch etwas Knoblauch essen und ein Glas ungewässerten Wein trinken und dann rasch graben, denn die Ausdünstung der Wurzel verursacht eine Schwere des Kopfes. Wehe, wenn sich ein Adler im Augenblick des Grabens zeigte: Der Wurzelschneider hätte dann nur noch ein Jahr zu leben.

Der oben erwähnte römisch-hiberokeltische Landwirt Columella schreibt in seinem Buch *De re rustica* (VI, 5), dass die Nieswurz kräftiger wirke, wenn sie vor Sonnenaufgang mit der linken Hand gegraben werde. Die Pflanze war also eine echte »Machtpflanze«, ein »Medizinkraut«, wie die Indianer sagen würden. Und als solche durfte sie in den ehemaligen keltischen Ländern nicht mit ins Haus getragen werden, »sonst würden die Hühner aufhören zu legen«. Auch riechen durfte man nicht an ihr, »sonst bekommt man Sommersprossen«.

Wegen ihrer Giftigkeit geriet die Nieswurz in Verruf. Wurm- und

Entlausungskuren, Abtreibungen, die Behandlung von Besessenen und Fallsüchtigen mit dem Lüppekraut verliefen oft tödlich.[161]

Zu Beginn der Neuzeit entdeckte Paracelsus die Christrose sozusagen von neuem. Ganz Feuer und Flamme schrieb er in seinem *Herbarius* (1525): »Mehr Tugend und mehr Kraft ist in diesem Kraut, als alle Schriftsteller, die auf den Hohen Schulen gelesen werden, jemals in Bezug auf das lange Leben geschrieben haben.« Ein Arzt, der allein diese Pflanze richtig anzuwenden weiß, der hat Kunst genug, fügt er hinzu (Pörksen 1988: 27).

Die schwarze Nieswurz, so Paracelsus, »entfernt aus dem Leib, was nicht in ihm sein soll«: Menstrualblut, Würmer, tote Leibesfrucht, Krankheitsstoffe. Die Wurzel hat die Macht, vier Krankheiten zu vertreiben: Fallsucht, Gicht, den Schlag und Wassersucht.[162] In den Blättern dagegen sieht der Hohenheimer vor allem ein »Elixier des langen Lebens«, ein Geriatrikum. So hätten es die alten Philosophen gemacht: Die Blätter im Schatten durch den Ostwind trocknen gelassen, zu Pulver gestossen und mit gleicher Menge feinem Zucker verrieben. Davon soll vom 60. Lebensjahr an jeden Morgen ein halbes »Quintlein« (1 q = 4,3 g) eingenommen werden; dann zwischen dem 70. und 80. Lebensjahr jeden zweiten Tag ein halbes Quintlein, vom 80. bis zum Ende jeden 6. Tag ein ganzes Quintlein (Pörksen 1988: 28).

Der Straßburger Arzt Hieronymus Brunschwygk, der selbst über 100 Jahre alt wurde, pflichtet dem bei. Er berichtet von einem Mann namens Claus Holandt, der 130 Jahre alt wurde. Dieser pulverte das Kraut und »leget vom Pulver einen Haselnuss groß auff die Handt, und lecket davon. Also bleib dieser in Gesundheit, bis auff Zeit seines natürlichen Tods« (*Destillierbuch*, 1551). Auch in der Volksheilkunde heißt es, »wer ein Stück Wurzel der Christrose bei sich trägt wird sehr alt«. Rudolf Fritz Weiß, der Neubegründer der Phytotherapie, bestätigt, dass dies durchaus wirksam sein könne: »Paracelsus hatte offensichtlich sehr richtig herausgefunden, dass die getrockneten Blätter besser vertragen werden als Zubereitungen aus dem Wurzelstock« (Weiss 1991: 244).

Die alten Ärzte waren bemüht, die Krankheiten, ebenso wie die Heilmittel, im kosmischen Zusammenhang zu verstehen. Eine Krankheit, die durch den ungünstigen Einfluss eines Planeten bewirkt wird,

161 Die Verwendung der Nieswurz als Mittel zur Abtreibung von Embryonen führte dazu, dass der Verkauf der Wurzel durch die Nürnberger Medizinalordnung von 1592 verboten wurde.
162 Nach Paracelsus soll bei Fallsucht die Wurzel bei abnehmendem Mond im Zeichen der Waage ausgegraben und »im Schatten des Nordwindes« bei einer gut aspektierten Venus getrocknet werden.

sollte man mit einem Heilkraut behandeln, das die Signatur desselben Planeten trägt. Bei der schwarzen Nieswurz ist es eindeutig. Sie gehört dem Saturn. Dieser, der langsamste der sichtbaren Wandelsterne, ist der hinkende Greis unter den Planeten. Die Saturnzeit des Jahres, der kalte, graue Winter, ist die Blütezeit der Nieswurz. Im Menschenleben ist das Alter die Saturnzeit. Positiv aspektiert bringt Saturn Weisheit, Nüchternheit und Abgeklärtheit; negativ aspektiert, Melancholie, Alterstarre sowie schwerste Gebrechen. Schon Dioskorides, der das erste Heilkräuterbuch schrieb, benutzte Helleborus für saturnische Leiden wie Gicht, Schwerhörigkeit, chronische Verstopfung und Krätze. »Helleborus heilt den Wahnsinn, der sich als Geiz äußert«, schreibt Horaz – und welche Seeleneigenschaft wäre saturnischer als der Geiz! Selbstverständlich grub man diese Saturnpflanze am Saturntag zur Saturstunde, zu einer Zeit, in der sich der Planet im eigenen Haus (Steinbock, Wassermann) befindet, exaltiert oder gut aspektiert ist.

Bärlapp

(*Lycopodium* ssp., gall. *selago*)

Der Bärlapp, den viele für ein großes Moos halten, ist eine der ältesten Schamanenpflanzen. Die Gefäßsporenpflanze, die ein pflanzliches Fossil ist und schon in der Steinkohlezeit vor 300 Millionen Jahren vorhanden war, als es noch nicht einmal Dinosaurier gab, hat keine Blüten, sondern kolbenartige Sporenbehälter (Sporangien), in denen große Mengen goldgelben Sporenstaubs erzeugt werden. Dieses Sporenpulver, auch Teufelskrähenmehl, Hexenmehl, Drudenmehl, Erdschwefel oder Blitzpulver genannt, gehörte in den Medizinbeutel eines jeglichen Schamanen, der etwas auf sich hielt. Das Pulver ist ölig und enthält viel Aluminium (54% Aschengehalt), so dass es äußerst leicht entzündlich ist. Das Drudenmehl lässt, wenn man es ins offene Feuer streut, eine Stichflamme hervorschießen, es zischt und blitzt, als hätte der Götterbär zugeschlagen. Mit diesem Blitzeffekt untermalten die Zauberer ihre Beschwörungen: In späteren Zeiten erzeugten Theaterdirektoren mit dem Pulver dramatische Theaterblitze. Sogar die ersten Blitzlichter der Fotografie griffen auf den Sporenstaub zurück. Auch rieben sich die Schamanen die Hände mit dem Hexenmehl ein und wenn sie dann ins Wasser griffen, blieb die Hand trocken und unbenetzt. Auch das muss vielen Teilnehmern einer Seance unheimlich vorgekommen sein.

Die Druiden haben den Kult des Blitzkrauts geerbt. Es war eine ihrer wichtigsten Pflanzen, und es ist durchaus vorstellbar, dass das Kraut oder der Sporenstaub in den Initiationskessel der Keridwen gegeben wurde. Wie wir von Christian Rätsch vernehmen, enthält der Keulenbärlapp einen toxisch oder psychoaktiv wirkenden Alkaloidkomplex, der allgemein »Clavatin« genannt wird und sogar Nikotin einschließt (Rätsch 1998: 568).[163] Die psychedelische Wirkung scheint nicht sehr stark zu sein oder beruht auf – uns nicht mehr bekannten – Synergismen mit anderen Pflanzen. Plinius ist es zu verdanken, dass wir etwas über das druidische Sammelritual wissen. Um das wichtige Kräutlein zu holen, musste der Druide barfuß, mit frisch gewaschenen Füßen und in weißen, ungesäumten Kleidern zum Bärlapp gehen. Da er vor allem eine Zauberpflanze war, wurde er in der Nacht beziehungsweise der Neumondnacht beschworen. Nach einem Opfer von Brot und Met pflückte er ihn mit der linken Hand und legte ihn in ein neues Tuch. Die Pflanze durfte nicht mit Eisen berührt werden. Die Druiden, wie später auch die weisen Frauen im Mittelalter, verwendeten die Pflanze, um Schutzamulette – gegen den bösen Blick, Verhexung und Verzauberung – herzustellen. Sie benutzten sie auch, wie Plinius schreibt, als Räuchermittel gegen alle Augenschäden (Plinius XXIV, 103).

Im keltischen Westeuropa blieb das druidische Ritual bis in die Neuzeit erhalten. Bei den Bretonen heißt das grüne Kräutlein »Goldkraut« (franz. *herbe d'or*; breton. *aouryeoten*). Es darf nur von »heiligen, guten, reinen Menschen« (*saints gens*) gesammelt werden. Auch sie müssen barfuß gehen, dürfen kein Eisen bei sich tragen und müssen das Kraut kniend pflücken. Alte Frauen tragen »gegen Altersbeschwerden« zur Sommersonnwendzeit einen Gürtel des heiligen Goldkrautes.

Die Einheimischen des stark keltisch geprägten Cornwall (Südwestengland) beräuchern, wie die gallischen Druiden vor 2000 Jahren, entzündete Augen mit dem schwelenden Kraut. Auch sie sammeln die Pflanze nach dem altkeltischen Ritual: Am dritten Tag des Neumonds oder gerade wenn die neue Mondsichel erscheint, geht der Sammler, nachdem die Abendsonne am Horizont verschwunden ist, zu der Pflanze. Er zeigt ihr das Messer, mit dem er sie schneiden wird, und sagt dazu im formellen alten Englisch:

163 Eine Bärlappart wird von den *curanderos* in Peru dem San-Pedro-Trank (*Trichocereus pachanoi*) beigemischt, dann erscheint der Pflanzengeist dem Schamanen als Kondor. Dieser hilft dann dem Heiler auf der Astralebene. Vermutlich steigert der Bärlapp die halluzinogene Wirkung des San-Pedro-Tranks und verbessert die visionäre Sicht (Rätsch 1998: 568). Ob die Druiden ähnliche Synergismen kannten, ist uns nicht bekannt.

»As Christ healed the issue of blood
Do thou cut what thou cuttest for good.«

(»Wie Christus den Blutfluss heilte, so schneide, was geschnitten werden soll.«) Mit vorschriftsmäßig sauber gewaschenen Händen wird das Kraut auf ein weißes Tuch gelegt und heimgetragen. Dann wird es in Wasser gelegt, welches aus einer nahe liegenden Quelle geschöpft wurde, und kurz aufgekocht. Oder es wird, zusammen mit der Sahne einer Kuh, die zum ersten Mal gemolken wurde, zu einer Salbe verarbeitet.

Die unzähligen Namen, mit der die kriechende Waldpflanze belegt wurde, geben uns eine Ahnung von der Bedeutung des Bärlapps in der heidnischen Zauberkunde und Weltanschauung. Plinius gibt den keltischen Namen als **Selago** an. Das ist aber eher ein lateinischer Name, denn die Nachsilbe *-ago* kommt auch in anderen lateinischen Pflanzennamen vor – Tussil*ago* (Huflattich), Borr*ago* (Borretsch), Plant*ago* (Wegerich), Soldid*ago* (Goldrute) – und bedeutet »bewerkstelligen, vorwärtstreiben, machen«. Die Vorsilbe *sel-* beruht auf dem indogermanischen **si* = »binden«. Es ist also ein Bindekraut. Wurde damit Bindezauber betrieben? Oder bedeutet es, dass man damit zur Sommersonnwendzeit Kränze und Gürtel binden konnte? Die Pflanze heißt noch immer Seilkraut, Gürtelkraut, Waldgürtel, Teufelshosenband, Hexengürtel, Sankt-Johannes-Gürtel. Überall wo sie wächst, werden zur Mittsommerzeit Kränze aus dem Kraut geflochten und als Schutz gegen Zauberei an die Haus- oder Stalltüre gehängt. In Irland heißt der Bärlapp auch *Devil's garter* (= »Teufels Strumpfband«) und ebenso in Tirol, wo er »Toifl sei Strumpfbandl« genannt wird.

Alte Zauberpflanzen wurden oft nach dem Grünen Junker, dem Waldteufel, und seinen wilden Gefährtinnen benannt. So heißt die Pflanze auch Hexenmoos oder Teufelskrallen. Als »Alfkraut« (Alf = Alp, Geist, Elfe) wurde es mit in die »Unruh« getan. Darunter versteht man Gehänge, die an der Decke an einem Faden hängen und sich ständig leicht bewegen. Tritt ein böser Zauberer oder Unhold in den Raum, steht es still, dann habe man Acht! Die Pflanze heißt auch »Irrkraut«, (französisch *herbe à la détourne*), denn wenn man nach Sonnenuntergang darauf tritt, wird man sich bestimmt verlaufen.

Ältere Benennungen beziehen sich auf Tiere, die einst keltische Totemtiere waren. Zuerst eben »Bärlapp« («lapp« kommt vom keltischen *llap* = Hand, Bärentatze) oder Bärenmoos. Dieser Name scheint sehr alt zu sein. Bärenpflanzen waren für die Kelten und Germanen, die den alten, bis in die Altsteinzeit zurückreichenden Bärenkult übernahmen und weiterpflegten, immer die großen, starken, besonders heil- oder zauberkräftigen Pflanzen.[164] Der Bär galt als Gefährte der jungen Weißen Göttin und als Frühlingsbringer. Wie der Bär, der nach dem Winterschlaf verjüngt und mit Jungen aus der Höhle kommt, haben die Bärenpflanzen oft mit Verjüngung und Erneuerung zu tun. Der Bär (kelt. *art*, *math*, griech. *arktos*) war einer der Totems des keltischen Kriegeradels; er symbolisierte Willensstärke. Viele keltische Könige – König Artus – benannten sich nach ihm. Zugleich aber galt die Bärin als Symbol der Mütterlichkeit. Die Bärengöttin – wie etwa die keltische **Dea Artio,** die in der Nähe der Bärenstadt Bern gefunden wurde – ist Beschützerin der Frauen, Mütter und Kinder. Viele »Bärenpflanzen« waren deswegen Frauenpflanzen, Pflanzen für die Gebärmutter. Auch der Bärlapp, insbesondere der Tannenbärlapp (*Lycopodium selago*), scheint in früheren Zeiten – in Form einer Abkochung – als Antikonzeptivum und auch als Abortivum benutzt worden zu sein (BECKMANN 1990: 195; BRØNDEGAARD 1985: 183). Vielleicht auch deswegen der Bezug zu Hexen.

Neben dem Bären wird die Pflanze auch mit dem Wolf assoziiert. Der Gattungsname *Lycopodium* bedeutet »Wolfsfüßchen«. Wolfskraut und Wolfsklauen (franz. *pied de loup*, engl. *wolf's foot*) sind weitere Namen. Wolfskräuter sind sonst immer sehr ätzende oder giftige Gewächse, wie Wolfsmilch, Bilsenkraut, Wolfskraut (*Aconitum*), Wolfsschiss (*Helleborus*) oder das Wolfsauge (*Atropa*). Der Wolf galt als Verschlinger und Vernichter. Dennoch war das gefürchtete Tier ein Familiar des Schamanen und Druiden. Mächtige Schamanen streiften als Wölfe durch die Wildnis, sie waren Werwölfe. Merlin lebte, so die Sage, an einer heiligen Quelle mit einem Wolf und einem Hirsch. Nur eine reine Seele, nur ein Druide oder Heiliger kommt ungeschoren am Wolf vorbei oder kann durch ein Wolfsrudel gehen. Somit ist der Isegrim Hüter der reinsten Mysterien. Vielleicht ist Selago nicht nur eine Wolfspflanze, weil sie im Wald, wo der Wolf zuhause ist, wächst, sondern weil sie mit den tiefsten Mysterien verbunden ist.

Wie die Namen Hirschkolben (engl. *stag's horn*), Hirschgeweih oder Hirschsprung verraten, ist die Pflanze auch mit einem weiteren kelti-

[164] Zu den Bärenpflanzen gehören Bärlauch, Bärentraube (*Arctostaphylos*), Klette (*Arctium lappa*), Bärwurz, Wiesenbärenklau, Bärenschote und viele andere. Der Bär galt bei den Indianern wie auch im eurosibirischen Raum als »Meister der Pflanzenkunde« und die Bärenpflanzen als die Meister der Heilkräuter. Der Bär war der totemische Lehrer der Kräuterschamanen. Näheres dazu in meinem Buch *Berserker und Kuschelbär* (STORL 1992: 184).

schen Totemtier verbunden. Sie heißt in England auch *Robin Hood's hatband* (Hutband des Robin Hood). Der »rotbraun« gekleidete Waldläufer Robin Hood, ist, wie wir schon gesehen haben, kein anderer als der alte Hirschgott Cernunnos, der die Wachstumskräfte verkörpert. Auf dem großen Kessel von Gundestrup ist der geweihtragende Cernunnos zwischen einem Hirsch zu seiner rechten und einem Wolf zu seiner linken Seite abgebildet. Der Gott hält damit das Gleichgewicht zwischen den wachsenden Lebenskräften (Hirsch) und den Todeskräften (Wolf). In seiner Hand hält er eine Schlange – Symbol des sich häutenden, ständig erneuernden Lebens. »Schlangenmoos« ist ein weiterer Name des Bärlapps.

Nomen est omen, sagten die Römer und meinten damit, dass sich in dem Namen das Wesen eines Dinges offenbare. Das ist auch bei den Pflanzen so: Deswegen wollen wir uns weitere Namen des Bärlapps ansehen, um diese mysteriöse Pflanze besser verstehen zu können. Die Sennen in den Alpen kennen den Bärlapp auch als Milchmies, Seihgras, Seihenwisch oder Folleschübel. Das bezieht sich darauf, dass sie das Bärlappkraut als Filter in ihre primitiven Milchsiebe legten. Als Bäckergras oder Bäckerbesen ist die Pflanze ebenfalls bekannt, da sie zum Auswischen der Backöfen benutzt wurde. Wanderer kennen den Bärlapp als Krampfkraut, da es um die Waden gelegt, Wadenkrämpfe lindert. Bärlapp ist zudem das Beißwurmkraut, da es den »Beißwurm«, der den Kühen in die Euter beißt, vertreibt. Bei den Walisern hieß das Kraut *Gras Duw* (Gottes Gnade).

Der Name Neunheil sagt etwas über die Erwartung aus, die man der Moospflanze als Heilkraut entgegenbrachte. In der irischen Volksmedizin wird das goldgelbe Sporenpulver erhitzt und der Rauch in entzündete Augen gefächelt. Von dem zu Pulver verriebenen Kraut wird bei Rheuma zweimal am Tag eine Messerspitze eingenommen. Ein harntreibender Tee aus dem Kraut – zwei bis drei Tassen am Tag – wird bei Harnverhalten und Menstrualstörungen verschrieben. Auch bei Verdauungsstörungen soll der Tee helfen (Baumgart 1998: 48). Wahrscheinlich kannten schon die altsteinzeitlichen Mütter das Sporenpulver als trocknendes, heilendes Puder für wunde Säuglingspopos. Auch bei nässenden Hautausschlägen ist es hilfreich. Die Volksheilkunde, wie sie von Maria Treben vertreten wird, kennt den Tee aus dem Kraut bei allen Erkrankungen der Harnwege und Geschlechtsorgane, bei Nierensteinen und Nierenkolik, bei Rheuma und Leberverhärtung (Treben 1986: 9). Der Tee, der als funktionsregulierend, schmerzlindernd und krampflösend gilt, wird entweder kalt angesetzt und zum Sieden gebracht oder die Blätter werden gleich mit kochendem Wasser übergossen. Auf schmerzhafte Krampfstellen wird ein Bärlappkissen aufgelegt.

An zauberischer Verwendung des Waldkrautes fehlt es nicht. Das Mädchen, das sich Bärlapp in den Rock näht, wird beim Tanz – oder in der Disko – jede Menge gute Tänzer bekommen. Bei Behördengängen in der Rocktasche getragen, schützt das Kraut vor Behördenwillkür. Man kann Bärlapp auch in das Sofa oder in Kissen stopfen, damit ein unliebsamer Besuch nicht allzu lange bleibt. Da jedoch die hübsche Pflanze wegen Waldzerstörung und Umweltbelastung eher selten geworden ist und sogar auf der Roten Liste steht, ist vom Sammeln dennoch abzuraten.

Bachbunge, Bachehrenpreis

(*Veronica beccabunga*, gall. *samolus*?)

Ob der Bachehrenpreis oder die Bachbunge wirklich das mysteriöse **Samolus** der Druiden ist, wissen wir nicht. Außer der Aussage von Plinius gibt es wenig Berichte über diese Pflanze. Der Römer, der sich über die barbarischen Bräuche der Kelten eher lustig macht, schreibt, dass Samolus an feuchten Stellen wächst und nur unter bestimmten Bedingungen gepflückt werden darf: Der Druide soll nüchtern zur Pflanze gehen, ohne zurückzuschauen; er soll sie mit der linken Hand ernten. Sie wird zerhackt und erkrankten Rindern und Schweinen in den Trog gelegt (Plinius XXIV, 104). In einem frühmittelalterlichen Gedicht aus dem keltischen Cornwall wird geschildert, wie der Druide Merddin (Merlin) in taufrischer Morgenfrühe auszieht, mit seinem schwarzen Hund[165] zur Seite, um das magische Schlangenei (*glain*), Kresse und *Samolus* zu pflücken und den höchsten Zweig vom Wipfel der Eiche zu schneiden (Ranke-Graves 1984: 42).

Samolus (kelt. *samo-lus)* bedeutet »Sommerblume« (Höfler 1911: 252). Verschiedene Gelehrte haben daran herumgerätselt, welche »Sommerblume« oder den Sommer ankündigende Pflanze es sein könnte: Schlüsselblume, Osterblume, Kuckucksblume und Anemone

165 Zauberer und Schwarzkünstler haben oft einen schwarzen Hund als Gefährten und Spurensucher, der sich in der Anderswelt zurechtfindet. Auch Mephisto erscheint dem Doktor Faustus als schwarzer Pudel.

sind möglichen Kandidaten. Der Ethnobotaniker Max Höfler schlägt jedoch den Bachehrenpreis vor, der an Bächen und in Feuchtgebieten wächst. Als Hinweis diente ihm die Tatsache, dass der Bachehrenpreis, dieser *cresson de cheval*, oder der nah verwandte ebenfalls am Wasser wachsende Gauchheil-Ehrenpreis auch volkstümlich als *samole* bezeichnet wird. Das könnte richtig sein, denn der Bachehrenpreis war einst eine wichtige Heilpflanze. Er gehörte zu den frischen grünen Frühlingskräutern (»grüne Neune«), mit denen die Winterträgheit, der Scharbock (Skorbut) und die Skrofeln aus Leib und Seele vertrieben wurden. Das war in einer Zeit, ehe es Orangen aus Spanien und Multivitaminpillen gab, eine wichtige gesundheitserhaltende Angelegenheit. Der Saft der Bachbunge ebenso wie der Brunnenkresse (*Nasturtium officinale*) wurde als »blutreinigendes« und die Drüsen anregendes Mittel dem Vieh wie auch den Menschen als »Maikur« zu trinken gegeben. Kresse und Bachbunge – auch Bachkohl, Wasserkresse, Wassersalat (franz. *salade de chouette*) genannt – wurden traditionell immer in der Morgendämmerung vor Sonnenaufgang gesammelt. Diese vitalisierenden, saftigen, grünen Kräuter setzen das Zeichen, dass die Sommerhälfte des Jahres bevorsteht.

Als der schwarze Tod umging und weite Teile Europas zu entvölkern drohte, erschienen dem einfachen Volk immer wieder Andersweltliche – kleine graue Männlein, sprechende Vögel oder Totenköpfe, Elfen oder die »Saligen« – und gaben den verschreckten Menschen den Rat, sie sollten Baldrian, Bibernell, Wacholderbeeren, Enzian, Pimpernell und andere immunstimulierende Kräuter zu sich nehmen.[166] Auch der Ehrenpreis – wahrscheinlich ist der saftige, dickblättrige, vor Lebenskraft nur so strotzende Bachehrenpreis gemeint – wird von einem sprechenden Vogel angegeben:

»Trinkt Ehrenpreis und Bibernell
So sterbet ihr nit so schnell.«

Das blau blühende Sumpfgewächs ist ein Rachenblütler oder Braunwurzgewächs (*Scrophulariaceae*) und gehört derselben Gattung an wie der »offizielle« Ehrenpreis oder Waldehrenpreis (*Veronica officinalis*). Dieser Ehrenpreis war eine der wichtigsten Heilpflanzen der Kelten. Schon die vielen volkstümlichen Benennungen deuten das an: Grund-

166 In schwerer Krankheit, Schock, Todesnähe, völliger Erschöpfung, toxikologischen Delirien und anderen Situationen, die den Menschen bis über den Rand seiner Möglichkeiten treiben, rückt die alltägliche, »vernünftige« Welt in den Hintergrund und die Andersweltlichen erscheinen. Oft vermitteln sie die die Not wendende, heilende Botschaft.

Dea Artio: Bärengattin der Helvetier bei Bern.

Hirsche als Hüter des Kessels mit dem Wasser des Lebens.

heil, »Sta up en ga weg« (in Hamburg, nach dem Spruch des Heilands zum Gichtbrüchigen, »Steh auf und wandle«, Matth. 9,5–6), Trost aller Welt, Allerweltsheil, Heil aller Schmerzen, englisch *speedwell*, Komm-wieder-Tee (er lässt die durch Zauberei versiegte Milch bei den Kühen wiederkommen) oder »Zu-Hause-ist-er-nicht« (auf das Fieber bezogen, das einen, wenn man Ehrenpreis einnimmt, nicht finden kann).[167]

In Frankreich heißt der Ehrenpreis auch *herbe aux ladres* (Kraut der Aussätzigen). Der Gelehrte Doktor Brunfels erzählt in seinem *Herbarium* (1532) die sehr keltisch anmutende Geschichte, wie die Heilkraft der Pflanze entdeckt wurde: Ein König von Frankreich, der aussätzig war und gar übel roch, hatte einen Hirten, der auch sein Jäger war. Der beobachtete einmal einen Hirsch, der von einem Wolf gebissen worden war und daher am Hinterlauf eine Verwundung hatte. Der Hirsch näherte sich einem Eichbaum, wo die Wurzel und das Kraut des Ehrenpreises »oft und dick« wuchs. Der Hirsch äste davon, rieb sich daran und legte sich darauf nieder. Acht Tage später sah der Jäger, dass der Hirsch von dem Biss ganz geheilt war; nur die Haare fehlten noch. Der Jäger füllte einen Kübel mit dem frischen Saft des Krauts, ging zum Königsschloss und bat den König, ihm zu vergönnen, eine kleine Kunst an ihm zu versuchen. »Durch Vergunst des künigs« wurde ein Bein in den Pflanzensaft gesetzt und damit gewaschen. Da bekam der König

167 Der »offizielle« Ehrenpreis, der der heiligen Veronika – das ist die Barmherzige mit dem Schweißtuch des Heilands – geweiht wurde, ist eines der wichtigsten Heilmittel der Volksmedizin. Maria Treben lässt ihn im Sommer an Waldwegrändern und unter Eichen sammeln und verwendet den Tee bei Hautekzemen zur Blutreinigung, als Wundheilmittel, bei Gelbsucht und anderen Milz- und Leberleiden und als Tee bei Nervosität und geistiger Überanstrengung.

Schmerzen; deshalb hieß er in der Nacht ein Licht bringen, um das Bein zu besehen. Da war das Bett »voll ruffen« (Blattern, Aussatz). Daraufhin ließ er mit dem Saft den ganzen Körper einreiben, »bis er heil war und zart als ein jung kind«. Darum nannte er das Kraut Ehrenpreis, »das es wol der eeren würdig was« (*Hausapotheke* 1993: 252).

Für die holländische Kräuterfrau Mellie Uylert sprechen die Braunwurzgewächse vor allem die von Stress oder seelischer Kälte verursachten Leiden des modernen Menschen an. Der Bachehrenpreis heilt die somatischen Folgen von Stauungen der Gefühlsfrustration: Wassersucht, Ekzem und Leberstauungen (Uyldert 1984: 149).

Bilsenkraut

(*Hyoscyamus niger*; gall. *belenuntia*)

Das Bilsenkraut – Pilsnerkraut, Dulle, Dille, Saukraut, Schlafkraut, Teufelsaugen, Hünertod, Hundskraut, Wolfskraut, Zahnwehkräutl – kam als Kulturbegleiter, als »Unkraut«, das auf Schutt- und Abfallhaufen wächst, mit den ersten Bauern nach Nordwesteuropa. Es ist ein giftiges Nachtschattengewächs, das, wenn es aus Versehen mit in den Salat gelangt, unlöschbaren Durst, Kopfschmerzen, Schwindel, Übelkeit, Wahnsinn und Muskelstarre hervorrufen kann und in größeren Dosen zum Koma, zur Atemlähmung und schließlich zum Tod führen kann. Das tropanalkaloidhaltige Giftkraut wird noch heute mit Teufeln und Hexen assoziiert.

Für die Kelten war das Bilsenkraut kein verpöntes Giftgewächs, sondern eine Initiationspflanze, ein Schlüssel zum Tor in die Anderswelt. Die im richtigen Umgang mit dem psychedelischen Nachtschattengewächs unterwiesenen Druiden und Veledas konnten damit das Totenreich, die Göttersphären und auch die Elementarwelt besuchen. Es ermöglichte ihnen, hinter der äußeren Erscheinungswelt im Bereich der Ursachen zu agieren, war Flugkraut und Liebesmittel. Der trockene Rachen, das verschwommene Sehvermögen und die heiße, trockene Haut – alles Anzeichen der Aktivierung des sympathischen Nervensystems – wurden in Kauf genommen, um sich mit seiner Hilfe in Tiere zu verwandeln, durch die Lüfte zu fliegen und die Innenseite der Welt zu erkunden.[168] Heute weiß man kaum mehr etwas über die korrekte Do-

168 Weitere Angaben zum Thema Bilsenkraut sind in meinem Buch *Götterpflanze Bilsenkraut*, Nachtschatten Verlag, Solothurn 2000, zu finden.

sis und Anwendung.[169] Angst- und machtbesessene, behördlich sanktionierte Fanatiker haben die letzten Wissenden als Hexen verfolgt und das Wissen getilgt.

Bilsenkraut (Hyoscyamus niger).

Der Name Bilsen geht auf eine keltische Wurzel zurück. **Bilisa** oder **Belenuntia** nannten die Gallier die Pflanze, diese vegetabile Verkörperung des Sonnengottes Bel oder Belenos. Der keltische Name für die Sakralpflanze verbreitete sich – wahrscheinlich zusammen mit dem Kult des Belenos-Baldur – über das ganze heidnische Europa, bis zu den Germanen, den Slawen, den Balten und sogar den Römern. Als *bilisa* kannten die Goten das Kraut, als *beolene* oder *henbell* die Angelsachsen. In Skandinavien hieß es *bylne*, *bulma*, *velesa* bei den Katalanen und *beleño* heißt es immer noch bei den Spaniern. Die Slawen kennen es als *belena* oder *blin*. Die Römer nannten es unter anderem Apollinaris, das Kraut des hyperboräischen Sonnengottes Apollo (A-Bel).

Das Prophetenkraut wurde vor allem als Bierzusatz im Kontext großer gesellschaftlich sanktionierter Stammesfeste getrunken. Vor allem in der Jahreszeit, in die die Herrschaft des Lichtgottes Belenos und seiner Blumenbraut, der Vegetationsgöttin, fiel, nämlich zum Mai-Vollmondfest und zur Sommersonnenwende. Das Bilsenbier half den Feiernden, sich von den Beschränkungen des eher dumpfen, funktionalen Alltagsbewusstseins zu befreien und sich dem göttlichen Tanz der Natur, dem makrokosmischen Eros, gegenüber ekstatisch zu öffnen. Belenos und die schöne Göttin konnten sich dann den Feiernden offenbaren.

Bei der Stammesratsversammlung, beim Thingtreffen unter der Eiche, kreiste – wie wir gesehen haben – ebenfalls das Trinkhorn. Der Kontext oder das *setting* und die Voraussetzung für dieses »psychedelische Kreisritual« waren jedoch andere. Nicht die ekstatische Partizipation war das Ziel, sondern der Zugang zu den Götterwelten, damit die

169 Wie inzwischen allgemein bekannt ist, kommt es bei der Wirkung einer derart starken Substanz auf Dosis, Set und Setting an (Leary/Metzner/Alpert 1964: 97). Dosis bezieht sich auf die Menge und Qualität der Droge, Set auf die psychische und geistige Verfassung des Anwenders und Setting auf das gesellschaftliche und physische Umfeld. Ein moderner Städter macht demnach eine ganz andere – wahrscheinlich grauenvolle – Erfahrung als der Stammesangehörige, der die Droge im Rahmen eines gemeinschaftlichen Festes zu einer kosmisch bedingten Jahreszeit nimmt. Bei Letzterem wird die Wirkung eher ins Ekstatische gehen.

Ratsbeschlüsse von der Weisheit der Götter und der transzendenten Dimension getragen werden konnten.

Die dritte Anwendung des psychedelischen Krauts fand im Rahmen der Initiation der Jugendlichen statt. Das psychedelische Delirium half ihnen, sich von ihren Kindheitsfixationen zu trennen und die Kraft der äußeren wie auch der inneren Natur kennen zu lernen. Die Geschichte vom Kessel der Keridwen und der Transformation des jungen Gwion zum ausgereiften Barden Taliesin ist die Geschichte einer derartigen Einweihung. Noch im Mittelalter gehörte das Bilsenbier zum Initiationstrunk der so genannten Hexen, der letzten Schamanen des Abendlandes.

Profitgierige Brauer setzten noch lange dem Bier Bilsenkraut zu. So wurden die Biere recht berauschend, und da das Tropanalkaloid zudem noch durstig macht, wurde davon – ohne jedweden rituellen Kontext – sehr viel getrunken. Zu Beginn der Neuzeit versuchten die Behörden diesen gefährlichen Missbrauch zu unterbinden. Der Leibarzt des Bischofs zu Speyer, Jakob Theodor Tabernaemontanus, wettert in seinem *New Kreuterbuch* (1588): »Biere mit Bilsensamen soll niemand trinken, denn diejenigen, so das Leben verwirkt haben, denn sie bringen Hirnwüten, Unsinnigkeit und bisweilen den jähen Tod. (...) Die aber mit Bilsensamen und anderen dergleichen schädlichen Dingen das Bier stärken, sollen verworfen und verdammt werden, und sollte man diejenigen, so mit dergleichen schädlichen Künsten das Bier verfälschen, als abgesagte Feinde des menschlichen Geschlechts, als Diebe und Mörder an Leib und Leben strafen.«

Im Jahre 1516 stellte der bayrische Regent mit dem ersten deutschen Reinheitsgebot den Zusatz dieser toll machenden Kräuter zum Bier unter Strafe. Das ist auch verständlich, denn es war die Zeit des angehenden Manufakturwesens. Die Werktätigen sollten Arbeitsdisziplin und Pünktlichkeit lernen und nicht wegen eines brummenden Schädels erst am Mittwoch am Arbeitsplatz erscheinen, wenn sie doch am Montag erwartet wurden. Es war eben ein neues Zeitalter angebrochen, in dem die Akkumulierung von Kapital und eine objektive, experimentelle Wissenschaft mehr versprachen als der ekstatische Verkehr mit den Naturgöttern.

Die Druiden nutzten das Kraut auf schamanische Weise, um mit den Geistern der Natur zu verkehren. So diente es ihnen auch, um mit den Wind- und Wolkengeistern Kontakt aufzunehmen und Regenzauber zu betreiben. Noch im 11. Jahrhundert scheint es diesen Wetterzauber gegeben zu haben. Der Bischof Burchhard von Worms berichtet missbilligend von »Regenmädchen«, die bei anhaltender Dürre mit Bilsenkraut Regen beschworen. Aus einer Gruppe junger Mädchen wurde eines ausgewählt und splitternackt ausgezogen. Es musste dann mit dem kleinen Finger der rechten Hand ein Bilsenkraut samt Wurzel aus dem Boden reißen und an die Zehe des rechten Fußes binden. Anschließend führten es seine Gefährtinnen zum nächstgelegenen Fluss, besprengten es mit Bilsenkrautruten mit Wasser und sangen Zaubergesänge dazu. Dann sollte das Regenmädchen rückwärts, »die Füße nach der Art eines Krebses aufsetzend und bewegend«, zum Dorf zurückkehren.

Keridwen, der großen Göttin mit dem Kessel der Transformation, war das Bilsenkraut ebenso geweiht wie dem Sonnengott Belenos. Eine ihrer wichtigsten Erscheinungsformen war die einer Muttersau. Ihre Initianden, die »Frischlinge«, lernten im heiligen Wald auch mit Hilfe des Bilsenkrauts die Geheimnisse der Innenseite der Schöpfung kennen. Als Wildsau ließ sie sich vom kosmischen Eber begatten, der im Gewittersturm daherkam; die Blitze wurden als seine Hauer gedeutet. Auch hier finden wir den Bezug zu Wetterphänomenen und dem Wettermachen.

Noch lange trieben die Frauen Zauber mit dem Bilsenkraut. Wenn in alten Zaubersprüchen die Rede von Dill ist, dann war weniger das aromatische Gurkengewürz (*Anethum graveolens*) gemeint als der Tolle Dill, der Dolldill oder Dullebille – nämlich das Bilsenkraut.[170] So murmelte die Braut, die in der Ehe das Sagen haben wollte, während der Traurede des Pfarrers, heimlich diese Worte:

»Ich habe Senf und Dille, Mann,
Wenn ich rede schweigst du stille.«

Oder:

»Dille, lass nicht Wille,
Salz lass nicht nach!«

Das Kraut konnte zu zauberischen Zwecken zusammen mit anderen Kräutern heimlich in Taschen, Strümpfe oder Schuhe des Betroffenen gelegt werden. Wenn man zu Gericht gehen musste, steckte man es zusammen mit etwas Haferstroh in die Schuhe und sprach:

170 Das Wort »Dill« hat sich nicht aus dem germanischen **dulja* (»mit einer Dolde versehen«) herausgebildet, sondern entstammt dem westgermanischem **dula* oder **dwula* mit der Bedeutung »toll, verrückt, nicht bei Sinnen, ausgelassen, wild, großartig, unsinnig, umnebelt«. Zum selben Wortstamm gehört das althochdeutsche *twelan* (säumig sein, schlafen) und das angelsächsische *dull* (stumpfsinnig). Die Angelsachsen bezeichneten einen, der dem Bilsenkraut (*henbell*) oder der Tollkirsche (*dwale*) verfallen war, als *dwaler* oder *dueller*, also jemand, der an einer Sache, einem Gedanken oder einer Wahnvorstellung hängen geblieben ist.

»Vor Haberstoh und Dille
Da schweigen die [Gerichts-]Herren stille.«

Wenn die Frau etwas Bilsenkraut mit in die Suppe rührte, dann mussten diejenigen, die davon aßen, alles tun, was sie während des Suppenrührens gedacht hatte. Auch im Wetterzauber fand dieser tolle Dill weiterhin Anwendung. Wenn heftige Gewitterstürme drohten, zogen die alten Muhmen mit ihren Räucherpfannen los, in denen Johanniskraut und Bilsenkraut schwelte, um das reifende Getreide und das Gehöft vor Hagel und Blitzschlag zu schützen. Dabei sprachen sie:

»Hartheu und Dill,
Macht das Gewitter still.«

Die heilkundliche Anwendung des Bilsenkrauts hat sicherlich auch keltische Wurzeln. Zum einen wurde es zu einer schmerzstillenden Salbe gekocht. Aus einem alten Kräuterbuch – geschrieben von dem »hochgelehrten« O. Appollinaris, Straßburg 1607 – erfahren wir, dass das zerstoßene Bilsenkraut, mit Gerstenmehl zu einer Paste verrieben, auf hitzige Geschwüre und Gichtknoten gelegt wurde, um diese zu heilen. Zahnweh wurde mit der in Essig gekochten Bilsenwurzel oder dem Rauch der Bilsensamen gedämpft. Der Saft der grünen Samen wurde über eitrige Augen gestrichen oder bei Ohrenweh ins Ohr geträufelt. Eine Bilsensamensalbe mit Essig wurde auf die Schläfen appliziert, um den Schlaf herbeizuführen.

Die Barbiere – die ersten Chirurgen – tränkten Schwämme mit dem Saft des Bilsenkrauts sowie mit Opium und Alrauensaft und gaben sie den Patienten, wenn sie das scharfe Messer ansetzten oder eiternde Zähne ziehen mussten. Mittelalterliche Folterknechte setzten solche Schwämme und Salben ein, um den Widerstand von Deliquenten zu brechen, Gleichgültigkeit und Willenlosigkeit zu erzeugen.

Eisenkraut

(*Verbena officinalis*)

Ohne Erwähnung des Eisenkrauts wäre ein Buch über die Pflanzen der Kelten unvollkommen. Wie Plinius in seiner *Naturgeschichte* erwähnt, graben die Druiden die Wurzel des Eisenkrauts beim Aufgang des Hundssterns (Sirius) – das ist im heißen August, der Zeit des Lugus. Sie sammeln es, »wenn weder Sonne noch Mond scheinen«, also bei Neumond oder abnehmendem Mond, ehe die Sonne aufgeht. Vor dem Ausgraben ziehen sie mit Eisen – es ist schließlich das *Eisen*kraut, *ferraria* (von lat. *ferrum* = Eisen) – sonnenläufig einen Kreis um die Pflanze und versöhnen die Erde mit Wachs und Honig. Sie graben es mit der linken Hand aus und halten es hoch in die Luft. Weiter schreibt Plinius, dass die Druiden glauben, sie könnten alles erlangen, was sie wollen, sie könnten Fieber vertreiben, Freundschaft stiften und Krankheiten heilen, wenn sie sich damit salben. Zudem benutzen sie die Stängel, um Lose zu ziehen und die Zukunft vorauszusagen. »Die Gallier ziehen das Los mit der einen oder anderen geweihten Rute und singen Zaubergesänge dabei. Doch handelt es sich dabei um Hirngespinste der Magier« (Plinius *Nat. Hist.* XXV, 105).

Die druidische Praxis, die Plinius eher ethnozentrisch als Hirngespinste abtut, sollte ihm eigentlich gar nicht so fremd gewesen sein. Denn auch in Rom, wie anderswo bei den Indoeuropäern, galt das unscheinbare, sparrige Kräutlein mit den winzigen, zart lilafarbenen Blüten als eine der heiligen »Ruten«. Zusammen mit Myrthe, Lorbeer, Olivenzweigen wurde es in den alljährlichen Verbenalien kultisch gefeiert. Der Name des Krauts geht übrigens auf das indogermanische **uer-b* (= heilige Rute) und unmittelbar auf altkeltisch *ferfain (fer* = Besen, Feger, *fain* = Stein) zurück (Grieve 1981: 831). Die Verbene ist also ein »Steinfeger«. Das bedeutet aber nicht, wie manche später glaubten, dass damit die Nieren- und Blasensteine aus dem Harntrakt herausgeputzt würden, sondern dass es ein Altarkraut war. Die steinernen Götteraltäre wurden mit Eisenkrautwedeln gereinigt und geweiht. Vor allem die Altäre der Blitz- und Donnergötter. Die Römer weihten ihre Jupiteraltäre mit den Ruten dieser *herba sacra*. Warum das? Weil Jupiter auch der Patron der Schmiede ist, die das Eisenerz mit Feuerglut, Blasebalg und Hammerschlägen – wie ein entfesselter Gewittersturm mit Wind, Blitz- und Donnerschlag – bearbeiten und formen. Mircea Eliade vermutet, dass die Schmiede, diese Meister des Feuers, die ursprünglichen Schamanen waren und dass sie das hartstängelige, drahtige Eisenkraut in ihre Schmiederituale mit einbezogen. Es wurde ins Löschwasser gegeben und diente dem Härten der eisernen Waffen und Geschmeide (Eliade 1980). Vor allem wegen dieser uralten Assoziation wurde die Pflanze Eisenkraut genannt und durfte im Gegensatz zu anderen Pflanzen mit eisernen Werkzeugen ausgegraben werden.[171]

171 Die Bezeichnung Eisenkraut – alemannisch *Isechrut*, in mundartlicher Abwandlung in Straßburg auch Isiskrut – hat nichts, wie heute im Zuge neomatriarchaler Ideologie volksetymologisch gerne behauptet wird, mit der Göttin »Isis« zu tun. Das, obwohl die Pflanze einst

Noch Paracelsus lässt uns wissen, dass der Saft des Eisenkrauts zum Härten des Eisens verwendet wurde: »darumb dz isen mit synem safft gehert würt wie der stahel« (MARZELL IV 1979: 1046).

In der klassischen Antike war das Eisenkraut ein Diplomaten- und Gesandtenkraut. Die Botschafter und Herolde selbst trugen den Titel *Verbenarius*. Das Priesterkollegium, das für Krieg und Frieden zuständig war, trug so manch »heiliges Gezweig« auf dem Kopf. Friedensverträge wurden mit den Stängeln berührt. Plinius schreibt: »Das ist die Pflanze, mit der unsere Gesandten zum Feinde gehen, mit der der Tisch des Jupiters abgestäubt wird, unsere Hände gereinigt und vor Unglück geschützt werden.« Die Gelage sollten fröhlicher werden, wenn man die Speisebänke mit Wasser besprengte, in das Eisenkraut eingeweicht war. Und Aelian, ein römischer Sophist aus dem 2. Jahrhundert n. u. Z., schreibt in seinem Buch *Die Eigentümlichkeiten der Tiere*, dass die Krähen die Pflanze gegen den bösen, neidvollen Blick in ihre Nester legen. Ansonsten benutzten die Römer die heilige Pflanze als Opferwedel für Lustralwasser, oder es kam mit in das geweihte Wasser, mit dem nach einem Blutvergießen der Boden besprengt wurde oder auch das Wochen- oder Sterbebett gereinigt wurden.[172]

Ob die Druiden mit Eisenkrautstängeln geweihtes Wasser oder gar Opferblut versprengten, sei dahingestellt. In Wales jedoch wurden bis vor kurzem in den Kirchen die im Herbst in mondlosen Nächten gesammelten Stängel als Sprengwedel benutzt. Die Pflanze heißt dort *devils bane* (Teufelsbann). Auf jeden Fall ist überliefert, dass die Druiden Eisenkrautkränze in ihrem wallenden Haar trugen, um Zaubereien *(enchantments* und *spells)* abzuwehren. Die keltischen Christen trugen die Kränze ebenfalls, um sich vor dem Blendwerk des Widersachers zu schützen. Marcellus Empiricus berichtet, dass das Verbenenkraut gegen Königsübel (Kropf) verwendet wurde: Kropfkranke trugen die Wurzel als Anghänger am Hals; das dazugehörige Kraut wurde den Herdgeistern überlassen.[173]

auch der Isis heilig war. Allgemein aber hat das Eisenkraut, Isechrut, *Ferraria*, Eisenhart, Isenbart, Ysere, Eisenhendrek, Stahlkraut oder wie immer es auch genannt wird, einen Bezug zur Schmiedekunst und zum martialen Metall.

171 Die Bezeichnung Eisenkraut

172 Lustration ist die Bezeichnung für den römischen Reinigungsritus, das Besprengen mit Weihwasser, das zum Teil von der katholischen Kirche übernommen wurde.

173 Das Königsübel oder *king's evil* bezeichnet die Skrofeln oder gelegentlich den Kropf, welche die Berührung durch die Hand des geweihten Königs an einem bestimmten Tag – meist Karfreitag – zu heilen vermag.

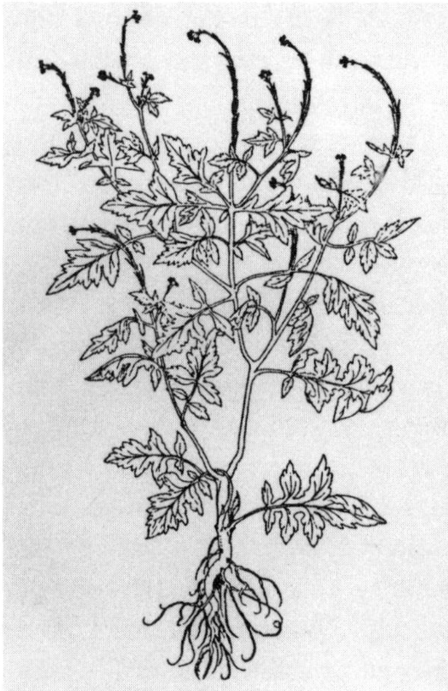

Eisenkraut (Verbena officinalis).

Das Eisenkraut war Teil der Geheimnisse der Schmiede.

Im ehemals keltischen Westeuropa glaubte man noch lange, dass Eisenkraut reich und glücklich machen kann. Rennpferde laufen schneller, wenn man es in ihren Schweif einflicht. Die Ernte wird besser, wenn man es in den Acker steckt. Überall auf den Britischen Inseln wurde diese *enchanter's plant* zum Zaubern verwendet. Auch wenn das Kraut in jedes Hexengebräu kam und in die Flugsalben gerührt wurde, galt es dennoch als ein hexenvertreibendes Mittel. In England sagt man: »Vervain and dill, hinder the witches' will.« (Eisenkraut und Dill, die Hexe kann nicht, wie sie will.)

Das Kraut wurde auch ins Bad getan, als Amulett getragen oder zum Räuchern benutzt. Den Säuglingen wurde es über die Wiege gehängt, damit sie später klug und lernbegierig werden (Cunningham 1986: 185). Mit der magischen Kraft der Wurzel versuchte man gestohlene Güter wieder zu finden, verborgene Schatztruhen zu entdecken oder eiserne Schlösser zu sprengen. In Wales wurde die Flinte damit eingerieben, oder es wurde dem Schrot beigemischt, um jene Hexen zu erlegen, die in Hasengestalt auf den Weiden den Kühen die Euter aussaugen. Schon vorher trugen die Ritter und Könige – die Träger funkenschlagender Eisenwaffen – Eisenkraut am Harnisch, oder sie rieben ihre Waffen damit ein. Die Myddfai-Heiler machten es zu Umhängseln für Krieger und Ritter und rührten es in die Wundsalben, um jene Wunden damit zu heilen, die mit Eisenwaffen geschlagen worden waren. Wenn ein solcher Ritter dem Edelfräulein einen blühenden Eisenkrautzweig zukommen ließ, dann wollte er damit sagen: »Du bist bezaubernd« oder »Du hast mich verzaubert«. Und wenn er minnen wollte, aber nicht konnte, tat man ihm Eisenkraut ins Bad, damit sein männliches Gemächt »so hart wie Eisen und so aufrecht wie der Stängel des Krauts« werde.

Wenn einen Kopfschmerzen plagten, wurde Verbenenkraut zu einem Kranz geflochten und auf dem Haupt getragen. Die Destillation des Krautes war auch eine beliebte Augenmedizin. Davon berichtet noch Nicholas Culpeper, der britische herbal-astrologisch praktizierende Arzt: »Als Augentropfen verwendet, reinigt es die Augen, vertreibt Schleier, Flecken, Nebel und Verdunkelungen und stärkt die optischen Nerven« (Culpeper 1999: 188). Culpeper, der im 17. Jahrhundert lebte, gehörte schon zur Neuzeit. Wahrscheinlich wurde das Eisenkrautwasser früher dazu benutzt, um das innere Auge zu reinigen und die spirituelle Sicht zu stärken. In Nordfrankreich wird die Pflanze noch als *herbe à la double vue* bezeichnet, was mehr mit dem Hellsehen zu tun hat und der keltischen Tradition näher kommt.

Eine dermaßen wichtige Pflanze musste auch mit dem richtigen Spruch und mit dem angemessenen Ritual gegraben werden, damit sie ihre Zauberkraft nicht verliert. Folgender Spruch ist aus dem mittelalterlichen England überliefert. Er rückt das heilige Kraut in die Nähe des höchsten christlichen Mysteriums:

»All hail, thou holy Herb Vervain
Growing on the Ground
On the Mount of Calvary
There wast thou found,
Thou helpest many a grief
and staunchest many a wound.
In the Name of Sweet Jesus,
I lift thee from the Ground.«[174]

Das Eisenkraut, das vor allem im südlichen Europa wächst, gehört – wie die Mangroven, der Teakholzbaum und Keuschlamm (*Vitex*) – zu

174 »All heil, dir, heiliges Eisenkraut, / Im Boden wachsend, / Auf dem Berg der Schädelstätte, / Dort fand man dich (zuerst), / Du hilfst bei vielen Leiden / Und stillst manche Wunde. / Im Namen des süßen Jesus / Entnehme ich dich der Erde.«

den Verbenazeen (Eisenkrautgewächsen). Es sind allesamt wärmeliebende Pflanzen. Auch das gewöhnliche Eisenkraut meidet das kältere Nordeuropa und fühlt sich nur dort heimisch, wo sich auch der Wein wohl fühlt. Aus diesem Grund spielt die Verbene keine große Rolle im nordgermanischen Aberglauben oder in der Volksheilkunde. Wie wir aus der Feder des Kräuterarztes Hieronymos Bock vernehmen, war die Verbena-Zauberei in Deutschland nicht volkstümlich, sondern wurde vor allem seit der Renaissance von klassisch belesenen Geistlichen und Gelehrten betrieben: »Unsere teutschen Zauberer umbreissens [das Eisenkraut] auff S. Johans abend mit golt und sylber, beschwerens, verzauberns und grabens auff S. Johannstag vor der Sonnenauffgang um. Also fast ist die zauberei eingerissen bei den Geistlichen mehr dann bei den gemeynen Man« (*Kreuterbuch* 1539). Vor allem zum Liebeszauber benutzten die geistlichen Herren das magische Kraut der Antike und der gallischen Kelten. Verbena macht eben die Liebe heiß wie Eisen. Der in Basel geborene und für den brandenburgischen Kurfürsten tätige Alchemist und Gelehrte Leonard Thurneysser (1530–1595) gibt dazu folgenden Rat:

»Verbeen, Agrimonia, Modelgeer [Eisenkraut, Odermenning, Krezenzian]
Karfreitags graben hilft dir sehr.
Dass dir die Frauen werden hold,
Doch brauch kein Eisen, grab's mit Gold.«

Als Pflanze des Liebeszaubers gehört das Eisenkraut nicht nur dem Jupiter oder dem eisernen Mars, sondern auch der Herrin der Liebe, der Venus. Die astrologische Kräuterkunde der Renaissance, wie sie Culpeper lehrte, stellte das Kraut, seiner zarten pastellfarbenen, lila-rosa Blüten wegen, unter die Herrschaft dieser Planetengöttin und der harten drahtigen Stängel wegen unter die Herrschaft ihres Liebhabers, des Mars. So ist die Pflanze also doch ein Kraut der Isis. Die antiken Bezeichnungen »Isisträne«, »Venusblut« oder »Taubenkraut« (*peristeron*), deuten auf die Zugehörigkeit zur Großen Göttin, denn die Taube ist der Vogel der Venus. Nach Culpeper hilft eine mit Schmalz hergestellte *Vervain*-Salbe bei »Geschwülsten und Schmerzen in den geheimsten Teilen der Anatomie« (Culpeper 1999: 188), also in den von der Venus beherrschten Geschlechtsorganen.

Die moderne phytotherapeutische Forschung bestätigt die »venerische« Wirkung des offiziellen Eisenkrauts aufgrund des Iridioglukosids Verbenalin im Bereich der Niere und der ableitenden Harnwege bei

Beschwerden im Klimakterium, bei unregelmäßiger Periode und zur Förderung der Milchsekretion bei Stillenden. Aus der Monografie der Pflanze der Kommission E (Nr. 22 vom 1.2.1990) erfahren wir weiter, dass sie wirksam ist bei Schmerzen, Krämpfen, Erschöpfungszuständen, nervösen Störungen, Verdauungsstörungen, Leber- und Gallenerkrankungen, Stoffwechselstörungen, Erkrankungen der Atemwege und äußerlich bei der Behandlung von Wunden (Wichtl 1999: 353). Wegen der uterusstimulierenden Wirkung ist es nicht für Schwangere geeignet.[175]

Das Eisenkraut hat eine allgemein entkrampfende und regulierende Wirkung auf die Schilddrüse, in der sich das Verbenalin an die TSH-Rezeptoren anlagert. Auf dieser Grundlage ist es tatsächlich ein Diplomatenkraut. Olaf Rippe meint, »diese Wirkung lässt sich noch heute wunderbar nutzen, besonders bei Behördengängen, Gehaltsverhandlungen oder Prüfungen, besonders mündlichen. Da kann man einige Tropfen der Tinktur einnehmen oder sich getrocknetes Kraut in die Taschen stecken. (...) Nimmt man Eisenkraut ein, stellt sich ein Gefühl der Gelassenheit, Ich-Stärke und inneren Ruhe ein, die auf andere völlig überzeugend wirkt« (Rippe 1999: 1318). In jedem Fall wird so der überspannte Mars mit der milden Venus temperiert.

Eisenkraut ist auch eine Bach-Blütenessenz. Im Herbst 1930, zu der Jahreszeit, in der der Hundsstern über den Horizont steigt, offenbarte sich Edward Bach die *Vervain*-Deva und ließ ihn erkennen, dass Eisenkraut die richtige Heilpflanze für intensive, überkonzentrierte, impulsive, überaktive Persönlichkeiten ist. Die *Vervain*-Blütenessenz hilft dem Menschen, seine Energie gezielt und liebevoll für eine lohnende Aufgabe einzusetzen (Scheffer/Storl 1995: 92).

175 Die Wirkung wird weiter beschrieben als antithyrothrop, wehenerregend und uteruskontrahierend, sekretolytisch (Lymphe), antiphlogistisch, antiviral, diuretisch, galktagog und laxierend.

EIN KURZES NACHWORT

Die Liste der keltischen Pflanzen könnte beliebig weitergeführt werden. Abgesehen von den vielen neu eingebürgerten Gewächsen, die vor allem aus Nordamerika eingeschleppt wurden, ist jede einheimische Pflanze eine »Keltenpflanze«. Von keltischen Pflanzen zu reden, macht nur Sinn, wenn wir sie im Kontext der keltischen Kultur und der keltischen Sichtweise betrachten. Nur unter Berücksichtigung des ethnologischen, kulturanthropologischen Kontextes können wir nachempfinden, wie die Kelten mit den wachsenden grünen »Brüdern und Schwestern« ihrer Mitwelt umgingen. Der keltische Pflanzenkundige wusste, wie der Indianer oder der Pflanzenschamane anderer traditioneller Völker, noch nichts von der molekularen Struktur bestimmter Inhaltsstoffe. Die Druiden würden sicherlich der Aussage des großen Tsistsista-Medizinmanns Bill Tallbull zustimmen: »Das ist kein Stoff, der den Pflanzen ihre Medizinkraft gibt, sondern der Geist der Pflanze selbst.« Dieser Geist war für die Kelten ebenso wichtig wie für andere Naturvölker. Der Heiler versuchte sich in einen Bewusstseinszustand zu versetzen, in dem es möglich war, mit dem Geist zu reden, zu verhandeln und ihn eventuell zum Verbündeten zu machen. Nicht nur das Wäg- und Messbare, nicht nur die äußere Erscheinung der Pflanze bestimmte das Pflanzenbild der Kelten, sondern noch mehr der innere, der »spirituelle«, der andersweltliche Aspekt des Pflanzenwesens. Das Erkennen und Handhaben dieses transempirischen Aspekts ist ein schamanisches Anliegen. Pflanzenkunde war Teil des keltischen Schamanentums.

Die lebendige keltische Pflanzenkunde, das Wissen um die Pflanzengottheiten und die magische Kraft der Gewächse, ist, wie wir sahen, im Zuge der Kulturveränderung – ich vermeide absichtlich das Wort »Kulturentwicklung« oder gar »Fortschritt« – verloren gegangen. Der Verlust der in vielen Jahrtausenden gesammelten Pflanzenerkenntnisse ist zugleich ein kultureller Verlust (Vries 1989: xxiii). Was übrig bleibt, sind einige bezugslose Fragmente einstigen Wissens, das oft verzerrt oder zum Aberglauben degeneriert ist. Aber viel der keltischen Kräuterweisheit ist dennoch in der einfachen Kräuterheilkunde weitertradiert worden. Auch Märchen, Sagen, Brauchtum und die Sprache selbst enthalten Spuren dieser ursprünglichen Weisheit. Auf diese Spuren hinzuweisen ist das Anliegen dieses Buches.

Erst wenn wir wieder Zugang zur schamanischen Dimension der Pflanzenkunde finden, werden wir von dem heute vorherrschenden einseitigen Reduktionismus der pharmazeutischen Medizin und der positivistischen Botanik befreit. Erst dann werden wir eine ganzheitliche Pflanzenkunde und Heilkunde haben, und wenn wir dazu fähig sind, werden auch wir wieder zu unserer Ganzheitlichkeit finden.

Vor dem alten Zauberglauben und den »Hirngespinsten« (PLINIUS) der Druiden und traditionellen Kräuterkundigen brauchen wir nicht zurückzuschrecken. Der Münchner Alchemist und Pflanzenkenner Max Amann schreibt in diesem Zusammenhang: »Hält man herbalmagische Angaben in alten Büchern nicht von vornherein für Unsinn, sondern interpretiert solche Angaben nach den wissenschaftlichen und psychologischen Vorstellungen unserer Zeit und wendet sie dann auch praktisch an, so erschließt sich eine äußerst ergiebige Quelle zur Lösung von Problemen der Psyche mit innerlichen Mitteln« (AMANN 1999: 1341).

Vielleicht stehen wir an der Wiege der Wiedergeburt der schamanisch-keltischen Pflanzenheilkunde. Möge Brigit-Saraswati-Ostara-Artemis es gewähren!

Bibliografie

Acricola, Christiane: *Schottische Volksmärchen*, Frankfurt a. M.: Zweitausendeins 1991
Aigremont, [Dr.]: *Volkserotik und Pflanzenwelt*, Berlin: VWB 1997
Amann, Max: »Anwendung von Pflanzenarzneien bei zwischenmenschlichen Problemen«, in: *Naturheilpraxis mit Naturmedizin* 9/99, München: Pflaum 1999
Arndt, Ulrich: »Gefährliche Nebensachen«, in: *Esotera* 6/99, Freiburg i. Br.: Hermann Bauer 1999
Ayto, John: *Bloomsbury Dictionary of Word Origins*, London: Bloomsbury 1990
Bachtold-Stäubli, Hanns (Hrsg.): *Handwörterbuch des deutschen Aberglaubens*, Bd. 1–9, Berlin: Walter de Gruyter 1987
Baumann, Hellmut: *Die griechische Pflanzenwelt*, München: Hirmer 1986
Baumdart, Gert: *Handbuch Volksmedizin*, Augsburg: Weltbild 1998
Beckmann, Dieter und Barbara: *Das geheime Wissen der Kräuterhexen*, München: dtv 1997
Begg, Ean: *The Cult of the Black Virgin*, London: Penguin 1985
Beitl, Richard: *Wörterbuch der deutschen Volkskunde*, Stuttgart: Alfred Kröner 1974
Beuchert, Marianne: *Symbolik der Pflanzen*, Frankfurt am Main: Insel 1995
Bischof, Marco: *Photonen – Das Licht in unseren Zellen*, Frankfurt a. M.: Zweitausendeins 1995
Bleakley, Alan: *Früchte des Mondbaumes*, München: Goldmann 1987
Bøndegaard, V. J.: *Ethnobotanik*, Berlin: Mensch und Leben 1985
Bown, Deni: *Encylopedia of Herbs and their Uses*, New York: Dorling Kindersley 1995
Brosse, Jacques: *Mythologie der Bäume*, Olten: Walter 1970
Botherroyd, Sylvia und Paul F.: *Lexikon der keltischen Mythologie*, München: Diederichs 1995
Carrichter, Bartholomus: *Horn des Heyls menschlicher blödigkeit oder Kreutterbuch*, Straßburg: 1576
Chevallier, Andrew: *The Encyclopedia of Medical Plants*, London: Dorling Kindersley Ltd. 1996
Clarus, Ingeborg: *Keltische Mythen*, Augsburg: Bechtermünz 1977
Conway, David: *The Magic of Herbs*, New York: E.P. Dutton & Co. 1976
Crellin, John K., und Jane Philpott: *Trying to give Ease – Tommie Bass and the Story of Herbal Medicine*, Durham: Duke University Press 1990
Culpeper, Nicholas: *The Complete Herbal* (Reprint from 1653), Delhi: Sri Satguru Publ. 1999
Cunnigham, Scott: *Magical Herbalism*, Bombay: D. B. Taraporevala Sons & Co. 1986
Devereux, Paul: *Shamanism and the Mystery Lines*, Slough, Berkshire: W. Foulsham & Co. 1992
Diederichs, Ulf: *Who's who im Märchen*, München: dtv 1995
Döbler, Hannsferdinand: *Die Germanen*, Barcelona: Prisma 1975
Dearmer, Percy, R. Vaughan Williams und Martin Shaw: *The Oxford Book of Carols*, London: Oxford University Press 1964
Duerr, Hans Peter: *Traumzeit*, Frankfurt a. M.: Syndikat 1978

Ders.: *Sedna oder Die Liebe zum Leben*, Frankfurt a.M.: Suhrkamp 1990
DYER, Thistelton: *The Folk-Lore of Plants*, Felinfach: Llanerch Publ. 1889 (Reprint 1994)
ECKERMANN, Johann Peter: *Gespräche mit Goethe*, München: dtv 1999
ELIADE, Mircea: *Schmiede und Alchemisten*, Stuttgart: Klett-Cotta 1980
ENGEL, Fritz-Martin: *Zauberpflanzen – Pflanzenzauber*, Hannover: Landbuch 1978
FARMER, David Hugh: *The Oxford Dictionary of Saints*, Oxford: Oxford University Press 1992
FISCHER-RIZZI, Susanne: *Blätter von Bäumen*, Frankfurt: Zweitausendeins 1980
FORTUNE, Dion: *Glastonbury*, München: W. Goldmann 1991
FRAZER, George James: *Der Goldene Zweig*, Reinbek bei Hamburg: Rowohlt 1991
FRICKE, Dieter: *Kleine Geschichte des ersten Mai*, Berlin: Dietz 1980
FUKAREK, Franz (Hrsg): *Urania Pflanzenreich I–IV*, Leipzig/Jena/Berlin: Urania1993
GERARD, John: *Gerard's Herbal*, London: Senate 1994
GOERKE, Heinz: *Arzt und Heilkunde*, Köln: Parkland 1998
GOLOWIN, Sergius: *Paracelsus*, München: Goldmann 1993
GOTTSCHALK, Herbert: *Lexikon der Mythologie*, München: Wilhelm Heyne 1993
GRAVES, Robert: *The White Goddess*, London: Faber and Faber 1961
GRIEVE, M.: *A Modern Herbal*, New York: Dover 1971
GRIMM, Jacob: *Deutsche Mythologie*, Frankfurt a.M.: Ullstein 1981
Grosse Enzyklopädie der Heilpflanzen, Klagenfurt: Neuer Kaiser 1992
GROSSINGER, Richard: *Wege des Heilens*, München: Kösel 1982
HARRIS, Marvin: *Menschen*, München: dtv 1996
HAUSER, Albert: *Bauernregeln*, Zürich/München: Artemis 1973
Hausrezepte aus der Naturapotheke, Limasol: Lechner 1993
HELBER, Hartmut: *Über die Adelegg*, Isny: Reihe Heimatkunde rund um die Adelegg, Heft 1, 1985
Ders. (Hrsg): *Isnyer Heimatkunde*, Isny: Stadt Isny 1990
HEARKÖTTER, Gerd und Marlis: *Macht und Magie der Bäume*, Frankfurt a.M.: Eichborn 1989
HERM, Gerhard: *Die Kelten*, Reinbek bei Hamburg: Rowohlt 1985
HERTWIG, Hugo: *Knaurs Heilpflanzenbuch*, München: Droemer/Knaur 1969
HETMANN, Frederik: *Märchen aus Wales*, Düsseldorf/Köln: Diederichs 1982
HOFFMANN, David: *Das ganzheitliche Kräuterheilbuch aus Findhorn*, Basel: Sphinx 1985
HÖFLER, Max: »Volksmedizinische Botanik der Kelten«, in: *Archiv für Geschichte der Medizin*, Band V, 1911 (Reprint Wurzel-Verlag, Bad Windsheim 1996)
Ders.: *Volksmedizinische Botanik der Germanen*, Berlin: VWB 1990
HOPE, Murry: *Magie und Mythologie der Kelten*, München: Wilhelm Heyne 1999
HUTTERER, Claus Jürgen: *Die germanischen Sprachen*, Wiesbaden: Drei Lilien Verlag 1975
JACOBI, Jolan (Hrsg): *Theophrastus Paracelsus: Lebendiges Erbe*, Zürich: Rascher 1942
JAMES, Simon: *Das Zeitalter der Kelten*, Augsburg: Bechtermünz 1998
JOHNSTON, Francis A., und Henry SELBY: *Anthropology: The Biocultural View*, Dubuque, Iowa: Wm. C. Brown Co. 1978
KAISER, Joseph H.: *Das große Kneippbuch*, München: Ehrenwirth 1996

Keller, Hiltgart L.: *Reclams Lexikon der Heiligen und biblischen Gestalten*, Stuttgart: Philipp Recalm Jun. 1997
Knieriemen, Heinz: »Die verlorene Ehre der Vogelbeere«, in: *Natürlich* 10/98, Aarau: AZ-Fachverlage 1998
Köbl, Konrad: *Köbl's Kräuterfibel*, München: Reprint Verlag Konrad Köbl 1993
Kromer, Karl: *Die ersten Europäer*, Gütersloh: Prisma 1987
Laudert, Doris: *Mythos Baum*, München: BLV 1998
Leary, Timothy, Ralph Metzner und Richard Alpert: *The Psychedelic Experience*, New Hyde Park, New York: University Books 1964
Lelley, Jan: *Die Heilkraft der Pilze*, Düsseldorf/München: Econ 1997
Lemonick, Michael D.: »Doctors deadly Mistakes«, in: *Time Magazine*, New York, 13.12.1999
Lengyel, Lancelot: *Das geheime Wissen der Kelten*, Freiburg i. Br.: Hermann Bauer 1985
Le Roux, Françoise, und Christian-J. Guyonvarc'h: *Die Druiden*, Engerda: Arun 1996
Loux, Françoise: *Das Kind und sein Körper in der Volksmedizin*, Stuttgart: Klett-Cotta 1980
Ludwig, Otto: *Der Thüringer Kräutergarten*, Rudolstadt/Jena: Hain 1995
Mabey, Richard (Hrsg.): *Das Neue BLV Buch der Kräuter*, München: BLV 1993
Madejsky, Margret: »Wenn Hormone verrückt spielen …«, in: *Naturheilpraxis* 9/1999
Madejsky, Margret, und Olaf Rippe: *Heilmittel der Sonne*, München: Peter Erd 1997
Magre, Maurice: *Die Kraft der Frühen Himmel*, Bad Münstereifel: Edition Tramontane 1986
Markale, Jean: *Die Druiden*, München: Dianus-Trikont 1985
Ders.: *Die keltische Frau*, München: Goldmann 1986
Ders.: »Taliesins Lied von Tod und Leben«, in: *Keltisches Bewusstsein*, hrsg. v. Thomas Lehner, München: Dianus-Trikont 1985
Marzell, Heinrich: *Wörterbuch der deutschen Pflanzennamen*, Bd. I–V, Leipzig: Hirzel 1943–1979
Ders.: »Hasel«, in: *Handwörterbuch des deutschen Aberglaubens III*, hrsg. v. Hanns Bächtold-Stäubli, Berlin: Walter de Gruyter 1987
Ders.: *Bäume in der Volkskunde* (Mitteilungen der Deutschen Dendrologischen Gesellschaft, 1925–1936), Bad Windsheim: Wurzel-Verlag
McIntyre, Anne: *Das grosse Buch der heilenden Pflanzen*, München: Irisana 1998
Messéqué, Maurice: *Von Menschen und Pflanzen*, Frankfurt a. M./Berlin: Ullstein 1988
Meyer, Rudolf: *Die Weisheit der deutschen Volksmärchen*, Frankfurt a. M.: Fischer Taschenbuch 1985
Müller, Irmgard: *Die pflanzlichen Heilmittel bei Hildegard von Bingen*, Freiburg i. Br.: Herder 1993
Müller, Ingo Wilhelm: *Humoralmedizin*, Heidelberg: Karl F. Haug 1993
Müller-Ebeling, Claudia, Christian Rätsch, Wolf-Dieter Storl: *Hexenmedizin*, Aarau: AT Verlag 1999
Mylius, Klaus (Hrsg.): *Älteste indische Dichtung und Prosa*, Leipzig: Philip Reclam jun. 1981

Nack, Emil: *Germanien*, Wien: Carl Ueberreuter 1977
Nickels, Martin, David Hunter und Philip Whitten: *The Study of Physical Anthropology and Archaeology*, New York: Harper & Row 1979
Nichols, Ross: *Das magische Wissen der Druiden*, München: Heyne 1998
Ohrt, F.: »Wünschelrute«, in: *Handwörterbuch des deutschen Aberglaubens IX*, hrsg. v. Hanns Bächtold-Stäubli, Berlin: Walter de Gruyter 1987
Pelikan, Wilhelm: *Heilpflanzenkunde Bd. I–III*, Dornach: Philosophisch-Anthroposophischer Verlag 1975
Pelt, Jean-Marie: *Pflanzenmedizin*, München: Knaur 1983
Pennick, Nigel: *The sacred World of the Celts*, London: Thorsons 1997
Perger, Anton, Ritter v.: *Deutsche Pflanzensagen*, Stuttgart/Oehringen: August Schaber 1864
Petzoldt, Leander: *Kleines Lexikon der Dämonen und Elementargeister*, München: Beck 1990
Peuckert, Will-Erich (Hrsg.): *Theophrastus Paracelsus Werke I*, Basel/Stuttgart: Schwabe & Co. 1965
Pfannenschmid, H.: *Germanische Erntefeste im heidnischen und christlichen Cultus mit besonderer Beziehung auf Niedersachsen*, Hannover: 1878
Pfeifer, Wolfgang (Hrsg.): *Etymologisches Wörterbuch des Deutschen*, München: DTV 1997
Pörtner, Rudolf: *Bevor die Römer kamen*, Augsburg: Weltbild 1997
Pörksen, Gunhild (Hrsg.): *Paracelsus – Frühe Schriften*, Frankfurt a.M.: Fischer 1988
Powell, T.G.E.: *The Celts*, London: Thames and Hudson 1980
Ranke-Graves, Robert: *Die Weiße Göttin*, Reinbek bei Hamburg: Rowohlt 1985
Rätsch, Christian: *Enzyklopädie der psychoaktiven Pflanzen*, Aarau: AT Verlag 1998
Redfield, Robert: *The Folk Culture of the Yucatan*, Chicago, Illinois: University of Chicago Press 1941
Rees, Alwyn und Brinley: *Celtic Heritage*, New York: Thames and Hudson 1961
Reiser, Rudolf: *Die Kelten in Bayern und Österreich*, Rosenheim: Rosenheimer 1992
Rippe, Olaf: »Mut und Willensstärke durch Kräuter«, in: *Naturheilpraxis* 9/99, München: Pflaum 1999
Rooeston, T.W.: *The illustrated Guide to Celtic Mythology*, London: Studio Editions 1993
Rutherford, Ward: *Celtic Mythology*, London: Thorsons 1987
Ders.: *The Druids: Magicians of the West*, Wellingborough, Northhamptonshire: Aquarian Press 1983
Schauenberg, Paul, und Ferdinand PARIS: *BLV Bestimmungsbuch: Heilpflanzen*, München: BLV 1970
Scheffer, Mechthild, und Wolf-Dieter Storl: *Die Seelenpflanzen des Edward Bach*, München: Hugendubel 1995
Schmitz, Rudolf: *Geschichte der Pharmazie I*, Eschborn: Govi 1998
Schöpf, Hans: *Zauberkräuter*, Graz: Adeva 1986
Schwanitz, F.: *Die Entstehung der Kulturpflanzen*, Berlin/Göttingen/Heidelberg: Springer 1957
Seligmann, Siegfried: *Die magischen Heil- und Schutzmittel aus der belebten Natur*, Berlin: Reimer 1996
Senft, Hilde und Willi: *Unsere Almen*, Graz: Leopold Stocker 1986

Sharkey, John: *Die keltische Welt*, Frankfurt a. M.: Insel 1982
Sills-Fuchs, Martha: *Wiederkehr der Kelten*, München: Knaur 1983
Simonis, Werner Christian: *Heilpflanzen und Mysterienpflanzen*, Wiesbaden: VMA Verlag 1991
Steiner, Rudolf: *Geisteswissenschaftliche Grundlagen zum Gedeihen der Landwirtschaft*, Dornach: Rudolf Steiner Verlag 1975
Storl, Wolf-Dieter: *Heilkräuter und Zauberpflanzen zwischen Haustür und Gartentor*, Aarau: AT Verlag 2000a
Ders.: *Götterpflanze Bilsenkraut*, Solothurn: Nachtschatten 2000b
Ders.: »Die Bedeutung von Heilpflanzen in esoterischen Bewegungen«, in: *Bewältigung und Verdrängung spiritueller Krisen*, hrsg. v. P. Rusterholz und R. Moser, Bern: Peter Lang 1998a
Ders.: »Bohne«, in: *Das kleine esoterische Lexikon: Gemüse*, Freiburg: Esotera 9/1998(b)
Ders.: »Duftendes Mariengras, Liebfrauengras, Freyagras«, in: *Forum für Aromatherapie und Aromapflege 14*, München: Forum Essenzia 1998c
Ders.: *Pflanzendevas – Die Göttin und ihre Pflanzenengel*, Aarau: AT Verlag 1997a
Ders.: »Ernährung, kulturelle Identität und Bewusstsein«, in: *Ernährung und Gesundheit* (hrsg. v. E. Diallo-Ginstl), Stuttgart/Neckarsulm: HamppVerlag/Natura Med 1997b
Ders.: *Kräuterkunde*, Braunschweig: Aurum 1996
Ders.: *Von Heilkräutern und Pflanzengottheiten*, Braunschweig: Aurum 1993
Ders.: *Der Garten als Mikrokosmos*, München: Knaur 1992
Ders.: »Der Druide«, in: *Wie die alten Götter weiterleben*, hrsg. v. Willi Dommer, Freiburg i. Br.: Esotera Taschenbücherei 1990
Ders.: *Feuer und Asche – Dunkel und Licht: Shiva, Urbild des Menschen*, Freiburg i. Br.: Hermann Bauer 1988
Strassmann, René: *Baumheilkunde*, Aarau: AT Verlag, 1994
Störm, Åke V., und Harald Biezais: *Germanische und Baltische Religion*, Stuttgart: W. Kohlhammer 1975
Tolstoy, Nicolai: *Auf der Suche nach Merlin*, München: Heyne 1989
Treben, Maria: *Gesundheit aus der Apotheke Gottes*, Steyr: Wilhelm Ennsthaler 1986
Dies.: *Aus meiner Hausapotheke*, München: Heyne 1988
Uyldert, Mellie: *Verborgene Kräfte der Pflanzen*, München: Hugendubel 1984
Vries, Herman de: *natural relations*, Nürnberg: Verlag für moderne Kunst 1989
Vogel, Virgil: *American Indian Medicine*, Norman: University of Oklahoma Press 1982
Waldemar, Charles: *Paracelsus, Auswahl aus seinen Schriften*, München: Wilhelm Goldmann 1959
Weir, Anthony: »Sweathouses: Puzzling and Disappearing«, in: *Archeology Ireland*, Vol. 3, Nr. 1, Dublin 1989
Weustenfeld, Wilfried: *Heilkraft, Kult und Mythos von Bäumen und Sträuchern*, München: Peter Erd 1996
Weiss, Fritz Rudolf: *Lehrbuch der Phytotherapie*, Stuttgart: Hippokrates 1991
Wichtl, Max: »Eisenkraut – Verbena officinalis L.«, in: *Phytotherapie* 9/99, Stuttgart: Hippokrates 1999
Willfort, Richard: *Das große Handbuch der Heilkräuter*, Hamburg: Nikol 1997
Wolf-Windegg, Philipp: *Die Gekrönten*, Stuttgart: Ernst Klett 1981

WOLFRAM, Herwig: *Die Germanen*, München: C.H. Beck 1995
ZACHARIAS, Irmgard: *Die Sprache der Blumen*, Rosenheim: Rosenheimer 1982
ZINGSEM, Vera: *Göttinnen großer Kulturen*, München: DTV 1999
ZOLLER, Andrea, und Hellmuth NORDWIG: *Heilpflanzen der Ayurvedischen Medizin*, Heidelberg: Karl F. Haug 1997

Weitere Bücher zu verwandten Themen

Franz-Theo Gottwald/Christian Rätsch (Hg.)
Rituale des Heilens
Ethnomedizin, Naturerkenntnis und Heilkraft

Heilrituale, wie sie unsere Vorfahren noch kannten und viele Naturvölker bis heute nutzen, sind ein Weg, um das innere Gleichgewicht zwischen Mensch, Kultur und Natur wieder herzustellen. Der Einzelne erfährt sich in einer magischen Verbindung mit allen Menschen, zu denen er gehört, mit der Natur, den Tier- oder Pflanzengeistern. Zugang zu den Heilkräften der Natur schaffen veränderte Bewusstseinszustände, wie Trance, Traum, Ekstase, Musik und Kunst, oder auch Lehrerpflanzen wie etwa psychoaktive Pilze oder Ayahuasca. Namhafte Wissenschaftler und Forscher aus verschiedensten Gebieten beleuchten das Thema und stellen Rituale des Heilens vor.

René A. Strassmann
Baumheilkunde
Mythos und Magie der Bäume

Dem Baum wurden seit je mächtige Kräfte zugesprochen, und immer wieder wurde er als Vermittler heilsamer Impulse herangezogen. Diesem alten Wissen geht René A. Strassmann in seinem Buch in einfühlsamer Weise nach und führt den Leser, die Leserin über blosses Faktenwissen hinaus zur Erfahrung des Lebensgeistes der Bäume. Mit detaillierter Beschreibung der Wirkungen der einzelnen Bäume auf dem Gebiet der Medizin, in der traditionellen Volksheilkunde, in der Esoterik und der Baumheilkunde.

Bruno Vonarburg
Natürlich gesund mit Heilpflanzen

Jede Heilpflanze entfaltet ihre optimale Heilwirkung bei einer ganz bestimmten Krankheit. In diesem umfassenden, reich illustrierten Nachschlagewerk und Ratgeber werden 80 Heilpflanzen und ihre Verwendung bei 80 Krankheiten ausführlich beschrieben: Bestimmen der Heilpflanzen in der freien Natur, Anbau von Heilkräutern im Garten, Verwendung von Arzneipflanzen mit erprobten Naturrezepten, Behandlung von Krankheiten mit den Heilkräften der Natur. Fundiert und zuverlässig zeigt das Buch den Weg zur Gesundheit aus der Natur auf.

Christian Rätsch
Enzyklopädie der psychoaktiven Pflanzen
Botanik, Ethnopharmakologie und Anwendungen
Mit einem Vorwort von Albert Hofmann

Weltweit das erste umfassende Werk, das nach dem heutigen Stand der wissenschaftlichen Erkenntnis die Welt der psychoaktiven Pflanzen systematisch erschliesst. Die Pflanzen werden in Monografien mit allen relevanten Informationen zu Botanik, Aussehen, Anbaumethoden, Zubereitung und Dosierung, Geschichte, rituellen und medizinischen Verwendungen, Inhaltsstoffen, Wirkungen, Marktformen und allfälligen Vorschriften beschrieben. Alle Pflanzen bis auf wenige Ausnahmen sind in Farbfotos dargestellt.

Christian Rätsch
Urbock – Bier jenseits von Hopfen und Malz
Von den Zaubertränken der Götter zu den psychedelischen Bieren der Zukunft

In alten Zeiten war das Bier ein Geschenk der Götter. Bierzusätze mit psychedelischer, aphrodisischer und medizinischer Wirkung waren selbstverständlich. Dieses reich illustrierte Buch beschreibt die geheime Geschichte des Bieres – vom Alraunenbier der alten Ägypter, dem afrikanischen Hirsebier und dem Maisbier der Indianer über den keltischen Zaubertrank, das echte Ur-Bock und das Grutbier der Berserker bis hin zu den psychedelischen Bieren der Zukunft.

Christian Rätsch
Pflanzen der Liebe
Aphrodisiaka in Mythos, Geschichte und Gegenwart

Seit Menschengedenken und bei allen Völkern der Welt wurden und werden Aphrodisiaka zur Steigerung von Lust und Lebensfreude verwendet. Weltweit sind mehr als tausend Gewächse bekannt, die dank ihrer magischen, anregenden und berauschenden Wirkungen als »Pflanzen der Götter« und »Pflanzen der Liebe« galten. Dieser prächtige Farbbildband erzählt von der Geschichte und Herkunft der Aphrodisiaka. In einem umfassenden Pflanzenlexikon werden die 113 bekanntesten und wirksamsten aphrodisischen Gewächse beschrieben. Ergänzt durch über 50 Rezepte.